厦门大学广告学丛书

ELABORATION ON WORLD ADVERTISING CASES

世界广告案例精解

陈培爱 编

厦门大学出版社 XIAMEN UNIVERSITY PRESS
国家一级出版社
全国百佳图书出版单位

《厦门大学广告学丛书》序

《厦门大学广告学丛书》是在《21 世纪广告丛书》的基础上进行大幅度修订并增加选题而来的。

自 1993 年出版以来,《21 世纪广告丛书》得到了国内广告教育界和实务界的欢迎与厚爱,众多院校的广告教育以此作为本科、大专及各类培训教材。1999 年以后,在厦门大学出版社的大力支持下,本套教材陆续进行了修订和改版,作为迈向 21 世纪的献礼。

2006 年,中国和世界的广告业都发生了巨大的变化。进入 WTO 加速了中国与世界的接轨,中国的广告业和广告教育在"量"和"质"上也发生了重要的变化。在此情况下,我们认为,经过十多年的使用,《21 世纪广告丛书》已完成了它的使命。在高校广告教材一片荒原的情况下,《21 世纪广告丛书》作为破土的幼苗催生了广告教育的燎原大火,建立了一套较完整的广告人才培养模式,向广告界输送了大批栋梁之才。由其改版而来的《厦门大学广告学丛书》,在保留原有体系与特色的基础上,注意接受新的养分,意图为中国广告培养国际化人才。

1983 年 6 月,厦门大学建立国内第一个广告学专业,至 2005 年 8 月,我国开办广告学专业的院校已发展到 232 所,其发展速度之快是新闻传播类其他专业无法比拟的。广告教育发展的成绩令人振奋,这不仅表现为办学数量的增长和规模的扩展,还表现为办学模式的科学化以及办学质量的显著提高。广告教育发展正从"高速"走向"高质",这是广告学科发展的内在需要和必然趋势,是广告业界大发展推动的结果,是媒介市场发展的需要,也是高校适应市场化办学的改革要求。

与广告业的发展步伐相比,广告教育还很落后。中国广告协会对北京、上海、广州广告公司的调查表明,在各方面困难中,广告专业人才匮乏居首位,达 77.9%。至 2005 年底,国内有 94 万广告从业人员,但受过正规广告专业教育的不足2%。美国广告行业协会对美国广告公司人员的抽样调查显示，美国广告从业人员中，75%以上是本科或硕士毕业。广告人才的培养速度远远滞后于企业对广告人才的需求速度，高校教育问题已成为制约广告业进军国际、与世界接轨的瓶颈。广告人才的培养涉及诸多因素，好的教材和合理的培养模式起着关键作用。《厦门大学广告学丛书》的改版，将在全新的理念指导下，紧跟世界广告业发展的动向，力争体系科学、逻辑严密、特色突出、资料新颖，成为众多高校广告教材中可供选择的一套。

近几年，我国广告行业发展迅速，继2003年突破1 000亿元大关后，2004年攀升到1 238.61亿元，2005年达到1 416.3亿元。据预测，到2010年，中国的广告投资额将达到2 000亿。行业的迅猛发展需要大量专业的、高水平的人才来进行决策与运作。2005年是中国广告教育承上启下的一年，这一年，中国广告界加快与国际广告界接轨，外资广告公司的大举登陆更加剧了广告人才的竞争，广告人才培养迫在眉睫，高校广告教育改革势在必行。除了选择适合的广告教材作为解决之道外，笔者认为广告教育模式中有几个问题需要解决：

1.明确广告教育的战略定位

作为广告信息产业中的先行官，广告教育必须在高起点上培养高素质的广告专业人才，必须紧跟科技发展的步伐。网络广告、投影广告、飞船广告、激光广告、卫星广告等新的广告媒介在生活中发挥越来越大的作用，广告媒介向多元化、国际化方向发展。科技手段不仅扩大了广告信息传播的范围和规模，变更了运作方式，还刺激人们转变思维方式、广告观念。从发展前景来看，广告教育应是“热门”学科，但学科的“热门”与“冷门”是相对的，带有阶段性。国内有200余所院校开设广告专业，广告教育的发展要考虑适度及可持续性，把急功近利的发展观转变为可持续发展的发展观。广告院系应在“热门”中“冷思考”，在现有的基础上提高广告教育的水平。应把建设有中国特色的广告教育作为目标，而不是盲目模仿海外广告教育模式，空喊与国际广告接轨。应根据广告人才的需求，开展多种形式的广告教育和培训。

2.加强对广告学理论基础的研究

广告学理论基础研究是提高广告教育水平的重要一环。多年来，广告学的研究对象及其理论基础方面的探讨还相当薄弱，广告学与传播学、市场学、文学、美学、心理学及艺术的关系到底如何，相互关系中的主线是什么，广告专业课程中各学科的比重如何掌握，这些重要的基础问题都还未彻底厘清。市场经济的发展要求广告学理论研究的超前性及预见性，应加强对广告发展环境的研究，探讨广告与经济、科技、政治、舆论、社会、文化、法律法规等的关系，以形成科学的广告理论。对这些问题的考虑，应该体现在教材中。

3. 培养具有创新能力的广告人才

广告行业是一项充满竞争的行业，要代表不同角色去竞争。应把培养学生的能力放在主导地位，使学生由知识型变为能力型。广告教育应突出开拓创新精神，教给学生获取知识的能力与方法。近年来不同类型的全国性广告大奖赛，令人强烈地感受到青年学生的广告创新意识。应把学生培养成为具有广博知识的“通才”，使之基础厚实、知识面宽广、智能优异。

4. 研究广告教育中的新问题、新特点

广告教育必须紧跟时代前进的步伐，不断发现问题、解决问题，感受经济、科技、传播的飞速发展带来的挑战。网络空前强大的传播能力改变了广告的运作方式，广告教育处于广告事业与教育事业的交叉点，更深刻地感受到网络的冲击，应关注网络向传统大众传播的挑战，研究整合营销传播向传统广告策划的挑战，研究加入 WTO 后全球性广告经营向封闭式经营的挑战。对这些挑战的研究，体现了广告教育的新水平。

5. 高校应和广告公司联手打造中国广告教育

广告公司更注重内部人才的培养，它们人才培养的思想库就是自身所积累的经验与模式。广告公司的广告作业视野比较开阔，它们从广告运动的成功与失败中总结出较为有效的广告作业系统与模式，更了解广告作业的细节。广告公司可以成为高校广告本科生的实习基地，广告教育的应用型人才培养可以借助广告公司的实务长才；高等院校可以侧重于培养硕士研究生、博士研究生等理论型人才，专注于广告理论的研究，为广告公司提供在职培训课程。高校与广告公司应该成为广告业发展的双引擎。

6. 重视国际化广告人才的培养

广告教育推动了市场经济的发展，应继续推动经济的全球化。改革开放二十多年来，中国的广告教育从无到有，又由“量”的扩大走向“质”的提高，现在面临由质的提高走向国际化发展的关键时候。有人认为，中国广告教育离国际化很遥远，中国广告教育还未具备走向国际化的条件，这两种观点都有害无益。中国广告教育必然要走向国际化，WTO 已迫使广告产业界与国际接轨，广告教育的理念与目标也应该相应转换。必须研究国际经济、国际广告管理法规、国际广告运行机制对中国广告的长远影响及其自身必备的应对措施。

中国的广告教育只能沿着“量的发展—质的提升—国际接轨”的路子发展。我们必须在广告的学科建设与广告行业的“指挥棒”之间找到平衡点，努力保持广告学科的独立性。国际化是社会发展使然，国际化应有效促进广告学科的提高，培养更多具有创新意识的人才。经过改革开放二十多年的快速发展，我国广告教育已经进入新一轮的整合期。广告教育要立足当前，放眼未来，为促使我国广告业保持活力与健康做出应有的贡献。

愿《厦门大学广告学丛书》在新的起点上，为中国广告业的繁荣发展做出新的贡献。

中国广告教育研究会会长
厦门大学教授、博士生导师　陈培爱
2007 年 9 月 1 日于厦门大学

目 录

营销传播之秘境

品牌沟通之无极

品牌理念之魔力

案例简介

索尼(SONY)创建于1946年,已有60年的历史。半个多世纪以来,索尼一直以挑战和创新为口号,从名不见经传的小作坊发展成为家喻户晓的跨国公司,引领全球数码产品和生活娱乐方式潮流。今天,索尼已经成为高质量和高技术的象征,在世界任何一个角落都能发现索尼的商标。作为二战后日本经济高速增长的产物,索尼创造了许多"日本第一"和"世界第一",产品也由电子产业延伸到信息技术产业和娱乐业,以独特的核心竞争力树立起国际市场中的强势品牌地位。索尼发展之路被人们誉为"索尼神话"。

索尼的前身——东京通信工业株式会社(东通工)1946年5月7日成立于东京。成立时的"东通工"只有20多名员工和19万日元资产,没有机械设备。索尼创始人盛田昭夫在回忆录《日本制造》说:"要到东京通信工业株式会社,你得猫下腰钻过邻居们的晾衣绳,有时候晾衣绳上还挂着正在风干的邻家小孩儿的尿布。"虽然条件简陋,创始人盛田昭夫和井深大却对公司的未来充满信心。

二战后的日本百废待兴,中小企业的主要业务是组装电子管收音机,严重依赖于大企业提供电子元件。"东通工"不随波逐流,而是致力于自主创新,研发自己的技术和产品。"东通工"的第一款创新产品——木质电饭锅以失败收场,但他们鼓足勇气继续在技术开发上投入,这样的执著带来技术的飞速发展。1948

执笔:黄莹。

年,“东通工”的员工增至70人,技术人员队伍也进一步充实,开始批量生产自主研发的拾音器和电唱机马达。1950年1月,“东通工”模仿着生产出亚洲第一台磁带录音机“G型机”。1955年,盛田昭夫又从美国购买晶体管专利权,研制出世界上最早的晶体管收音机。

盛田在美国时发现,产品要迈出国门征服世界必须要有一个响亮的名字,“东通工”是个典型的日本名字,外国人看来过于繁复,读音拗口不易记忆,他们决定改换名称。新的名字必须简洁有力,能给人留下深刻印象,全世界的人们都应该能够轻松地读出来。盛田昭夫和井深大反复查阅字典,发现了“sonus”这个拉丁单词。“sonus”意为“声音”,这恰与“东通工”的产品属性密切相关。随后他们又发现了美国俚语“sonny”,这个单词是“伶俐可爱的小男孩”的意思,当时的“东通工”也确实像一个朝气蓬勃的少年,美中不足的是,“sonny”的日语发音和“赔钱”相近。盛田灵机一动,去掉一个“n”,“Sony”这一品牌名就此诞生。

1958年,“东京通信工业株式会社”正式更名为“Sony株式会社”。“Sony”是“sonus”与“sonny”的结合体,既蕴藏着“声音”的内涵,又能使西方人产生亲近感,响亮且好记。这次更名为索尼的国际化奠定了良好的基础。时至今日,索尼已经由一个生造词变为常用词汇,并为世界各地的人们熟知。

索尼60年的发展历程,大致可以分为三个阶段:成立初始至上世纪80年代的创建和成长阶段、80年代末至90年代末的多元化高速发展阶段以及新世纪以来索尼战略转型的持续发展阶段。

索尼公司成立之初可谓步履维艰,日本产品在国际上形象低下,几乎是廉价劣质的代名词。半个多世纪之后,“日本制造”从蔑称变为称赞语,索尼功不可没。上世纪60年代,通过激烈的质量和技术竞争,索尼在电视机行业建立霸主地位。1960年12月,索尼制造出世界上第一台晶体管电视机TV8—301。1968年10月,索尼的特丽珑彩电KV—1310问世。

70年代,索尼开发出包括随身听和计算机3.5英寸硬盘等新型电子产品。1970年9月,索尼的股票在纽约证券交易所上市,成为第一个在此上市的日本企业。1975年5月,家庭用Beta录像机SL—6300问世。1979年7月,索尼推出第一款个人耳机立体声随身听TPS—L2。

80年代,索尼涉足娱乐业。1988年1月,索尼收购哥伦比亚唱片公司,1989年11月,索尼又收购了哥伦比亚影业娱乐有限公司。索尼还开发出1/2英寸广播用摄录放一体机、Betacam8毫米摄录放一体机、DAT播放机、Mavica数码照相机、8毫米摄录放一体机CCD—TR55等一系列世界领先产品,并成立电影制片公司和音像制品公司。

表 1-1 红海和蓝海战略比较

红海战略	蓝海战略
在已经存在的市场内竞争	拓展非竞争性市场空间
参与竞争	规避竞争
争夺现有需求	创造并攫取新需求
遵循价值与成本互替定律	打破价值与成本互替定律
根据差异化或低成本的战略选择，把企业行为整合为一个体系	同时追求差异化和低成本，把企业行为整合为一个体系

90 年代起，索尼又专注于多媒体业务，逐步由模拟技术向数字技术转型。作为多媒体行业的领导者，索尼聚焦宽带网络，结合现有业务和网络业务，创造出新的业务模式。1993 年 11 月，索尼电脑娱乐有限公司成立。1997 年 7 月，索尼推出 VAIO 台式电脑。

2000 年以后，为支持和重组电子业务，索尼建立了家庭网络公司、个人 IT 网络公司、核心技术网络公司以及交流系统解决方案网络公司，以研发具有竞争力的产品和服务，推动集团化网络战略。索尼陆续推出数码照相机、数码摄像机、数字电视、PlayStation 游戏机、VAIO 电脑、贵翔彩电、网络随身听以及音乐影视作品，电子、游戏和娱乐成为索尼的三大核心业务。

一、链接蓝海战略

市场由两种海洋组成：红海和蓝海。红海代表当前已有的行业，已知的市场空间。在过度拥挤的产业市场中，红海企业深陷割喉式的市场竞争，激烈的竞争使红海变得更加鲜血淋漓。与之相反，蓝海代表尚不存在的行业——未开垦的市场空间。蓝海企业通过开拓无人争抢的未知市场来摆脱竞争，获取利润高速增长的机会。

为了寻求经济增长，企业往往会与其对手展开针锋相对的竞争，抢夺日益缩减的利润。越来越多的行业供大于求，争夺市场份额虽然必要，但已不足以维持良好的业绩增长。把目光集中于红海，就等于接受了战争中的限制因素——有限的阵地以及必须击败敌人才能获取胜利，但企业要超越竞争，获得新的利润和增长，就必须制造新的需求，开拓新的市场，通过价值创新来获得新的空间。要赢得明天，企业不能只靠与对手竞争，而是要开创"蓝海"，开创蕴含庞大需求的新市场空间，走上持续稳定的发展之路。新市场或者还没被人发现，或者还没有人开发，一旦开发，会给企业带来高利润的增长——无人进入，竞争就无从谈起。价值创新能给企业和消费者都带来价值，使企业彻底甩脱竞争对手，并释放新的需求。

1908 年，当汽车还是按需定制、只有少数人买得起的奢侈品时，福特却使用流水线生产制造 T 型车，让普通民众都能买得起，从此开拓了巨大的市场。1960 年，当汽车市场上充斥着各种大型车的时候，大众甲壳虫反其道而行之，极力强调自己的"小"，最终使人们认识到小型车的优点，在美国市场上打下了大片江山。1961 年，当冰淇淋供应商把宣传重点放在产品口味上的时候，"哈根达斯"却倡导"尽情享受，尽善尽美"的生活方式，贩卖冰淇淋的同时贩卖爱情感觉，至今依然在冷饮市场上引领风骚。

100 年前，许多行业人们闻所未闻——移动通讯、网络媒体、航空、保险、生物技术、燃气发电，100 年后，也会出现现在人所无法想像的行业。这些未知的行业和领域就是企业应该开发的蓝海。

二、创新的索尼：超越现有需求，寻找差异化优势

价值创新是蓝海战略的基石。只有不断创新，超越现有需求寻找新需求，才能开辟全新的、非竞争性的蓝海，才能摆脱供过于求、产品趋同化的市场。德鲁克说："创新的行为就是赋予资源以创造财富的能力。"从品牌的核心竞争力上看，持续不断的创新是企业打造差异化竞争优势，保持蓬勃生命力的关键所在。

索尼就善于创新，索尼是全世界推出新产品和改进型号最高效的企业，平均每天推出 4 种新产品，每年推出 1 000 多种新产品，其中 800 多种是原有产品的改进型。从晶体管收音机到 CD、MD、PlayStation，再到个人电脑、数码相机、数码摄像机，索尼产品超前的技术、精致的外观、小巧但精密化的设计总是叫人佩服。井深大就曾这样动员过员工："索尼是革新者，生产和别人一样的东西是不会有出息的。"创造力就是索尼的哲学精华，揭示了索尼的核心竞争力所在。

1. 随身听的发明创造

随身听是索尼最经典的创新案例，创造了全新的娱乐消费理念，改变了人类欣赏音乐的方式，开辟了电子产品市场的蓝海空间。随身听问世之前，人们只能在家里或是汽车上用立体声录音机欣赏音乐，有人为了边走边听音乐而挎着收音机上街。盛田昭夫在纽约街头看到年轻人因无法在旅途中听音乐而垂头丧

气，灵光一现——收音机要是能随身携带着边走边听就好了。盛田昭夫回到日本后就着手研究便携式随身听。

上世纪 70 年代正是电子产品市场竞争激烈的时期，索尼率先推出晶体管收音机和电视机等个性化产品，其他厂商纷纷跟进，开发生产同类产品，电子市场硝烟四起。索尼加快创新步伐，开发新型产品，随身听适时出现。

1979 年 7 月 1 日，索尼正式推出随身听 TPS—L2。索尼的随身听满足了年轻人随时随地听音乐的需求，3.3 万日元的定价略显昂贵，但一上市还是售罄。除了推广“随时随地欣赏音乐”概念外，索尼还充分利用名人效应，在各大杂志上刊登著名歌星影星使用随身听的照片，广泛宣传，引起追星族的注意。随身听迅速为广大年轻人接受和青睐，成为新文化的标志。

随身听的名字已经为全世界熟知，成为同类产品的统称，索尼给这一产品命名时却是大费周折。一位年轻职员想出了“Walkman”这个名词，认为符合产品“边走边欣赏”的独特属性，但“Walkman”不符合语法规范，开始时他的想法并没有获得盛田等人的赞同，但最终盛田尊重年轻人的意见，使用这个单词为产品命名。随着随身听的畅销，“Walkman”以惊人的速度流传开来。1986 年，“Walkman”出现在《牛津英语辞典》中，成为正式的英文单词。

1984 年，索尼推出 Discman 便携式 CD 唱机 D—50，1990 年，开发数字录音机 DAT Walkman TCD—D3，1992 年，推出世界上第一台以数码方式录音的随身听——MD Walkman MZ—1 和 MZ—2P。目前，索尼正致力于开发口香糖般大小的 Memory Stick TM 记忆棒。市场上出现模仿产品时，索尼总是在第一时间改进、提高原有产品的功能、款式，以满足消费者多样化的现实的和潜在的需求，创造新的市场。

2. 利用小型化制造差异化

索尼是电子行业中最早提出“小型化”概念的企业，它的产品素以“小、轻、薄”的差异化魅力著称。“小型化”是索尼蓝海创新战略的重要组成部分，也是索尼追求技术不断升级的体现。

上世纪 50 年代，索尼刚成立不久，生产市面上已有的普通产品，很快就会被击垮。索尼清楚地意识到这一点，决定从更小更便捷着手，运用小型化战略占领市场。索尼在短短几十年间成为数码消费品市场的翘楚，与其对更小、更轻、更薄的技术极限追求密不可分。

早期的收音机体积大重量沉，不易携带和使用。索尼经过技术创新，制作出小巧便携式的晶体管收音机。收音机不再是笨重摆设，成为能够随身携带的物品。索尼又在其他产品上运用小型化原则——晶体管微型电视、便携式随身听、8mm 摄录放一体机、迷你 MD、口袋式数码相机、更小的笔记本电脑……索尼不断把惊喜带到人们眼前。

1994年，索尼数码摄像机在市场上获得巨大成功，索尼决定缩小数码摄像机的尺寸，做到和护照一般大小。研发部门接到完成这一艰巨的任务的命令后进行了许多尝试，都无法达到目标，准备放弃。负责人高条打来一桶水，把摄像机放进水里，结果冒出气泡来。高条对研发部门说："有气泡冒出来，说明里面还有空间。"研究人员不得不绞尽脑汁再次攻关，做出护照大小的数码摄像机。

不断追求产品和技术的创新、完美的工业设计、丰富多样的品种以及小巧玲珑的外观，这是索尼产品与其他品牌区别开的差异化特征，"比别人领先一步，发挥最高技术优势，开发高品质的产品，引导消费新潮"是索尼的创新精神。在激烈的市场竞争中，索尼公司一次次规避红海，从市场空白点切入，寻找开发蓝海，领先一步发展新技术，研制新产品，以最快速度向消费者推出产品，树立并巩固了自身创新者和技术领先者的形象。

三.多元化的索尼：跳出原有商业模式，重建市场边界

蓝海战略要重新构筑市场边界，打破竞争局面，开创蓝海市场。为了打破红海僵局，企业必须打破限制竞争的既有边界，不能总是关注边界内的市场，而应该超越界限开创蓝海。企业应该把眼光投射到更多行业、战略业务和购买群体身上，提供互补性产品和服务，超越行业现有的功能性或情感倾向，获得重建市场空间、开创蓝海的新视角。

索尼从不拘泥于消费类电子产品制造商的老本行，而是通过全方位、多元化的品牌延伸把触角伸向数码、游戏、影视娱乐、金融等领域，甚至还涉足保险业和银行业。长期以来，索尼致力于倡导全新的娱乐生活新方式，给人们提供高品质产品，提供独具魅力的影视、音乐、游戏等娱乐服务，重新构建市场边界，把自己从白热化的红海竞争中解脱出来。

1."一主多副"的品牌延伸策略

多领域广泛渗透品牌策略是索尼取得成功的关键。索尼的业务涉及民用电子、游戏、影音娱乐等多个行业，索尼使用"一主多副"的品牌延伸策略。索尼是主品牌，下属产品采取品牌托权形式，使用不同的副品牌来拓展不同的领域。

品牌"一主多副"有利于建立一致的企业形象和识别标志，也可以整合市场传播；多个副品牌更直观形象地展现产品不同的形象和个性特点，创造全新的卖点。借助主品牌在消费者心目中业已形成的良好形象，副品牌上市之初便可迅速提升自身知名度，利用主品牌已有的品牌效应抢占市场份额；站稳脚跟后，副品牌又反过来协助主品牌将业务延伸至新领域，进一步壮大主品牌的价值，树立

一个品种多、规模大、势力强的企业形象。

虽然同时使用多个副品牌，索尼始终实施企业形象统一识别战略，不断提升品牌价值。SONY 这个简洁而富有记忆性的单词出现在索尼的所有产品上，时刻提醒消费者——这是带有索尼血统的高质量产品。

索尼在宽泛的产品类别范围内扩延，主副品牌交相辉映，为企业注入了活力。截至目前，索尼拥有 20 多个强势副品牌，建构出一个庞大的品牌架构，逐渐从视听技术的代言人转变为新生活方式与革新的代名词。

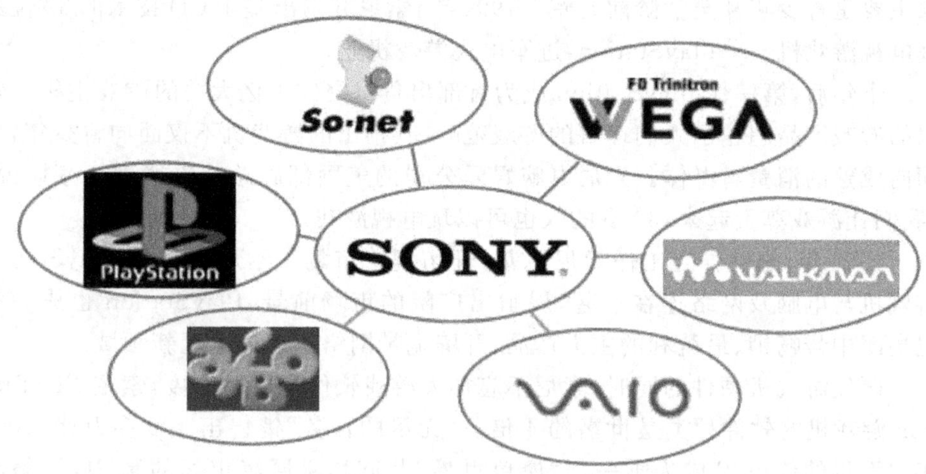

图 1　索尼旗下的部分副品牌

2. 超越现有行业，重建市场空间

上世纪 80 年代后期，消费类电子产品的市场竞争日益激烈化，新技术成果层出不穷。在这种情况下，索尼果断采用新的发展战略，充分整合资源，涉足娱乐业、游戏业等其他生产经营领域，避开红海竞争，开拓蓝海空间。

1988 年，索尼大举进军娱乐业。1988 年 1 月，索尼耗资 20 亿美元收购美国哥伦比亚唱片公司，次年 11 月，索尼又花费 34 亿美元买下哥伦比亚影业娱乐有限公司，拓展出音乐电影等“软件”的半壁江山。

CBS Sony 是索尼在软件方面的首次尝试，借助于 CBS 唱片的热卖，索尼 CD 机推出就全面占领市场，利润再创新高。相比之下，并购哥伦比亚电影公司的过程曲折许多。由于不了解电影业以及用人不当，索尼电影部门的营业成本居高不下，影片也未获得预期的成功，财务报表上一度出现赤字。1995 年底，索尼及时调整电影公司，委任著名电影制片人约翰·凯利为总裁。凯利上任后立即着手三项任务：削减成本，制作开发更有希望走红的电影和其他部门建立更紧密的联系。随着《勇敢者的游戏》、《蜘蛛侠》、《卧虎藏龙》等影片的成功和热销，SPE 很快从持续亏损中复苏。

2000 年以后，索尼加大了娱乐投资。2003 年，索尼合并世界第五大唱片公司贝塔斯曼，成立 SONY BMG 唱片公司。2005 年，索尼又耗资 48 亿美元收购米高梅。这一系列巨额投资并购使索尼的“硬件”与“软件”之间联系更加紧密，构建了一个包括唱片、电影制作在内的娱乐帝国。

上世纪 90 年代初，长期雄踞游戏机市场霸主地位的是任天堂和世嘉，其对象主要是青少年甚至学龄前儿童。1994 年，索尼开发出基于 CD 技术的 32 位家庭电视游戏机——PlayStation，进军电视游戏机业。

十年后，第一代 PlayStation 成为首部出货量突破 1 亿大关的游戏主机。索尼的游戏产品超越了人们理解的游戏范畴，其推出的游戏机不仅面向青少年，也面向成熟的消费者群体。索尼电脑娱乐公司的美国部副总裁安德烈·豪斯说：“我们让游戏尊贵起来，30 岁的人也可以玩电视游戏。”

1995 年，出井伸之出任索尼总裁，开拓网络市场。索尼新一代 PlayStation 游戏机与电脑及网络连在一起，展示出广阔的市场前景，PlayStation 也成为索尼集团中最畅销、最盈利的主力产品，开辟宽带网络时代的电玩新领域。

研发游戏机硬件的同时，索尼不忘加大游戏软件开发的力度，索尼 PlayStation 游戏机的软件种类是世嘉的 4 倍。“无尽的任务”销售出 100 多万张，2005 年，“无尽的任务 2”成为唯一与“魔兽世界”共同称霸网游市场的真 3D 网络游戏。

四、变革的索尼：审时度势，战略转型

2003 年，数字化转型过程中，索尼没有把握住时机，第一季财报出现十年来的首度亏损。索尼放松产品而追逐内容，虽然在影音娱乐领域发展迅速，但是消费电子类产品却在残酷竞争中节节败退。在电视上，索尼推出特丽珑电视而疏怠了液晶和等离子电视，成全了三星、松下等厂商的成功；在数字音乐播放器上，索尼没有及时推出具有 MP3 播放功能的随身听，苹果 iPod 乘虚而入并大获全胜。

2003 年 10 月，索尼提出雄心勃勃的“转型 60 计划”，要在 2006 年索尼 60 周年时改变这一颓势，实现 10% 营业利润率的总体目标。

2005 年 6 月，索尼历史上首位洋掌门霍华德·斯金格走马上任，因为索尼发布的 2005 年第一季度财务报表显示，亏损从去年同期的 3.6 亿美元增至 5.33 亿美元。2005 年 9 月，霍华德·斯金格推出新的公司战略，集中精力重振电

子业务，将主要业务集中在电子、游戏、娱乐三大核心领域。霍华德·斯金格宣布在日本本土停产随身听和机器狗，并出售旗下4家非核心业务子公司的大多数股份，逐步剥离非核心业务，专注于发展消费电子等核心业务。霍华德·斯金格的美国做派颇有成效，索尼2005年第三财季年报显示，由于液晶电视和游戏机业务等收入增长，索尼的净利润较上年同期增加了18%，达到14.3亿美元，销售额增长10%，新推出的Bravia系列平板电视也大受欢迎，电视业务的销售额增加了16%。财报公告发布后的第一个交易日，索尼的股价大涨了14%，创下15年来的单日最高涨幅。

从蓝海战略看，索尼的改革沿循“剔除—减少—增加—创造”四个阶段：剔除部分非核心业务，减少影响企业整体发展的非效率成本开支，增加对电子、游戏和娱乐三大核心业务的关注，持续产品技术创新，创造出新的价值曲线以巩固自己在传统领域里的优势。

结　语

品牌没有终身制，缺乏创新的品牌绝不可能与成功结缘。唯有不断实现价值创新，企业才能规避群雄并争的红海领域，开创全新的蓝海空间，不断提升品牌价值。技术飞速发展，持续不断的蓝海创新对保持品牌的长久竞争力至关重要。创新不仅指产品和技术的创新，还包括观念创新、管理创新、战略创新等。

构建品牌无法一蹴而就，需要积沙成塔。通过60年的辛勤耕耘，索尼不仅是世界上最大的电子产品制造商，也是全球最大的综合娱乐公司之一。在2004年“亚洲最佳品牌1 000强”评选中，索尼荣登榜首。2006年《财富》世界500强企业排行榜中，索尼位居65。索尼公司关于勇敢、创新和领导能力的传奇在全世界都是无与伦比的，它非凡的创新能力和市场行销经验值得我们思考和借鉴。

轩尼诗

——挥之不去的高贵

案例简介

始创于1765年的轩尼诗是世界销量第一干邑，拥有世界规模最大的陈年生命之水蕴藏。轩尼诗秉承酿制干邑一丝不苟、力臻完美的优良家族传统，恪守其原创精神，以高贵典雅的贵族气质享誉世界，稳居干邑世界的翘楚地位。

显赫，尊贵，自有文明史以来就成为人类社会的关键词。只要存在身份社会，就需要与其相对称的身份标志物。在众多毋庸质疑的典型标志物中，高档酒占有一席之地。而在品牌林立的白兰地酒世界里，法国干邑以悠久的历史、精良的酒质及浓郁的贵族气质独树一帜。轩尼诗是其中饮誉世界、历久不衰的干邑翘楚。

执笔：倪菲。

干邑是法国西部夏朗德省的一个美丽小镇，特殊的地理条件和气候温差使得干邑地区与法国红葡萄酒的著名产地波尔多一道成为葡萄酒的盛产地。法国干邑属于白兰地酒家族中的一员，18世纪前，法国出口的葡萄酒经受不住长途运输而变质。为解决这一难题，人们用二次蒸馏法来提高酒精含量，以便保存和运输，到达目的地后再稀释复原。二次蒸馏的白葡萄酒便是早期的白兰地。受原产地控制命名的特殊保护，只有在干邑地区生产的白兰地才能冠以干邑名称。干邑地区，聚集着多家世界级的干邑酒业公司，轩尼诗与马爹利、人头马和拿破仑是干邑的四大经典品牌，代表了干邑的顶级水平。而轩尼诗始终是世界销量第一干邑。[①]

轩尼诗的名字源自其创始人李察・轩尼诗。李察・轩尼诗出生于爱尔兰，1745年到法国当兵，1750年，担任路易十三御林军的外国军官，驻扎在干邑。李察・轩尼诗在干邑领略到当地产白兰地的美妙，将其带回故乡分赠亲友，亲友们对白兰地都赞不绝口，这刺激他日后经营白兰地酒。1765年退伍后，李察・轩尼诗以自己的名字创办了一家干邑专营公司，其后创建了酒厂。成立初期，轩尼诗就十分畅销，主要销售到英国和其他国家的大城市，1815年，轩尼诗成为法国国会的主要供酒商，此前，法国皇室饮用轩尼诗已达26年。轩尼诗成为家喻户晓的干邑品牌，成为顶级享受的代名词。轩尼诗拥有轩尼诗李察(Richard)、轩尼诗杯莫停(Paradis)、轩尼诗百乐廷(Private Reserve)、轩尼诗XO和轩尼诗VSOP等不同档次的系列酒。[②]

酒如同人，带有与生俱来的民族血统。轩尼诗素有生命之水之称，从诞生的那天起就糅合了爱尔兰人的丰富想像和法国人的艺术气质；浅尝一口，馥郁芬芳，软滑柔和的果香味深邃富饶，沉稳、随和，醉人而妩媚；在创造极致味觉享受的同时，为社会新贵找到符合身份的认证标志。

---

① [瑞典]休・约翰逊著，李旭大译：《酒的故事》，陕西师范大学出版社2004年版，第87页。

② 何峰：《荣耀之饮》，《TARGET》2006年第1期。

轩尼诗是法国的荣耀，其发展始终建立在尊重传统的基础上，轩尼诗的制作过程极其传统，从选择葡萄到酿制，再到成品包装，每个环节都保持原创精神，全面保证质量。轩尼诗人认为，抛弃传统就是数典忘祖；发扬传统才能发展。要酿制质量上乘的干邑，最重要的是把好三关：一是葡萄质量，二是勾兑配方，三是陈化木桶的橡木。轩尼诗对葡萄的精选与众不同：干邑地区地理差别微小，但葡萄种植质量却有很大不同，这导致不同的干邑品质。按标准高低顺序排列，干邑地区分为大香槟区、小香槟区、边缘区、植林区、优等植林区和一般植林区。轩尼诗在大香槟区拥有 200 公顷的葡萄种植区，葡萄树每二三十年更换一次，轩尼诗用于调配工艺的“母本”葡萄烧酒储藏量也居各家之首。这些优势确保了轩尼诗在产品质量上的优势，保证轩尼诗干邑酒的酒质和品位。勾兑是酿制干邑酒的最重要的环节，调酒师每年都要品尝检测各年的陈酒，确定勾兑比例，让各种陈酒喜结良缘，并度过两三年的“蜜月期”，然后再装瓶上市，以确保各等级酒的质量一致。轩尼诗拥有世界上独一无二的调配大师，来源于同一家族，至今已延续至第八代。为了保证产品的一流水准，试酒师通常要试上百次才能调出美酒。轩尼诗的酿酒师就像是交响乐团的指挥，以不同的乐器和声部——不同的源酒，和谐组织在一起，从而演绎出轩尼诗家族世世代代相传下来的乐章。将轩尼诗酿藏得醇香饱满、晶莹剔透的橡木桶选用来自法国中部地区林木山的橡木，橡木要斧头劈成而不能用锯子片开，劈开橡木纹里得到保存，能充分发挥橡木纹理在老化白兰地过程中的作用。橡木劈开后还要交叉相叠放在室外风干 3 年才能制成木桶。①

轩尼诗孜孜不倦精益求精的传统薪火相传从未稍懈。钟情于名字本身赋予的浪漫气息，轩尼诗的光华透过精雕细刻的水晶瓶，静如处子，释放出高贵典雅的气质。各种等级酒的酒瓶设计也花样翻新，各具特色。显赫系列酒均采用国际时尚潮流中的简约主义或极少主义，水晶材质、纯手工制作，连酒瓶都为人们收藏。

一、奢侈品牌　中国攻略

1. 中国之路

中国消费者熟悉轩尼诗。1872 年，轩尼诗举行环球旅行，航迹遍及世界各

① 《轩尼诗发展成功之道》，《经济日报》2005 年 8 月 1 日。

大著名港口，上海也是其中之一。这是轩尼诗第一次踏上中国的土地，第一次进入中国人的视线。一位博学而有着深厚文化底蕴的神秘长者，为其挑选了富有中国传统特色的中文名字轩尼诗。“轩”意为有窗的长廊，“尼”为亲近、安和，“诗”为赋诗歌颂，三个字组织一起，动态描述了饮酒的环境、心情与精神追求，抹去了文化上的生疏，巧妙地为轩尼诗追求友情、亲情、平和的精神内涵找到中国式的表述。

中国是白兰地最后开辟的市场，但却是最大的市场。法国干邑挟带无法阻挡的浪漫气质以文化而非商业的身份造访最具欧洲风情的上海。1992 年，三桅快速帆船“轩尼诗精神号”(Spirit of Hennessy)抵达上海黄浦港，重演 120 年前 XO 级科涅克白兰地抵达上海外滩的景像。一系列纪念公关促销活动——轩尼诗画展、影院、各种文化评奖活动相继上演。法国的商业推广似乎总是让人无法戒备，非商业场合营造的文化环境流露出高贵、典雅；柔媚的画面、温情的话语，给人带来文化享受。轩尼诗以文化传播使者的形象顺利进入中国。[①]

2. 适宜中国的市场哲学

对轩尼诗来说，中国是一个年轻、活跃、变幻莫测、情景无限的天地。奢侈品牌拥有强大的专业背景和巨大潜力，要在中国这个新生市场充分发挥潜力，先要聆听其心声，感受其脉动。仔细、耐心了解客户，深入把握其高端价值主张，触摸目标市场的情感需求。在这方面，轩尼诗的表现可谓稳扎稳打、步步为营。

1996 年，轩尼诗在中国设立办事处，主要工作是研究消费者心态、行为，研究分销渠道，调查广告投放等。1996—2001 年，轩尼诗搜集了大量消费者信息和销售渠道资料，2000 年，轩尼诗已在中国形成比较成熟的销售渠道。2001 年，轩尼诗正式进入中国内地市场，在 33 个城市陆续建立销售网点，这些城市基本上是消费水平普遍较高、居民收入水平差距较小、消费快速成长的二线以上城市。

轩尼诗经过几年的调查发现，欧洲消费者比较理性、客气、务实，同样是请客吃饭，他们喜欢选择普通、实惠的东西招待客人，而把好的东西留在家里慢慢享受；亚洲人的待客之道完全不同，他们热情、好客、慷慨，也比较好面子，一定要与朋友分享好的东西，自己则消费便宜的东西。轩尼诗把握了这一心态，以本土化的品牌文化诠释和商业运作，在中国市场打开成功之门。针对中国消费市场的特点，轩尼诗致力于开发其高档品牌，如百乐廷、李察等，用最纯粹的法国精品，吸引中国的高端消费者。针对中国的消费文化，轩尼诗还将目光盯住礼品市场，成为该市场销量最大的洋酒品牌，礼品市场成为轩尼诗主要的市场。

---

① 白光：《品牌文化——中外品牌文化案例》，中国时代经济出版社 2002 年版，第 376 页。

进入中国后的几年中，轩尼诗的销量每年都增加15%～20%。轩尼诗开拓日本市场时，大家警告说这是一个威士忌的世界，但轩尼诗凭借出色的质量、包装、形象策略将品牌形象发挥到极致，营造出"当人们有钱了，就会喝这个品牌"的印象，销量也从60 000瓶一直飙升至1992年的1 000万瓶。轩尼诗在中国也遵循这一发展轨迹。在轩尼诗全球五大主要市场中，中国市场的增长率最高；中国已成为其亚洲第一大、全球第五大市场。在轩尼诗高档品牌的消费量上，中国市场已居世界首位。①

3. 目标明确　精心推广

自进入中国内地，轩尼诗力求找到与消费者的相应关联。轩尼诗以25～45岁从事商务活动的男性为目标消费者，采用直接针对消费者的品牌经营策略。轩尼诗以快乐、迷醉为诉求，使用各种手段宣扬这一主张。例如，感受到年轻人的流行文化，轩尼诗将营销重心转移至酒保身上，在炫目的广告和轩尼诗的时尚系列间建立联系，很快就捕获了青少年消费者的想像力。通过宣传酒吧文化，轩尼诗品牌成功找到巨大的年轻消费者群。年轻消费者喜欢将奢侈品与街头时尚品牌混搭，于是，轩尼诗引入个性化的定制服务，为消费者带来度身定制的服务体验。轩尼诗还紧紧抓住年轻人喜欢标新立异，散发个性的特点，进行针对性的公关活动。2005年8月，轩尼诗VSOP搭上F1旋风举行"F1 V速狂飙"活动，拉近了与年轻消费者的距离。对年长者，轩尼诗则以尊贵、雅致为诉求点，树立高质量、高品位的品牌概念，以长期的宣传和灌输延续品牌的知名度。②

中国消费者对酒的种类不敏感，品牌知名度是人们购买的主要因素，轩尼诗因此重视品牌推广。自2001年以来，轩尼诗在这方面的投入一直增加，是中国内地洋酒品牌中最活跃、最积极的品牌。尽管市场推广活动比较频繁，轩尼诗并未变得粗糙，始终坚持开展定位准确、针对性强的精品活动。轩尼诗的品牌活动主要包括Party、画展、调酒艺术会，在品牌推广同时推广洋酒文化。文化是奢侈品牌的独特之处和活力的源泉，文化消费不仅象征收入水平，更代表生活方式。轩尼诗要创造寓意消费，帮助消费者实践奢侈品位，与品牌建立情感联系。

二、渠道经营　打造品牌形象

在国内，洋酒的竞争主要是销售渠道的竞争。为了维护品牌，轩尼诗非常注重渠道的开拓和经营。一直以来，轩尼诗的干邑系列产品，特别是旗舰产品

① 王晓耕：《轩尼诗中国攻略》，《新财富》2005年第5期。

② 《轩尼诗以品牌取胜》，《周末画报》2005年9月13日。

XO，是免税店最重要的产品，也是亚洲旅游者最喜欢的产品，成为零售商重要的筹码。免税渠道是轩尼诗的橱窗，但在旅游零售市场，轩尼诗有很多重要的商业机会。为了巩固奢侈品品牌的地位，轩尼诗推出了新的商品陈列设计，在免税店里开设新的零售点，重新装修了免税零售店面，推出一系列令人印象深刻的新礼品，希望为购买轩尼诗的旅客提供特别的体验。

作为全球销量第一的干邑，轩尼诗在美国、中国、俄罗斯等主要市场的表现都不错，即使在传统上不是其销售势力范围的欧洲国家，轩尼诗的销量和市场份额也在不断扩大。轩尼诗发展得非常顺利，在全球范围内需求强劲。这样的趋势坚定了轩尼诗推动旅游零售渠道的决心，轩尼诗希望自己成为酒水零售方面最主要的奢侈品品牌。

在旅游零售上，轩尼诗重视形象超过销量。在轩尼诗看来，旅游零售是品牌形象展示的重要渠道，为了创造奢侈品的购物环境，轩尼诗主要关注店面陈列和礼品促销。

轩尼诗非常重视形象专柜，在世界各地的免税店积极建立专柜，以突出品牌的奢侈品概念和产品定位。轩尼诗店的设计围绕表现干邑的与众不同而展开，所有酒品陈列在玻璃展架上，显得非常高雅。精心酿制、陈放多年的轩尼诗盛放在水晶瓶中，和珠宝产品一样珍贵。

礼品促销也是轩尼诗制造购物体验的重要手段，轩尼诗总是适时推出新礼品，以配合其雄心勃勃的促销计划。通过赠送少见产品，促使那些很少在免税店购买产品的消费者转化为产品的购买者，通过展示赠品激发消费者的购买欲望。

三、强势公关　演绎奢华

公共关系对于品牌文化的发展战略来说是必不可少的运作手段。公关伴随着品牌文化发展战略的全过程，是全方位的参与。它以不带任何商品味的形态和更具说服力的形式诉诸公众，有目的营造有利于品牌发展的独特氛围，传播蕴涵品牌其中的文化内涵。[①]

在全球消费愈来愈趋向于精神层面的大环境下，今天的人们所崇尚的奢华有了新的定义——自我核心、自我创造的个人体验式奢华。“人类的快乐都是属于感觉的快乐”，人类所有的乐趣都是围绕视觉、听觉、触觉、嗅觉、味觉这五感来体验的。对于高档洋酒，感官体验可以加强消费者对产品、品牌的认知和记忆，

---

① 余明阳、梁锦瑞：《文化名牌之根》，武汉大学出版社 1999 年版，第 122 页。

增加消费者的口碑宣传,这种身临其境的感受是其他任何媒体都无法比拟的。于是,富于创造性和独特性的体验态度、享受态度就在轩尼诗强势的公关推广活动中一次又一次地得以完美体现。消费者通过亲身感受产品的良好品质,满足了个人欲望,并认识到品牌的优越性和独特性,而轩尼诗也让自身注重文化的奢侈形象得到不断的深化。

无论在中国还是世界各地,轩尼诗的公关推广活动将其与生俱来的显赫、高贵及引领时代潮流的时尚风华演绎到了极致。

四、唱响世界的品牌文化之旅

品牌文化是品牌中凝结的社会物质财富和精神财富,是品牌中沉积的文化特质,是消费心理和价值取向的高度融合。[①] 品牌文化意味着品牌独有的超凡魅力,是品牌的竞争法宝,使产品保持强大的生命力,品牌文化体现特定的情感利益。

2003年春,一列古王国礼仪的金、银、铜三抬大轿缓缓前行在缅甸蒲甘异域风情的伊江之畔。轿上的贵人不是缅甸的王公贵族,而是来自遥远法兰西的三款洋酒:轩尼诗显赫系列的1873、杯莫停和李察。背景音乐是歌手恩雅的《远航》,它提示人们该酒创始人的爱尔兰籍渊源。[②] 此情此景令人联想1992年轩尼诗精神号载着轩尼诗驶进黄浦江时带给中国人的震撼。在行销中寻求和煽动文化诉求,是当今众多跨国品牌致胜的核心宝典。在众多强势文化公关的品牌中,轩尼诗是典型代表。[③]

轩尼诗的口号是"少喝一点、喝好一点"。在200多年不变的苛刻标准下,轩尼诗努力打造新佳酿。按家族传统,每一代轩尼诗人都会创制珍藏品,限量编号,充分演绎轩尼诗的灵魂。1977年推出的杯莫停是专门为追求卓越的人士设计,1996年问世的理查德是轩尼诗家族世代相传的永恒纪念品,每年产量不过1万瓶,2003年推出的珍品轩尼诗 ELLIPSE 每年限产2 000瓶。各种等级酒的酒瓶设计也花样翻新,各具特色。每款珍品问世,别致且盛大的推广活动总会随之精心演绎。

---

① 禾春洋:《品牌文化》,中山大学出版社2005年版,第19页。

② 《轩尼诗:演绎"显赫之水"》[EB/OL]. Http://www.okgz.com/food/huaxu/jiuxiang/200409/4983.html. 2004—7—13.

③ 陈祝平:《品牌管理》,中国发展出版社2005年版,第58页。

五、玩转中国　营造跨文化平台

1. 文化融合

中国经济高速发展，消费水平迅速提升，越来越多的世界顶级酒品牌把目光投向中国，洋酒品牌通常将品牌文化展示作为打造品牌的重头戏。2003 年，“轩尼诗李察”将一年一度的“致礼活动”搬到长城脚下。轩尼诗第八代传人莫利斯·轩尼诗专程从法国飞到北京，把“轩尼诗李察 2003 致礼”颁发给了长城公社的女主人张欣。长城公社是由 12 名亚洲杰出建筑师设计建造的私人收藏的当代建筑艺术作品，该项目的策划人和投资人便是张欣，凭借这一现代建筑博物馆荣获威尼斯双年展“建筑艺术推动大奖”。轩尼诗李察将致礼颁发给张欣，也展示自己的品牌精神：对历史的尊敬、对文化的传承、对完美的追求、对品质的坚持。为了加深人们对酒文化的认识，轩尼诗还现场举办建筑师酒杯设计大赛和品酒会，让人们体验奢华、尊贵、愉悦。[①] 通过这样的致礼活动，轩尼诗不但让人们欣赏到酒文化的魅力，还巧妙地将代表法国文化的干邑与代表中国文化的长城结合起来，使轩尼诗的品牌文化在中国消费者心中落地生根。

品牌的国际化长期而复杂，开拓其他国家市场时，应该注重当地的文化差异，尊重这些差异，赢得消费者对品牌的信赖和推崇。在众多本土化策略中，文

① 《洋酒品牌营销秘籍——提升品牌附加值》[EB/OL]. http://info.tjkx.com/news/0000139726/2003－09－02/0000284422.html. 2003－9－2。

化营销是大品牌惯用的方式，通过激发品牌的文化属性，通过与消费者及社会文化的价值共振，构筑亲和力，实现文化沟通，最终促进消费者对品牌的认同。

2. 彰显华贵

轩尼诗始终传递品质第一这个永恒不变的精神，在这个意念的指导下，轩尼诗每次的推广都是精心安排、主题明确。

英国金融时报是世界最有影响力的财经媒体，法国路易威登是世界最有影响力的奢侈品品牌。英国金融时报在路易威登酩悦——轩尼诗亚洲总部的赞助下，全年向北大国际MBA学员赠阅其尚未在大陆发行的亚洲版。2005年5月21日晚，轩尼诗酒会暨金融时报赠阅仪式在北京大学朗润园致福轩举行。[①] 修炼百年、镏金色的生命之水在通透的水晶瓶中清澈见底，在致福轩的镶金天顶与嘉庆御笔牌匾的伴随下，高贵，挥之不去。从相酒到醒酒，再到品酒，环环相扣，在场的出席者尽享轩尼诗的美妙绝伦。

轩尼诗和金融时报共同举办的活动既是一场酒会，又是金融时报赠阅仪式，同时也是针对北大国际MBA等中国著名商学院的征文活动，题为："奢侈品牌期待在中国本土拓展的重要成功因素为何"。MBA的学院堪称中国日后的精英群体，他们的学识、品位不仅能够为轩尼诗在中国的成长出谋划策，也是今后轩尼诗在中国的重要目标群。这样一番的公关推广活动，目标明确，手法高明。既汇聚精英之才，为己所用，又将此活动深入人心，可谓一箭双雕、效果显著。

① 《生命之水：轩尼诗酒会暨金融时报赠阅仪式印象》[EB/OL]. http://www.bimba.edu.cn/WebInfo/View. 2005－5－23。

3. 纵情时尚

酒是人的代表，张扬轩尼诗精神，目的是建构人与人交流的平台。轩尼诗想人之所想，为人之欲为，只要有轩尼诗酒店、酒吧、夜总会与购物广场，就可感觉到轩尼诗的精神——品质、愉悦、精致，也感觉到轩尼诗倡导的自由与畅快。①

高贵不失热情，典雅不失时尚，除了优雅的酒会和适宜的文化活动，轩尼诗近年来还热衷举办时尚派队。2005 年，轩尼诗在中国 8 个城市推出了轩尼诗 V 纵乐派活动，将城市时尚新贵作为目标消费群，着力打造时尚、个性的品牌形象。②

轩尼诗始终如一创建并引领文化领域的新文化价值，不断创造具有寓意的新形象，使消费者在实践自己在奢侈生活方式方面的品位的同时，与品牌保持情感联系。

结　语

高档酒品是文化和身份的体现，积淀了历史和价值，象征高贵品质和稀罕资源。轩尼诗的发展历程清晰揭示了贯穿其纯正奢侈血脉的基因：精益求精的卓越品质、不可复制的显赫身世、风格强烈的独特个性以及动感敏锐的潮流引领。轩尼诗把文章做到了酒瓶之中，也带到了酒瓶之外。

---

① 《生命之水：轩尼诗酒会暨金融时报赠阅仪式印象》，[EB/OL]. http://www.bimba.edu.cn/WebInfo/View. 2005－5－23。

② 《轩尼诗 VSOP 引发"激热效应"》，《深圳商报》2005 年 3 月 23 日。

彪马品牌腾飞之道

——运动与时尚的完美结合

案例简介

“德国彪马，永不停的活力！”这是彪马（Puma）在中国地区使用的广告语。在国际上，彪马的口号是：“Turn it on!”意为“打开它！”含有神奇、惊奇、惊喜之意。Puma 原意为美洲狮，是一种体形优美，毛色丰富的珍稀猫科动物，粗大敦实，仅次于美洲豹。作为国际知名的体育品牌，彪马源于德国，以运动鞋起家，其创始人为鲁道夫·达斯勒，与阿迪达斯的创办者阿迪·达斯勒是两兄弟，与阿迪达斯同根。

20 世纪 20 年代，“运动鞋”这个名词还未出现，但达斯勒两兄弟已在研究运动时穿的鞋子。两兄弟生长于德国巴伐利亚的一个小镇，父亲是制鞋匠，母亲则开洗衣店，兄弟俩从小在父亲的教导下，继承了制鞋的好手艺。

1924 年，两兄弟合作在皮靴底钉上一种特制的木钉，让鞋子防滑，这是最初的钉鞋，钉鞋受到出乎意料的好评。德国人酷爱踢足球，能有效防滑，抓地力极强地钉鞋，尤其适合踢球与跑步，默默无闻，来自德国南方小镇的“达斯勒兄弟”运动鞋声名远播，两兄弟开始专心设计用于运动的鞋款。

1936 年，德国柏林主办奥林匹克运动会，让“达斯勒兄弟”运动鞋打响世界名声。此届奥运会上，美国传奇运动员杰西·欧文斯穿着“达斯勒兄弟”运动鞋一举夺得 4 枚金牌，打破 3 项世界记录，同时也让世人见识到好运动鞋在竞争中

执笔：骆宇。

的作用。达斯勒兄弟在运动界建立威名，却也加速了两兄弟之间的纷争，他们的经营理念分歧越来越多。1948 年，两兄弟关系破裂。鲁道夫以 Puma 为名创建自己的品牌，阿道夫则创立了 Adidas。

随着业务的发展，两家公司竞争越来越激烈。彪马和阿迪达斯分别发展出自己的特色，各自拥有着辉煌的记录。1960 年，彪马发明硫化制法，开发出更有弹性的橡胶鞋底，并在 1962 年凭借新产品取得成功；1968 年，彪马发明全世界第一双免鞋带魔鬼毡运动鞋。阿迪达斯则于 1954 年赞助德国足球队参加世足赛，在行销上赢得先机，快速壮大。80 年代，两个德国品牌红遍全世界，80 年代中后期，两家美国企业——耐克公司和锐步公司崛起，逼得彪马与阿迪达斯节节败退，他们被迫进行改革。彪马在阿明·达斯勒领导下走向两个极端，一方面无限制地扩大品类，甚至在本土制作曲棍球、棒球、赛车鞋等造价昂贵但订单寥寥的产品，但当时德国已不存在与之适应的劳动密集型生产结构；另一方面，在普通运动鞋生产上重数量轻款式，由于花色品种单一，产品更新缓慢，逐步沦为大路货。超市和商场里堆放着彪马鞋，随之而来是打折促销和特价供应。90 年代初，彪马鞋的售价仅值 15 欧元，彪马的形象一落千丈，运动明星纷纷投向其他赞助商。1986 年起，彪马不得不将多数股权出售给外部股东，但危机并未得到缓解。同年，彪马股票公开上市，由专业经理人操作经营。由于痼疾太深和经营管理模式落后，到 1993 年，彪马连续 8 年亏损，身背 2.5 亿美元债务，在账面上已经破产。彪马沦为廉价品的代名词，形势岌岌可危。

1994 年，年仅 30 岁的塞特兹被任命为彪马的 CEO，这个当年欧洲最年轻的上市企业总裁成功改变了彪马的命运，他一上任便采取相应的紧缩措施，彻底改变彪马状态：裁掉 30%的员工；关掉德国最后一家工厂，把生产线转移到东南亚，降低生产开支；不再毫无重点地投资于广告宣传，而把资金集中于有创意和有价值的项目上，如与突尼斯、喀麦隆等非洲球队订立赞助协议，节省了广告费用，还使彪马与众不同。由于“瘦身”和节俭措施得当，一年后彪马便转亏为盈。从 90 年代末开始，彪马凭借出色的营销战术成为世界运动品市场的“爆发型品牌”。1993—2001 年，彪马的营业额增长了近两倍。2002 年，彪马被《品牌周刊》评为“年度最佳营销品牌”，其 2003 年的净利润达 1 亿 7 930 万欧元，是前年同期的两倍，销售额增长 40%；1998—2003 年，彪马的成长率连续 6 年超过两位数，利润增加 59 倍，市场销售额和利润增长均超过业内其他品牌。

一、品牌与发展

彪马拥有58年历史，在世界范围内具有第一线的号召力和影响力。58年來，彪马伴随世界著名运动员取得傲人成绩，在近代体育发展史中取得令人瞩目的巨大成就，这是彪马不断研究开发、与世界顶级运动员共同交流的结果。彪马曾伴随球王贝利多次征战世界杯决赛，网球名将贝克尔穿着彪马参加温布尔顿比赛，彪马还赞助英国短跑名将克里斯蒂在奥林匹克运动会中摘得金牌。彪马一直与最顶尖的运动员合作并不断追求最新的技术，为他们提供最佳的运动配备。彪马在运动界位居要角，但它也关注消费者对“生活”与“时尚感”的追求。其他运动鞋品牌开发专业运动鞋时，彪马已关注并生产时尚与生活用鞋，结合流行、时尚和运动，成为年轻人最喜爱的品牌之一。彪马逐渐占领世界运动服饰的前沿阵地，以专业运动和休闲兼容并蓄的理念，充分传达现代人动静皆宜的内心。

二、品牌复兴之道

1. 重视市场营销和品牌管理

重质量，轻营销似乎是德国企业的普遍特点。上世纪80年代中期，彪马坚持高成本的本土生产，一方面，无限扩大造价昂贵但订单寥寥的产品；另一方面，在普通运动鞋生产上重数量、轻款式。年轻人不愿意穿笨重且式样老化的彪马鞋，彪马魅力行将消失。进入90年代，彪马用了10年时间重塑品牌形象，全力挺进主流大众市场，同时固守非主流个性。彪马调研发现，人们不再为运动而穿运动鞋，80%的运动服饰不在运动时候使用，而在休闲时间使用。彪马认识到必须紧密结合运动与生活，赢得广泛的消费群。1997年，彪马制定了企业整合和营销创新的发展计划，目标是使产品集运动、休闲、时尚于一体，成为非常规发展的流行品牌。彪马开始企业转型，由生产企业转向为以设计为主的企业，由技术人员决定产品的做法改由设计人员确定产品。90年代初，彪马仅有6名设计师，现在则有50名。在讲求时尚的美国，彪马高薪聘用设计过苹果电脑的设计师加文·艾维斯特负责设计，以期彪马不从流俗。

彪马还整合了营销网络，产品不再流入市场低端的超市，吸引从未经营过彪马产品的流行运动用品商店、时尚小店加入营销网络，进入哈罗兹、亨利·本德尔、托马斯、易朋等名品商店，彪马自己的形象商店也陆续在纽约、巴黎、罗马等国际都市开张。彪马逐步改变以往廉价品的形象，品牌知名度剧增。

2. 产品稀缺战略

随着业绩的改善，彪马成为广受欢迎的运动生活用品，开始实施稀缺战略，高端产品实行限产，一般产品则加快升级换代。全球最大的运动鞋经销商美国的福洛克曾经提出在连锁店中销售彪马的全线产品，如果这样做，彪马可以轻易地让产品销量提高一倍，但彪马婉拒了这一提议，因为其打折促销的方式和彪马背道而驰，彪马不想看到刚刚流行的样式不久便充斥在街头巷尾，更不愿重蹈 90 年代初的覆辙。彪马不愿意用这样的方式刺激销售，而期望长期稳定的成长，和消费者建立终身稳固的联系。

打造时尚品牌不能依靠投机，品牌形象应逐步开放。形象过于大众化，彪马将会从麦当娜和莱昂纳多·迪卡布里奥等时尚人士的脚下消失；一味特立独行也会影响销售，吓跑投资者；彪马也不愿意知名度局限在特定的消费群体中。彪马以坚持自己的路线而闻名，是一个代表个性的品牌。

为了展示最贴切的品牌形象，彪马和宝马汽车合作，专门设计出一款黑色的驾驶用鞋——Mini Motion 2 part shoe，这款鞋只生产 2 000 双，以 120 美元的价格在彪马专卖店或宝马 Mini 轿车销售商那里出售。彪马实施产品稀缺战略，依靠高端生存，形象缩小消费群，把产品卖给更少的人，而不将产品卖给低端零售商，以保护正在成长的品牌。一鞋难求激发了消费者的购买欲，限量销售使彪马产品因稀少而显得珍贵。自 1997 年开始，彪马的销售额每年都以 30%的速度增长。

3. 做潮流先锋，联袂国际时尚

彪马的好运并不都来自成功的销售策略，还在于及时发现并迎合社会的怀旧潮流。1998 年，彪马为滑雪爱好者、赛车迷和瑜伽狂生产运动鞋和服装，彪马从此不再只是一个运动鞋品牌，而变成一个时尚品牌。

为打造品牌新形象，彪马逐渐远离和运动员紧密相连的企业形象，将流行和运动鞋设计结合起来。使产品时尚化，就必须了解时尚趋势，超前设计。彪马定期派员前往纽约、巴黎、东京等地搜集商品目录、图片、服装、影像资料等，将这些信息传输到彪马在世界各地的设计站，通过展示不同风格的时尚产品，激发设计师的创作灵感。彪马的设计摆脱了原来笨重粗犷的格调，突出轻便纤秀，选用柔软透气的材质，适应不同季节和场合的需要。鞋的色调也不再是单一的白色，不同年龄的消费者都有合适的选择。

彪马还设计与开发服饰和附属用品，推出一系列休闲产品。运动与时尚联袂，这种贴近生活方式的产品占彪马销售额的 70%，在全球体育用品厂商中，这个比例是最高的。

彪马能如此成功地将专业运动和时尚潮流完美融合，与其国际顶级设计团队分不开。彪马的现任创意总监尼奥·贝奈特曾任古驰和普拉达的资深男装设计师，国际名模、资深瑜伽教练和路易·威登都与彪马关系密切。彪马的产品覆盖运动装的各大系列，体现了三大突破：革新、品味和时尚。日常休闲和专业运动兼顾，满足人的多样化需求，彪马不仅适用于运动场合，更适合日常生活穿着，彪马一直倡导——运动是一种生活态度。

4. 跨界合作提升品牌影响力

时尚，是彪马的最新代名词。套用汽车广告里争论不休的“谁是谁的追随者”来说，阿迪达斯与日本品牌 Yohji Yamamoto 合作，锐步与香奈尔合作，其实都是彪马的追随者。早在 1999 年，彪马就提出“跨界合作”概念，与德国高档服饰品牌合作推出高端休闲鞋。之后，运动品牌与时尚品牌结盟成为潮流。

2003 年，彪马与宝马 Mini 建立了品牌联盟，彪马设计了以宝马 Mini 为原型的“Mini—Motion”系列运动鞋。宝马 Mini 则用彪马的空气网孔技术设计新车型的座椅，并在 Mini 外部印上彪马著名的美洲豹 Logo。

品牌跨界合作就如同两个品牌的约会或联姻，不能只看企业规模，还得看双方性格是否合得来。宝马 Mini 和彪马拥有许多共同点，他们都是“反传统的品牌”，都信仰游击营销，都花了很多精力研究品牌的传播，两者都通过生活态度来找共同的消费者。2004 年，彪马通过与宝马 Mini 的跨界合作，成为 2004 年 F1 夺标呼声最高的宝马—威廉姆斯车队的服饰供应商。

5. 多元文化大融合

与竞争对手相比较，彪马更重视企业的国际化。为适应国际化的要求，彪马的管理中心由荷索金劳勒、香港和波士顿三地组成，管理人员通过互联网、视频会议相互沟通。3 200 多名员工分布在十几个国家和地区，德国员工仅占 20%。塞特兹本人可流利使用 6 国语言会话，这有利于企业的国际化。穿过彪马的德国管理大楼的走廊，听到的都是英语，见到的是不同肤色的年轻人，这便利于国际间的相互交流，及时掌握全球业内动态，调整企业经营战略。

多元文化的优势还在于能够更好地适应不同地域的市场需求，组织一支全球化的企业团队。早在 90 年代，塞特兹就引入非传统、较另类的年轻人作为中坚力量，以扭转德国企业普遍存在的等级森严和保守观念。如让 20 多岁的美国人安东尼奥·贝尔托尼和英国人萨梯·泰勒分别担任全球品牌总监和服装部经理，聘用员工平均年龄仅为 24 岁的盖罗公司为广告代理。在这种别样的企业文化氛围里，允许人们做违反常规的事情，这大大激发员工的创造性。

在设计上，彪马也引入多元化机制，由来自德、英、美等国的设计师共同担起塑造彪马的重任，目标是吸引那些希望拥有独立个性、穿着时尚的人们。彪马与法国的菲利普·斯塔克、英国的尼尔·巴雷特、日本的三原康裕等著名设计师的合作也取得令人瞩目的成果。总之，不同地域文化的相互融合，适应了各地消费者的不同口味，使彪马从品牌、产品乃至企业形象都给人耳目一新的感觉，提升了彪马品牌在全球的影响力。

6. 按生活态度细分消费者

1960—1970 年，彪马为运动员服务，但如今，彪马全力打造消费者最想要的运动生活方式品牌，将更多的因为喜欢运动装的人也变成顾客。运动与时尚紧密结合是流行的趋势，运动装已不再是竞赛的工具或运动行头，而日趋成为个人时尚品味的宣言。运动品牌不仅要在性能和表面上开发产品，更要通过创意让人产生穿着愿望，感受娱乐和时尚。

彪马在运动时尚化的细分定位上颇有心得，10 多年前，彪马就利用这一策略从破产边缘回到强势品牌阵营，并成为管理最佳的运动服饰品牌。当时，大多数企业对消费者进行细分时采用的都是传统的人口统计学方法，按照年龄、学历、收入等标准来划分消费者。彪马不这样定位，彪马既适合运动家、商界人士，也适合于家庭主妇。只要有一颗年轻的心，不论职业性别，都是彪马的朋友。彪马从思维态度和生活方式两个方面影响消费者，创造属于彪马的独特品牌态度和品牌营销核心。在这种理念指导下，彪马将"运动"定义为积极的生活方式，希望彪马的消费者即使到了 70 岁仍然坚持这种生活方式，同时也是品牌的忠实顾客。

彪马市场细分的核心是牢牢抓住"最先尝试者"，所有消费者都可以根据他们对新产品、新技术的接收时间和接受程度分为创新者、最先尝试者、早期从众者、晚期从众者和落后者。最先尝试者一般是市场的意见领袖，可以将产品推荐给从众者和落后者。

彪马并不按照价格来区分产品线，而通过区分产品的最先尝试者的从众者来设置产品线。为最先尝试者设计的产品更具超前意识，更多时尚要素。产品的分销渠道也是如此，前卫设计产品出现在时尚小店里，主流产品则在 Foot Locker 这样的运动服饰专卖店销售。

7. 出色的游击营销活动

1993 年，彪马面临严重亏损，关闭了总部的制鞋厂，进行大规模裁员，随即把制鞋过程外包给中国大陆、台湾和越南的生产商以降低成本。削减营销费用的游击营销战术原属无奈之举，令人吃惊的投资回报让彪马将游击营销进行到底。

跟竞争对手在大众广告和宣传上大手笔的投入不同，彪马把有限的营销经费投入到了低价而有创意的游击营销活动上。2002 年，彪马在美国的广告经费仅为 390 万元，还不及耐克和锐步等竞争对手的零头。

2002 年秋，彪马赞助了一次由前卫设计师参加的运动鞋设计比赛，比赛的名称为“节俭”，设计师们必须用旧的衬衫、裤子、领带和钱包等原材料来设计运动鞋，生产出来的 510 双作品被命名为“有灵魂的运动鞋”。限量生产的产品被收藏爱好者追捧，有的还被伦敦艺术馆收藏。

2002 年，日韩足球世界杯，别的运动品牌都极力争取官方赞助权，邀请明星代言。彪马则与牙买加、突尼斯等非洲球队签订赞助合同，这些非洲球队表现出色、出镜率颇高，赞助费用却低许多；牙买加和突尼斯运动员的性格也很适合彪马品牌的特点——体育运动不只是血、汗和泪，更是无穷的乐趣。彪马还组织了一场名为“Shudoh”(成为足球主人的方法)的公关活动，邀请日本著名厨师为世界杯设计了一款应景的寿司卷，在全球各大城市(包括纽约、伦敦、悉尼等重要市场)主要的日本餐馆里供应。球迷点这道菜，即可得到印有彪马 Logo 的筷子、日本清酒杯和餐巾，彪马还举办寿司制作比赛。

8. 足球营销，眼光独到

与耐克和阿迪达斯主攻欧美亚不同，彪马将冲锋号吹向非洲球队。彪马青睐这些非洲球队身上的反叛、激情和大胆，这与彪马“志趣相投”。

最新的彪马广告基本以非洲球员为主角，彪马连续赞助了三届非洲杯的冠军球队，前两届分别是喀麦隆和突尼斯，2006 年非洲杯上，彪马更是包揽埃及和科特迪瓦两支决赛球队。2006 年德国世界杯足球赛上，彪马投入巨额广告费，一举把非洲 5 支参赛队全部拉入阵营。

2004 年，彪马在非洲的营业额为 4 500 万欧元，占集团总销售额的 3%。彪马希望非洲球队不断增长的魅力能带动彪马球衣在非洲之外市场的销售。为了陶醉球迷，彪马与音乐电视台 MTV 合作，为非洲足球寻找代言歌曲，彪马代言人球王贝利参与拍摄的相关广告也已在 MTV 欧洲台和非洲台播出。

德国世界杯上，围绕世界杯赛爆发了一场球队球衣商标大战，彪马最终告捷。32 支参赛队中，彪马拥有 12 支代言球队，成为在德国世界杯赞助球队最多的运动品牌，彪马赞助的唯一种子队意大利获得冠军时，彪马成为世界体育商品市场上真正的“英雄”，德国世界杯赛降下帷幕之际，世界各国球迷看到了两个世界冠军的诞生，一个是世界足球冠军，另一个是世界体育用品冠军——彪马。

——NBA的品牌发展之路

1946年6月，来自美国11个城市的地产界大亨聚会纽约。在他们的策划下，BAA(美国篮球协会，NBA的前身)诞生了。从此，NBA开始了它延续半个多世纪的风雨传奇。[①]

NBA全称"National Basketbal l Association"，意为国家篮球协会。目前，NBA联盟共有30支球队，东西区各15支。2005—2006赛季，NBA将原有的东西两个赛区改划为东部联盟和西部联盟，每个联盟下含三个赛区，每个赛区五支队伍。在赛制方面，NBA有季前赛、常规赛、季后赛。季前赛每年10月前后开始，战果不记入赛季成绩，季前赛的目的是磨合队伍、锻炼新人。季前赛结束后不久，常规赛正式开始。常规赛通常由11月延续到次年的4月，采用循环赛制，每支队伍一般会进行82场比赛。常规赛结束后，按胜率排名，东西部联盟各有8支队伍进入季后赛。季后赛为淘汰赛，分别产生东西部冠军，总决赛在东、西部冠军之间进行，季后赛每轮比赛都采取7场4胜制。常规比赛之外，NBA每年都会举行一场全明星赛。全明星赛由开始的一场比赛发展为现在的篮球娱乐嘉年华。除全明星赛外，还有新秀对抗赛、技巧挑战赛、三分远投大赛、灌篮大赛

执笔：王丽霞。

① 1949年BAA兼并了当时的另一个职业篮球联盟NBL，综合两个联盟的名字，改名为现在广为人知的NBA。但NBA官方历史一直以1946年BAA的诞生为起点。

等。全明星赛由东西部各组成一支队伍进行比赛，参赛球员由全世界球迷和NBA主教练一起投票选出。全明星赛是一个纯娱乐和表演的比赛，参赛双方都不太注重比赛结果。

80年代中期，NBA进入黄金发展期。经过40年的发展探索，NBA比赛规则日渐成熟，比赛充满激情，极具观赏性。联盟在组织的经营管理上也拥有成功经验，自由球员制、工资上限制、球员选秀制等日渐完善，NBA联盟像精密机器一样高速运转。1984年，"篮球之神"迈克尔·乔丹加盟NBA，开始书写篮球史神话。80年代的NBA群星闪耀，成功扭转了70年代的负面形象，成为美国国内的顶级体育赛事。

有了美国本土的成功经验，NBA开始拓展海外市场。1989年，NBA开始引进外籍球员，目前，NBA在海外80多个城市设立办事处，在200多个国家拥有电视转播权，十几年的时间，NBA成功发展为世界级的体育品牌。引进外籍球员是开发海外市场的利器，2006年常规赛mvp[①]得主史蒂夫·纳什在其祖国加拿大引发了NBA热潮。2002年，姚明加盟NBA以来，国内对NBA的关注也空前高涨。

作为职业体育联盟，NBA的目的是盈利。大卫·斯特恩上台后，更是目标明确："职业篮球是一桩生意，必须赚钱才能玩下去。而要想赚钱，就必须让大家都赚钱"。[②]"大家"，指的不光是各支球队的老板，还包括所有与联盟有关的关系利益人。

联盟要想盈利，首先必须提供高质量的比赛。NBA联盟内汇聚了超过300名来自全世界的顶级篮球高手，其比赛的精彩程度毋庸置疑。NBA苦心经营，通过不断完善比赛规则来平衡比赛的激烈程度和身体对抗的合理性，这样的比赛自然会吸引观众。NBA最初的球迷以市井民众为主，现在则以中产阶级为主。高质量的比赛吸引了大量球迷，增加了门票收入和现场商品销售收入；球迷们通过电视转播收看比赛，为NBA带来了巨额电视转播费用，也为电视台带来可观的广告收入；企业利用NBA明星代言或在NBA赛事转播期间播放自己的广告提升了自己的品牌形象。

NBA已发展为年产值达40亿美元的巨大产业，业务范围涉及体育、娱乐、媒体、运动用品、餐饮等诸多方面。为了配合NBA的营销，NBA联盟拥有自己的娱乐公司、产业公司、电视台和网站。NBA已形成拥有独特文化内涵的品牌群。提起NBA，消费者脑海里不仅会想起篮球场上那些精彩绝伦的灌篮或远

---

① Most valuable player，意为最有价值球员。

② 胡丁：《NBA世纪风云》，花城出版社2001年版，第31页。

投，更会想起众多个性十足的明星；NBA 不仅让人欣赏紧张刺激的比赛，更让人体验激情，分享英雄的光荣与梦想。NBA 的品牌文化已深入比赛和它所制造的明星身上，乃至渗透到赞助商的品牌之中。

案例分析

NBA 的发展过程并非一帆风顺，也经历过许多危机，有些危机甚至危及生存，但 NBA 凭借出色的管理和对体育市场的精妙把握，始终化险为夷，带领品牌攀登上世界体育产业的珠穆朗玛峰。

一、完善产品构成：发掘所有可能的市场

1. 质量赢天下：提供顶级的篮球赛事

对于盈利性组织来说，产品质量是关系组织生存与发展的关键。篮球比赛是 NBA 的核心产品，比赛的水平代表 NBA 的产品质量。

高水平球员是高质量比赛的基本保证，NBA 从来不缺少这样的高水平运动员。NBA 联盟中汇聚了超过 300 名的世界顶级篮球运动员，他们个个身怀绝技。从第一代 NBA 球星乔治·麦肯到 60 年代的罗素、张伯伦，从 70 年代的“天钩”贾巴尔到 80 年代中期的“魔术师”约翰逊和“大鸟”伯德，从“篮球之神”的乔丹到后乔丹时代涌现的众多中生代、新生代球星，他们在 NBA 的历史上谱写了一个又一个的传奇，为球迷带来了精彩绝伦的比赛。现在，NBA 加快吸收国际球员的步伐——加拿大的纳什、德国的诺维斯基、俄罗斯的基里年科、西班牙的加索尔、阿根廷的吉诺比利，还有中国的姚明……NBA 朝着更加国际化方向发展。

完善的规则和制度也是 NBA 的高品质赛事的保障。从 50 年代开始，NBA 就不断改进比赛规则，增强比赛的观赏性。50 年代中期，使用“24 秒进攻时效”规则，大大加快了比赛节奏，彻底终结了 50 年代以前的那种慢节奏惹人厌烦的比赛。70 年代末，NBA 引进三分球规则，增强了比赛的刺激性和观赏性。后又发展出五秒发球、八秒过场、三秒违例、合理冲撞区等规则，这些规则促进了篮球运动的健康发展，绝大部分成为国际篮球运动通用的规则。80 年代，NBA 现任总裁斯特恩上任后也采取了一系列措施，工资帽制度——主要为了避免优秀球员过度集中于在财力雄厚的球队；在新秀选拔方面实行“倒摘牌”——由常规赛成绩最差的球队最先挑选新秀。这些措施有效地平衡了球队之间的实力，保证

比赛不至于因球队水平相差过于悬殊而失去吸引力。NBA 从各个方面努力，保证核心产品的高质量，这是其获得成功的首要原因。

2. 渠道保畅通：提供最便利的产品获得途径

作为竞技体育联盟，比赛是 NBA 的核心产品，这一产品有其特殊性，严格来说，它更应该被视为一种服务。服务即"任何不可感知的、最终谁都无法拥有的活动或利益"。[①] 与有形产品相比，服务具有不可感知性、消费即时性、易消失性等特性。[②] 观看 NBA 的比赛，在比赛过程中感受激情与刺激，这能帮助消费者从工作和生活的压力与烦躁下解脱出来；这种情绪或许还会延伸到赛场之外，成为消费者用以自我激励或放松的手段，但比赛本身是不可碰触的。因此，产品设置方面必须适应消费者的购买习惯，使其能够以最小代价获得产品，这样才能最大限度地保留现有的消费者，吸引潜在消费者。

从时间安排上来说，NBA 的比赛时间充分考虑方便观众到现场或通过电视收看；赛制安排也适合电视台的播出习惯通过电视收看比赛的人无疑占大多数。NBA 的比赛安排上充分体现了这些原则，NBA 的比赛一般在美国晚上的黄金时间进行(有时下午也有安排比赛，但数量不多)，周末的比赛也比平时要多，这些都是为了迎合观众的收看习惯。在美国，圣诞节是十分重要的节日，NBA 每年圣诞节会安排两场富有戏剧性的对决。圣诞大战的对手一般都有渊源，这些是媒体关注和球迷们津津乐道的焦点。如 2003 年圣诞的"姚鲨对决"，[③]2004 年科比与奥尼尔的"OK 大战"，[④]2005 年马刺队与活塞队的总决赛预演[⑤]等，都是充满了话题的比赛，因而备受瞩目。全明星赛、总决赛等重要比赛的时间安排更是煞费苦心。全明星赛在周末举行，已发展成盛大的嘉年华，吸引了全世界篮球

---

① [澳大利亚]戴维·希伯里、谢恩·奎克、汉斯·韦斯特比克:《体育营销学》第二版，清华大学出版社 2004 年版，第 91 页。

② [澳大利亚]戴维·希伯里、谢恩·奎克、汉斯·韦斯特比克:《体育营销学》第二版，清华大学出版社 2004 年版，第 91 页。

③ "姚鲨对决"指姚明同原湖人队中锋奥尼尔之间的对决。由于两人同为中锋，因此常被人拿来作比较。奥尼尔在 NBA 有"大鲨鱼"的称号，因此两人之间的对决成为"姚鲨对决"。

④ 奥尼尔和科比原为洛杉矶湖人队的队友，后因两人不和，奥尼尔东去加盟迈阿密热火队。奥尼尔(O'Neal)和科比(Kobe)的名字的首字母组合在一起即为"OK"。

⑤ 04—05 赛季 NBA 总决赛在这两支队伍中进行，最终圣安东尼奥马刺队赢得总冠军。时至 05—06 赛季，这两支队伍仍然是总冠军的有力争夺者，因此他们之间的比赛被认为是总决赛的提前预演。但事实是，05—06 赛季的总冠军在迈阿密惹火队和达拉斯小牛队之间进行，最终热火队赢得总冠军。

爱好者的目光。近年来总决赛总是安排在晚上的黄金时间。2006 年总决赛，便安排在美国时间晚上八点钟。

除了时间上的便利，NBA 的体育服务也尽可能便捷。NBA 不仅以传统方式销售门票，同时开通售票热线和网上订票等服务，让球迷足不出户就能买到目标场次的球票。同时，NBA 同 TNT、ESPN、CBA 等诸多电视机构达成转播协议，使更多观众可以通过电视收看 NBA。NBA 通过电视向超过 200 个国家进行赛事转播，NBA 已经超越了国境。

3. 产品多样化：全面开发衍生产品

NBA 的核心产品——篮球比赛——是一种服务，比赛是无形的，结束时便无处可寻。尽管 NBA 一直致力于提高赛事水平，比赛依然具有不确定性，赛前被人们看好的比赛有时会沉闷无聊，冷门比赛却可能异常精彩。NBA 开发出了覆盖广泛的衍生产品来解决这一问题。

NBA 将比赛过程制作成录像带出售以弥补比赛的易消失性，类似的产品还有球星精彩表演片断的集锦节目、比赛照片、图片、海报等产品。NBA 球队的主场体育馆中都设有便利的购物场所，在这里可以买到一切和 NBA 有关的商品：球衣、球鞋、明星卡片、NBA 节目影碟、球星人偶以及各种纪念品。洛杉矶一家调查曾做过统计，平均每个到现场看球的观众会在这些购物场所花费 64.3 美元，一个赛季下来，NBA 从到现场的球迷身上就可获得近 15 亿美元的收入。①

体育场内的购物场所除了经营 NBA 纪念品之外，还提供餐饮服务。到现场看球的球迷可以舒适地一边享受美食一边欣赏刺激的比赛。这看似简单的细节却吸引了大量球迷到现场看球，因为除了狂热的球迷，没有人愿意长期为看球而牺牲正常的晚餐。衍生产品为 NBA 增加额外的收入，也为消费者提供了便利。此外，通过授权等合作方式，NBA 还生产电影、游戏等产品。这些衍生产品同 NBA 一起受到全世界篮球迷们的喜爱。

二、品牌传播：整合手段塑造品牌神话

1. 品牌文化：娱乐、激情与梦想

NBA 给人们带来欢乐与激情，人们在观看比赛的过程中寻找荣誉和梦想。为体现 NBA 的娱乐精神，NBA 煞费苦心。NBA 每支球队都拥有自己的啦啦队。每逢主场，在比赛的空隙，这些啦啦队就会出来调动现场观众的情绪，为主

---

① 流星火：《NBA 商业帝国的秘密》[DB/OL]. http://210.34.4.35/kns50/classical/singledbindex.aspx? ID=1,2005-12。

队加油。同样,每支球队也都拥有自己的吉祥物,这些吉祥物一般是卡通形象,由真人扮演。吉祥物不仅仅是一个卡通人偶,吉祥物的扮演者要与观众充分互动,有时还要靠它们来化解比赛场上的突发事件。啦啦队和吉祥物充分体现了NBA将篮球运动与娱乐结合在一起的精神。现场看球的球迷也充分享受娱乐篮球的乐趣,一些球迷往往会参与其中。有些球迷在比赛现场打出别具一格的标语来为自己喜爱的球队和球星加油,这也逐渐成为NBA赛场上的独特文化。

将篮球娱乐文化发挥到极至的要数NBA每年一度的全明星赛。全明星赛从1951年开始举办,经过半个多世纪的发展,已由原来单纯的比赛发展到现在整个的全明星周末。全明星周末包括球迷互动嘉年华,新秀挑战赛,技巧挑战赛,三分远投大赛、扣篮大赛和一场全明星比赛。全明星赛最吸引人的地方是,参赛的东西部球队的首发队员全部由球迷投票选出。观众能在一场比赛中看到所有自己喜爱的明星,比赛的结果不再重要,明星们在球场上都各展绝技,一切为了娱乐。

NBA带给观众的另一种感受是激情。作为竞技体育项目,篮球运动本身就充满激情,作为世界顶级的职业篮球联盟,NBA自然激情四射。从80年代开始,NBA结合比赛与表演,开创了所谓的"表演时刻(show time)"。NBA的比赛中经常能看到灌篮、空中接力这样的高难度表演;有时比赛直到最后几秒钟才能分出胜负;落后的球队在比赛结束前上演绝地反击,最后完成逆转赢得胜利。这一切给观众带来激情和享受,这也是NBA精神的最佳体现。

美国是一个制造梦想的国家。在这里,只要努力,一切梦想都能实现,NBA体现这样的美国精神。在NBA打拼的每个球员都渴望得到联盟的最高荣誉——NBA总冠军戒指,但并非每个人都能梦想成真。有的人拥有两枚、三枚甚至更多总冠军戒指,也有人,虽然同样出色,却每每与冠军失之交臂,令人扼腕叹息。这便是NBA传达的另一种精神,英雄与梦想,胜利或者失落,还有永不放弃的精神。

2. 电视转播:品牌传播的利器

NBA在发展早期就十分注重品牌宣传。上世纪50年代,电视是最重要的媒体,体育赛事转播热闹非凡。NBA自然不会错过这样一个宣传自己的绝佳工具。但电视台却对NBA兴趣寥寥,那时NBA比赛的精彩程度远不如现在。1950年,NBA邀请电视台转播总决赛,比赛打得极其无聊,两支队伍全场得分加在一起只有37分,这场比赛让NBA颜面扫地,电视台在其后几年时间里拒绝转播NBA比赛。

50年代中期,NBA采用"24秒规则"之后,比赛激烈起来,这种情况才得以改观。1957年,NBA再次争取到现场直播,这一年的总决赛不负众望,比赛异常激烈，双方战至七场，决胜局又经过两个加时才最终分出胜负。紧张精彩的比赛带来高收视率，这使电视台极为满意，NBA 开始了与电视台的亲密合作。

通过电视转播，NBA 扩大了知名度和影响力，但当时的电视转播没有为 NBA 带来利润。直到 1973 年，哥伦比亚广播电视台（CBS）与 NBA 签订了电视转播合同，三年付给 NBA 2 700 万美元的转播费用。这之后 CBS 又与 NBA 续约四次，到 1986—1987 赛季，转播费用已达到 4 年 1.74 亿美元，几乎是 13 年前的五倍。[①] 现在，NBA 每年从国内电视转播上就能拿到 4 亿美元的收入，加上有线电视转播，这个数字将超过 7.5 亿美元。

3. 明星代言人：俘获球迷的心

篮球运动员是 NBA 最有价值的资产，他们带来高水平的比赛，但仅仅如此还不够。NBA 通过多方位的包装和宣传，将这些球员打造成耀眼的明星，通过他们来传播 NBA 的形象。NBA 设立名人堂，入选名人堂的都是为篮球事业做出贡献或在联盟中取得巨大成就的人——张伯伦、贾巴尔、奥拉朱旺、约翰逊、伯德、乔丹、奥尼尔、科比、韦德……球迷们对这些名字耳熟能详，最著名的名字是“飞人”乔丹。

乔丹 1984 年加盟 NBA，凭借令人惊叹的天赋，短短几年就成为美国篮坛的风云人物。在超过十年的时间里，乔丹代表了整个 NBA 联盟，而这十年正是 NBA 品牌腾飞的十年。从乔丹加盟到 80 年代末，NBA 的上座率提高了 50%，乔丹所在的芝加哥公牛队也成为最受欢迎的球队。公牛队在 1987—1988 年间的 18 个月内卖出的门票比该队 22 年历史中卖出的门票总和还要多。[②] 1998 年《财富》杂志上的一篇文章称，在过去的十几年内，乔丹至少带来了 100 亿美元的商业价值。[③] NBA 总裁斯特恩认识到球星将产生的巨大经济影响力，于是将球星们全力包装之后推向市场。在他的穿针引线下，乔丹成为耐克公司的广告代言人，后者迅速从名不见经传的小厂发展为世界知名的运动品牌。乔丹代言的球鞋系列甚至超越了球鞋本身的意义，被许多爱好者当作收藏品收藏。耐克成名之后，其篮球用品系列继续启用 NBA 炙手可热的明星代言，转而又对 NBA 的品牌形象进行了传播。NBA 与世界顶级品牌合作双赢的例子还有很多。

球星都会有退役的一天，因此 NBA 对球星的培养和包装是波浪式的。乔

---

① 陈国强：《浅析 NBA 的电视转播》[DB/OL]. Http://210.34.4.35/kns50/classical/singledbindex.aspx? ID=1,2005-09。

② ［美］戴维·卡特、达伦·罗维尔：《经营体育——美国体育领袖的商业之道》，中国人民大学出版社 2002 年版，第 228～229 页。

③ 李世丁、周运锦：《贩卖奥运：运动营销攻略守则》，广东经济出版社 2002 年版，第 98 页。

丹退役后，NBA 的收视率和上座率一度降低，但很快地，人们目光有被新生的球星吸引住。霸气十足的"大鲨鱼"奥尼尔、少年得志的科比·布赖恩特、桀骜不驯的"答案"艾弗森、冷静沉稳的"石佛"邓肯、激情四射的"加拿大飞人"卡特……NBA 没有了神一样的乔丹，但涌现出诸多各具特色的球星，也依然能满足每一个球迷的喜好。

4. 整合营销：全面推广品牌形象

任何品牌的成功都离不开精心设计的营销方案。营销不等同于简单的推销，戴维·希伯里等人在营销学 4P 概念的基础上提出了体育营销中的 7P 概念产品、价格、销售渠道、促销、实物呈现、人员和服务过程。[①] 这 7 个因素在不同的情况下进行具体组合，从而取得最佳营销效果。营销也可以视为与消费者的沟通。营销沟通必须切实符合品牌的形象，完全反映品牌特性。营销者综合运用各种营销手段，统一控制一切与品牌相关的因素，塑造出积极的品牌形象。

在推广品牌形象的过程中，NBA 十分注意信息的统一性。作为运动品牌，NBA 在公众面前一直保持积极健康的品牌形象，NBA 的品牌内涵代表了激情、荣誉和梦想。为了维持正面形象，NBA 采取措施严格控制自身内部形象建设和对外宣传。对内方面，NBA 坚决抵制毒品和兴奋剂，严厉惩罚球场暴力，严密预防可能对联盟形象产生负面影响的事件。负面事件一旦发生便采取措施严厉惩罚，决不姑息。2004 年 11 月，在底特律发生"奥本山"事件，[②]NBA 在第一时间处理了相关人员，参与事件的主要球员被禁赛和罚款，因为 NBA 处理及时得当，尽管事件本身的性质比较恶劣，却并未对联盟造成过大影响。NBA 每年都会对新加入 NBA 的球员进行培训，其中重要的一项内容就是公关素质的培养，包括如何在公众面前保持自己的健康形象、如何面对媒体、与媒体建立良好关系等。2005—2006 赛季开赛前，斯特恩颁布了着装令，要求球员在非比赛情况下出现在球场、记者招待会等场合时必须身着正装。这一举措的目的也在于严肃 NBA 形象，使其更迎合美国社会主流中产阶级的审美标准，从而赢得他们的好感。

NBA 整合各种传播手段，使传播效果达到最大化。除电视赛事转播外，NBA 拥有自己的娱乐公司，每年制作超过 530 个节目在全球 170 多个国家和地

---

① [澳大利亚]戴维·希伯里、谢恩·奎克、汉斯·韦斯特比克：《体育营销学》第二版，清华大学出版社 2004 年版，第 5 页。

② 因事件发生地——底特律活塞队的主场球馆"奥本山宫殿"而得名。2004 年 11 月 9 日，印第安纳步行者队客场挑战底特律活塞队的比赛中，双方球员发生争执，主场观众向客队候补席投掷矿泉水瓶，愤怒的步行者队队员阿泰斯特冲上观众席殴打观众，造成现场混乱，比赛中止。事后，联盟给予主要肇事者阿泰斯特剩余赛季停赛的处罚，对其他参与打架的球员也分别给予不同程度的处罚。

区播出;每年拍摄超过 2 700 张 NBA 照片,授权全球各大媒体使用;NBA 还设有自己的官方网站 NBA.com,每天有超过 20 万人次的访问量,是最受欢迎的网站之一。[①] NBA 在全世界举办篮球夏令营等活动,旨在培养 NBA 下一代的品牌忠诚者。除充分利用各种媒体外,NBA 还热衷于公益事业。NBA 为改造美国的问题少年而发起"留在校园"运动,提倡普及文化,为落后地区的民众筹集捐款;NBA 的球星也往往热衷此道,2005 年美国新奥尔良等地区发生严重的飓风灾害,NBA 球星纷纷捐款或组织公益比赛援助灾区,这些活动都提升了 NBA 在民众心中的形象。此外,NBA 在全世界的传播都使用统一的品牌标志。红蓝色做底,白色运动员侧着身子运球的标志出现在一切与 NBA 有关的场合,有效地强化了品牌识别,其宣传口号"I Love This Game!"也简单易记,频繁出现在 NBA 的宣传片和它的商业合作伙伴的广告中。

5. 海外推广:在全世界树立 NBA 的旗帜

发展壮大的 NBA 早已不满足于本土的发展,而走上了国际化的发展道路。1992 年巴塞罗那奥运会上,奥委会首次允许职业球员组队参加奥运篮球比赛。NBA 联盟自然不会错过这一绝佳的品牌传播机会。这一年,美国派出由包括乔丹、伯德、约翰逊在内的众多 NBA 顶级明星组成国家队出战奥运会。在这届奥运会上,实力强大的美国队兵不血刃,以全胜战绩夺得了奥运金牌,被誉为"梦之队"。"梦之队"在奥运会上的亮相向全世界展示了 NBA 的强大实力和超凡魅力,第一次在全世界的面前树立了 NBA 的形象。

在电视转播方面,NBA 的海外转播发展迅速。上世纪 80 年代末,只有 50 多个国家可以收看 NBA 节目,到 2001 年,NBA 用 40 多种语言向 200 多个国家和地区转播比赛,节目覆盖全球 7 亿 5 000 万用户,NBA 每年在海外电视转播方面获得的利润超过 3 亿美元。

NBA 扩大国际影响力的另一重要手段是引进外籍球员。最为中国读者熟知的例子便是姚明。2002 年,姚明加盟 NBA 以来,国内掀起了前所未有的 NBA 热潮,以前不喜欢篮球的人也开始看 NBA 比赛。目前,NBA 的外籍球员约占全体球员的 15%,其中不乏一流的大牌明星,外籍球员和明星带动了 NBA 在其母国的发展。2004 年 10 月,NBA 在北京和上海举行了两场季前赛,比赛的队伍为国王队和姚明所在的火箭队。这两场季前赛取得了巨大的商业成功,中国球迷感受到了原汁原味的 NBA 比赛,NBA 也进一步扩大了其在中国的知名度和影响力。

---

① 李世丁、周运锦:《贩卖奥运:运动营销攻略守则》,广东经济出版社 2002 年版,第 101~102 页。

现在，NBA 继续着它在世界市场上的扩张，总裁斯特恩提出了海外扩张的四大设想：第一步，与欧洲俱乐部联盟；第二步，接管其他联赛；第三步，形成新的联赛，其中包括现有的欧洲球队，欧洲将停止国家队之间的比赛；第四步，在欧洲的一些城市建立 NBA 球队。[①] 这四大设想主要是针对欧洲，若能成功，NBA 帝国又将发展到另一个高峰。

三、先进的经营管理机制

1. NBA 的组织结构

目前，NBA 联盟内有 30 支球队，这些球队的产权归投资人所有，采取谁投资谁受益的原则。由于产权关系清楚，整体利益相同，使得职业联盟能够以市场需求为依据，以最大利益为目标不断发展。

NBA 的最高权力机构是董事会，由 30 支球队的老板或老板的指定代表组成。总裁办公室是 NBA 的最高权力机关，由总裁、副总裁和主要业务负责人组成。董事会与总裁、各部门人员是雇佣关系，董事会拥有决定权，联盟的一切对董事会负责。NBA 各个部门之间职能和工作各不相同，但分工明确，各公司的负责人都与总裁办公室或与之相应的负责人联络，遇到重大事情，总裁直接到公司解决。市场化公司制组织结构带来高效率。

2. NBA 的管理制度

NBA 在其漫长的发展中积累了丰富的管理经验，这些经验沉淀在一起形成 NBA 的管理经营制度，成熟的管理制度使 NBA 保持高效有序的运作。

(1)自由球员制。这个制度是 NBA 理事会与球员工会于 1976 年签订协议确认的。该协议规定，除新秀球员外，球员与球队合同到期后可以自由选择球队。这一规定的意在破除球队对球员的垄断，球员可以为自己争取更为优厚的待遇，球队也可以根据需要寻找自己需要的球员，劳资两益。

(2)工资帽制度。这一制度于 80 年代初期出台，旨在节约球队成本。这一制度规定每支球队付给球员的工资总额不能超过限额，否则球队将被征收与超过限额数目相等的奢侈税。这一制度有效控制了球队的经营成本，避免了球队间恶意争抢球员，有利于球队的健康发展。工资帽制度也使球队的实力趋于均衡，避免运动员流向财大气粗的球队，可谓一举两得。

(3)选秀制度。NBA 要长久发展，人才的补充和培养至关重要。NBA 造就

---

① 流星火：《NBA 商业帝国的秘密》[DB/OL]. http://210.34.4.35/kns50/classical/singledbindex.aspx? ID=1,2005-12。

了一批眼光独到的星探，他们在美国的大学生篮球联赛、篮球训练营及他国的篮球场上为 NBA 寻找明日之星。NBA 的选秀实行倒摘牌制——前一年常规赛成绩最差的球队拥有优先选秀权，这也是平衡球队实力的一项措施。另外，选秀权也可以拿来进行交易，作为换取球员的条件。

除此之外，NBA 还有更为具体的规则：反毒品公约，对球员出席记者招待会的要求，着装令……制定这些规则的目的只有一个——保持 NBA 的高效运作，维护联盟的良好形象。

结　语

在现代经济中，体育产业愈发凸现重要性，全球体育产业的年产值已高达4 000多亿美元。在一些经济发达国家，体育产业已成为不可或缺的支柱性产业。自 2000 年举办悉尼奥运会之后，澳大利亚的体育产业产值在全国 GDP 总额中所占比例已达到了 3%。[①] 随着我国市场经济的发展，体育也必然走上产业化道路。越来越多企业意识到体育产业的巨大经济价值和社会效益。为发展我国的体育产业，参考国外成功的品牌发展经验就显得格外重要。以上我们从发展历史、产品设置、品牌传播、经营管理等方面对 NBA 的成功经营做了介绍，希望能够有所裨益。

① 金汕：《体育产业能否借奥运转轨》[EB/OL]. Http://www. zaobao. com/special/newspapers/2006/04/lwothers060423e. html，2006－04－23。

"欢乐使者"的创造与延伸

——迪斯尼娱乐传媒品牌建设的启示

提起迪斯尼，米老鼠、唐老鸭、灰姑娘、白雪公主、斑比、维尼等一大批可爱的卡通形象就会浮现在脑海中，对于上世纪七八十年代出生的中国孩子来说，这些动画片带给他们童年无尽的欢乐。事实上，创造欢乐也正是迪斯尼八十多年来始终坚持的核心价值观，不仅是卡通片，迪斯尼的电视节目、电影、游乐园、特许产品、游戏、图书等无不渗透着这一理念，迪斯尼试图唤醒人们内心深处对欢乐、对童趣的渴望。

迪斯尼是当今世界公认的五大传媒集团之一，是最具特色的传媒集团。它的"特"集中体现在两个方面。

迪斯尼拥有鲜明的品牌个性和独特的内容。在世界五大传媒集团（AOL 时代华纳、新闻集团、迪斯尼、维亚康姆、贝塔斯曼）中，迪斯尼是唯一以专业影视内容制作起家的公司，从 1922 年沃尔特·迪斯尼创办欢笑动画公司（迪斯尼公司的前身）到 50 年代，迪斯尼一直专注于卡通电影的创作，这也变成迪斯尼的主营业务，陆续兴起的动画片、真人电影、电视节目、乐园、授权产品，包括收购的媒体，都可以看做是卡通电影的扩展和延伸。卡通带给迪斯尼的还不只这些，它更赋予迪斯尼"欢乐"的品牌个性，迪斯尼品牌下的产品，都被看做是快乐、开心的

执笔：李威。

象征，一个规模庞大的传媒集团却贯穿着一条清晰的主线，这是其他传媒集团都不具备的。

迪斯尼还是艺术产业化、大众化的先驱，是娱乐产业化的实践者和开拓者。从上游的节目制作，到中游的传播网络，再到下游的后续产品开发，迪斯尼内部已经形成一条完整的产业链，而这条产业链的形成事实上得益于迪斯尼两次重要的品牌延伸。

一次是“线下”的产品开发，每部卡通片上映以后赚取的不仅仅是票房收入，而是一群受众，迪斯尼利用人们对卡通形象的喜爱，把它们当作一个个生动的品牌形象，或授权企业生产相关产品售卖，或将其放在现实中的游乐园中与观众“亲密接触”。这个做法成就迪斯尼的两大主要收入来源：授权生产、连锁商店和迪斯尼乐园。这种延伸既是对“欢乐”概念的全面诠释，又是对品牌的充分开发。迪斯尼每创作一部精彩的动画片或电影，都会带来许多新的品牌形象和一系列后续产品，迪斯尼拥有一个巨大的“品牌仓库”。

一次是“线上”传播平台构建，始于上世纪90年代的传媒并购浪潮使迪斯尼进一步认识到构建自有传播网络的重要性。在大力发展自有“迪斯尼有线频道”的同时，1995年迪斯尼以190亿美元的价格收购美国广播公司(ABC)，获得ABC旗下10家无线电视台和226家附属电视台，44个广播电台和3 400个附属台，包括著名传媒品牌ESPN频道，其网络覆盖全美25%的地区。2001年7月23日，迪斯尼又以53亿美元资金收购福克斯家庭娱乐频道，获得该频道在美国的8 100万用户、拉美的1 000万用户和欧洲的2 400万用户，建立起一个庞大的有线电视网络，直接进入家庭。迪斯尼还积极进军网络、报纸、杂志等媒体事业，多媒体的密切配合既为迪斯尼丰富的节目资源创造更多传播机会，也使迪斯尼从“二次销售”中获得丰厚的广告收入和受众资源。

迪斯尼这两次延伸给自身的发展带来深刻影响。一方面，两次围绕核心定位展开的延伸锐化明确了迪斯尼“创造欢乐”的主旨——“为家庭娱乐业提供最优秀的节目”。延伸的成功还进一步放大迪斯尼的品牌价值，90年代中期到2004年，迪斯尼一直都是世界传媒第一品牌，2005年，在世界品牌实验室(WBL)公布的“世界最具影响力的100品牌”中，迪斯尼名列16名，是前20名中唯一的传媒品牌。[①] 另一方面，两次延伸形成的迪斯尼“产业链”成为迪斯尼最重要的核心竞争力，这条产业链强大的资源整合能力不仅为迪斯尼带来源源不断的利润，也使迪斯尼成为娱乐产业化的世界经典案例。

无论是定位或延伸，迪斯尼都有清晰的规划。它的主营业务是影视节目制

---

① 详细排名见 http://biz.icxo.com/develop/brand_01.jsp。

作，而两条主要延伸以节目为主要资源，始终不背离“欢乐”主题，正是通过以上两条线，迪斯尼产品创造的欢乐才能深入普通大众的生活中。

品牌定位和品牌延伸是企业品牌建设过程中最经常遇到的两个棘手问题，彼此之间存在促进或阻碍的微妙关系。不过，在迪斯尼的品牌系统中，它的核心业务确立了集团的定位，为今后延伸提供方向和资源；延伸则是对品牌形象的充分诠释和运用，定位和延伸的“和谐相处”造就了迪斯尼今天极具影响力的品牌。

一、品牌定位与延伸的微妙关系

品牌是企业关注的焦点之一。品牌建设就是运用企业所有独特资源，创造特定顾客群体真正需要的独特实体的过程，这种实体（品牌）是在综合产品所有价值基础上形成的持续、有竞争力的个性。[①] 品牌定位是“在同一产品系列中众多品牌中，为本企业品牌在消费者心目中找到一个独特的位置，这个位置既能表现出产品的各种特性，又能给消费者留下深刻印象”。[②] 品牌延伸是“企业借助相对成熟的品牌资产（认知和联想），将原有品牌转移到新产品，期望以更低成本开拓新市场的经营策略”。[③] 仅从定义上看，在品牌建设系统中，定位是对个性的提炼和明晰，而延伸则是对个性的强化和进一步完善。

定位和延伸的依据都是产品或品牌的某种独特资产。David. Aaker 把品牌资产定义为“与品牌名称和符号相联系的附加在产品或服务上的品牌财产，具体包括品牌知名度、主观品质、品牌联想和品牌忠诚四个方面。”[④]简单地讲，品牌资产就是消费者关于品牌的知识，品牌在消费者心目中的个性地位（定位）是品牌印象形成的先决条件，独特、有影响的母品牌才可能进行延伸。反过来，通过

---

① King Stephen: *Brand Building in the 1990s*, Journal of Consumer Marketing: fall 1991, PG 43.

② Ries A L & Trout J. *Positioning: The battle for your mind*. New York: McCraw—Hill, 1986.

③ 薛可：《品牌扩张：延伸与创新》，北京大学出版社 2004 年版，第 162 页。

④ [美]David A Aaker & Erich Joachimsthaler 著，曾晶译：《品牌领导》，新华出版社 2001 年版，第 19 页。

延伸，品牌可以获得更多知名度和注目率，并可能强化和增加重要的联想度，成功的延伸更能提升消费者对核心品牌的好感和忠诚，充实品牌资产，强化品牌定位。正像今天的迪斯尼，它在动画片、电影、乐园、产品、媒体等多个领域的精耕细作，让我们看到一个成熟、但却充满天真欢乐的迪斯尼品牌，自然也对它的产品喜爱有加。

品牌定位和品牌延伸并不永远都是正相关，它们之间还有一层潜在的对立关系，企业往往忽略掉这一点。品牌定位的本质是在消费者心目中形成独特的、有竞争力的优势，它承载的内容反而容易遭人忽视，延伸造成的直接结果是品牌代表更多的产品或意义。重复的延伸会磨损品牌形象，造成定位混乱，失败的延伸稀释品牌资产，这两种结果综合在一起甚至导致品牌资产的全部丧失。[①] 同时，品牌定位无形中也为品牌日后延伸的广度和企业新产品开发限制了一个"圈"，超出这个"圈"太远就会威胁到新产品和母品牌。

看不清这种互相促进彼此限制的微妙关系，就会走进定位的误区，影响未来发展；或者陷进延伸的"怪圈"，白白流失原有的资产。品牌定位和品牌延伸其实都是品牌建设系统中的两个变量，两者效果的发生还受其它因素的影响，以迪斯尼为例，我们来认真分析定位和延伸的复杂关系。

二、品牌定位：如何不限制延伸

定位理论是广告人士经常挂在嘴边的策略。如前所述，定位的本质是在消费者心目中找到一个位置，这个位置应能满足消费者的需求并有竞争优势，定位的依据是产品属性。产品属性大致分为两类：一类是产品的功能性利益，如性能、用途、外观、价格等客观属性，它们是品牌的外围；一类是产品或品牌的情感和自我表现性利益，如产品带给人的主观感受，产品与消费者的关系等主观属性，它们是品牌的核心。

无论功能性利益，还是情感性利益，定位的基础都是消费者的心理需求，"如果把独一无二的个性特点视为品牌定位的必要条件，那么品牌个性跟目标消费者的个性特点一致或接近，便可视为品牌定位的充分条件"。[②] 纯粹从定位效果的角度看，两种方法各有千秋，支持产品属性和功能性利益的最终目的是塑造品牌个性以及产生情感性和自我表现性利益。从品牌建设的长远规划，尤其是品

---

① Loken Barbara, John Deborah Roedder. *Diluting brand beliefs: When do brand extensions have a negative impact?* Journal of Marketing: VOL. 57, 1993; PG 71.

② 马谋超等：《品牌科学化研究》，中国市场出版社 2005 年版，第 8 页。

牌延伸的角度看，两种定位方法对延伸的限制程度就有明显差异。“着眼于功能性利益的品牌精髓（个性诉求）通常会强调相关的产品属性，这种关联性能产生显著、持久的优势，但也会把品牌局限在一个框架当中”，①如“佳洁士牙膏”，这样的品牌往其他领域延伸要冒很大风险。“而靠精神价值取胜的品牌比功能属性型的品牌更能延伸到不类似的产品领域，因为它的概念比较抽象，能够容纳不同的产品。”②

迪斯尼集团以动画片为龙头组建而成，动画片是集团产业的基石。从1923年“迪斯尼兄弟动画制作公司”成立至今，迪斯尼几乎每年都会生产几部优秀的动画片，仅以“Disney Classic”冠名的经典动画片就达四十多部。动画片带给迪斯尼惊人的经营奇迹和高额的利润回报，它创造的无数经典卡通形象成为宝贵的财富，帮助迪斯尼渡过多次危机，而且为它后续的发展提供资源。其实，卡通还赋予迪斯尼更重要的资产——“创造欢乐”的品牌个性，“欢乐”这个看似普通、平常的词语正蕴涵着迪斯尼对自身产品特性和受众需求的深刻理解。迪斯尼提供的产品和服务，卡通片、电影、乐园、电视节目、授权产品等既有具体的功能属性，又有对消费者的明显情感指向。“欢乐”的核心定位概括出迪斯尼产品休闲娱乐的功能属性，与受众寻求欢乐、开心生活的心理需求也不谋而合。集合两种方向的定位策略既能带给消费者实在的感受，又为以后的延伸留下更多想像空间。

卡通人物、卡通动物向游客挥手

迪斯尼的定位没有限制延伸，还有其他因素。

首先，迪斯尼找到了消费者共同的潜在需求，并把它作为定位和延伸的基

① ［美］David A Aaker & Erich Joachimsthaler 著，曾晶译：《品牌领导》，新华出版社2001年版，第56页。

② C. Whan Park, Sandra Milberg and Robert Lawson. *Evaluation of brand extensions: the role of product feature similarity and brand concept consistency*. *Journal of Consumer Research*; Sep 1991; pg 185.

石。动画片本来是针对儿童的,但迪斯尼却把它制作成老少皆宜,特别吸引成年人的卡通作品,“迪斯尼的目标就是要唤起这个世界正在泯灭的‘孩子气的天真’,这种天真是所有不同年龄者的沟通点,这种天真意味着无限的快乐”。[①] 由于日常生活的沉重和琐碎,成年人事实上比儿童更怀念童年的天真和幸福,迪斯尼的产品以此为诉求点,努力为现代人营造一片天真无邪、快乐幸福的童话世界。

其次,迪斯尼“欢乐”的品牌定位具有主观延展性。“欢乐”是一个含义丰富的词,它的内涵很小,外延却很广,这为迪斯尼后续的延伸提供了广阔的意义空间。动画片带来的是“天真、梦幻般的快乐”,乐园营造出“真实、亲身接触的欢乐”,媒体节目也被赋予“家庭娱乐”含义,不管如何解释,欢乐永远是对的,所以消费者都能接受。

最后,迪斯尼一直坚持充实品牌定位。品牌在包容进新的联想物时,原先的核心形象定位也会碰到一些风险,应该及时扩展形象。[②] 迪斯尼早期的“欢乐”针对个体消费者,随着产品日渐深入大众生活,迪斯尼进一步把欢乐明确为“家庭共享”,产品也朝着全方位的家庭娱乐发展。

三、品牌延伸:如何不模糊定位

品牌延伸是“双刃剑”,成功的延伸能帮助企业降低新产品开发成本、丰富品牌联想、增强核心品牌认知;失败的延伸会造成认知混乱,弱化品牌形象,稀释品牌资产,最终限制企业发展。品牌延伸最直接的风险就是模糊品牌定位,“成功的品牌定位应该可以方便消费者辨认,不幸的是,很多品牌复杂到连品牌经理都不能说出他们的品牌代表什么”。[③]

Aaker 和 Keller 指出:品牌延伸的效果取决于三个变量:延伸成败、延伸与品牌的相似性以及核心品牌的层次。国内外的研究大部分认为母品牌和相似性为影响品牌延伸效果的主要变量。

---

① 彭程、武齐:《迪斯尼营销—销售欢乐的成功法则》,中国经济出版社 2003 年版,第 3 页。

② [美]David A Aaker & Erich Joachimsthaler 著,曾晶译:《品牌领导》,新华出版社 2001 年版,第 101 页。

③ Mark Ritson. *Why are brand positioning made so complex*? Marketing: NOV 24, 2004; PG 21.

（一）迪斯尼母品牌的资源

动画片是迪斯尼业务拓展的基石，也是迪斯尼"创造欢乐"品牌资产的最初来源。提起迪斯尼，动画片是第一联想物，在迪斯尼内部的产业链中，动画片处在上游，给予中下游的延伸业务诸多支持。具体说来，分为以下四种资源：

1. 卡通资源

每部动画片都会带来一批新的卡通形象，迪斯尼意识到这些可爱形象背后是一批受众和他们的喜爱，这对迪斯尼来说是非常重要的资源。迪斯尼把动画片中的场景和形象还原在现实中，就有了迪斯尼乐园；迪斯尼授权企业生产与卡通形象有关的玩具、文具、食品、服装等产品，既赚取大量形象转让费，又借他人的产品扩大自己的品牌知名度和影响力。

2. 受众转移

费斯克指出：任何一种产品，它赢得的消费者越多，它在文化工厂的流程中被再生产的可能性就越大，而它得到的经济回馈也就越高。[①] 迪斯尼每部动画片（包括真人电影、电视节目）产生的大量受众都可能转化为迪斯尼乐园的游客、迪斯尼产品的购买者、迪斯尼电视媒体的观众，或者迪斯尼图书的读者……或许这就是当年沃尔特迪斯尼执意要建乐园的原因，他洞悉到受众对卡通形象的喜爱之情会发生转移。

印有迪斯尼卡通形象的T恤

3. 内容供应

今天的迪斯尼旗下掌握许多大众媒体，这些媒体的内容何来？迪斯尼上游影视节目制作是自有媒体内容的主要供应方，"内容就是上帝"，这是迪斯尼一直

---

① ［美］John Fiske著，王晓钰、宋玉杰译：《理解大众文化》，中央编译出版社2001年版，第34页。

以来坚守的根本信条，迪斯尼下属的 11 个主要电影制片厂和各种影视机构是美国四大电视网的主要节目供应商，迪斯尼频道(广播、电视、网络)、下属图书出版公司、音像出版社、报刊更是直接以迪斯尼动画片和其他内容为主体。最近，迪斯尼还开发以动画片形象和情节为主体的网络游戏。

香港迪斯尼乐园开幕现场

4. 品牌效应

迪斯尼首席运营官(现为迪斯尼总裁)罗伯特伊格尔曾说:“我们是一家运作良好的公司，拥有全球知名的品牌，而且是世界上最有价值的品牌之一。”[①]品牌是多年来迪斯尼竞争的最大优势，迪斯尼动画在人们心目中享有无与伦比的号召力，它是欢乐的代言，是开心、幸福生活的缔造者和传播者。迪斯尼动画形成的品牌魅力影响人们对迪斯尼其他产品的接受，这一点从香港迪斯尼乐园 2005 年 9 月开园至今的火爆场面就可见一斑。

世界第一部三维动画片《玩具总动员》(1995 年)

除了给予延伸业务有力支持外，迪斯尼还注重核心业务影视制作的创新。从沃尔特迪斯尼到迈克尔艾斯纳，“内容就是上帝”一直是迪斯尼生存的信条，沃尔特迪斯尼坚信:“我们不用考虑钱的多少，我们需要考虑的是东西的好坏，我们

① 唐润华:《解密国际传媒集团》，南方日报出版社 2003 年版，第 229 页。

的理论是只要东西好，就可以把大众吸引过来。”[1]迪斯尼发展史上，沃尔特曾创造过有声卡通、真人卡通、彩色卡通等多项“第一”，不断引领世界卡通片的潮流。进入上世纪 90 年代以后，迪斯尼积极采用新技术，提高卡通片的制作水准，大量运用数字三维技术，如近几年上映的《怪物公司》、《海底总动员》、《纳尼亚传奇》等。

在内容上，迪斯尼也不断扩展。今天，迪斯尼旗下四家主要电影公司（迪斯尼、试金石、好莱坞、米拉麦克斯）制作涉及动画电影、商业电影、新题材电影、有争议电影、家庭娱乐电影等几乎所有题材。1994 年，迪斯尼成立迪斯尼戏剧公司，进军百老汇舞剧市场，专门改编迪斯尼经典动画片，目前是世界最大的百老汇音乐剧制片人之一。2001 年，迪斯尼互动公司成立，开发网络游戏和电子游戏，新开发的游戏产品“王国之心”巧妙运用原有卡通形象，凸显迪斯尼风格。而经历 2001 年挫折后的迪斯尼互联网集团也把定位转向“网络内容供应商”，专门向手机用户提供 JAVA 游戏、铃声、屏保下载及手机内容订制服务。

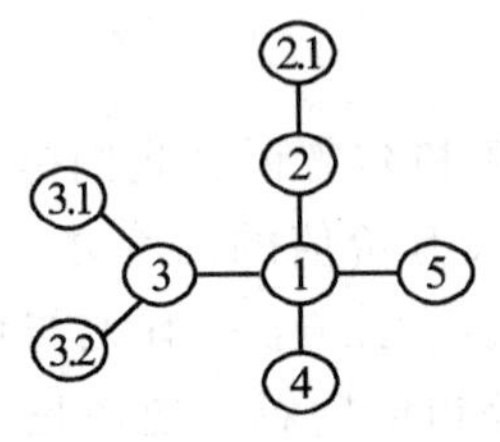

1(核心业务)：影视娱乐
2(延伸业务)：特许生产
2.1：连锁商店
3(延伸业务)：迪斯尼乐园
3.1餐饮、酒店、娱乐场所
3.2房地产
4(延伸业务)：大众传媒网络
5.(延伸业务)：出版发行(图书、音像出版)

迪斯尼业务结构图

（二）迪斯尼延伸的相关性

Aaker 和 Keller 在 1990 年的文章中把相关性分为三类：[2]

互补：两种产品一起使用来满足消费者的需要；

代替：一种产品取代另一种产品满足需要；

转移：从一种产品系列转向另一种产品系列；

按照以上分法，迪斯尼内部四大延伸业务大致可以归为两类：

1. 转移延伸：深化“欢乐”

转移延伸希望品牌从一种产品系列转向另一种产品系列时，消费者对原有产品的喜爱和忠诚也能顺利实现转向。在迪斯尼的经营业务中，特许生产、迪斯

---

① 周鸿铎：《世界五大媒介集团经营之道》，经济管理出版社 2005 年版，第 86 页。

② David Aaker and Kevin Keller. *Consumer Evaluations of Brand Extensions*. Journal of Marketing; Jan 1990; PG 27.

尼乐园、出版发行都是转移延伸的结果，而它们延伸的基础正是迪斯尼动画片赢得的品牌声誉和受众喜爱。

(1)生产与连锁商店。迪斯尼认为授权经营是“最简单快捷的盈利方式”，自1930年2月3日迪斯尼签出第一张授权合同以来，迪斯尼品牌的产品种类现在已达2 400多种，涉及儿童吃、喝、玩、用，样样俱全，2001年迪斯尼此项收入约26亿美元，占集团收入的10%左右。迪斯尼于1987年又涉足商品零售业务，以中间商的身份赚取产品销售环节的高利润，特许生产和连锁商店使迪斯尼的欢乐得以深入日常生活。

迪斯尼卡通形象小玩具

(2)迪斯尼乐园。沃尔特迪斯尼1952年筹建迪斯尼乐园时曾说：“乐园这东西是可以永无止境地发展下去”，事实上，迪斯尼每生产一部动画片，都把片中卡通形象和场景增添进乐园中，除四家“Disney Resort”外，迪斯尼还兴建“Disney World”(奥兰多)、海上乐园(东京)、电影乐园(巴黎)，不断吸引回头客。以游乐园为平台，迪斯尼同时经营餐饮、酒店、娱乐场所、交通运输、旅游纪念品等服务支持行业，甚至投资乐园周边的房地产，形成又一条完整的产业链。

香港迪斯尼睡美人城堡夜景

(3)出版发行。迈克尔·艾斯纳1984年接手迪斯尼集团后,把过去60年间拍摄的经典电影制成录像带在市场销售,结果造就了迪斯尼公司一项新业务,这项业务目前由旗下博伟家庭娱乐公司代理,全面负责迪斯尼所有影片、电视节目DVD的发行、销售。迪斯尼还拥有世界最大的儿童出版社Disney Publishing,在74个国家用55种语言出版图书、杂志和系列节目。

动画片《米老鼠与魔豆》DVD封面

2. 互补延伸:扩展"欢乐"

互补延伸强调延伸产品与原有产品实现功能互补,以促使消费者同时购买,迪斯尼向大众传媒领域的延伸属这一方向。20世纪50年代之前,大众传媒(广播、电视)尚未普及,迪斯尼通过发行电影就可满足民众的欣赏需求。随着电视机在美国的普及,看电视迅速成为民众日常生活的第一娱乐,单纯依靠院线发行电影覆盖面小,而且时间有限,迪斯尼急需新的传播渠道进一步推广自己的产品。从制作适合电视媒体的动画片到"试水"电视节目(1954年ABC"迪斯尼乐园"、1955年"迪斯尼俱乐部"),从开办"迪斯尼频道"到收购ABC、FOX家庭娱乐,再到艰难涉足互联网经营,迪斯尼逐步构建自己的大众传媒网,在广泛传播迪斯尼内容资源的同时,为迪斯尼赢得收视率和广告商的青睐。媒体网络业务已成为现在迪斯尼第一大收入来源。

收购与合作是传媒集团扩张的主要手段,迪斯尼选择合作对象时比较注意与集团定位和业务结构的互补,这是它能够良性运作的一个原因。巨资收购ABC至少使迪斯尼获得两大回报:一是借助ABC丰富的频道资源,迪斯尼迅速创办了ABC体育、日间、儿童、新闻等多个电视频道,并拥有在体育和娱乐方面知名度颇高的ESPN传媒网;二是ABC的优势节目资源,包括美国收视率最高的两次活动（“Super Bowl”美国橄榄球超级联赛和奥斯卡颁奖典礼），全美四大职业体育运动（NBA、棒球、橄榄球、冰球），迪斯尼“欢乐”的内涵不再仅仅局限在动画片。2001年收购的FOX家庭娱乐频道是一家有20多年历史，以儿童节目为主的电视频道，这次对同行的收购使迪斯尼的受众、节目资源以及创作人才方面的优势进一步增强。

表1-1　2002年迪斯尼业务收入结构①

业务部门	收入（百万美元）	占总收入百分比
媒体网络	9 733	38.43%
乐园和度假胜地	6 405	25.29%
影视娱乐	6 691	26.42%
消费产品	2 440	9.63%
总　计	25 329	

Aaker和Keller的研究结果表明：转移和互补延伸更容易使消费者把延伸与原有认知品质结合起来，达到品牌延伸的目的。从表1-1的数据中不难看出，延伸业务成为迪斯尼的主要收入来源，有力支持影视娱乐的核心业务，集团收入结构比较均衡。

（三）业务整合与品牌管理

品牌延伸带来的多元化要求企业必须处理好各种业务及品牌之间的关系，这也是影响品牌延伸效果的重要因素，迪斯尼在这方面要强于因业务扩张面临困境的AOL时代华纳和维旺迪环球。

1. 集中管理，重点扶持

迪斯尼对所属业务实行集中管理模式，按照经营范围不同，大致整合为六大业务部门：乐园和旅游、互联网集团、影视娱乐、媒体网络、消费产品、迪斯尼国际。在品牌管理方面，迪斯尼重点建设三大品牌：迪斯尼、ABC和ESPN。迪斯尼是集团核心品牌，统摄主要业务，如影视娱乐、乐园、旅游度假、授权产品、连锁店以及出版发行；ABC和ESPN作为独立品牌，对外传播时不和迪斯尼挂在一起，主要负责集团的广播、电视业务，原有迪斯尼频道保留，但统一划归ABC有线电视网。

---

① 唐润华：《解密国际传媒集团》，南方日报出版社2003年版，第234页。

表 1-2 迪斯尼媒体网络业务架构 [1]

媒体网络	广播电视网	ABC 电视网、ABC 娱乐电视集团、试金石电视公司、ABC 新闻频道、ABC 体育频道、ABC 日间频道、ABC 儿童频道、ABC 旗下电视台、博伟电视公司、ABC 电台、迪斯尼电台、ABC 家庭频道
	ESPN	ESPN，ESPN1，ESPN2，ESPN CLASSIC，ESPN NEWS，ESPNINT，ESPN 杂志、ESPN 电台、The X Games，ESPN Deports.
	ABC 有线	迪斯尼国际频道、迪斯尼美国频道、迪斯尼动画频道、SOAP net、生活时代娱乐服务公司、A&E 电视网、E! 娱乐网、历史频道

2. 独立运作，资源互补

对旗下两大知名传媒品牌 ABC 和 ESPN，迪斯尼实行独立品牌战略。一方面给予两大品牌相当大的经营自主权，对外传播时使用原有形象，保持和发挥各自在美国和海外的影响力；另一方面，迪斯尼集团投入更多资金，并利用自己的节目资源和品牌影响力帮助 ABC 和 ESPN 扩大受众群，完善播出内容，吸引更多广告投放。迪斯尼借 ABC 和 ESPN 弥补自己在大众传媒运作经验上的不足，后者也因加入迪斯尼产业链而获得更多资源。

四、品牌资产与核心竞争力

无论定位和延伸的关系多么复杂，两者的根本目的是一致的。如果说定位是寻找和塑造品牌个性，那延伸则是对个性的阐释和丰富，最终形成企业的品牌资产。品牌资产是品牌竞争时代企业最值得拥有的无形资产，是企业最具优势的竞争力。

这里涉及另一个重要概念——核心竞争力。品牌与核心竞争力看似两个概念，事实上却内在统一。专门从事中国企业竞争力研究的国内学者金碚指出：企业竞争力是指在竞争性市场中，一个企业所具有的能够持续地比其他企业更有效地向市场提供产品或服务，并获得赢利和自由发展的综合素质。[2] 相对于竞争力，核心竞争力往往是企业综合素质中最不可交易和模仿的独特优势。品牌资产是企业长期积淀下的各种具体价值的统一，品牌资产的“整合性”决定了它影响的广泛性和作用的多样性。在产品同质化的时代，在品牌竞争的环境中，各

① 唐润华：《解密国际传媒集团》，南方日报出版社 2003 年版，第 236 页。

② 金碚：《中国企业竞争力报告 2003》，社会科学文献出版社 2003 年版，第 6 页。

个品牌所拥有的个性资产是企业竞争力的集中体现,也是核心竞争力孕育的"温床"。

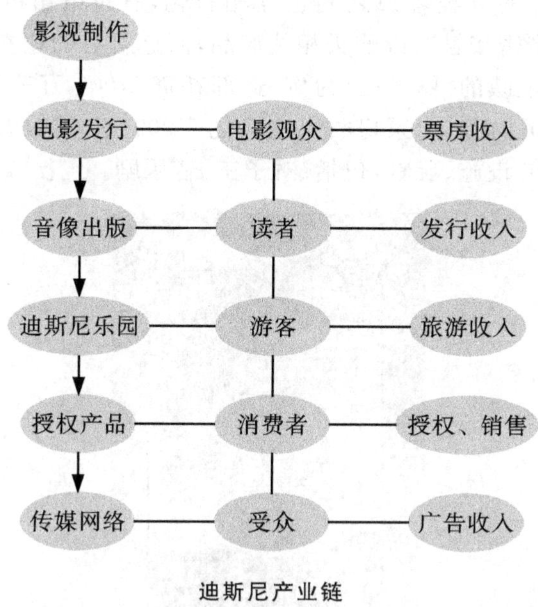

迪斯尼产业链

在五大传媒集团中,迪斯尼规模不是最大,但特色却最突出,优势最明显。与竞争对手通过收购、兼并快速成长不同,迪斯尼长期以来是走单线发展道路,八十多年专注卡通制作的历史铸造了迪斯尼鲜明的品牌个性——"创造欢乐",创造沟通所有人心灵的欢乐。围绕这一核心价值观,迪斯尼的业务拓展也以能否创造欢乐为标准,它走的每一步要么是深化欢乐,要么是传播欢乐。明确的定位和科学的延伸确立了迪斯尼清晰的发展脉络,并给人留下统一的印象,因此它的品牌价值在同行中一直保持领先。

迪斯尼被誉为"艺术产业化、大众化的先驱",定位和延伸使迪斯尼构建出一条完整的产业链,开发品牌价值和整合集团资源的能力使它成为迪斯尼最核心的竞争力。如图 2 所示,以"影视制作"为核心,迪斯尼五大业务群构成产业链上的五个环节,分别产出五类客户,赚取五种收入。一部影片诞生以后,首先通过耗资巨大的宣传炒作,借助覆盖全球的发行网络,赢得影迷喜爱,赚进第一轮美元;票房成功以后,相应的电影拷贝、DVD 视频产品、主题音乐,甚至图书会由集团的出版公司发行,获取第二轮美元;随后,迪斯尼还会在主题公园中增添与卡通片有关的形象和景点,制造游客的兴奋点,赚取第三轮美元;第四轮,迪斯尼把片中的卡通形象授权给生产企业,一系列的相关产品就会在迪斯尼连锁店上架,公司轻松获得授权费和销售利润；最后，迪斯尼再把卡通片在自己的大众传媒网络上播出，或根据影片制作各类电视节目，又获得一轮不菲的广告收入。同时，这条产业链“产出”的五类客户之间也互相转化，看过电影的观众往往会收藏DVD，去游乐园“亲密接触”，或购买相关产品，而这所有的花费都被迪斯尼收入囊中。以1994年上映的《狮子王》为例，这部耗资5 000万美元的影片，最终收益却达到20亿美元，而其中票房收入达7亿7 000万，其他大部分收入来自后续的音像制品、公园设施、玩具，包括《狮子王》音乐剧。[①]

《狮子王》图书封面

结　语

以往有关迪斯尼的文献多对它的品牌价值链管理大加赞赏，而忽略了品牌定位和延伸在推动价值链形成过程中的作用，迪斯尼协调定位和延伸关系的经验为那些因此问题困扰的企业提供有益参考。

在定位问题上，企业首先要区分产品定位和品牌定位。产品定位是从产品各种属性中提炼出的个性、有竞争力的利益承诺（USP），它只要符合某个产品实际和消费者需求就可以。但品牌不同，它可能涵盖很多产品，甚至是不同类别的产品，所以品牌定位比产品定位更具包容力。根据品牌定位的概念，品牌定位往往是从诸多产品定位中提炼出有竞争优势，能包容所有产品的某种特质，主观的情感属性或客观物理属性。迪斯尼“创造欢乐”的品牌定位取自动画片，但在它

① 唐润华：《解密国际传媒集团》，南方日报出版社2003年版，第259页。

的游乐园、授权产品、大众传媒等业务上得以充实。

在延伸问题上，企业必须认识到：品牌延伸不仅是产品线的扩展，同样也是品牌内涵的扩大。企业在一味扩大产品线进行多元化经营的过程中，经常忽略品牌延伸对原有品牌形象的冲击，国内外这方面的失败案例很多。从定位和延伸的关系角度看，延续要么是在原有定位约束下的相关行业拓展，要么是在延伸后注意对品牌内涵的提升，如果是完全背离定位的非相关延伸，企业就要考虑“换标”或增加子品牌。迪斯尼的“转移延伸”和“互补延伸”虽然领域不同，但“欢乐”的主线贯穿始终，内容、受众、渠道等方面与影视业务配合得天衣无缝。

迪斯尼作为当今世界最具影响力的传媒集团之一，它在娱乐产业化和品牌价值管理上的成功经验为中国传媒业的品牌化、产业化道路指明方向。在WBL公布的《2004年中国品牌价值排行榜》中，CCTV以608.51亿元人民币位列第2位，这是有关组织首次评估中国传媒的品牌价值，虽然数据是否科学还有待考证，但它起码告诉中国传媒人一个事实：品牌是有价值的。从迪斯尼的案例中，我们可以看出，产业化是创造和充分利用品牌价值的过程。目前，中国传媒有的在摸索品牌建设，有的在尝试多元化经营，但真正将两者有机结合的很少，这就导致中国大多数传媒多元化不系统，难成“气候”；品牌化层次太低，价值无法充分开发。真正的产业化应该是以品牌建设为主线，围绕品牌的核心定位，站在形成产业链的高度进行相关行业或跨行业的延伸，最终目标是实现传媒内部资源的整合和价值最大化，避免彼此毫无联系的多元经营。

品牌化、产业化是当前中国传媒业发展的两个关键词，从迪斯尼的案例中，我们可以发现，其实两项工作是统一的。成功的品牌定位和延伸帮助迪斯尼建立起自己完整的产业链，而这条链强大的资源整合能力不仅进一步充实品牌资产，也构成迪斯尼最具竞争力的优势。当然，品牌建设和产业化运作都是动态的过程，需要随时根据企业和市场变化做出相应调整，迪斯尼的产业链和品牌优势在今天同样面临竞争对手迎头赶上的挑战，尤其是维亚康姆和维旺迪环球，如何通过创新保持长久活力依然是迪斯尼集团极为关切的问题。我们期待迪斯尼这位“欢乐使者”能为世界带来更多、更新的“欢乐”。

"巡回移动"的游乐业新贵

——环球嘉年华

环球嘉年华是由香港汇翔有限公司经营的、世界上最大的巡回移动式游乐场品牌。"嘉年华"是个外来词，对应的英文单词为"carnival"，这个优美、吉庆而又诱人的单词源于2000年前《圣经》里的一段故事。传说中，一个魔鬼为了试探耶稣，将他关在四周荒无人烟的旷野中，并且40天内不给耶稣食物，耶稣抵制魔鬼的各种诱惑，坚决不吃食物，最后凭着坚强的毅力终于渡过难关。后来信徒们为纪念耶稣这40天的荒野禁食，把每年复活节前40天作为斋戒和忏悔的日子，称为大斋日。大斋期间禁止食肉和娱乐，生活十分沉闷，因此在大斋日前一个星期里，信徒们会专门组织宴会、舞会等各种饮食与娱乐活动，进行狂欢，这个日子逐渐演变成一个宗教习俗节日，意为"告别肉食"，拉丁文叫做"carnevale"。到了15世纪，这个日子成为全民参与的狂欢大会，成为一个纵情、刺激的节日盛宴。"carnival"也就成了"狂欢"、"放纵"、"庆祝"、"激情"的代名词，在汉语中被译成"嘉年华"。[①]

环球嘉年华秉承这一狂欢精神，给人们带来快乐。环球嘉年华的经营者Willam · F · Stevens生长在一个传统经营嘉年华的家族。最初，他们用毛驴拉着小车在英国四处游走，在旅行中为人们送去欢乐。经过120年的经营，6代人

执笔：张军。

① 傅炳民：《何为"嘉年华"》，《语文知识》2005年第12期，第18页。

的努力，Stevens 家族的嘉年华发生质的飞跃，拥有庞大的游艺团体，使用惊险刺激的大型乘骑设备和挑战自我的竞技游戏，让人惊心动魄、乐此不疲。

2001 年，Willam · F · Stevens 与荷兰商人 Hans · Lodders 及香港金海岸公司三方联合成立香港汇翔公司，注册“环球嘉年华”商标，在中国举办嘉年华活动。环球嘉年华已举办 12 次嘉年华，收入超过 1 亿美元，接待宾客 1 500 多万名，成为中国地区拥有绝对优势的嘉年华领先者。

环球嘉年华是适合公众参与的民间文化活动，公众可以自由选择参加的乘骑活动、竞技活动和其他有趣项目。嘉年华活动期间，公众还可享受众多娱乐节目，体验环球嘉年华。

环球嘉年华包含许多面向体育运动的乘骑、竞技活动(如足球、篮球、打靶比赛)，这些活动创造挑战性氛围，公众可亲身体验奥林匹克精神的个人挑战、表现和竞争的刺激感受，增强奥林匹克精神。

作为游乐品牌，“环球嘉年华”保存了传统狂欢节“嘉年华”的“狂欢”、“激情”、“吉庆”精神，借用它们来塑造自身的品牌，“环球嘉年华”针对现代消费者的特点，吸收时尚娱乐观念，引入创新概念，给古老的“狂欢”注入新鲜的活力，在文化内涵上更符合现代人的口味。“狂欢”主题加上不同于一般游乐园的巡回举办方式，更给游客新奇的感觉。

尽管“环球嘉年华”品牌没有悠久的历史，也没有迪士尼那样的收入，但是以人为本的服务理念、独特的经营模式及不拘一格的营销策略，奠定了它在全球娱乐品牌中的强势地位，使“环球嘉年华”理所当然发展成为与迪士尼、环球影城并驾齐驱的全球三大娱乐品牌之一。

一、强大的品牌感召力

在竞争激烈的娱乐业市场上取得一席之地，品牌化经营必不可少。充分挖掘传统主题内涵并形成自身的特色定位，是“环球嘉年华”成功的第一步。“环球嘉年华”从历史题材中获得灵感，逐步形成包括各种文化艺术活动的娱乐品牌。

环球嘉年华的“移动＋整合”模式完全不同于迪士尼和环球影城，利用自身良好的品牌效应环游世界，所到之处无不掀起狂欢气氛和快乐高潮。环球嘉年华拥有世界上最大型的游乐设备，集狂欢、激情演出与新鲜美食于一体，让游客体验空前的快乐。

良好的品牌效应还吸引了众多商家的注意，2003 年上海环球嘉年华中，统一成为唯一的茶饮料提供商，可口可乐负责提供汽水。企业要花费 80 万元购买这一资格，但预计收入远超出这个数字。① 环球嘉年华每次活动都会吸引许多赞助商。

二、科学的前期市场运作

1. 注重科学严谨的市场调查、分析和预测

环球嘉年华每到一处都要对当地的人口基数、人均收入、消费水平及文化的包容程度进行调研，根据结果决定是否在该地巡回。环球嘉年华进军上海前，要求当地政府提供当地及周边城市的相关经济指标数据，综合分析上海市市场目标人群，作为选择上海作为巡回城市的重要依据。选择具体地址时，环球嘉年华通常要考虑交通的便利、自然的景观、繁华的程度，等等。2003 年上海环球嘉年华选址定在浦东东方明珠塔畔，因为这一地点是游客最集中也最繁华的地带。2004 年北京环球嘉年华，选择国际雕塑园作为游乐场地，因为那里是长安街沿线最大的绿地，两头靠近地铁，交通非常方便。

活动期间，环球嘉年华也坚持消费者导向，每天派专人进行市场调查，追踪记录，不断完善产品，减少市场开拓的盲目性。

2. 未见其人先闻其声强势广告开先锋

环球嘉年华依据目标群体的特点来选择大众媒体，开园前半年就开始通过媒体制造声势，有效组合媒体，选择恰当的宣传时机。

3. 有效媒体组合打造盛世来临氛围

由于目标客户集中在 14～40 岁，以 20～30 岁的人群为消费主力，环球嘉年华因此重点选择年轻人爱看的报刊、电视节目进行强势广告投放。

除了综合运用报纸、广播、电视等大众媒体进行大范围宣传外，环球嘉年华还充分利用各种公益活动宣传自己，吸引游客。嘉年华还与跨国品牌合作开拓市场，比如与肯德基合作，在环球嘉年华举办前鼓励消费者购买肯德基外带全家餐，购买者可得到附赠的入场券。

环球嘉年华还擅长借助户外媒体，加强户外广告宣传，用大横幅宣传“巡回的迪士尼”、“只停留××天，千万不要错过”等，持续地向观众灌输嘉年华要来的信息，吊足消费者胃口。

在终端，环球嘉年华邀请年轻人喜欢的明星现场演唱制造气氛；人为制造狭

---

① 于彦忠：《“环球嘉年华”：想不赚钱都挺难》，《有色金属工业》2004 年第 9 期。

窄拥挤的场地，给人超载的错觉，加上堆积如山的玩具、节奏强劲的音乐、煽情的灯光，刺激游客的消费欲望。

通过口碑效应将自身品牌形象传播给其他受众，也是环球嘉年华宣传品牌的主要方式。

4. 科学的宣传时间安排

环球嘉年华的活动周期一般只有一个半月，为了保证活动的受欢迎和成功，环球嘉年华会提前半年时间进行广告宣传，例如 2005 年 7 月 29 日—10 月 9 日在北京国际雕塑园举办的“环球嘉年华”，其宣传工作早在 2 月底即已开始，3—5 月进行维持性的信息发布，6 月中旬开园前展开强大的宣传攻势。开园 3 个星期后再开始新一轮宣传，以刺激人们的热情继续高涨。直到 10 月 9 日活动结束，此次嘉年华宣传工作前后持续半年，大大提升嘉年华的知名度。开园前的地毯式媒体轰炸吊足了消费者的口味，将消费者欲望最大化，为吸引消费者奠定了良好基础。

三、以人为本的品牌服务理念

环球嘉年华会依据消费者心理与生活习惯设定人性化服务，人性化服务是环球嘉年华成功的法宝，让消费者全方位感受到环球嘉年华带来的欢快，大大提高了环球嘉年华品牌的忠诚度。

1. 品牌定位明确——“兜售”快乐

许多人将环球嘉年华称作“兜售”快乐的贩子，这正是环球嘉年华品牌的定位所在，环球嘉年华将嘉年华节日传统的狂欢精神发挥得淋漓尽致，把狂欢的元素注入活动的各个环节。从开园前的广告宣传到现场的布置，再到游戏设施的运用与规则，环球嘉年华无处不在贩卖快乐。在宣传上，环球嘉年华巨大的广告幅、幽默而又有吸引力的广告语，营造期待的心情、尽兴的狂欢气氛；在游乐现场，节奏强劲的音乐声、五彩缤纷的灯光、兴奋人们的尖叫声，形成狂欢的梦幻世界；在游戏项目上，高达 60 米的世界头号超级摩天轮、全球罕见的急速大风车，让在场游客兴奋到极点。环球嘉年华始终围绕“给游客全面快乐体验”的服务理念展开活动，每到一处都给游客留下快乐的时光和难以忘记的回忆。环球嘉年华早已成为快乐与欢笑的代名词，给所有人带来快乐是环球嘉年华的目标。

2. 偷换概念——金钱换代币

在环球嘉年华里，游客要将金钱换作代金币，方可进场游玩，最低消费金额为 50 元，可换取 10 个代币，游客凭着代币根据游戏项目价格表自由选择项目。这种以代币代替货币的模糊消费方式，营造出一种的非金钱消费的氛围，游客完全感觉不到花钱的痛苦，将娱乐和消费从人们视觉和心理分离开来，吸引游客持续消费。现场气氛带有鼓动性，在狂欢、惊喜、刺激的氛围中，人们容易忘记代币就是人民币，游客入场后，发现 10 个代币根本不够用，会不由自主地换取更多的代币。

环球嘉年华偷换了游戏概念，让游客置身于疯狂的游玩中，拿着代币，游客有绝对的自主权，要玩什么，要怎么玩，都自己决定，这加强了游客的快乐体验，充分体现以人为本的品牌理念。①

3. 开园时间人性化

与主题公园早 8 点晚 8 点固定开放时间模式不同，环球嘉年华参照当地人们的生活工作习惯来安排开园时间，充分考虑气候因素，灵活变动，更具现代性，2003 年，环球嘉年华在上海巡回，考虑到夏季天气炎热，将开园时间安排为下午 3 点到晚上 11 点，这样既避开了高温时段，又为下班的人们创造娱乐场所；2005 年，北京环球嘉年华原定于 7 月 22 日开始，为了避开北京的雨季天气，活动推迟一周。② 环球嘉年华还在游乐场内准备大量的美食摊位和免费表演，为游客提供方便。这些都是环球嘉年华人性化服务理念的表现。

4. 细微之处见真功

环球嘉年华让人热情迸发，又让人感觉井井有条，这得益于其细致入微的管理。现场入口都有明显的警示牌，上面注明对身高、年龄、体重和病症的限制，提示游客在游戏中避免伤害。医疗室、紧急出口、公安等地方都有清楚的指示牌，一旦发生意外，游客们便可依此得到及时救治，迅速逃生。

环球嘉年华的路标也很明显，到达游乐现场的路线很齐全，标有“嘉年华”字样的指示牌非常醒目，每隔几米就有一个。

从小事做起，从简单的事做起，才能成就大事、攻克难事。这种小和简单，看似容易，却体现了环球嘉年人性化的管理风格。

四、毛利最高的玩具销售商——稳健型的盈利模式

环球嘉年华还是卖毛绒玩具的天才，环球嘉年华在游乐现场设置套圈、气枪射击、飞镖等游戏，游戏奖品是环球嘉年华精心设计的毛绒玩具。环球嘉年华从

---

① 刘萌：《“环球嘉年华”经营策略及对中国游乐业的启示》，《经济与管理》2004 年第 10 期。

② 李海娥、何再平：《试论我国主题公园发展的新选择：增加游客体验》，《宁波大学学报》2005 年第 4 期。

迪士尼那里购得毛绒玩具的版权，根据游客的心理、爱好、兴趣设计而成。在游乐现场，花样繁多而精致的毛绒玩具具有极大的吸引力和诱惑力，在眩晕的灯光、激情音乐的刺激下，在工作人员的欢呼声和中奖游客的尖叫声感染下，游客会忘记毛绒玩具成本和游戏代价的不对称，绝大多数人付出了数百元代价，所得仅是几十元的奖品。①

环球嘉年华通过"硬游艺"吸引游客，"高价售卖毛绒玩具"获得利润。环球嘉年华近 5 万平方的场地里，大型游艺设备只有三四个，包括旋转木马、儿童滑梯等所有的游艺设备加起来不超过 20 个，"硬游艺"产生的利润有限，"软游艺"整合品牌与环境这些虚拟的附加价值，实现毛绒玩具的高额利润。

五、品牌核心竞争力——"移动＋整合"

环球嘉年华在很多方面突破传统的思路框架，与普通游乐场及主题公园不同，它表现为一种动态的概念，即利用自身品牌的优势，凭借整合市场资源的能力，环游整个世界，给游客带来狂欢的氛围，给很多国家带来名誉、商机。"移动＋整合"的独特模式是"环球嘉年华"发展成为当今顶级娱乐品牌的核心竞争力所在。

1."不断移动"的独特经营模式——保持旺盛生命力的源泉

环球嘉年华使用巡回移动的经营模式，这种模式是环球嘉年华与其他娱乐品牌竞争的重要砝码，能带来源源不断的客流。移动带来新鲜感和限定的演出时间，可以获得最高的单位时间客流量。

环球嘉年华平均每年迁徙 4 次，一个地方仅停留 2 个月。无论当地的人们怎么喜爱这些令他们惊呼狂叫的游戏，如何恋恋不舍，环球嘉年华总会在高潮的时候收拾行囊，迁徙到另一个城市。移动给人们注入过期不候的心理，促使人们抓紧时间玩乐，也带给人们期待。不像主题公园的固定，人们总会认为等有时间再去玩。

巡回移动的模式为环球嘉年华节省了成本，经常移动，无须投入巨额的资金购买土地、建设房屋场地，也无须花费大量维护费用。经过周密计划，环球嘉年华选择黄金周在繁华地段开园，始终保持旺季状态，这也是淡季里惨淡经营的固定主题公园可望不可及的。

2."整合虚拟资源"的营销策略——租来的事业

环球嘉年华通过整合虚拟资源获得独特优势，不断激发活力，使资源产生意想不到的巨大收益。

---

① 吴彦、李晓明：《不停迁徙时时创新》，《上海商业》2004 年第 1 期。

(1)场地虚拟。环球嘉年华每到一处都要租借场地,一般活动一两个月,环球嘉年华举办期间和举办后很长一段时间会带动当地产业的发展,增加当地经济收入,环球嘉年华凭借这一优势,通常可以以非常低的价位租到游乐场地。环球嘉年华只选择人均收入高、人流量有保证、政府支持的城市举办活动,这是它制胜的王牌。通过短期租借经营场地,可以灵活地选择最佳地段,以降低运营风险。

(2)设备虚拟。环球嘉年华举办活动前,都先策划好细节,然后联系租借游乐设施和服务,这保证了机器的更新换代和安全性能,同时又不用为购买先进游艺设备承受经济负担。

(3)人员虚拟。环球嘉年华只有180个固定员工,其他工作人员都是巡回时临时雇佣的,大多数都是在校大学生。临时雇佣人员通常熟悉当地环境、人们生活习惯,可以很好地处理当地性问题。雇佣临时员工,节约不少开支。

(4)附加值虚拟。环球嘉年华得到麦当劳、可口可乐、网易、索尼等许多赞助商的支持,其中,麦当劳和可口可乐是两大主要的赞助商。选择赞助商时,环球嘉年华选择大而单一的品牌,赞助商品牌太多会影响嘉年华自己的品牌传播效果。

结　语

在运用单纯的硬资源(包括产品及服务)进行交易,竞争激烈,获利艰难的市场环境中,环球嘉年华成功的推广手段、经营模式、营销策略等,包括一些看似很小的细节,无疑给国内游乐业上了生动的一课,逐渐吸引了社会各层面的关注。从以上分析中不难看出,"'环球嘉年华'的核心竞争力其实就是富有想像力的独特经营模式和强大的整合虚拟资源的能力。这种想像力让环球嘉年华将不能移动的游乐场变成可以全球游弋的超级'马戏团';整合虚拟资源的能力让环球嘉年华所向披靡,所到之处无不名利双收"。①

① 世界经理人:"环球嘉年华"营销案例分析,http://www.cnicif.com/docc/Action.asp? t=20.03&d=501。

—— 穿透一个世纪的奢华时尚

1881年，古驰出生于工匠之家，18岁只身离开故乡佛罗伦萨，先后旅居巴黎和伦敦，后在Maitred Hotel担任要职，见识了伦敦上流社会对时尚奢华的追求，耳濡目染了那个时代的艺术和文化氛围。20年代初，古驰返回佛罗伦萨，用3万里拉开办了一家古驰专卖店，拉开古驰品牌传奇的序章。

创业初期，古驰专门制作精良的皮革马具，深受用家赏识，企业稳步成长。二战后，皮革原料缺乏，古驰开始生产帆布制品。古驰成对的字母G商标图案及醒目的红色与绿色出现在各式公文包、手提袋、钱夹等产品上。在箱包行业，古驰已和法国的路易·威登并驾齐驱，成为其他制造商抄袭、模仿的对象。1947—1950年，竹节包、绿红绿织带与双"G"缇花纹等经典设计式样陆续问世。马衔链、双"G"缇花布、绿红绿织带成古驰的三大经典设计。

1953年，古驰在纽约开设了第一家海外专卖店，附有竹制手柄的皮包、独有的轻勒式缝纫鹿皮软靴、精美皮带扣和领带等多种新颖产品问世，古驰品牌的经典地位于此确立。此后，古驰陆续在伦敦、棕榈滩、巴黎、比华利山和东京等地开设专卖店。

古驰的产品不断增多，鞋、包、箱、服装、香水、家庭日用品、头巾及配饰，产品行销至欧、美、亚洲。60年代末，古驰已建立起稳固的国际形象。

产品品类的扩大提高了古驰的知名度，假冒仿制产品大量出现迫使古驰不

执笔：刘阳。

得不耗费大量财力、物力维护企业形象。在古驰获得全球认同时，领导层意见分歧渐趋激烈，企业发展遭遇危机。

1989 年，古驰家族出售了 50%股权，一年后，Maurizio 出任集团总裁，重整产品系列，重新培植品牌的高素质形象，产品由 20 000 件减至 5 000 件，削减经销商数，有关工作一直持续至 1993 年，古驰家族转让所有股权，全面退出企业经营。

1989 年，唐・梅洛成为古驰的副总经理及创作指导，使古驰的奢侈荣耀成为流行。1994 年以后，索勒和汤姆・福特这对绝妙搭档使古驰焕然一新。汤姆・福特的设计深得高级时装界的欣赏，索勒的经营管理使古驰重新焕发光彩。

富裕繁荣的 80 年代匆匆流逝，90 年代到来，奢侈品的转型迫在眉睫。1993 年，古驰重组，分出香水、皮件、男女装、皮鞋、丝巾、领带、手表、瓷器等 11 条品牌线，以使管理规范化和年轻化。

从第二代经营者的失败中吸取教训，索勒放弃了授权经营的业务模式，专注于建立自有专营商店网络，精心选择特许经营。索勒和汤姆・福特强调产品、价格、促销和渠道的 4P 管理，增添公共关系、产品质量、定位和理念新 4P 管理内容。经此变革，1993—2003 年，古驰实现 30%的复合年销售增长率。在英国国际品牌咨询公司 2000 年度世界最值钱的品牌排行榜上，古驰成为全球排名第三的奢侈品生产商。同年，古驰收购伊夫・圣・罗兰、瑟乔・伦斯、伯琼等知名品牌。2003 年上半年，古驰的纳税金额近 13 亿美元。

2004 年，汤姆・福特告别古驰，新的设计团队由 John Ray、Frida Giannini 等 4 人构成。古驰不再追逐明星和性诉求堆砌的耀眼光环，消费者开始全新认识奢侈品，消费者要求古驰在散发贵族气息的同时增加亲和力。

为了庆祝 85 周年，古驰推出引人注目的限量版手袋，设计融入非凡的手工艺传统和经典设计风格，“Jackie O”、古驰 H orsebit、双“G”Logo 等标志性设计均得到再现，手袋饰以多种颜色及质料，传统手工艺大放异彩。珍贵手织丝绸双“G”天鹅绒图案使手袋散发奢华矜贵气质，所有手袋均设计衬里，从内到外风格统一，美观与品质兼备。

奢华符号深入人心

拥有让消费者痴迷、崇拜的品牌，是每个企业的梦想。从诞生之初到百年沧桑沉浮，奢华符号化的古驰早已深入人心。阿尔都塞认为意识形态是由各种符号所组成的幻景，旨在确立合法性的秩序和提供抚慰性的满足，思考的对象是符号化的现实而非本来的现实。[①] 奢华符号化即用符号表现奢华概念，让消费者在接受符号化的产品的过程中逐渐接受“奢华品牌”的形象。古驰的所有产品，从服饰到手表，都保持了马衔链、双“G”缇花布、绿红绿织带这三大经典符号。这三种元素始终成为古驰设计创新的灵感和主要元素。人们看到双“G”标志就会想到古驰，继而联想到高贵和奢华，在字母和品牌之间建立如此强大而稳固的联系需要长期的积累。路易·威登拥有棕褐色花押字，范思哲的斜裁，Freitag的黄褐色硬帆布，瓦伦蒂诺鲜艳的红色，都是他们品牌的标志。

二战后，皮革紧缺，古驰选用帆布为替代品。印着成对字母“G”的商标图案及醒目的红绿与绿色出现在古驰的公文包、手提袋、钱夹等产品上。在箱包行业，古驰已成为与路易·威登齐名的品牌。古驰以绿红绿、蓝红蓝两种颜色来区别天然皮革和染色皮革制品，以创办人的名字首写字母GG标志作饰品底纹，将优质棉纱称作GG布，用于制造手袋、饰品及衣物。GG成为抄袭的对象，大量伪劣品证明了古驰的符号影响力。弗洛伊德分析梦境中的移位、荒谬、疏忽等症候后发现无意识的隐蔽结构，拉康也指出，没有说出的东西比说出的东西更重要。结合这两者，不难发现古驰三大经典设计符号对消费者的深刻影响。

品牌传承不仅依靠经典符号，也要依靠具体设计，古驰在这方面也表现出色。40年代末到60年代，古驰接连推出带竹柄的皮包、镶金属袢的软鞋、印花丝巾等经典设计，独特设计和优良材料使古驰产品成为典雅和奢华的象征，古驰产品逐渐为淑女名流推崇。1961年，“Jackie O”手袋得到肯尼迪夫人的特别喜爱，这更造就古驰的声誉。在广告并不发达的时代，名流贵族们的选择帮助古驰树立了奢华高贵的形象，人们对于名流生活的向往和追求成就了古驰。

1994年起，古驰开始了品牌形象的现代化，试图使年轻形象面对大众。原先的金色Logo一改为银色，邀请法文版Vogue御用摄影师Mario Testino带来全新的视觉形象。古驰成为许多年轻女孩的梦想。

高质量高品位是古驰贵族定位的有力支撑，三大经典设计元素使古驰的奢华有了形式上的载体，名流的追从使古驰的奢华符号化形象真正深入人心。

另类广告诉求

弗罗伊德说，凡是被禁止的东西，一定是被欲望的，恐惧是无意识欲望的面具。作为时尚界经久不衰的话题，禁欲和性解放一直呈现在时尚里。男权社会

---

① 李彬：《符号透视：传播内容的本题诠释》，复旦大学出版社2003年版，第106页。

中的女人们从解放自己的身体开始,向男人、向社会吹响性解放的旋律。女人不再是男人的附属,女人和男人一样享有平等的权利,性的解放成为通向平等的桥头堡。古驰伴随着女性解放的思潮一路走过,它总是通过马衔链、双"G"符号把性或者欲望凸现在品牌内涵里。

Tom Ford 加盟古驰后,以大胆的性诉求广告强化了古驰性感迷人的形象。Tom Ford 是把古驰与从低潮期带回主流的功臣,他认为,时尚真正使人着迷的地方是其与性的联系。90 年代,性不再是不可碰触的话题,这一时期的古驰顺应时代的需求,大胆将性与时尚广告相结合,成功创造了话题。

Rush 香水广告中是男人女人充满狂热爱欲的表情;手表广告中是泛着健康的光泽的巧克力色皮肤、紧绷的乳头和充满金属色泽的手表;服装广告中的模特们呈现紧张的性感,性感女模着高跟鞋踏在男模身上,挥拳格斗,挑战性爱诱惑的极限。古驰的性诉求广告不仅使用传统性感元素,还使用同性恋等有争议的元素。这和设计者的性取向相关,但却符合了时尚大趋势男女界限分隔模糊,中性美风靡。

2004 年,古驰邀请为黛安娜王妃等人拍摄过照片的知名时尚摄影师 Mario Testino 掌镜,推出春夏形象平面广告,女模特儿的体毛剃成古驰的经典字母"G",以"wet"为灵感来源,用波浪或火焰的花纹来衬托出广告的张力与性感,性诉求运用达至极点,时尚界一片哗然,有人认为这一广告淫荡污秽。广告引来争议,但也吸引了无数眼球并大幅度带动销售,对比大投入的电视广告,该平面广告的性价比堪称 2004 年之最。①

在马斯洛的需求理论中,人的自我满足的需求建立在性需求的基础之上。通过摄影师的想象力,古驰这些极具诱惑的平面广告激起消费者对人体的欣赏和欲望,却又完全不同于媒体爆炸时代那些庸俗不堪的影像作品。古驰面对性诉求的勇敢和坦荡的态度也是其他品牌不可比拟的。很多品牌尝试性诉求,但隐晦遮掩的态度无法达成宣传效果。性诉求广告塑造了古驰鲜明张扬的性格,这种自主、自我的生活态度正是奢侈品消费者追求的。

古驰一直以性感闻名于世,Tom Ford 引导的性诉求的广告之战使古驰重新树立性感奢华的形象,另类的性诉求广告起着不可估量的作用。

原产地的手工艺品质

古驰的设计和宣传前卫大胆,但其制作工艺却保守而循规蹈矩。古驰的首席执行官索勒对品牌管理的重视可为这一方面的典范。索勒的名言是:"将生产

① 《性主宰了时尚广告的眼睛》,《云南日报》2006 年 3 月 15 日。

严格限制在意大利的托斯卡纳完成，以保证产品的纯正和高品质。”[①]

“英雄不问出身，奢侈品要看产地”，所有奢侈品牌都会强调其原料的产地和选材的严格，伏特加、红酒强调原料特性和原产地，钟表强调瑞士血统。这样的信息传递直观体现奢侈品的价值，使奢侈品昂贵的价格合理化。古驰坚持在托斯卡纳生产传统制品。

古驰创立伊始，就以前店后厂方式生产手提箱、手提包、马具，由于质量过硬，生产规模逐步扩大。为了树立高档消费品形象，古驰精心编造了家族史，对外宣称古驰家族专门为佛罗伦萨的王族生产马鞍。通过品牌故事，古驰为自己寻找到意大利高贵血统的定位，“意大利制造”赋予古驰高贵和值得信赖的品质。索勒也充分认识到这一传统的重要，他重视古驰品牌与意大利原产及意大利工匠手艺间的内在联系。

古驰深谙保持奢华地位之道，除了用奢华符号表达奢华个性，更注重培养内在涵养。古驰始终坚持手工制造，以保持托斯卡纳手工制品的水平，索勒提高工匠们的工资并为他们提供贷款，帮助他们改善生产环境，鼓励他们为古驰生产最好的产品。

有历史的奢侈品大都保留手工艺时代的传统，手工艺等于高品质，在机械化和流水线盛行的年代，人们对于手工产品抱有特别的亲切感。人们理所当然地认为，手工产品更地道，品质精良、内涵丰富。手工耗时巨大，价格昂贵也就不足为奇。侏罗山谷的工匠门日复一日地用简单的工具加工复杂的钟表，LV坚持每一个铆钉都用手工打造，很多时装都一针一针用手工缝制。在大量高质量廉价商品进入市场时，手工艺成了奢侈品保持高价的最主要因素，手工代表两个字阶层。

古驰抓住了人们都认识到的普遍规律手工制作等于稀有和珍贵，它的可贵在于，百来年一直咬牙严格执行。百年来，经历了经济危机、战乱、时尚变幻，古驰凭借其手工特点，不仅成功存活，还发展成著名品牌。

谨慎的行销策略

品牌的延伸策略影响其终端行销策略，大卫·艾克认为，品牌组合的目标包括充分利用和清晰度，延伸产品线非常重要，能实现这两个目标。产品线延伸的积极作用将提高品牌的利用效率，这能使品牌充分发挥作用，但产品线延伸可能导致选择过多，造成品牌混淆，从而使延伸失败。[②] 古驰行销策略的谨慎首先表

---

① 中国时尚品牌网.奢侈品牌古奇：起死回生的品牌挽救[EB/OL].

② [美]大卫·阿克著，雷丽华译：《品牌组合战略》，中国劳动社会保障出版社2005年版，第311页。

现在控制品牌的过度延伸。

古驰在行销策略上的谨慎来自经验，古驰曾因为过度延伸品牌和过多的授权经营陷入危机。80 年代，古驰严重忽略品牌的控制，商标竟然被用在球帽或廉价健身服上，卫生纸厂家也用古驰品牌。单独的产品延伸时都有充分理由，但整体上看，古驰的品牌延伸失控。1993 年，索勒上台后重组古驰的品牌结构，重组后的古驰商品分 11 条品牌线，这 11 条品牌线都和时尚相关联，代表各领域高端消费者的品位。比如，古驰的手表选择和瑞士合作，瑞士的名表产地直接提升古驰的美誉度。这 11 条品牌线帮助古驰管理的规范化和年轻化，遏止了原先放任自流的恶性品牌延伸。

古驰行销策略的谨慎其次表现在渠道选择上。科特勒称，营销渠道决策是管理当局面临的最重要的决策。公司所选择的渠道将直接影响其他所有营销决策。古驰的销售渠道一直掌握在三类不同的实体手中：古驰直营的商店，特许经营的专卖店，百货公司女装部和免税商场。其中，古驰直营的商店和百货公司的女装及免税商场都是符合古驰奢侈品定位的销售场所，但特许经营专卖店不仅无法为古驰带来效益和正面的品牌提升，反而将古驰拖进了泛滥化泥潭，遍地专卖店的古驰失去了高贵。为了建立强势品牌，古驰花费了 2 亿美元收回特许经营权，重新装修商店，开设直营店，有力地协调了市场和品牌。

传统的 4P 管理对于任何一个追求高利润和高质量的品牌都是起作用的，而索勒又增添了新的 4P 管理内容：公共关系（public relations）、产品质量（production quality）、定位（positioning）和理念（perceptions）。用索勒的话说就是，独树一帜才能创造利润。单纯的销售是毫无意义的。刺激销售的方法很简单，用一小时批准新开 2 000 家古驰专卖店，明年的销售额就会翻番。然而利润并没有实质性的增长。所以，控制古驰产品的终端销售不愧为明智的决策。

结　语

古驰是一个佛罗伦萨传奇，以昂贵的手提包和休闲鞋闻名于世，经历一个世纪的颠簸沉浮，仍然在时尚界呼风唤雨。古驰拥有路易 · 威登、香奈尔及普拉达等奢侈品一样的元素统一风格、稳定的产品质量、设计品味，协调一致的定价。除这些元素外，古驰更具内涵：马衔链、双“G”提花布、红绿织带。性诉求广告揭示了古驰大胆张扬的性格，正好符合新新人类的需求既要努力赚钱，更要懂得享受生活。纯手工传统，谨慎的终端销售策略则让古驰保持了一贯的高贵不失优雅。

——星巴克的咖啡之道

对于世界各地喜爱咖啡的人们来说，星巴克(Starbucks)是一个耳熟能详的名字，提起星巴克，咖啡的浓香仿佛扑鼻而来。星巴克诞生不过30年，就成为国际著名的咖啡连锁店，奇迹的背后，是星巴克别样的成功故事。

1971年，星巴克诞生于美国西雅图，主要出售高档咖啡豆，除了咖啡豆，星巴克还批发茶叶和香料。公司的商标是一幅老式的挪威版画，画面中心是一条美人鱼，公司最初的名字"星巴克咖啡"，香料、茶叶围绕四周。在当时大多数美国人的心中，买咖啡应该去超市，那里有他们习惯饮用的速溶咖啡。从建立开始，星巴克的定位就非常特殊——销售高质量的特制咖啡。从香味、口味还是制作工艺上看，特制咖啡都明显优于人们以往熟悉的咖啡，星巴克通过自己的专卖店将新鲜炒制的特制咖啡豆销售给顾客。

19世纪80年代初期，星巴克发展成享有盛誉的咖啡炒制和零售企业，正是在这个时候，星巴克迎来了将对它的发展产生震撼性影响的人物——霍华德·舒尔茨。

1981年，舒尔茨第一次来到西雅图，在星巴克第一次接触到高质量的特制咖啡，就立刻为它独特的味道吸引，对比让舒尔茨发现从前饮用过的咖啡简直与泔水别无二致。特制咖啡让舒尔茨像发现新大陆一样兴奋不已，他相信绝大多

执笔：邢峥。

数美国人品尝这种咖啡后都会有同样的感受。舒尔茨认为，高质量特制咖啡前景广阔，人们会青睐更营养且更少加工的天然食品。意识到星巴克特制咖啡不可限量的前景后，舒尔茨果断决定加入星巴克，投身咖啡领域。

1983年，舒尔茨去意大利旅游，看到无处不在的咖啡馆中，熟练的咖啡调制师用高档的阿拉伯咖啡豆配置蒸馏咖啡，看到意大利人在咖啡馆里同朋友谈天说地乐而忘返，意大利咖啡馆不但提供高质量的咖啡和消费环境，更为都市人提供休息身心和交流情感的场所，咖啡馆无疑成为家庭的延伸。舒尔茨认为，大多数美国人没有机会像意大利人那样接触高质量的咖啡，更无从体验咖啡所蕴含的超出饮料价值的社会感受，咖啡在美国只是商品，美国人在家里喝了上百年的咖啡，都没搞懂，放松的气氛、交谊的空间、心情的转换是咖啡馆真正吸引顾客一来再来的原因。提供咖啡体验，而不仅仅是咖啡豆，是星巴克要做的事情。

意大利之行让舒尔茨看到了差距也看到了星巴克的发展潜力，他渴望把意大利的咖啡文化移植到美国，用良好的消费环境吸引更多客户来体验咖啡。这个让舒尔茨激动的想法并未得到星巴克所有者的支持，1985年，舒尔茨离开星巴克另起炉灶，1987年，舒尔茨说服投资商收购星巴克，将其命名为星巴克有限公司。

考虑到消费者还不了解特制咖啡，舒尔茨分步骤实施"贩卖体验"。星巴克先要让品牌声名远播、培养人们形成新的消费习惯。基于此，完成兼并后的星巴克迅速进行扩张，在西雅图总部附近城市广添连锁店，通过产品邮购和批发业务到达未曾触及的地区，多渠道扩张使得星巴克迅速实现销售额连翻三番的骄人成绩。20世纪80年代末90年代初，星巴克加强了未来建设方面的投资力度，引进人才同时建立了一系列完备谨慎的运营系统，发展出结构清晰完备的机构。完成这一切后的星巴克如一辆驶入快车道的汽车，加大油门前行。1991年，星巴克进入洛杉矶等主要城市，在造就明星的洛杉矶，消费者之间的交流推荐使星巴克声名广播，成为好莱坞各界名流经常光顾的场所，星巴克的品牌知名度迅速提高。

90年代初期是星巴克发展历程上的分水岭，顾客开始蜂拥而至，星巴克咖啡店迅速成为大众的宠儿，舒尔茨的咖啡体验计划也开始实施。

90年代中期，星巴克决定依靠品牌优势进一步开拓国际市场。拥有约5亿中产阶级的亚洲拥有最多的潜在消费者，星巴克决定率先开发亚洲市场，先占领日本，然后占领中国台湾和大陆。跨入新世纪后，星巴克又成功进入欧洲大陆。①

星巴克通过建立连锁店及培养消费者体验来拓展市场获得巨大成功，小小的咖啡馆逐步壮大成咖啡王国，星巴克也成为顶级的特制咖啡零售商、制造商和

① [美]南希·凯恩：《品牌的故事》，机械工业出版社2003年版，第154页。

商业品牌。到2006年，星巴克在美国拥有5 185家自有咖啡店和2 765家产品销售店，在欧洲、中东、拉丁美洲和环太平洋地区的36个国家拥有1 310家咖啡店。星巴克用深厚的文化底蕴、不懈的品位追求、体贴入微的服务、舒适优雅的消费环境带给顾客全方位的咖啡体验，使自己的咖啡馆成为人们谈天说地的场所，吸引了大量消费者。现在，星巴克每周要招待约4 000万来店内体验星巴克魅力的客人。①

从产品的提供者到体验的提供者，星巴克完成了关键性的转变。星巴克在消费者需求的中心由产品转向服务再转向体验的时代成功地创立以体验为特点的"咖啡宗教"，为顾客创造难忘的体验、激起他们的兴致，把他们从满意的消费者变成忠诚的倡导者。

在体验营销方面，星巴克堪称典范。星巴克一贯认为，他们出售的不是咖啡，而是人们对咖啡的体验。以向顾客提供有价值、有意义的体验为主旨，以服务和商品为媒介，星巴克通过提供使消费者在心理和情感上得到满足的"星巴克体验"来吸引顾客并提高顾客的忠诚度，成功地缔造了星光灿烂的咖啡王国。

体验经济下的体验营销——星巴克体验的构筑

体验指探查、试验，多次同样的记忆形成的经验即为体验，体验是个人的心理感受。派恩和吉尔摩认为体验是一种经济产物，这种经济产物的价值高于商品与服务，当企业有意识地以服务为舞台、以商品为道具，使消费者融入其中，环绕着消费者创造出值得消费者回忆的活动时，所谓"体验"便出现了。②

消费者把功能性的特色和益处、产品质量和积极的品牌形象看作理所应当，他们需要更能刺激感官、触动心灵和激发灵感的产品，需要消费过程中获得相关体验。消费者的这种心理变化给企业以启发——非物质产品将比物质产品的价值更高、升值空间更大、盈利机会更多。

消费者上述心理转变促进了体验经济的到来。作为新的经济形态，体验经济深化和发展了以往的服务经济，形成新的精神体验并以其为内涵，着重追求消

---

① 星巴克有限公司：Company Profile，www.starbucks.com，2006。

② 马连福：《体验营销》，首都经济贸易大学出版社2005年版，第4页。

费和生产中的个性化感受。① 在体验经济中，产品的生产者以产品为依托，通过服务或仅就产品本身向消费者提供“体验”。消费者表面上为产品付费，但其消费的不仅是产品，而是消费时得到的情感、心智、精神上的满足，这一过程伴随对产品、企业、品牌的愉悦记忆，消费者实际上是为感觉到的体验因素买单。②

为了满足消费者“个性化”愉悦体验的消费需求，体验营销登上历史舞台。体验营销指企业以商品为素材，以服务为中心，以满足消费者的体验需求为目的而开展的一系列营销活动。科特勒认为：“体验营销通过让顾客体验产品、确认价值、促成信赖后自动贴近该产品，成为忠诚的客户。”③体验营销有两个基本特征：第一，它以产品为载体，直接以产品传达体验价值或者以服务为传达体验价值的介质。第二，体验营销是“从消费者的感官、情感、思考等方面对营销的重新设计和定义”。④

许多企业都尝试体验营销，迪斯尼以经典卡通为蓝本打造快乐体验；IBM推出 IBM ThinkPad 体验中心；微软把操作系统命名为 Windows XP（XP 是“experience”的缩写，意即体验）；英国航空公司为客人提供体验服务。星巴克亦是体验营销的成功实践者，从古老的咖啡里发展出独特的“体验文化”。

星巴克咖啡的独特口味和氛围都是为消费者的体验而刻意营造的，星巴克认为：咖啡只是载体，通过这种载体，星巴克把独特的体验传递给消费者。

一流品质的咖啡体验

体验营销的基点是产品，因为体验的内涵可能超越产品本身，但体验永远不可能摆脱产品。尽管消费者消费的目的是获取体验价值，但产品的质量及消费者对产品的认同是实现体验价值的前提条件，产品是体验的焦点。

咖啡是星巴克体验的载体，为了让所有热爱星巴克的人品尝到口味纯正的顶级咖啡，星巴克严格把握产品质量，从购买到炒制再到销售，层层把关。

同众多依靠批发供应商供应货源的咖啡制造商不同，星巴克恪守亲自考察咖啡产地然后选择优质原料的原则，从品种到产地到颗粒形状，星巴克的咖啡豆经过挑剔的选择，全是来自世界主要咖啡产地的极品。

---

① 崔本顺：《基于顾客价值的体验营销研究》，天津财经大学 2004 届硕士论文。

② 丁家永：《从注意眼球到自我体验——谈体验经济中营销观念更新含义》，http://www.chinasspp.com/news/17146_3_2.htm。

③ 星巴克有限公司：Company Profile，www.starbucks.com，2006。

④ 戴恩民：《体验营销的参与和实施》，http://www.e—works.net.cn。

精挑细选的原料被送往烘焙车间后，会按照严格的标准接受烘焙和混合，随后被装进保鲜袋中运往星巴克的连锁店，这一系列过程都有星巴克专利技术的支持。在烘焙过程上，星巴克把咖啡分为弱烘焙、中烘焙、强烘焙三种，以便后期根据消费者的需要调出味道不同的咖啡。混合咖啡时，星巴克通过改变混合的量和咖啡豆的研磨程度来制作不同的口味。保鲜袋是星巴克的专利装置，能最大限度地阻隔潮气和氧气，还能通过特殊阀门扣排除气体，使咖啡始终处于真空状态。尽管这样，星巴克还严格规定：保鲜袋一旦打开，其中的咖啡豆必须在 7 天内销售出去，过了这个期限的咖啡不能再销售。

星巴克咖啡的配制十分严格，小杯蒸馏咖啡必须在 23 秒之内制备完成，牛奶必须升温到 170～150 华氏温度之间并保持一段时间，星巴克的员工们都要接受“煮制极品咖啡”的训练，以将咖啡的风味发挥到尽致。

星巴克按照消费者的不同要求把咖啡细分为许多种口味，如“活泼的风味”指口感较轻且活泼、香味诱人并让人精神振奋的咖啡；“浓郁的风味”指口感圆润、香味均衡、质地滑顺、醇度饱满的咖啡；“粗犷的风味”指具有独特的香味、吸引力强的咖啡，这样方便消费者享受到喜欢的、符合自己个性的咖啡。

感性色彩的环境体验

消费环境和氛围是促成体验发生的重要因素，体验营销不应孤立针对单独的产品，而要使用各种手段得到综合效应，通过营造环境以配合和增加消费体验。

早在意大利之行，舒尔茨就发现温馨、舒适、带浪漫情调的意大利咖啡馆的魅力，咖啡店是消费者体验咖啡的场所，环境本身也可给消费者带来美好体验。完美的体验需要全面的感官刺激，除了用咖啡刺激消费者的嗅觉、味觉，星巴克还想方设法全面刺激消费者的视觉、听觉、触觉，更深刻地影响人们的感受。好的消费环境是完成这一切的必需，也是打造难忘体验的重要因素。

星巴克的美国总部有一间专门的设计室，拥有一批专业的设计师和艺术家，专门设计星巴克店铺。星巴克设计连锁店时会考虑当地商圈的特色和店址建筑物的风格，把星巴克融入其中，星巴克的每一家店，在品牌统一的基础上，还拥有个性特色。

在星巴克的连锁店里，所有摆设都经过悉心设计，风格鲜明的起居室、舒适别致的桌椅和沙发，都在恰如其分的灯光投射下散发出温馨，加上煮咖啡时的嘶嘶声、金属勺子搅拌咖啡的撞击声、轻柔的音乐、精美的书刊杂志，一切都烘托出独具魅力的“星巴克格调”，充满感性色彩。

消费者到咖啡店，不仅为了咖啡，更可能是为了摆脱繁忙的工作、休息放松或是约会，轻松愉悦的环境使星巴克咖啡店成为人们除家庭和公司以外的“第三生活场所”。在星巴克，人们不仅能喝到地道的特制咖啡，而且能享受优雅轻松的环境，得到完全的身心放松。人们既可以邀三五好友一同来喝杯咖啡，听店里播放的星巴克音乐、聊天叙旧；也可以享受独处的悠闲。这种生活场景的环境设置，让不喝咖啡的人也会选择星巴克作为休闲场所，点一杯果汁或茶，享受那种无拘无束的氛围。在喧闹的城市中，星巴克的连锁店像是小小的绿洲，让人们远离尘嚣，享受世外桃源般的生活。

周到贴心的服务体验

最简单但最难模仿的就是服务，服务会在无形中加强消费者对企业的好感，有助于建立消费者忠诚度，服务更是体验营销的 T 形台，是体验产品的载体，"星巴克体验"中最重要也最难被竞争者复制的，正是星巴克对消费者贴心的服务。

星巴克以咖啡为媒介，以服务于人为定位，要求员工不仅要懂得销售咖啡，更要能传达企业的热情和专业知识。从 80 年代开始，星巴克的员工都要经过最少 24 小时的专业培训后才获得上岗资格。训练过程中，员工学习星巴克的历史及文化，学习咖啡配置程序、店内工作内容，消费者服务技巧和咖啡文化。90 年代中期，星巴克进一步完善员工培训内容，用专门的方法(Starskills)来培养员工与人沟通的能力。

客人走进星巴克，吧台服务员再忙都会回头招呼，遇见熟客，店员会直唤客人的名字，奉上客人喜爱的产品。星巴克的员工被称作"快乐的咖啡调制师"，除提供优质服务外，他们还会详细介绍咖啡知识与调配方法。星巴克会为三人以上结伴而来的客人配备专门服务的咖啡师，咖啡师负责解咖啡豆的选择、冲泡、烘焙时应该注意的事项，细致解答疑问，帮助消费者找到最适合自己口味的咖啡，体味星巴克的咖啡文化。

星巴克的贴心服务体验还体现在许多细节上，比如在咖啡杯上标出刻度，以便调制师按照标尺调制出完全符合消费者口味需求的咖啡；在杯子上套上套子，方便消费者拿取热饮料杯；为吸烟的消费者开辟专门区域，等等。

店铺之外的延伸体验

体验式营销的目标是使顾客成为难忘经历的主人，从而改变其精神和心理，顾客参与是体验营销的重要组成部分。为了调动顾客的参与热情，星巴克不仅在店内做文章，还把体验延展到店铺之外，在更多的点上与顾客保持接触，为他们提供体验。

通过创建会员俱乐部吸收自发加入的会员，星巴克网罗了最忠实的顾客。会员顾客不但可以在店内获得特别的服务，还随时会在店铺之外通过互联网收到星巴克定期发送的信息。星巴克通过发送会员电子期刊与顾客深度沟通。

和店铺一样，星巴克会员期刊也精心设计：贴心策划的期刊主题、雅致精美的页面、多元化的参与活动，打开电子刊物，星巴克店内的温馨气氛扑面而来。

在会员期刊中，铁杆星巴克顾客不仅看到新的产品信息、新的店内活动介绍和量身打造的服务内容，更得到参加店外活动的机会：体育比赛、读书俱乐部、汽车展会、公益活动、文化展览，等等。

星巴克店铺的主题活动格外引人注目，这些活动让顾客在咖啡之外体验更浓郁的馨香。例如，为了推广 Eothos 纯净水，星巴克提出口号“每杯水都意味着不同”。Eothos 是一种纯净泉水的品牌，星巴克与 Eothos 建立伙伴关系，在星巴克内销售 Eothos，顾客每购买一瓶水，Eothos 捐出 5 美分支持世界饮用水工程，帮助儿童获得纯净的饮用水。星巴克还举办“自带咖啡杯”活动，鼓励顾客自带杯子，给予自带咖啡杯的顾客优惠折扣，倡导珍惜地球资源，减少一次性用品的使用。星巴克还在店内特别推出精美的咖啡杯，顾客可以先购买咖啡杯，再享受折扣和美味。

星巴克经常选择与自己的产品相关度高、又最容易引起人们广泛关注的公益事业为活动主题。在诸如此类主题的活动中，星巴克顾客得以用自己的点滴行动改善公共环境，行动体验超越咖啡本身的价值，丰富并深化了顾客的体验。

不断拓展的创新体验

创新是企业生命力的延续，实施体验营销必须不断创新以保持竞争优势。星巴克将客户体验融入创新战略，根据营销环境的变化，推出新的体验业务，以不断更新的差异化体验来吸引顾客。

2002 年起，星巴克与 T—Mobile 国际、惠普合作，在咖啡店提供名为 T—Mobile HotSpot 的无线上网服务。顾客可以一边享受咖啡，一边上网冲浪。2004 年，星巴克开始在连锁店里推出“赏乐咖啡屋”店内音乐服务。顾客可以一边喝着咖啡，一边戴着耳机在店内音乐库中选择喜爱的音乐，还可以购买旧的音乐光盘，做成个性化的 CD 带回家。近期，星巴克着手在西雅图的咖啡店中安装顾客自己制作 CD 的个人音乐欣赏台。

在金融服务方面，星巴克引入了预付卡，顾客提前存入一定金额，就可以通过网络在星巴克 1 000 多个连锁店刷卡付款，这给顾客们提供了更方便的结账方式，通过这种卡，星巴克把顾客的结账时间缩短了一半。

星巴克以顾客为导向，在所有与顾客接触的点上为体验加码，不断给顾客体验注入新的内容，随着新体验元素的增加，顾客对星巴克的喜好度无形中也得以增加。

星巴克体验的背后

实施体验营销是个复杂的工程，在提供完美体验的背后，是星巴克的经营管理理念。

1. 坚持公司直营

咖啡品质、服务水平、店铺氛围都是供应顾客体验的活水泉，是构筑星巴克体验的灵魂和希望，为了保证这一切的原汁原味，星巴克一直坚持全世界范围内的公司直营路线，即由星巴克总部对所有店铺进行直接管理，统一领导。

在发展过程中，星巴克多次面临直营和授权加盟的选择。与加盟不同，直营模式下，所有权力由母公司掌握，加盟店仅有部分权利，母公司要负责提供技术和相关资源。授权经销，企业不必劳神提供硬件设施和雇用、培训员工。授权经销，星巴克发展扩张的速度肯定要快得多，但星巴克一直认为，这样的快捷省力是以丧失对咖啡店的控制权为代价的。星巴克决不会吝啬报废物料，但如果开放加盟，加盟店的老板不一定会为好的咖啡增加成本报废。

星巴克要控制品质，因此不开放加盟，每家店都由总部统筹管理和训练员工，保证每家海外商店都是百分之百的美国星巴克血统、保证星巴克体验各种元素不变味道。

2. 重视顾客反馈

体验营销以满足消费者的个性需求为出发点，星巴克重视客户的感受，以顾客的感受为评判标准来决定新产品的推出。在星巴克消费，会额外品尝到新款咖啡，星巴克会了解顾客对该产品的感受。星巴克讲究二次法则，顾客第二次要同样的咖啡,就会被邀请填写调查问卷。星巴克用这种方式汇总客户感受,决定新品是否进入市场。

星巴克鼓励顾客反馈信息,常年邀请顾客写下"我怎么看待星巴克"的文字,以此收集顾客的反馈。星巴克还专门在网站上设置版块来刊登顾客的文字,把这些文字及其作者的名字一起印在咖啡杯上,这无疑让顾客热情高涨,更加积极地讲述在星巴克获得的体验。

收集到的反馈意见每周汇总到总部进行分析,星巴克时时感知顾客的体验,以此为基点创造新的体验,在沟通中提高产品和服务的品质,巩固与顾客的关系。

3. 真诚对待员工

在咖啡店中,员工时时与顾客接触,是体验价值的直接传递者,企业为员工创造一流的环境,他们将以饱满的热情投入工作,集中精力为顾客创造一流的体验。除了支付丰厚的工资、提供良好的福利待遇外,星巴克还竭力提供舒适的工作环境,在星巴克,员工被企业称为"合作伙伴"。1991 年,星巴克内部一个调查表明,大多数星巴克员工渴望拥有公司的股票,为了顺应民意并建立公司同员工之间休戚与共的密切联系,星巴克在内部发行名为"豆子股票"的员工持有股,使每个员工都持股,都成为公司的合伙人,把员工与公司的总体业绩联系起来,以刺激员工努力工作,增强主人翁意识。

为了促进管理层同员工之间的交流,星巴克创办了公司论坛。在这里,大家不分职位高低,可以对公司内部的新闻和政策畅所欲言。论坛每年举办四次,公司员工不仅可以提出问题和点子,也可以直言不讳地表达情绪。通过这些政策,星巴克树立起浓厚的企业文化,使员工从经济上和情感上都与企业走得更近,工作热情被激发出来,人才流失也大大减少。90 年代中期,星巴克的员工跳槽率仅为 60%,远远低于快餐行业员工 140%到 300%的跳槽率。

结　语

"这不是一杯咖啡,这是一杯星巴克"。没有巨额的广告费和促销预算,星巴克的魅力却因为顾客之间的口耳相传而广为人知,这得益于饱含情感的"星巴克体验"造就的品牌忠诚。独特的口味和精心营造的氛围生来就是为了顾客的体验,不变的坚持和不间断的创新也是为了体验,"出售体验而不是出售咖啡"的星巴克为在都市中奔忙的现代人营造了一个城中的绿洲,也因而成就了消费者心中的意义非凡的咖啡品牌。

广告创意之魅惑

——解读杜嘉班纳之广告灵魂

1991 年,麦当娜在巡回演唱会“In Bed with Madonna”上穿了一套黑色内衣式样的舞台装,同年戛纳影展,麦当娜又穿着纯白丝胸罩与束裤出席。对传统服装观的彻底反叛与藐视震惊了世界,引发“内衣外穿”热潮。这个麦当娜喜欢的“内衣”品牌是杜嘉班纳,英文名称为 Dolce & Gabbana,一个让消费者热血沸腾的奢侈品品牌。杜嘉班纳是意大利华丽冷艳时装风格的绝佳代表,也是世界顶级奢侈品牌。杜嘉班纳是杜嘉班纳创始人 Domenico · Dolce(多米尼戈 · 多尔切)和 Stefano · Gabbana(斯蒂法诺 · 加巴纳)姓氏的组合,他们是“叛逆和惊世骇俗风格”的绝佳代言。两个性情、爱好截然不同的意大利人在米兰的邂逅促成了杜嘉班纳的诞生。提及杜嘉班纳,人们想到的是意大利西西里岛风情,两个才华横溢、志趣相投的男人,浓烈、华丽、妖艳和妩媚的招牌式风格,狂野而奢华的品牌文化,众多世界级明星心仪的 Logo……

有人将杜嘉班纳比作 90 年代的普拉达、80 年代的阿玛尼,它们都是一个时代的象征。2003 年,杜嘉班纳时尚产品(包括时装、太阳眼镜、香水、内衣、手表、珠宝)的销售总量居意大利各大品牌中首位。在国际市场上,杜嘉班纳的销售规模仅为阿玛尼的一半,但发展非常迅速。2004 年,杜嘉班纳的全球销售总额已超过范思哲。杜嘉班纳的组织结构主要分为两部分:生产和销售,Dolce & Gab-

---

执笔:肖玉琴。

我的梦想就是做一位裁缝，开家小工作室，专门为女性做美丽的衣服。我会有自己的老顾客、自己的沙发，我会请他们喝茶，享受安逸的气氛。

——多米尼戈·多尔切

我的梦想是每天从2点整工作到2点一刻，其余时间我要去做按摩、去购物、去花钱。——斯蒂法诺·加巴纳

斯蒂法诺·加巴纳与多米尼戈·多尔切

bana Industria 和 DGS S. p. A 负责生产和销售，前者管理 Val d'Arno 的两家工厂，后者管理意大利本地销售网络。国际市场部管理两大分支机构批零业务：美国分部(1992 年在纽约建立)和日本分部(2001 年在东京建立)。欧洲和中国的销售由 Dolce & Gabbana S. p. A 负责。2003—2004 年度，杜嘉班纳主要业务总收入达 5.85 亿欧元，利润额达 1.20 亿欧元。到 2004 年 3 月底，杜嘉班纳在世界各地共开设了 73 家零售店，雇佣员工 1 776 名。2005 年，杜嘉班纳品牌价值 35 亿欧元。[①]

杜嘉班纳成功地将美国街头流行元素融入意大利的高贵典雅中，打造了一种新的时装风格，其贡献不只是发明一种新的服装形式、使用一种新的材料。在意大利各大城市的街头，随处可见女性穿着杜嘉班纳的低腰修身牛仔裤，上面满是口袋、拉链、装饰钉、装饰绳，腰间系着打满纽钉的皮带，露出半截性感的内裤，加上酷毙的小毡帽、太阳镜和装饰珠宝……杜嘉班纳还是世界范围内的上流社会的宠儿，美国明星和俄罗斯富豪家庭都偏爱杜嘉班纳。[②]

杜嘉班纳这个充满了意大利艺术想像的品牌，并没有 Gucci、Prada、Zegna、Ferragamo、Fendi 这些品牌那样悠久的家族历史和显赫的背景，两个年轻人凭借创意和干劲白手起家，把杜嘉班纳从名不见经传的 2 000 万里拉起家的“小家伙”打造成世人顶礼膜拜价值逾 35 亿欧元的奢侈品牌。20 年，杜嘉班纳成就一个品牌传奇。

20 年前，多尔切和加巴纳凑了 2 000 万里拉，开始了他们的冒险。他们只有

---

① http://www. modechina. net/NewsCenter/NewsDetail. php? ChannelID = 216&NewsID=23898。

② 《讲排场 俄罗斯富豪的奢侈生活》，http://www. hebei. com. cn/node2/lvyou/yyfq/userobject1ai490572. html。

一个小小的工作室，多尔切画草图，加巴纳剪纸样，用一部小小的缝纫机一针一线制成第一个品牌系列。1985 年，他们的"Real Women（真女人）"发布会在米兰时装周一鸣惊人，紧身的剪裁，强调女性的胴体，获得时尚界的一致青睐。时装界认为，这两个新人的设计、剪裁技巧十分纯熟，超乎想像。两人主张"女性特质"和"矜持的性感"，为女性的美丽性感进行了新的注解。记者和观众认为他们是"意大利制造"的新生代顶级代表，这令他们享誉全球。杜嘉班纳一直坚持当初的理念：Bra Tops、束胸衣、曳地的窄身晚装裙……万变不离其宗，都是为了歌颂女性的美丽，表达与传递着奇特而极具个人品味的新时尚理念。

"杜嘉班纳"诞生时，意大利时装界有三大巨头，分别代表不同的审美观。阿玛尼品位高雅，时尚的感觉要淡一些；费雷工业化味道浓厚，线条硬朗；范思哲则有点艳俗，流行元素鲜明。他们都是公认的意大利风格的代表，杜嘉班纳给意大利人带来别样的风格。[①] 杜嘉班纳的服装以天主教妇女身上的黑色作为最主要的用色，图案表现带有浓厚的南欧宗教色彩。南意大利西西里岛的创作灵感，强调性感的曲线，内衣式的背心剪裁搭配西装，是杜嘉班纳最典型的服装造型。意大利女性穿着讲究饰品，杜嘉班纳也讲究华丽的饰品配件，皮草制的复古提包，搭配绣满图案的及膝袜，极富杜嘉班纳风格。与饰品相较，杜嘉班纳的眼镜较为低调，避免复杂的金属装饰，复古简单的设计，突显干练的都会气质。90 年代初内衣外穿的风潮，奠定了杜嘉班纳内衣与泳装系列复古风格的基础，传统造型的内衣成为重要的搭配单品，香水则为杜嘉班纳带来许多奖项。杜嘉班纳的年轻副牌 D&G 也得到富于奇想的年轻一代及追求前卫一族的喜爱。杜嘉班纳最初默默无闻，但是其针对高中收入消费者一线品牌的定位，浓郁的色彩和丰富的图案渲染的强烈的视觉冲击，使它很快就独树一帜，人们一看到豹纹薄纱服装或者花朵图案的个性混搭就会联想到杜嘉班纳。有人爱上杜嘉班纳的绚丽和奢华，也有人沉迷于杜嘉班纳稳重的黑与白。杜嘉班纳风格鲜明，这是时尚界令人瞩目的必要前提。

杜嘉班纳更因"使影星看起来像影星"而闻名，它明白女性爱美的需要及标准，其设计强调女性的感性及性感。莫尼卡就认为杜嘉班纳的设计从来不会出卖女性，科洛·塞维尼认为杜嘉班纳的剪裁能够修补身材的缺点。杜嘉班纳的服装还受到伊莎贝拉·罗塞里尼、麦当娜、黛米·摩尔及妮可·基德曼等众多名人的青睐。正如加巴纳说的，"杜嘉班纳的女人是真正的女人而不是玩物，能发放感官享受，在遮蔽下爆发出来"。

---

① 《意式浪荡：Dolce & Gabbana》，http://eu.youth.cn/sscl/200607/t20060714_341076.htm。

1990 年，杜嘉班纳推出男装，受到好莱坞男星约翰尼·德普、杰米·福克斯、汤姆·克鲁斯及科林·法瑞尔等人钟爱。杜嘉班纳从女性的角度衡量和表达男性的性感，直条的西装是其男装的标记，男装也渗透西西里亚及地中海的性感风情。

1994 年，杜嘉班纳延伸出一个副牌 D&G，D&G 延续杜嘉班纳的精神，加入幽默狂放，以年轻人为目标消费者，“我们喜欢拼拼凑凑的东西，因为它集合了不同的灵感和经验”。市井中不上台面的素材，到了杜嘉班纳手里，都成了最佳的灵感来源。D&G 讲究设计的简洁、自然、纯真，处处表现性感挑逗，彰显年轻人的自我意识。D&G 和杜嘉班纳一起，为时尚界带来活力四射的意大利风情。

杜嘉班纳的服装风格已经广为消费者接受，不再被视为小众或另类路线，凯特·温斯莱特用杜嘉班纳的白色缎面燕尾服呈现智慧；瑞茜·薇瑟丝彭用 50 年代的鸡尾酒礼服式样的杜嘉班纳展现家庭主妇的优雅；杜嘉班纳为安吉丽娜·茱莉准备的利落的长衣长裤便服轻松震撼联合国；林赛·罗韩、维多利亚·贝克汉姆同样可以在性感诱惑的杜嘉班纳礼服中找到真我。消费者只要想使自己既时尚又性感，就会选择杜嘉班纳。《绝望主妇》中美丽风流的加布丽尔·索利斯，曾经的模特，怀孕后仍不愿放弃穿着杜嘉班纳。杜嘉班纳坦言：“最大的愿望就是看到尽可能多的人穿我们设计的衣服，认可我们的风格。”

杜嘉班纳的快速成功源于其风格上独特而精准的定位，更源于其从设计到生产到经营各环节的独特坚持。杜嘉班纳广告，作为其独特风格的符号之一，一直是杜嘉班纳品牌识别的重要元。

案例分析

杜嘉班纳毫无疑问当属奢侈品品牌。奢侈品是超出人们生存与发展需要范围的，具有独特、稀缺、珍奇等特点的消费品，又称非生活必需品。世界品牌实验室认为奢侈品必须具备四个特点：价值品质、文化历史、高端人气和购买欲求。品质和文化是奢侈品的核心，顶级奢侈品往往是与过硬的质量、优秀的设计理念乃至历史积淀、文化传承联系在一起，高端人气以及购买欲求都是在品质和文化上引申出来的。

从更深层次来看，奢侈品消费代表一种生活方式。沃尔冈·拉茨勒在《奢侈带来富足》所定义的：“奢侈是一种整体或部分地被各自的社会认为是奢华的生活方式，大多由产品或服务决定。”这种生活方式有个性化十足的时尚元素，更多的是炫耀性消费的心理。凡勃伦 1899 年提出“炫耀性消费”这一概念，认为，要获得尊荣并保持尊荣，仅仅保有财富或权力是远远不够的，有了财富或权力还必须能够提供证明。炫耀性消费就是为财富或权力提供证明以获得并保持尊荣的消费活动。西方营销理论更倾向于用象征性消费行为理论解释奢侈品消费，所谓象征性消费有两层含义：

(1)消费的象征。借助消费表达和传递意义，包括消费者的地位、身份、个性、品位、情趣和认同。这样的消费不仅满足人的基本需要，也是社会表现和社会交流的过程。

(2)象征的消费。消费者不仅消费商品本身，而且消费这些商品象征的社会文化意义，包括消费时的心情、美感、氛围、气派和情调。①

奢侈品营销更多的是卖理念和文化，讲求为顾客带来至尊美妙独一无二的感觉和完美的品质享受。它们的传播自然也选择非常之道，众多奢侈品品牌都选择用特立独行的广告表现自己的唯一性和不可复制性。奢侈品广告会不断提供创意来揭示独特价值，使其深入人心。Diesel 如此，绝对伏特加如此，杜嘉班纳亦是如此。

奢侈品是两种产品(实质性的内容产品和符号标志产品)的叠加，其营销沟通的任务是传达符号标志产品以提高实质性内容产品的价值。奢侈品品牌的视觉系统是其最外显的符号，直接向消费者传递品牌理念和品牌品质，奢侈符号的视觉传达的最直接方式是广告。乍看之下，杜嘉班纳的各季广告主题各异，呈离散状，细细玩味后发现，杜嘉班纳的广告，品牌形象的内在连贯性很强。不管表现方式如何，其风格都沿袭独特的设计哲学，强调个性；不管氛围如何，奢华浪漫的，抑或戏谑、叛逆的，奔放而不羁的性感基调一直不变。

一、奢华的复古情怀

溯源奢侈品文化，华丽是一个里程碑式的符号。奢侈品的平面广告诉求视觉垄断。

杜嘉班纳尽情发挥源于地中海西西里的罗曼蒂克风格，在变革传统理念中展示古典情怀。在杜嘉班纳的设计中，内衣可以外穿，文胸具有高视觉效果。杜嘉班纳的新潮不排斥传统，广泛而变化多样的古典设计理念，淡淡的宗教气息使杜嘉班纳更加卓越。杜嘉班纳挟带着复古、华丽、宗教气息精神，彻底改造并重新演绎西西里文化，将真我时尚进行到底。杜嘉班纳有稻草手袋、皮草制的复古

① 丁家永：《奢侈品：消费的象征与象征的消费作者》，http://www.globrand.com/2006/09/29/20060929－154043－1.shtml。

提包、绣满图案的及膝袜及天主教妇女常用的黑色。[①] 杜嘉班纳喜欢性感美丽的洋装,无论长短,缀以华丽的刺绣、蕾丝边以及荷叶边……混合着旺盛的时尚活力与性感,复古与时尚的糅合使杜嘉班纳散发特有的迷人魅力。

杜嘉班纳的宫廷复仇故事

欧洲宫廷是奢侈文化的摇篮,许多顶级奢侈品都从欧洲宫廷走向大众。与其他奢侈品品牌一样,杜嘉班纳也善于借助欧洲宫廷符号表现奢华之气。杜嘉班纳2006秋冬新品的军装回归,没有男性化,没有僵硬感,只有充满女人味的低调与优雅。用复古的方式改良军装,再现俄罗斯沙皇时代宫廷军队的奢华双排铜扣与金色饰边,将末代贵族的奢华气息发挥到极致。广告里,杜嘉班纳讲诉了一个宫廷复仇故事。男主角由男模 David Gandy 担当,女模则由百变精灵 Gemma Ward 担纲。广告充满拿破仑时代油画气质,高耸的18世纪白色宫廷假发,精致的繁纹蕾丝,骑士般的呢制军装,帅气的马裤,作旧的画面感……充分展示古典欧洲战争情结,设计保留了军装元素中挺刮的领型、肩饰肩章、双排扣,精神的束腰带,但模糊了军服硬朗的模样,暧昧地融混在风格各异的服饰当中,烙下一些神似军装的印记,金色的铜扣和腰链更渲染出浓郁的奢华宫廷气质。[②] 强烈的构图、另类的模特造型、别样的色彩搭配,清楚地诉说着每一个故事。一切语言都是聒噪而多余的,广告让观者感受近距离的奢华体验。

二、特立独行的浪漫风格

杜嘉班纳拥有诸如泳装、鞋、男女用香水等多项分类产品的经营特许权,但他们在服装生产上保持一贯作风。创业之初,杜嘉班纳就拒绝让大成衣工厂代工生产,坚持自己制版、裁制样品和装饰配件,只用非职业模特儿走秀。对于讲

---

① 《品牌史话:充满浪漫意大利风情的 Dolce & Gabbana》,http://economy.enorth.com.cn/system/2006/01/09/001207173.shtml。

② http://www.ellechina.com/bbs/archiver/? tid-190520.html。

究排场的时装界而言，这独树一帜。杜嘉班纳根据销售、展示、公关和广告的情况制作自己的模型、样板及附件。每件产品上均可体味到杜嘉班纳的独特视角与个性，杜嘉班纳总是不失时机彰显自己的与众不同。每年的奥斯卡颁奖晚会，许多设计师都会花重金聘请明星穿他们的衣服，替自己的品牌做广告。杜嘉班纳却向明星们宣告："衣服在那儿，你们想穿就来穿好了，但我们绝对不会花钱请你们穿。"

奢侈品不仅靠品牌质量，更是凭品牌理念、品牌内涵吸引追随者。奢侈品不仅是财富和地位的符号，也是品味和个性的表征。同样是浪漫主题，不同品牌都有与众不同的表达。

杜嘉班纳总爱玩点花样，发家于T型台的杜嘉班纳十分重视发布秀。古典音乐、化妆、地中海发型及一头黑发和南方身材的模特儿营造出的浪漫的南意大利西西里岛风情，成为杜嘉班纳的标志风格。2006年的D&G米兰秋冬发布会的主题是冰雪。整个秀场被人造雪花包围，纯白色成为当仁不让的主角：白色的裙装、白色的鞋、白色的裤子、白色的滑雪帽，蓝色和红色、穿插其中。D&G放弃了一贯使用的自由奔放的色彩、狂野不羁的造型转而使用大面积无色系面料和稍显清冷的秀场氛围来诠释主题。[①] 虽然简洁单调，但是依然性感不减。虽然缺少华丽色彩的渲染，一切还是那么特别，充满浪漫情怀。

2006年的D&G米兰秋冬发布会

① 《满座衣冠似雪 天才"D&G"分手》，http://fashion.66wz.com/system/2006/09/14/100183376.shtml。

三、另类张扬的性诉求

奢侈品品牌的广告传播中，品牌故事是贯穿始终的基本元素。每个奢侈品品牌背后都有一个优美动人的故事，绝大部分奢侈品品牌与历史名人、创始人或重大事件紧密联系。扣人心弦的故事丰富了品牌的内涵，提升并捍卫了自己在消费者心目中的经典形象。杜嘉班纳也有自己的故事：两人在米兰的邂逅以及而后 20 年朝夕相伴共同创业的同性爱情。透视杜嘉班纳的历年广告，其主题一直与“性”有关，若即若离的非常规“性话题”一直萦绕其中，这个话题大体通过视觉来表现，很少借助文字，给受众留下了足够的联想空间。

同性之吻广告

杜嘉班纳从来不否认时装要强化性吸引力。而且，或许是因为多尔切加巴纳两人是同性恋人，杜嘉班纳除了颂扬异性间的性感，也赞许同性间的性感。异性性主题广告在时尚界司空见惯，同性性主题广告在潮流浪尖的时尚界却仍然是禁忌话题，这种另类的性感在吸引眼球的同时也招致众多的指责。这正是杜嘉班纳要传递的别样文化。

玩偶工厂广告

2005年年末，杜嘉班纳在英国播出首个涉及同性之吻的广告。该广告是杜嘉班纳为手表新品拍摄的，广告分为两个版本，完全同样的画面内容，一个是男女亲吻，另一个是两位男性亲吻。该品牌发言人声明，这样的手法是为了传达“爱的二元性”，就好像该手表新品有两款外观一样。此外，广告选择两位男性亲吻画面，也是为了向该品牌广大的消费群体之一——同性恋者致敬。[①]

在性感、叛逆而浓厚西西里民俗色彩的设计风格下，杜嘉班纳的广告系列显得个性十足。它总有办法增加广告中的不调和因素，表达与众不同的性感体验。“玩偶工厂(Dead Doll Factory)”广告系列中，整体基调十分奇异：在干草和木头箱子中，毫无生气的模特摆着奇怪而易受侵犯的姿势；独轮车上躺着一名双腿叉开的女子，一副任由他人摆布的样子；一名女子正在驭使软弱无力的同伴。[②]

杜嘉班纳的模特以性感闻名，带有纨绔子弟的浪荡气息。杜嘉班纳的女人外表强悍，代表人物有麦当娜、安吉丽娜、比昂斯、洛佩兹、莫妮卡……丰乳肥臀。杜嘉班纳广告代言人中不乏爱琳·奥康纳这样古灵精怪的新生代模特，6年前，杜嘉班纳的广告中，爱琳·奥康纳穿着华丽的雪纺绣花长裙，传神地演绎了90年代中期的自我觉醒和诙谐的风格。爱琳·奥康纳两道卧蚕眉及雕塑般的造型美恰如其分地诠释了杜嘉班纳及D&G的另类美。

杜嘉班纳钟爱性感的女人，这样描述她们：“喜欢自己也知道自己受宠，她们走四方但从不迷失，她们若无其事地在透明外套下穿性感内衣，她们故意穿起男人味十足的细条外套、白衬衫打领带，她们永远穿高跟鞋，走路摇曳生姿，她们戴

---

① 《英国：D&G播出同性亲吻广告创历史》，http://www.guyrice.com/news/Article_Show2.asp? ArticleID=1064。

② http://www.umich.edu/~sapac/sia/2006/7.html。

西西里男人礼帽。不管她是高级经理、主妇、母亲或者情妇，她始终是个彻头彻尾的女人。"在其品牌主张里，女人似乎比男人更有侵略性。相比之下，杜嘉班纳的男人显得比较柔和，乔治·克鲁尼、皮尔斯·布鲁斯南、贝克汉姆，穿上杜嘉班纳后，无一例外散发出绅士般的性感魅力。①

2006年，杜嘉班纳选择球星展现其品牌个性，杜嘉班纳宣布意大利国家队在世界杯期间比赛之外的场合穿着该品牌正装与休闲装，加巴纳说："球星们的活力与生活方式代表着新一代年轻人的风范，年轻、性感、英俊和富有通常是他们所共有的特质，女性球迷正是因为这些而疯狂。"

杜嘉班纳的球星广告

2006年，皮尔洛、赞布罗塔、卡那瓦罗等意甲球星加盟D&G。足球运动员特有的匀称身材和健美体形与D&G的短裤相得益彰：不论是深蓝色系、纯白色系还是五彩色系，肌肉的美感都让D&G独特的时尚风格彰显无遗。

有人说，杜嘉班纳总是弹奏少数人欣赏的梵音，但奢侈品品牌传播本来就不走大众路线，恪守一线品牌的杜嘉班纳，固守的就是那份高处胜寒之美。

四、不变的狂野

杜嘉班纳以狂野起家，一直以来，它致力于把狂野的风格演绎成独特的美感。麦当娜胸罩搭配黑色西装外套的内衣外穿引起了90年代的大骚动，90年代后半期，杜嘉班纳调整了之前强烈的感官风格，推出年轻简约的副牌D&G，杜嘉班纳的高级时装也转而追求简朴高雅。但无论是婉约的性感还是之前大胆的性感，狂野的性感已经成为杜嘉班纳品牌精髓的一部分。在杜嘉班纳的文化中，一直渗透了一种具有"强烈视觉感官震撼"的狂野风格。杜嘉班纳的广告主题中永远是震撼视觉性感、暴露的野性之美。

2005年华丽叛逆的妖艳广告和2006年复古的乡村广告都比较晦涩，很难

---

① 《Dolce & Gabbana：招摇依旧》，http://sh.online.sh.cn/content/2005－09/22/content_1327891.htm。

去把握其中的意境，但广告画面中赤裸的狂野个性，自由、反叛、桀骜不驯的元素却让人一目了然。2006年春夏广告，内含性感诱人之外，更多的是传达一种颓废味的狂野气质，少女感觉的蕾丝让白色主线的系列同时具有女孩和女人的所有风情，慵懒的女模随意的横躺在大型草料仓库里，肆无忌惮地做出各种撩人的姿势，透着一股旁若无人的大气，仿佛是对观众注目的不屑。

早在杜嘉班纳2000年春夏的平面广告中，名模吉塞尔就把阴暗的厨房当做秀场，肆无忌惮地向衣着寒酸且不停干活的伙计们展示身上亮晶晶的饰品。劳作的伙计们面对这个突然闯入、显然不属于他们一群的漂亮尤物流露羡慕神色。伙计们的蓝领装扮与模特考究的衣着配饰强烈对比；干着各色杂活的伙计们的动态与模特傲然不可侵犯的静态对擂，场景中充满了不协调的不屑、傲慢和浪荡气息，这样的狂野让人过目难忘。

D&G在满足杜嘉班纳多元化发展战略需要的同时，承继了杜嘉班纳的狂野精神，杜嘉班纳超过50%的销售额来自D&G。设计上，D&G把来源于街头、流行音乐和一切新事物的灵感，裁剪成跳离传统而独具鲜明个性的样式，带出更多的妖娆风貌，挑逗的桃红、薄纱、弹性质材流露出设计师对于表现身体曲线的偏爱，这种设计与年轻时代活泼的生活方式的合拍，尤为大都会的前卫年轻一代所宠爱。在风格上，自由、戏谑、打破常规是D&G标榜的精神这正是狂野的时代化演变。从D&G的广告宣传是这个精神最好的解说。

结　语

品牌如人，有青春亮丽的，有成熟性感的，有前卫的，也有典雅的，有内向的，有外向的，有富有激情的，有沉着稳重的……经年累月，品牌个性的文化内涵表现积淀成独有的文化。意大利的狂野浪漫、西西里奢华美丽的格调是杜嘉班纳打动消费者的法宝，自信、坚强、传统与现代完美的和谐更是杜嘉班纳的魅力所在。杜嘉班纳弹奏的妖娆之音，赋予女性更多自我、性感与狂放，为男人增加了更多令人怦然心动的精彩细节。[①]

杜嘉班纳还涉足数码领域，推出限量版时装手机 Dolce&Gabbana MOTO V3i，进一步拓展时尚的领域。杜嘉班纳联手摩托罗拉公司推出 RAZR V3i，外壳使用黄金和白银，销售包装中还有印有杜嘉班纳标识的纯金 D. G. 挂绳、型号为 H700 的摩托罗拉蓝牙耳机和镶有金边的皮质手机套。杜嘉班纳正积极地把不同寻常的品牌个性延伸到更多领域。

① http://www.kankan.com.cn/SuperLibtary/freearticle.asp? aid=4806。

——迪赛服饰成功之路

2005 年 10 月，意大利牛仔休闲服饰品牌迪赛（Diesel）正式登陆中国大陆，迪赛广告在国际广告节上频频获奖，以其强大的震撼力和感染力给中国的广告人留下了深刻的印象，早就引起了中国广告界的注意，引发关注、评论，甚至追捧和模仿。通过广告来吸引消费者的注意很容易，但要把产品塑造成强势品牌并创造销售奇迹，单纯的广告略显单薄，迪赛的广告却做到了这一点。1995—1997 年，迪赛连续三年成为欧陆牛仔裤销售冠军，在 2004 年发布的《福布斯》奢侈品牌排行榜上，迪赛排名第 15 位。

迪赛来自意大利，公司总部位于意大利东北部的摩尔韦纳，主要生产和出售年轻人穿的牛仔装和休闲装，也生产袜子、鞋子、袋子、小巧皮革用品、太阳眼镜、腰带、戒指、项链等。迪赛成立于 1987 年，但主要的发展是在 20 世纪 90 年代中后期，1995—1997 年，迪赛连续三年稳坐欧陆牛仔裤销售冠军宝座，和李维斯平分天下。迪赛大部分的产品由中型公司负责生产，全数斜纹棉布服饰在意大利生产，在欧洲、亚洲和美洲拥有 15 家附属公司。迪赛的业务遍布全球 80 多个国家，拥有超过 5 000 个销售点和 270 多间单一品牌店铺。在 2004 年发布的美国《福布斯》奢侈品牌排行榜上排名第 15 位（中国女性熟悉的品牌雅诗兰黛排 17 名，兰寇 18 名）。2005 年 10 月，迪赛正式登陆中国，在上海开设了第一家分店（另两家在北京）。

执笔：郭明。

1. 品牌创立和发展初期(1978—1985 年)

1978 年,伦佐·罗索和好友成立迪赛公司。从一开始,伦佐·罗索就想让自己的服装成为关注的焦点,所以把企业命名为迪赛,迪赛是柴油的意思,在整个 70 年代,柴油都是稀缺的资源。刚开始时,迪赛隶属于 Genius Group,专门为国际名牌服饰贴牌生产。

1979 年,迪赛开始生产完整的男性成衣。80 年代初期,迪赛将自己定位于"运动服",受到市场的热烈欢迎。1981 年,迪赛走出意大利,成功进入德国市场。

2. 品牌发展战略酝酿期(1985—1991 年)

1985 年,罗索独自经营迪赛。接下来的几年,他致力于扩展迪赛的国际分销渠道。1989 年,迪赛开始生产女性成衣。1990 年,迪赛涉足美国市场,授权一个美国公司生产销售其品牌,但结果不如人意,罗索决定独自经营美国市场。

3. 品牌成名期(1992—1999 年)

这一时期,迪赛的广告精彩纷呈,其大胆而另类的创意和吸引眼球的视觉设计不仅为业内人士津津乐道,在普通的消费者中也激起轩然大波。

脍炙人口的广告为迪赛赢得了知名度,也塑造了其前卫另类的品牌形象,迪赛的国际市场攻略在高调的广告运动掩护下悄悄进行着。

1992 年,迪赛启动全球广告计划。1994 年,迪赛推出 55DSL 系列服装,这个代表强壮的运动和轻便独立的系列成为迪赛的主打产品。1996 年,迪赛在纽约开设首家旗舰店,把执行机构也搬到了纽约。

4. 快速发展期(2000—2005 年)

广告带来了名和利,为迪赛的发展打下坚实的基础,迪赛接下来的发展一帆风顺。2000 年,迪赛收购著名的成衣制造公司 Staff International。为 Vivienne West wood、Dsquared 和 Martin Margiela 三个特约品牌生产服装。Staff International 是欧洲最先进的成衣制造公司,也是设计才俊及独特风格的平台。2001 年,受"9·11"的影响,奢侈品消费低靡,但迪赛的全球收益突破 5 000 万马克。2002 年,NEUF 集团成为迪赛的股东,迪赛有机会与更多的优秀设计师合作。2003 年,迪赛把纽约的产业品牌卖给 McAdams 公司。该公司开始为迪赛生产针织衣。2005 年,迪赛进入中国大陆。

1992 年,迪赛启动全球广告计划,发起两次广告运动,广告主题均为"For Successful Living",但故事情节不同。迪赛的广告以平面居多,90 年代尤甚。2000 年以后,迪赛网络广告数量大幅度增加,近几年则以网络广告以主、平面和电视广告为辅。

迪赛的广告在国际上屡获大奖,Cannes 电影节奖项(1997 年、2001 年的 Grand Prix,1998 年的"全年最佳广告商"大奖)、Eurobest 颁发的奖项(1994 年的最高荣誉,1995 年、1996 年的 Grand Prix,1995—1997 年和 2001 年的金奖)、

Epica 的奖项(1995—1997 年的印刷和电视广告金奖)。

表 1-1　1992—2005 年广告主题表①

时间		每年主题
1992 年	春夏	Careers & self—improvement
	秋冬	taking shortcuts in life
1993 年	春夏	finding balance in life
	秋冬	staying single
1994 年	春夏	guide to moderation
	秋冬	making sense of it all finally
1995 年	春夏	men at work
		get medical treatment
	秋冬	modern living
1996 年	春夏	virtual unreality
	秋冬	travel and tourism
1997 年	春夏	being president
	春夏	historical moments
	秋冬	advertising in new markets
1998 年	春夏	the dark
	秋冬	shop for quality and value
1999 年	春夏	stop crime now
	秋冬	search for meaning of life
2000 年	春夏	cope with pop fame
		Lux life in today's Africa
	秋冬	be a fashion photographer
2001 年	秋冬	staying young forever
2002 年	春夏	sponsoring emotions
	秋冬	taking action
2003 年	春夏	GDIMR findings result20
	秋冬	work hard
2004 年	春夏	loving nature
	秋冬	successful dreaming
2005 年	春夏	the future
	秋冬	hedonistic pleasure
总计	14 年	主题共 30 个

① 2004 年春夏主题为一副大海报,但该海报又可分解成若干副小海报,Diesel 网站上提供了 29 副,所以按 29 副统计;1995 年的主题"get medical treatment"讲了一个完整的故事,用了 10 副小海报来表现;1997 年的主题"being president"也讲了一个完整的故事,用了 6 副小海报来表现,这两个主题分别按 10 和 6 来统计。

一、独特的产品和经营理念

迪赛的品牌建设主要由广告来完成，但独特的产品和经营策略也功不可没，它们是广告运动强有力的后盾和支撑，是品牌神话不可或缺的力量。广告里的迪赛时尚前卫，产品和经营策略是广告的灵魂。

1. 灵魂人物

罗索是迪赛的灵魂人物，他具有惊人的远见和对事业的满腔热情。罗索1955年出生于意大利东北部，毕业于成衣工业制造学校。在创立迪赛之前，罗索是专为意大利王室缝制牛仔裤的御用设计师。他招揽充满创意的鬼才，从不盲目追随潮流。罗索在世界各处招兵买马，组成创意澎湃和精力充沛的精英团队，他以开放的思想鼓励设计人员自由创作，设计出与众不同的服饰，这样的努力带来巨大的回报。1996年，罗索与迪赛同时获得米兰 Bocconi Institute 颁发的“Premio Risul Tati”大奖，成为“全年最佳意大利公司”。1997年，罗索被“Select”列为100位创造千禧年定义的另类最重要人物。2000年7月，罗索荣获“CUOA Foundation”的商业行政荣誉硕士学位，罗索成为90年代最具代表性的商业品牌。2000年12月，迪赛获得纽约创意时装组别的“意大利制造大奖”。2001年，罗索获意大利 Ernst & Young 公司颁发的“创意组别的年度企业家大奖”；2003年11月，好莱坞的“Movieline”杂志授予罗索“原创意念大奖”，表扬其在创作宣传和广告策略上的贡献。罗索还荣登英国潮流杂志 The Face 的“2004年时装界百位最具影响力人士排名榜”第五位。2004年11月，罗索又获得“国际企业家领导大奖”。

2. 产品

迪赛的产品是时尚人士一向不可忽视的。他们的创意不仅体现在广告上，更表现在产品的风格、质量和个性上。

罗索坚持以自己独特的品位触觉作为设计概念的元素，其服饰的布料、剪裁、图案和线条都力图展现人们日常生活中的美丽细节。他发明牛仔低腰裤，剪裁强调性感，刻意修饰女性腿部与臀部的曲线；发明三点合腰式裤型，让小腹看起来平坦无赘肉。他们的制造工序异常繁琐，一条裤子经过四五道工序是常事。

迪赛勇于尝试新风格，他们的设计团队突破了传统的工作模式，每一种产品均由一组设计师、助理和品牌经理等专职人员负责。迪赛认为很多人都寻找穿着舒适、品质精良并且价格合理的牛仔裤，这样的人应该是特立独行的、反对墨守成规的年轻人，迪赛应该为这样的人设计服装，迪赛使用崭新的物料和新的制造工艺，保证为消费者带来最令人期待的产品。

迪赛产品包括多种不同系列的牛仔服饰、休闲服装。主要有以下几个系列：

(1)Diesel。以斜纹棉布装束为主的便服系列。该系列注重各式各样的细节、不同的洗水效果及物料的处理方法。5袋设计的牛仔服系列营造出40多个不同款式和50种独创的洗水效果。

(2)Diesel Kids。适合3～24个月大婴儿、2～10岁儿童，6～16岁少年的服饰系列，勇于探索、颜色鲜艳，充满现代感，这是迅速一代的快捷行装。

(3)55 DSL。代表强壮的运动和轻便独立系列，为新世代带来更轻型的运动装束，让运动爱好者更得心应手。

(4)Diesel Denim Gallery Collection。迪赛每个月均制造数件编码的牛仔服，使用最先进的技术和创意，让爱好者趋之若鹜。

迪赛用艺术品的标准来要求产品，价格昂贵在所难免。这个价格透露出迪赛的野心决不成为大众化的服装。

3. 经营理念

罗索多次表示，人们不需要同样的店铺、同样的产品以及同样的概念，今天，人们最需要的是独特。就是迪赛独特的经营理念。

与很多企业追求大而全相反，迪赛一直崇尚“小而酷”，迪赛想把企业做小。在已经发展成为全球奢侈品牌时，在兼并和收购多家企业后，迪赛仍然坚持着“小”的理念。罗索说，坚持“小”是他的期望，小是酷的根本，而不是“大”。在这种理念指引下，迪赛旗下的 Maain Marqiela、TvleLab、55 DSL 以及 New York Industries 无一例外都是“小”品牌。迪赛无意成为大品牌，大意味着大众化，独特性很快会被主流的理念淹没。从成立到如今，迪赛总部一直设在摩维纳这样远离时尚的地方，原因也在此。站在潮流之外才能清楚分辨潮流，相对宁静的环境中更能获得设计上的灵感。迪赛严格控制旗下的品牌的规模，只要独特就好，不需要赢利太多。迪赛的目标不仅是利润，而更要倡导思维方式和生活主张。迪赛依靠“小而酷”的经营理念走出了一条与众多时装品牌不同的路，受到了社会的关注和欣赏。

二、观念化的广告主题

罗索接受采访时表示，迪赛推广的不是东西，而是一种穿着、生活、行事的方式，更是一种思维的方式。迪赛已经发动了一场运动。

罗索的这一思想直接反映在迪赛广告的主题上，这些广告主题强烈，甚至与其产品完全无关。迪赛认为:消费社会已经到来,在一个物质富足的消费社会,生活的各个角落都充斥着广告,人们对"产品特性+附加价值"的贩卖模式习以为常,广告要引起消费者的注意,最好的办法是使自己不像广告。这样委婉的策略有效地塑造品牌形象,拉动产品的销售、提升产品的知名度。

迪赛的广告主题广泛:社会问题、世界问题、生活态度、消费态度、人性关怀,等等,迪赛独特的思维和视点通过关注这些问题表达出来。

1993 年,迪赛制作了"Finding Balance in Life"系列广告,表达对青年吸烟、持枪等问题的关注。1994 年,迪赛制作了"Guide To Moderation"系列广告,倡导新的生活态度和信仰。四个穿着迪赛服饰的青年,两男两女,出现在画面的左半部,他们正面走来,目不斜视、神情超然自若。他们的右后方站着一群村民,后面的教堂房顶上有一个十字架,木房的墙上贴着一个肖像。村民们凝视着正向离去的年轻人,年轻人却一点也不在意,更无视教堂的存在。这个场景暗示了年轻人对传统信仰的反叛,似乎告诉读者,年轻就有权利选择自己喜欢的东西,有选择的勇气,而远离自己不喜欢的东西,如果你没办法接受某种信仰,就不要勉强。

1994年 "Guide to Moderation" 系列广告之宗教篇

迪塞广告 1995 年的主题是"men at work",关注男性生活状况:二次世界大战期间,美国人在庆祝潜艇凯旋。画面的中心有一对男同性恋者在拥吻。如此大胆的表现,引起强烈的反响,当然也有抗议。广告表现迪塞对社会弱势群体的关怀。

1997 年的"Historical Moments"系列是迪塞广告中的经典,该系列回顾了历史上

1995年"Men at Work"系列广告之潜艇凯旋

多个重要时刻,大胆借用领袖的形象,将美女和领袖拼凑在一起,广告运用戏谑的手法表现对历史的嘲讽,这种游戏式的态度彰显着迪塞与众不同的品牌文化。比如1945年的雅尔塔会议现场:突如其来的美女让会场变得如同夜总会一样情色盎然。

1997年"Historical Moments"系列广告之雅尔塔会议篇

1999年的"Stop Crime Now"系列关注年轻人犯罪问题:一群年轻人正在做"坏事",他们闯红灯、在大街上玩消防栓、在图书馆亲密地嬉闹、爬上围墙去摘别人的苹果。他们总是表现出一副满不在意的样子。广告认为:年轻人就是天真而活泼的,他们不是故意装作不在意别人的看法,而是根本没意识到自己违反了交通规则,毁坏了公共设施、影响了他人看书。画面强调"停止犯罪",但这些年轻人的做法远远谈不上犯罪。整个广告具有强烈的反讽意味,讽刺社会中有些人小题大做,把年轻人的天真活泼当成犯罪,把一时的失足夸大为犯罪的必然苗头。这些人极力要求把犯了错的年轻人关进监狱,而不是沟通和教导。那些因一时失足而被关进监狱的年轻人,只能在监狱里自我伤害,进而毁了前途。这些坚持要把年轻人关进监狱惩罚的人和那些行为出格的年轻人比起来,谁犯的罪更严重呢?"停止犯罪"的呼吁对象似乎并不是画面中的年轻人。

1997年“Stop Crime Now”系列广告

1999 年还有一个广告系列“Search for Meaning of Life”，倡导消费至上观念：穿戴迪塞服饰的年轻男女，无论是站立着，躺在床上，或是在浴缸里，目光总是游离和飘忽，姿势和表情也无甚力气，一点精神也没有。男主角原来是保卫和平的战斗司机，后来成为救死扶伤的医生，不过，现在，他说他只想去购物。女主角懒洋洋地躺在床上，一想到世界上不好的东西，就会想起购物，这是她喜欢购物的原因。在上天堂和购物之间，他们毫不犹豫地选择购物。在他们的心目中，无论是伟大的职业、还是对世界的贫富问题的关注，无论是人格的魅力还是纯洁的爱情，都无法与购物带来的满足感相提并论。他们在消费中得到了无比的快感，他们为消费而生，似乎也可以为消费而死。消费已经成为他们的信仰，成为他们生活的意义所在。他们完全沉沦在物欲的欢娱中而成为精神上的乞丐。反过来看，信仰建立在物质上导致满眼彷徨、身心疲惫。

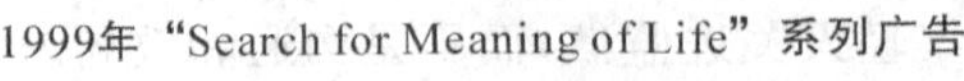
1999年“Search for Meaning of Life”系列广告

2003 年，“Work Hard ”系列问世，迪塞又一次引发社会的关注。这次，迪塞关注年轻人的生活状态，使用极度夸张的人物表情和姿势。广告中的年轻人为了成功的人生努力完成生活中每一件小事情“今天我们努力地收邮件”、“今天我们努力地享受假期”、“今天我们努力地绑鞋带”。为了享受甜点累得满头大汗；为了挤牙膏用尽全身的力气，甚至大汗淋漓地把脚抬到洗脸池。人物的表情歇斯底里，异常卖力也异常痛苦。他们的动作、表情和他们做的事情之间形成了强烈的反差全力以赴但做的事情却是日常生活中的小事。这一系列广告还有着更深层的意义：生活需要激情，可以从积极、认真地对待每一件事开始。暗含的逻辑是：做小事我们都如此认真，还有什么大事是做不成的吗？广告的主角是一群认识到社会灰暗消极一面的年轻人，他们明白这个社会的运转规律，但是他们还是充满激情地做好每一件事情。事实上，这一行为同时也暴露出他们内心的脆弱和恐惧，这样的激烈表情和行为就是刻意的就是必需的，激烈地做每一件事，只要做好一件事，就能提高他们生活的自信。这从侧面表现出了年轻人的生活状态生活压力太大，不太自信又无比敏感。

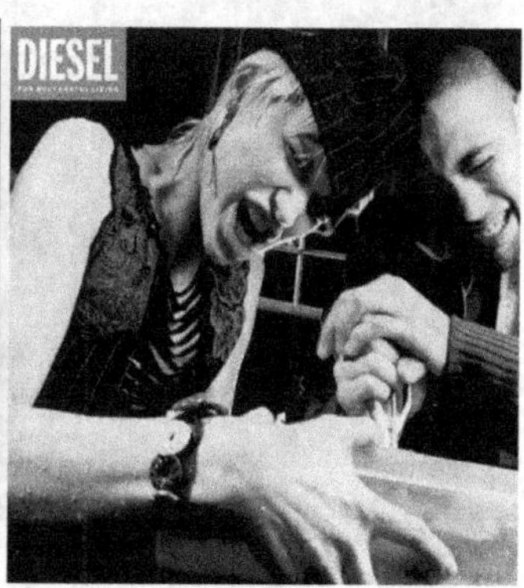

2003年“Work Hard”系列广告

三、强烈感官刺激的广告色彩

“色彩为第一视觉语言，它的视觉作用先于形象，色彩对消费者的‘购物欲念’有着直接的影响。”[①]色彩在迪塞广告中起着举足轻重的作用，它不仅形象地诠释广告的主题，还给人强烈的感官刺激，拥有强大的感染力。

迪塞广告对色彩的完美运用，紧紧地抓住了消费者的眼球。2002 年秋冬“Taking Action”系列是纯黑白系列。黑白广告不常见，这样单调的颜色不容易

---

① 朱健强：《广告视觉语言》，厦门大学出版社 2004 年版，第 18 页。

引起注意，迪塞的黑白广告让人联想起老照片。在表现年轻人示威游行表达不满的这一主题中，黑色和白色的对比首先给人强烈的视觉冲击，暗示游行这一行为的重要性和历史性。黑与白对比，简单、强烈，意义直截了当：注意，这是重要的历史时刻。白色是明度最高的色彩，白色的面孔、白色的T恤、白色的标语板，留白的空间，暗示着年轻人简单、纯洁的内心和执著的信念，他们游行仅仅是因为想唤起世人对小金鱼的关心、人与人之间的关爱、对母亲的尊重，抗议交通堵塞、工作时间过长等现象，他们无比单纯。黑色是明度最低的色彩，黑色的头发、黑色的裤子、黑色的标语，象征着年轻人坚定无比的信念和充满力量的呐喊。黑色同时带给人沉重感和压抑感，结合人物表现出的夸张表情和肢体语言，更显出人物内心的不满和汹涌澎湃的反叛情绪。整个游行都笼罩在白与黑的世界中，在这里，黑色和白色的对比揭示着凝重而激烈的情绪，蕴涵反叛的力量，具有很强的感染力。

2002年秋冬"Taking　Action"系列广告

2004年的"Loving Nature"系列广告也备受好评。广告由许多小广告组成，每个小广告都包含一个完整的意思。广告中出现大量的绿色，绿色是背景色、主题色，无处不在。绿色本来就是大自然的本色，象征着青春、动感和活力，在这个以大自然为主题的广告里，树的绿色、草的绿色、叶子的绿色与周围花的颜色、鸟的颜色以及人身上所穿服饰的颜色相互衬托，显得清新可人、鲜翠欲滴。这些郁郁葱葱的绿色、枝繁叶茂的绿色、轻盈飘逸的绿色展示着大自然的美，令人禁不住热爱它，这样的颜色吸引了许多观众。广告中人物服饰的颜色、花儿和鸟儿的颜色是五彩斑斓的，明亮而鲜艳，它们是绿色的点缀。这些颜色和绿色即对立又融合，相互对比又相互彰显，明度和纯度都非常强烈。颜色和人物独特又舒适的姿态、轻松和陶醉的神情相互结合，共同传达着独特的视觉美感，传达出"热爱自然"的广告概念。人物的姿势中也隐约可见性暗示，这种性暗示通过人物周围的树、花、草和叶子等表现出来，这些性暗示也都是为表达"热爱自然"的主题而服务的。人和自然的结合，呈现出人在世上最原始的状态:倡导人对自然的热爱和亲近。众多的绿色,随处可见的绿色,充分地表达出后工业时代人类回归自然、亲近自然的渴望。

2004年"Loving Nature"系列广告

2005年的"The Future"系列广告同样是颜色运用的典范。这一系列广告主要使用了蓝青色系。蓝色和青色是冷色调,让人安静、冷静、沉静,但迪塞却用冷色为主色塑造出了欢快、奔放的场景。蓝色的天、蓝色的牛仔裤、青色的衣服、鞋子等,这些冷色纯度非常高,让人兴奋。画面中恰当地出现适量的暖色,比如外套领口上的橘色、外套的明亮纯黄、画面中总是出现的"Diesel"标识的大红色、T恤或帽子的橘红、靴子的五颜六色等,这些暖色活跃了整体颜色的节奏,使气氛变得活泼、轻松、明快。

2005年"The Future"系列广告

色彩也可以成为主角:女孩的身体被隐去,只留下一双跳跃在空中的腿和腿上鲜艳的长筒靴子。除了这双靴子的能指之外,很难再读出靴子这个符号背后的所指。这个广告简单而直接地展示一件商品,此外别无意义。从这个意义上说,靴子的颜色以及作为靴子颜色背景的蓝色天空和绿色的草地成了广告的主角。蓝色与靴子的红色和黄色结合恰到好处,构成和谐的对比调和关系,颜色的纯度非常大,给人华丽的印象。

四、后现代主义的广告风格

迪塞的广告洞悉了西方社会潮流的变化,梳理迪塞历年的广告可以观察西方社会的文化价值变迁。无论是从表现的元素、表现技巧上看,还是从画面的场景上看,迪塞广告都体现出一种多元的后现代主义风格。这种风格让迪塞从服饰品牌整齐划一的"俊男美女+产品"风格中脱颖而出,成为人们关注的焦点。

1. 表现元素繁多

人、服饰、物、场景等都是迪塞广告的表现元素,但迪塞喜欢反常规,迪塞认为反常规更能引起人的好奇心,给人新鲜之感。迪塞广告中的人物就可以划分为很多种类型,人大致可以划为两类:穿戴迪塞服饰的人和未穿戴迪塞服饰的人。前者可以划分为"一个或一群年轻人"、"专业人士"、"变了形的人"三类;后者则可分成穿毛皮的人、朝鲜人、领袖人物、中老年的白人等等。广告中的物包括绿色的大自然、正在美餐的猪、森林、狗、轮胎、猪肉、游泳池、车祸、香烟、猩猩、潜艇、海滩等,无所不有。广告场景更让人佩服迪塞出色的创意能力,故事可以发生在非洲,也可以发生在朝鲜的平壤,历史场景也经常出现。

1997 年秋冬的"Advertising in New markets"主题系列广告就"发生"在朝鲜的平壤。平壤街道上、拥挤的公共汽车上挂着迪塞的广告画,华丽的广告色彩和性感的广告形象同贫瘠的平壤人之间形成强烈的反差。镜头里的平壤人疑惑、好奇、无所适从,似乎有一点点艳羡,又不太明显。

1997年 "Advertising in New Markets" 系列广告

2000 年的"Lux Life in Today's Africa"主题系列广告的故事背景则是非洲,这并非纯粹的非洲,而是被西方生活影响了的非洲。这群黑人穿着时髦的迪塞服饰,在装修豪华的房间里玩耍,有的唱歌、有的打电话、有的上网,有的品尝香槟或香甜的巧克力、有的把玩着奖杯或古玩,或者坐在豪华的汽车里一边喝香槟一边看报纸新闻，黑人读了报纸上的消息而狂欢。黑色的皮肤和广告里的文字信息却否定着这一切欢快的能指。虚构的《非洲每日报纸》的头条全是西方国家的新闻，西方国家被塑造成发展中国家：西方国家是非洲的烟草业目标市场，非洲同意向美国进行金融贷款，等等。画面展现的美好和欢乐，全是反向地指向西方国家，是对西方国家奢侈生活的反讽，也展示着非洲人的自我欺骗式的美好愿望。这一系列广告更直接扣问贫富分化这一严重的社会问题：西方和非洲在经济上已经出现了巨大无比的鸿沟，西方国家应该对自己拥有的富足的物质生活进行内省。广告同时又反映出其自身的矛盾性，无论广告的主题和目标商品距离多么远，广告的最终的目的还是让消费者购买商品。黑人们身上的迪塞服饰也成为广告反讽的对象。广告一方面用黑人来穿它，用黑人来反衬穿戴服饰是白人的专利，但另一方面，广告又在对白人穿戴这一服饰进行着反讽。广告在讽刺一些社会现象的同时连自己的产品也讽刺了。这是一种非常大胆的策略。

2000年“Lux Life in Today's Africa”系列广告

2. 表现策略和技巧多样

迪塞常常综合运用多种表现手法，尤其是运用夸张或嘲讽来塑造反常的视觉形象，以反讽社会、生活和人生，反讽的对象极广，从偶像、信仰到政治、历史等，甚至还嘲弄自身的广告和产品。这种反对一切质疑一切的态度充满了后现代文化的“反叛”精神。

广告中经常运用拼贴、变形、解构等表现技巧。“Historical Moments”主题系列广告中就大量使用拼帖技巧，在历史照片中插入美女形象。

变形则包括对人身体、姿势的变形，也包括对人物比例的故意歪曲。2001年秋冬的“Staying Young Forever”系列广告就普遍运用脸的变形：人物的脸被变形成了蜡人，分不清楚他们到底是人还是物。

解构散见于各主题中，也是迪塞广告中运用较广的表现技巧。解构把原本

2001年秋冬的“Staying Young Forever”系列广告

属于一个整体的意义和形态分解成几个小的部分，在广告中只展示某个小部分，故意给消费者的解读制造障碍。1994 秋冬的“Making Sense of it all Finally”系列广告中有一则运用结构手法的经典广告：画面主体是一个游泳池，池中有一个带墨镜穿衬衫打领带，一手拿着雪茄一手端着香槟的中年男人，对着天空，好像在赞叹什么。游泳池的左侧，正好有一女子躺在池边正在舔着水面，右侧一个年轻男子在摆弄一个像吸尘器又像抽水机的东西，游泳池的岸上，还有一群人乱七八糟地在跳舞。这似乎是一个聚会的一角，但是又让人不太敢肯定。广告运用了解构的方法，隐去了其他相关的意义。

1994秋冬的“Making Sense of it all Finally”系列广告

3. 表现的场景化和仪式化

迪塞广告中有大量的表现元素，信息丰富，再加上常常运用拼贴、变形、结构等表现技巧，使每一个平面都如同表演一般场景化和仪式化。当然，迪塞广告中的情景和人物都是精心安排的。不管是被正面表现的人物还是被戏谑的人物，人物姿态总是十分完美，好像是舞台剧的表演。有时画面中的多个人物又有集体的表情和动作，似乎在参加某种仪式。这些人物又总是出现在和他们的身份和地位或者相符或者不相符的非常规的场景之中。色彩表现让这些平面又极具装饰性的美感。一切都是精心摆设的结果，仿佛是行为艺术，这形成迪塞广告表达方式上的艰深晦涩，直接造成了其意义的不确定性，模糊了意旨。这种独特而漂亮的表现手法引起了众人的注目和争议，带来解读的自由。

结　语

迪塞品牌的成长和发展告诉我们：坚持自己的独特性。无论是在艰辛的起步阶段还是在名利双收的顺境之中，无论是在经营理念、产品设计，还是在广告攻势上，与众不同就能让人印象深刻，与众不同就是最大的卖点。

绝对伏特加的绝对胜利

——品牌美学引导下的品牌营销

伏特加诞生于俄罗斯，属低度烈性酒，纯度极高。伏特加酒的出身注定了它与俄罗斯之间天然的联系，在人们心目中，这种联系根深蒂固。诸多伏特加品牌中，却有一个非正宗血统的品牌——绝对伏特加，成功突破了这种联系。

绝对伏特加来自瑞典南部小镇 Ahus，世界各地出售的绝对伏特加都来自 Ahus。Ahus 赋予绝对伏特加无可挑剔的高品质，成就“绝对纯净”的品牌特质。

1979 年，绝对伏特加诞生 100 年。这一年，绝对伏特加成功开拓美国市场。绝对伏特加进入美国市场之初遇到很大困难——缺乏“正统”身份，消费者不认同。绝对伏特加不具备与其他品牌相区隔的独特品质，强劲的俄罗斯对手在一旁虎视眈眈。绝对伏特加为打开美国市场绞尽脑汁时，事情出现转机。绝对伏特加的广告伙伴发现一个瑞典老式药瓶，其外观十分适合用作外包装。这种老式药瓶跟伏特加关系密切，伏特加诞生之初就是装在这种透明药瓶中。透明简洁的造型加上与瑞典历史的关联，这个瓶子被认定为绝对伏特加全新形象的最佳选择。绝对伏特加改良了这个瓶子，一反在酒瓶上贴纸质标签的习惯，不用任何标签，直接把品牌信息刻在瓶身上，瓶身保持透明，酒质的纯净一眼就能看到。就这样，绝对伏特加找到了“绝对独特”的包装设计。初期的市场调研却否定了这个尝试，人们普遍认为瓶子十分丑陋，瓶颈太短。绝对伏特加的美国代理

执笔：徐帆。

Carillon 公司总裁 Michel Roux 却坚持己见，他认为这种产品与消费者印象中的伏特加形象差距很大，市场调研无法完整了解它。他主张放弃调查结果，强势集中投放广告打造品牌个性。Michel Roux 委托 TWBA 广告公司开展长期广告运动。[①] TWBA 的广告运动给绝对伏特加带来成功，绝对伏特加的年增长率明显高于其他伏特加酒品牌，1996 年，绝对伏特加在美国市场上占有率排第一，广告语“绝对完美”在美国家喻户晓。经过 20 多年的发展，绝对伏特加的外形从“丑陋”变成艺术的象征。凭借纯净完美的产品品质、独树一帜的品牌个性、无限创造力与充满艺术激情的品牌营销，绝对伏特加成为经典酒类品牌。绝对伏特加还成功地反客为主，突破了伏特加酒原有的俄罗斯文化背景。作为世界第三大国际性烈酒品牌，第二大顶级伏特加酒品牌，绝对伏特加在 126 个国家和地区销售。2002 年、2004 年福布斯奢侈品品牌排行榜上，绝对伏特加独占鳌头，成为绝对赢家。[②] 作为世界顶级烈酒品牌，绝对伏特加成为个性、文化、品位的象征，引导时尚流行与时尚消费。举杯共庆的时刻、纵情欢乐的时刻、人生最幸福最惬意的时刻，绝对伏特加都为人们的味蕾、眼球带来激情与渴望的强力冲击。

熟悉绝对伏特加的人同样熟悉它的广告，广告是绝对伏特加为人们津津乐道的话题。1979 年，TWBA 广告公司的“绝对完美”广告启动了绝对伏特加长达 20 年的广告运动，绝对伏特加的广告集经典与百变于一身，成为艺术品，折服了无数广告人、艺术家、收藏爱好者。绝对伏特加广告分成瓶形广告、抽象广告、城市广告、口味广告、季节广告、电影文学、艺术广告、时尚广告、话题广告和特制广告等十余个系列，发布过平面、网络、电影等多种形式的千余幅广告。瓶子始终是广告创作的基础和源泉，也是其广告永远的主角。绝对伏特加的广告都以经典广告台词“Absolut”开头，加上一个相应的的单词，如开山之作“绝对完美(Absolut Perfection)”、2006 年新作“绝对展示(Absolut Revelation)”，等等。独特的诉求准确地塑造了品牌的个性，传播了品牌核心价值。广告用想象、智慧及精致诠释绝对伏特加的核心价值纯净、简单、完美。《美国艺术》等知名杂志里经常看到绝对伏特加的广告，这些广告和其他印着艺术家作品的彩页混杂在一起，很难分辨哪些是艺术品，哪些是广告；纽约曼哈顿的一座普通楼房中收藏着 700 多件特殊的收藏品绝对伏特加的广告作品。20 年的广告也培养了一大批忠诚者，他们忠实于产品，也迷恋与收藏其广告。图书馆员要提防

---

① 高杰:《“绝对”的成功——瑞典绝对牌伏特加开拓美国市场案例》,《企业改革与管理》2001 年第 2 期。

② 刘砚:《解码“奢侈”基因》,《现代广告》2006 年第 5 期。

这些雅贼撕走杂志中的广告，报摊老板必然要先裁下新到杂志里的广告，另行单张出售。

绝对伏特加的广告成功至此，得益于其品牌传播策略与具体广告创意执行的完美结合；得益于它长久以来坚持突出酒瓶外形和绝对伏特加这个品牌名的传播策略，将核心理念贯穿到每一个广告中。

品牌命名的三级跳：从绝对纯净的品质到“绝对纯净”的理念

品牌名称是品牌构成中可以用文字表达并能用语言传播交流的部分。这是最直接、最有效的信息传播工具，能迅速准确地表达出品牌的中心内涵和关键联想。正如每个人都有姓名一样，每个品牌也有自己的名称，用于称呼及与消费者交流。[①] 绝对伏特加的品牌名称不仅是产品符号，“Absolut Vodka”后面是品牌命名的三级跳，从绝对纯净的产品品质象征，到贯穿于品牌营销活动中的品牌核心信息“Absolut××”，再到超越具体物质形式上升为品牌核心理念和核心价值。

绝对伏特加的诞生于瑞典小镇 Ahus，那里有数百年的酿酒传统，1879 年，Lars olsson Smith 发明一种新型的酿酒技术连续蒸馏法，将伏特加酒连续蒸馏上百次，通过多组蒸馏柱去除所有杂质。酿出的酒质地圆润纯净，改变了瑞典酿酒工艺简单粗糙的状况。小镇特产的冬小麦赋予酒优质细滑的谷物特征，源自深井的洁净泉水保证了绝对纯净的水质。有感于酿造工艺和原材料的绝对优质，Smith 将其命名为 Absolut Rent Branvin“绝对纯净的伏特加酒”。“绝对纯净的伏特加”既代表独特的酿造工艺，更象征和概括了产品品质。绝对伏特加宣称“绝对”，是对产品的自信，也是向消费者的郑重承诺。随着生产的发展，绝对伏特加的销量越来越大，126 个国家和地区都可看见绝对伏特加酒。绝对伏特加的每一滴酒液都产自 Ahus，单一产地、当地原料、完全控制的生产环节，这确保绝对伏特加顶级的质量标准，保证了产品品质绝对不变，绝对上乘。

70 年代，绝对伏特加进入美国时，遇到强大的竞争对手，因为绝对伏特加缺

---

① 周朝琦、侯文龙：《品牌经营》，经济管理出版社 2002 年版，第 75 页。

乏差异性，没有独特的品牌个性，广告也流于平庸。代理其广告的TBWA广告公司清楚地认识到，绝对伏特加需要一个独特利益点“时髦、耀眼、不拘一格、不同寻常，有时带些傻气，但总是独具韵味”的形象。品牌名称和独具一格的酒瓶设计最终成为绝对伏特加产品宣传的固定组合和广告创意的核心，绝对伏特加平面广告的创意概念都以瓶子的特写为中心，下方加一行两个词的英文，“absolut”为首词，另一个词居次表示绝对伏特加的品质，如“perfection(完美)”或“clarity(清澈)”。“absolut”既是品牌名字的关键字，也是广告语的核心词，瓶子加“Absolut ××”的广告模式成为绝对伏特加的品牌核心信息，成为品牌与外界沟通的关键信息[①]，这一信息简洁明朗、直截了当，且与众不同。自1980年起，绝对伏特加在营销活动中以各种形式传播这一品牌核心信息，贯穿于各种品牌营销活动中，时时出现，处处出现。从“绝对完美”、“绝对纯粹”、“绝对天堂”开始，到“绝对城市”、“绝对艺术”、“绝对节日”、“绝对服饰”“绝对时事”、“绝对影视”等，千变万化，大胆借势，巧妙传名，尽管第二个词变化多端，但基本模式始终不变，消费者们总是能够一眼认出绝对伏特加的广告，需要买酒时回想起绝对伏特加的名字，随即将它归为己有。

绝对伏特加第一幅广告：
“Absdlut Perfection”

---

① [美]迈克·莫泽著，于洪彦、赵春晓译：《品牌路线图打造具有凝聚力的品牌之五步曲》，商务印书馆2005年版，第37页。

传递核心信息的目的是要让消费者了解品牌、记住品牌，并在此基础上建立与品牌的关系，品牌的核心信息必须与品牌核心价值相一致。“绝对”概念渗入消费者的心中，也渗入了绝对伏特加的灵魂之中。数十年来，绝对伏特加的品质始终如一，透明澄净的瓶子和瓶中香醇的美酒印证着绝对伏特加的核心价值清澈、简单、完美、纯净。100 多年中，市场在变，竞争对手在变，绝对伏特加本身也在变，但绝对伏特加品牌的核心价值不变，核心理念也不变，绝对伏特加以不变应万变，在市场竞争中顺利生存发展。

任何品牌都有品牌名称，其创始者在命名时也必定都用尽心思，但像绝对伏特加这样成功进行“品牌命名三级跳”的品牌却不多，从产品品质到品牌价值，从具体物品到抽象概念，从标注在产品上到深入到消费者心中；从 100 多年前独创的制作技术，到提炼为产品品质象征，到形成品牌核心信息，再到凝聚出品牌核心价值，绝对伏特加是品牌命名的经典。

品牌识别的美学化：成为品牌图腾的瓶子

品牌识别就是将抽象的品牌概念转换成符号，用产品、包装等具体可见的东西来传达品牌的价值、品牌的个性、品牌的追求和目标，方便消费者认识、了解、记忆品牌。绝对伏特加品牌识别系统中的核心元素是包装，即装伏特加酒的瓶子。产品包装绝不仅是制作容器或包扎物，更是制作品牌传播的直接载体。产品包装是品牌整体设计的重要组成部分，产品包装是营销组合的要素，是品牌营销中竞争致胜的重要手段。现代商品包装已成为树立品牌形象的重要手段，就像品牌的脸面和衣着，作为产品的第一印象进入消费者的眼中，既影响商品在人们心目中的质量形象，又影响商品销售。[①] 绝对伏特加有今日的成就，包装设计功不可没。绝对伏特加的瓶子与酒本身一样广为人知，它的品牌认知度与包装(酒瓶)的认知度基本一致，知晓绝对伏特加的人一眼就能从五花八门的酒中找出绝对伏特加那种酒瓶实在是独一无二。

包装属于装潢美术，包装是品牌内在美延伸的必然结果，没有品牌内在美支撑的产品包装容易失去美化功能。消费越发达，美学导向和审美意识对包装设计的影响就越大；相应的，包装对消费者的审美意识的影响也越大。绝对伏特加的包装设计是外观美和内在美的统一，欣赏美与实用美的统一，流行美与个性美

① 周朝琦、侯文龙：《品牌经营》，经济管理出版社 2002 年版，第 75 页。

的统一，这源于创作者对美学化设计和审美价值的追求。绝对伏特加的瓶子集合了形式美感和艺术魅力材料，它源自古老的瑞典药瓶，经设计师改造后得到晶莹剔透、长颈圆肩、不贴有任何标签的简洁优雅的形象。透明的酒瓶中，纯净的酒熠熠生辉。绝对伏特加的包装设计除去奢华和繁缛，始终如一凸显本色、率真形象：优雅、独特、简单而又富有浓郁的瑞典特色。

包装与广告的联系千丝万缕，包装设计带有广告性，成为直接宣传产品的手段。[①] 包装是消费者可以触及的最具持久性的品牌广告。广告可以随时变化，包装设计在最初定型之后，就会相对稳定，要使用很长时间，对于绝对伏特加的忠实消费群体来说，"认瓶购酒"是对品牌的偏爱和信任，瓶子代表着品牌个性、产品品质。绝对伏特加的瓶形设计独一无二，这既符合品牌与众不同、时尚独特的个性，也进一步强化品牌个性。绝对伏特加的瓶子以独特的形象吸引消费者的注意，向消费者介绍自己、宣传自己。其透明包装将产品的质量、形象、色彩等效果一览无余地传递给消费者，以指导消费。瓶子是绝对伏特加广为人知的包装，更是绝对伏特加广告中的绝对主角，是绝对伏特加开拓市场的形象代言人，标准化字体，标准化的瓶形一再出现在广告中，成为消费者熟悉的形象。

品牌标志的力量在于，用具体可见的标志性符号将虚无飘渺的品牌呈现在消费者面前，让人人都可以见到、接触、记住、喜欢。绝对伏特加的瓶子就是这样一个标志性符号，作为品牌标志出现在商场中，存在消费者心中。把这瓶子理解为绝对伏特加容器肯定无法了解品牌的精神所在。这个酒瓶已经从具体的事物形式中升腾而起，成为消费者膜拜的精神图腾。

品牌营销的创造力：绝对伏特加与文化的完美融合

1999 年，绝对伏特加广告被《广告时代》评选为世纪十佳广告，其广告获奖无数，成为广告史中的经典，获奖的不仅是 80 年代以来绝对伏特加发布的数千幅广告作品，更是广告中贯穿的纯净、简单和完美的品牌核心价值和以"不变的瓶子，百变的创意"为主旋律的广告运动。虽然有主旋律，但绝对伏特加并不墨守陈规，在不变的基础上千变万化，展示出品牌营销的创新精神和创造力，这创造力源自绝对伏特加与文化的完美融合。

---

① 周朝琦、侯文龙：《品牌经营》，经济管理出版社 2002 年版，第 78 页。

绝对伏特加融入世界文化的代表作之一：
“绝对北京”

1. 融入世界各地文化

绝对伏特加发源于瑞典小镇，走出国门，学习、理解、融合不同国家和地区的文化一直是其重要的营销理念。融入世界文化的开始首先是突破文化障蔽消费者心目中产品与产地之间的联系。绝对伏特加进入美国市场时就受到来自文化的强大阻力，无法获得消费者的认同。绝对伏特加坚持以独特的形象，用强劲的广告赋予品牌个性，逐渐得到消费者的认可，彻底置换了伏特加原有的俄罗斯文化背景，成为美国最热销的伏特加酒。

美国市场的成功让绝对伏特加走向品牌的辉煌。1987 年，绝对伏特加在加州热销，为感谢消费者的厚爱，绝对伏特加请 TBWA 制作了一座酒瓶状的泳池，标题为“绝对洛杉矶”。从此一发不可收拾，一个接一个的城市主动找上门来要求为绝对伏特加设计广告，于是有了“绝对西雅图”、“绝对迈阿密”，产生了为绝对伏特加赢得诸多广告殊荣的“绝对城市”系列。1994 年起，结合各地著名景观及文化风俗的欧洲城市系列正式推出，绝对伏特加的瓶子融入城市环境中成为和谐统一的美妙景观。“绝对布鲁塞尔”中绝对伏特加酒瓶化身为撒尿拯救布鲁塞尔的小男孩，顽皮亲切；“绝对瑞士”篇中，瓶子的形状嵌进手表的零件中，十分有趣，突出瑞士钟表王国的地位，巧妙地融入绝对伏特加的形象特征。

绝对伏特加进军中国市场，尝试融入古老的东方文化。“绝对北京”篇中，绝对伏特加捕捉到的是外国人眼中最“北京”的符号京剧，威风凛凛的京剧脸谱成为广告主角，细看才发现，脸谱的鼻子部分竟是一个绝对伏特加瓶子。

相似的，“绝对台北”中瓶子成为舞狮场景中狮子伸出的舌头，浓墨重彩的东方色彩、东方神韵扑面而来。2005 年春节，绝对伏特加悄悄变身为绝对“福”特加，“Absolut New Year”广告中一直置于广告下方的标题被倒置在了广告顶端，喜庆的大红“福”字贴在瓶子上面。反转广告读标题时可惊喜地看到，福“倒了”，绝对伏特加也“到了”。创意准确地把握住中国人的趋吉心理，借传统佳节把绝对伏特加和“福气”一起送到中国人身边，让他们欢笑着接受绝对伏特加传递的“新年祝福、绝对分享”。

为庆祝中国新年发布的“绝对福特加”

不管是在美国，欧洲还是在中国，绝对伏特加用广告淋漓尽致地体现了它对世界各地不同区域文化的理解，展示不同文化的精髓，形成了风情万种的世界风光画卷，让消费者不出门即看尽世间风景。借机开拓了一个又一个市场，成功地在 126 个国家和地区销售。

2. 做时尚流行文化的引导者

绝对伏特加的品牌个性是“时尚、耀眼、不同寻常、独具韵味”，在消费者眼中，它的形象一直很前卫。这些特质都使得绝对伏特加恰好符合时尚文化精神，使其品牌营销一直紧扣时尚文化，贴合时尚氛围，时时处处把握流行，表现出充满魅力的个性色彩和无限的创造性，创意大胆创新。

1988 年，绝对伏特加与时尚设计大师 David Cameron 合作，引发消费者的追逐，绝对伏特加开启了时尚之路。自此，绝对伏特加紧密与时尚圈合作，不断推出代表流行时尚文化的作品。2005 年，绝对伏特加发布 Metropolis 系列广告，其时尚创作产生重大突破，又一次完美结合创意与时尚美学，描绘出都市中个性张扬的年轻人，他们在表达自我的同时也诠释了绝对伏特加的时尚精神。举办时尚活动也是绝对伏特加品牌营销中的重要手段，绝对伏特加曾与顶级时尚奢侈品牌Versace、Gucci共同举办活动，因为创意十足，总是成为圈内热点和媒体焦点。

相应的，绝对伏特加选择五星级酒店、时下流行的Lounge Bar、Pub等为主要通路，以艺术家、影星、社会名流为营销切入点，通过他们在时尚消费方面的示范推动产品在更广范围的消费。

绝对伏特加具有敏锐的时尚捕捉力和影响力，超越了简单复制流行、跟风时尚的做法，成为时尚文化的引导者和领军者。绝对伏特加每次新品上市都会掀起新的饮酒潮流，成为热门话题。

3. 广泛结合艺术形式

艺术是文化重要的组成部分，艺术给予人们的体验比一般的生活体验更强烈、更深刻，艺术使人欢乐、振奋、悲伤、忧郁。广告传达信息的功能主要是通过艺术形式所表现出来的，因此广告本身也是一门艺术。绝对伏特加和艺术的关系非常密切，绝对伏特加擅长以各种形式与艺术共舞，绝对伏特加的历史折射着艺术的发展，两者的相互融合出神入化。

绝对伏特加的艺术之路始于1985年，波普艺术大师沃霍尔主动联系绝对伏特加表达了他对绝对伏特加的钟爱，并表示愿为绝对伏特加完美的瓶子创作，绝对伏特加欣然答应，只有黑色绝对伏特加酒瓶和“Absolut Vodka”字样的油画就这样诞生，沃霍尔表达了他对瓶子生动有趣的想像，成为第一个为绝对伏特加的瓶子作画的人。沃霍尔的油画作为广告投放在媒体上，广告发布后不久，绝对伏特加的销售骤然激增。绝对伏特加看到了艺术价值与酒文化价值的互动效应，决心打造自己的艺术形象，使自己变成时尚个性品牌。就这样，绝对伏特加开始以崭新的引人注目的形象出现在世人面前：绝对艺术。

继沃霍尔之后，不断地有艺术家将艺术才华注入绝对伏特加中化成其品牌活力，包括涂鸦艺术家基斯·哈灵、时装大师范思哲等顶尖人物，各种艺术形式和艺术家也加入其中，包括雕塑家、琉璃艺术家、摄影师、室内设计师、建筑师和珠宝设计师等，绝对伏特加广纳人才，包容不同的艺术形式。1997年的“Absolut Expressions”系列，由14位非裔美洲艺术家共同完成，他们的作品受传统的非洲艺术、抽象主义和早期的美洲民间文化的影响，通过帆布、雕塑，甚至棉被等载体来表现。“Absolut Expressions”引起广泛关注，好评如潮，人们对绝对伏特加的大手笔叹为观止。

至今为止，已有500位艺术家与绝对伏特加结缘，更多艺术家在等候着为绝对伏特加创作。对他们来说，与绝对伏特加合作既能充分施展才华，又能让自己的作品广为人知。绝对伏特加与艺术创作的关系如同电光火石一般，绝对伏特加自身的无限创意激发了艺术家的灵感，促使他们创作出独具个性的艺术作品。无论艺术家来自何方，以何种形式，擅长何种风格，每一件作品都是他们的艺术才华与品牌精神撞击后迸发出的智慧火花。这些艺术作品经常出现在绝对伏特加的广告中，原作被博物馆收藏并展览，共同组成绝对伏特加的当代艺术宝库，成为一笔丰厚的品牌资产。

2006年，绝对伏特加又出新招，选择以音乐为主题，与时下热爱音乐，以酒吧为娱乐方式的年轻群体充分沟通。绝对伏特加为音乐艺术家、广大乐迷创建了absoluttracks.cn网上音乐平台，绝对伏特加迷、音乐发烧友可以到网站下载音乐，还可以在线DIY，自己动手创作音乐片断，与朋友分享。在这个广告中，瓶子造型变成连接音乐的金属插头，象征绝对伏特加与音乐的紧密系。广告摈弃了一贯的白色，大胆运用神秘的黑色和华丽的紫红色，打造神秘和激情氛围。绝对伏特加的金属插头和舞动的电线出现在城市的各个时尚场所，在百货公司的专柜里，party现场，酒吧吧台上，同时推出的瓶形别针、瓶形插头CD套装等纪念品成为时尚人士收藏的对象。

4. 深入渗透人类生活形态与生活方式

绝对伏特加的审美主张十分独特，它对美的捕捉深入生活每一个角落，绝对伏特加无所不在。绝对伏特加热衷表现生活中各种各样的瓶子。在餐桌上，看似随意的两个餐叉平行摆放，两者的边角组成绝对伏特加瓶子的轮廓；在平安夜下雪的街道上行走着捧着圣诞礼物回家的女郎，手中的礼物堆砌出瓶子的形状；黑暗中伸出男人的手掌，手心清晰的掌纹勾勒出绝对伏特加的瓶子；绝对伏特加瓶子的瓶盖被换掉，接上杀虫剂的喷嘴，瓶子成为奇效的杀虫英雄；人们疯狂地追随着偶像的豪华汽车，汽车成为瓶颈，后面跟着长长的人群就是瓶身。绝对伏特加通过广告，将无穷无尽的想象力、好奇心、敏锐的观察力、幽默感、创造力传递给观众，让其会心一笑，

为了亲近消费者，广告赋予绝对伏特加的瓶子情感，惟妙惟肖地描摹各种情感。在“绝对美丽”中，瓶子的表面贴满黄瓜片，像女性做面膜；在“绝对快乐时光”中，两个瓶子相亲相爱面对面亲吻；在“绝对瑜珈”中，聪明的瓶子轻巧倒立练起印度功夫；在“绝对派对”中，瓶身裹上艳丽披肩成为派对女皇。绝对伏特加的瓶子简直就是神话故事中可以72变的精灵，让人不能不爱。

在绝对伏特加追求的品牌美学战略中，品牌名称和瓶形设计成为极具艺术想象力的传播策略和战略核心，广告中所渗透的文化和生活形态，则是常变常新的战术应用。

结　语

绝对伏特加毫无疑问是非常成功的，作为伏特加酒，它成为这一品类的酒中标准，使人说到伏特加便直接联想“绝对伏特加”；作为酒类，它成为世界第三大

烈酒品牌，并正在逐渐拉大与居于其后的竞争者的距离；作为世界知名品牌它不仅被世界各地众多消费者疯狂地热爱、忠实地追随，其成功秘诀，致胜之道也成为业界经典案例。那么到底是什么成就了绝对伏特加今日的地位呢？产品质量、定位策略、渠道力量等都不足以给出全面的解释，应该说，坚持向市场积极地推行品牌美学才是它成功的最重要因素，这种因素已超越一般传统营销手段，上升至更高的层次。

首先，美学是研究人对现实（包括自然现象、社会现象）的审美关系，而且要研究作为这种关系集中表现的艺术的一般发展规律。而所谓品牌美学，是指品牌的设计塑造及传播过程中充分运用美学原理，使品牌在与人们接触时能够给人以美感，给人们以高尚的美的享受。[①]

品牌美学之所以产生根本是因为当今时代是一个"追求美，而不仅仅是经济效益的时代"。在这个时代，成熟的消费者们逐渐产生了从经济意识向审美意识的转向，他们要求从消费行为和消费过程中获得视觉美感，心理、情感、精神的满足，即"审美消费"。而美是产品功能、价值和质量的一个重要组成部分，从产品外观、包装、造型设计、色彩到品牌形象、精神、文化无不体现着美感。[②] 品牌美学从物质形态之美和精神文化之美两个层面上塑造品牌，提高品牌的审美价值，从而提升品牌价值。它使得消费者认知品牌的过程成为审美过程，消费过程就是欣赏、体验、享受事物美好的形态、文化、意境，进而肯定品牌的"美"的价值。绝对伏特加的创始人及众多品牌打造者正是深谙其中之道，在品牌成长过程中逐渐形成独特的对美的认知、态度和主张，用自己对美的理念来打造品牌，提升产品精神、文化、审美的功能，创造出富有审美价值的绝对伏特加，使其成为美的象征、艺术的代表，带给喜爱它的人们以美的感受和审美的享受。在绝对伏特加追求的品牌美学战略中，蕴涵"绝对纯净"之意的品牌名称和精心设计独具一格的瓶子是它充满艺术想象力的战略核心，[③]而在其广告中渗透的丰富的文化和生活形态则是创新多变的战术应用。绝对伏特加十分善于用广告等营销手段表达品牌美学理念和主张，在它数千件海纳百川不断出新的广告作品中，形形色色的艺术形式、文化习俗、世界风光、生活细节看似变化多端无所不包，实际上一直贯穿着绝对伏特加的品牌美学这条主线，每一个都是在强有力地表现着绝对伏特加的品牌美学。每一个广告都是一句宣言、一个故事，讲述的都是绝对伏特加对艺术的追求，对美的观点。在它的美学理念中，世界各地各具风味的文化习俗

---

① 陈培爱：《广告学原理》，复旦大学出版社 2003 年版，第 139 页。

② 周朝琦、侯文龙：《品牌经营》，经济管理出版社 2002 年版，第 11 页。

③ 周朝琦、侯文龙：《品牌经营》，经济管理出版社 2002 年版，第 123 页。

是美的，生活中的细微发现是美的，当代人大胆创新的个性表达是美的，于是把它们呈现了出来。总之，绝对伏特加是在引导消费者，也是在与他们共同追求美，欣赏美。

正因如此，绝对伏特加成为商业与艺术成功结合产生的“绝对代表”，发展至今，它已超越了单纯的酒类产品，以其独到的尊贵的品牌美学理念成为奢侈品，以艺术气质百变创新成为艺术品，以其对人们的巨大吸引力、感召力成为收藏品。

值得一提的是，绝对伏特加数十年以来一直坚持推广品牌美学。坚持对于品牌来说很重要，尤其是对于品牌核心价值、品牌基本主张的坚持。品牌的核心价值是品牌建设的基石和基础，品牌的建设者需要持之以恒地去积累沉淀，盖成品牌的大厦。品牌的核心价值一旦确立了以后，在相当长的时间内，应该坚持这个核心价值，不断地积累，不断地演绎，不断地使其深化，变得更加丰富，而基石不应该轻易动摇。所有的创意执行都应该围绕这个核心进行，去反复敲打消费者的心智，直到占据消费者头脑中的固定的位置。绝对伏特加二十多年中发布的广告，没有一则脱离品牌，每则都是推广品牌核心价值、建立品牌个性的一个步骤，一次宣言。绝对伏特加的品牌建设者们坚定地进行坚持、重复、提炼，经历了这样一个长期的过程，数十年如一日地点滴积累，才达到了现在的程度，成为伏特加酒中的强势品牌。①

不同寻常的个性，独具一格的形象，对时尚潮流的影响力，对时尚潮流追随者的感召力，对品牌美学理念的坚持，这些因素共同结合形成绝对伏特加的品牌核心竞争力。核心竞争力有力地推动着绝对伏特加的发展历程。未来绝对伏特加将如何继续创新，这绝对是一件值得拭目以待的事。

绝对伏特加融入世界文化的代表作之一：『绝对布鲁塞尔』

借助生活智慧，瓶子无处不在

『具有人类情感』的瓶子

① 贾丽军：《瑞典籍伏特加的神话》，《广告大观》2005 年第 4 期。

营销传播之秘境

——通用电气的运营策略分析

通用电气(GE)是一家集技术、制造和服务业为一体的多元化企业,[①]是自道·琼斯工业指数1896年设立以来唯一仍在指数榜上的企业。GE已经成为高质量、高科技工业和消费产品的代名词。其业务涵盖飞机发动机、发电设备、金融服务、医疗设备、电视节目、塑料行业,等等,涉及日常工作生活的方方面面,通用电气像一个庞大的工具制造机,为人们的日常生活提供最可靠的便利产品。

1878年,爱迪生创立爱迪生电灯公司;1892年,该公司和汤姆森休斯顿电气公司合并,成立了通用电气。[②]通用电气的业务涉足所有能产生利润的行业,其赚钱的诀窍可归结为7个发展引擎和4个现金增长点:[③]

消费者金融、商务融资、能源、医疗、基础设施、NBC环球、交通运输这7个发展引擎为通用电气贡献了85%利润,使通用电气在技术、成本、服务、全球分销和资本效率方面成为拥有强大优势的市场领先者。

高新材料、消费与工业产品、设备服务、保险这4个现金增长点,确保通用电

执笔:戴程。

① 从文、晓蓉:《通用电气充分体现员工价值的激励机制》,《中国社会保障》2002年第8期。

② 何操:《杰克·韦尔奇的企业文化观》,《中国物流与采购》2002年第6期。

③ http://www.youth.buaa.edu.cn/news/details/xinwen.php? id=1132475117。

气在增长的经济环境下持续产生现金流和收益。

通用电气品牌最重要的资产不是硬件,而是历经百年建立起来的品牌文化;这一独特文化使通用电气能把投资触角伸向任何领域,在消费者心目中建立起丰富的品牌联想,并使通用的品牌资产不断增值。

一、"Number One"的品牌经营理念

通用电气认为:只有稳坐第一把交椅,才能掌握自己的命运。不管在什么行业,要想发展壮大就要摆脱被别人牵着鼻子走的状况,一定要做行业的 Number One,成为行业的领先者。如果不是第一,即便是行业的前三甲,"Number One"打个喷嚏,自己也要感冒。通用电气认为,要排除自身没有利润或利润浅薄的部门和环节,不处于领跑的地位的部门,即使利润很高,也要坚决摈弃。要将"己之长"发挥到极致,将"己之短"抛到九霄。[①]

为了当行业第一,通用电气曾经做出一个令人惊讶的举动:放弃烤面包机全力打造 CT 扫描仪。通用电气是靠烤面包机起家的,在美国人的心目中,通用电气生产烤面包机是理所当然。但是通用电气认为,烤面包机准入门槛低,资本可以轻松进入,还要面对日本等亚洲国家企业的低成本、低价格竞争,通用电气毅然决定出售还在盈利的烤面包机业务。通用电气经过大量的市场调查后发现,美国的医疗设备行业发展前景巨大,转而投资研发新的医疗设备。通用电气耗资 40 亿美元,并不惜投入 1.3 亿美元扩充电子实验室。在短短的两三年时间里,就开发出世界上最先进的 CT 扫描仪。其 CT 扫描仪上市第一年就盈利,立即成为该行业的领头羊,并一直保持世界领先地位。CT 扫描仪成为通用电气重要的利润来源,盈利水平远远超出烤面包机。

通用电气中央空调业务部门规模不大,只拥有 3 个工厂和 2 300 名员工,盈利有限,其市场占有率只有 10%,不符合通用电气"Number One"的模式要求。由于市场份额小,中央空调业务部门无法获得好的分销渠道及独立的承包商,只能把产品卖给小分销商,由他们负责安装,用户对安装服务的不满全都倾倒在通用身上,这种状况促使通用电气出售中央空调业务。1982 年,通用电气以 1.35

① [美]H·奥特:《杰克.韦尔奇创新经营》,黑龙江人民出版社 2002 年版,第 1 页。

亿美元的代价将中央空调业务部出售给特兰尼公司，该公司在空调业务市场上占据主导地位。这个交易使两个公司获得双赢。在不到两年的时间里，通用电气共出售了71项业务和生产线。

品牌定位，就是为品牌寻找持久的竞争优势或“独特的销售主题”，向消费者提供购买的充分理由。[①] GE采取的是优势定位原则，这让其品牌差异化明显，品牌个性鲜明。GE敢于为了强化自己的领先优势而放弃虽然赚钱但没有品牌强势地位的行业，出售烤面包机就是其创品牌、着眼长远策略、放弃短期利益的优秀企业行为。有了Number one的品牌个性，GE在消费者中的记忆度就非常高，信任感也得到加强。使用者在判断该品牌、形成品牌意识的时候就会根据GE的优势定位原则，给品牌属性加分。由于品牌属性可以从不同角度分类，[②]如可分为产品相关属性和非产品相关属性，而不管是哪种属性，只要品牌差异明显，且利用的是优势定位原则，品牌的这些属性就会得到比他品牌更高的分数。

同时，GE的广告中无不流露出“Number One”的品牌定位优势，这为GE的品牌个性塑造打下了坚实基础，因为，广告所描述的使用者形象是品牌个性的一个重要来源。[③] 另外，GE的品牌联想点非常丰富，如：庞大、质量好、守信用、人才济济、历史悠久、蓬勃向上，等等，但是有这么多的品牌联想一定要有主导联想点做支撑，才能使品牌既有差异性又有可延伸性，而Number One的品牌定位策略就是支撑这座联想点大厦的强力支点。

二、品牌管理科学化、人性化

零层管理，是一种旨在消除官僚主义、提高组织运作效率、向雇员授权并减少管理层的组织机构模式。在零层管理中，员工工作时都处在相对没有等级、没有层次、信息畅达、人人平等的环境中。[④] 零层管理的融合大企业和小企业的优势，既体现大企业的整体战略优势，又兼容小企业灵活的经营管理战术。

GE在管理方面一直被尊为典范，但在20世纪80年代以前，这个超级邮轮的管理部门和官僚机构一样庞大。繁琐的管理机构使决策和贯彻过程变得相当

---

① David A. Aaker, *Positioning Your Brand*, Business Horizons, 25 (May/June 1982), pp. 56～62

② James H. Myers and Allan D. Shocker, *The Nature of Produt-Related Attributes*, in Research in Marketing, Vol. 5, 1981, pp. 417～423。

③ [美]Kevin Lane Keller著，李乃和、李凌、沈维、曹晴译：《战略品牌管理》，中国人民大学出版社2003年版，第86页。

④ 王继伟：《美国通用电气公司管理经验的启示》，《上海企业》1998年第5期。

复杂，反应也非常缓慢，40万员工中，有“经理”头衔的员工25 000人，从生产工厂到CEO的办公室共有12个层级，有130多名管理人员拥有副总裁以上头衔，这严重阻碍企业的发展。

GE认为：简单的信息传播更快，简单的设计更易进入市场，简化问题使决策加快，雷厉风行①。超级资本使GE无所不能，但对市场信息的灵敏度降低，远远不如市场末端的小企业对市场信息的敏感，大企业的速度和效率明显不如小企业。因此，GE提出“在庞大的公司身躯里，安装上小公司的灵魂和速度”。为克服大企业经营管理上的弊端，GE采用零层管理体制，使企业化整为零，以适应瞬息万变的消费市场。这导致震惊世界的GE大裁员。短短两年中，GE员工数从41万削减至22.9万人。大量精简管理人员，来自一线员工的信息能及时传递到管理人员手中，也让高层决策以最快速度到达基层员工。1980年，通用电气实现了扁平化管理，企业整体由64个事业部组成，设5个管理层次。

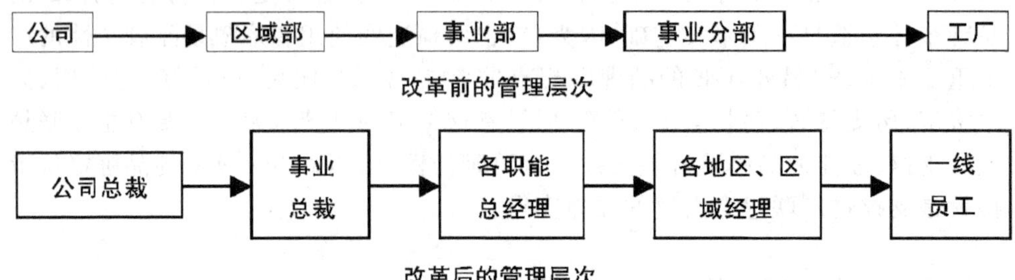

改革后的管理层次

通用把绩效作为判断成功和失败的重要标准，坚决撤并拖后腿的部门。通用也注意审视自己，以其他企业为借镜，不断改正。

在组织的人性化管理方面，GE主张“群策群力”(Work—Out)的工作方法。“群策群力”是一种有效的沟通方法，在组织中营造让全体成员平等、无拘无束、坦诚沟通与交流的环境，通过这样的环境凝聚组织的智慧。宽松、敢于辩论的企业文化有利于调动全体成员最大限度地参与并奉献。②

GE不仅进行以“群策群力”为导向变革企业文化，还动员全民参与改革。GE的企业文化建设由所有员工参与，集中所有员工的意见，其贯彻很少遇见障碍和壁垒。

实施“群策群力”，员工积极参与技术革新、管理创新、提高服务水平，每个人

---

① [美]H·奥特：《杰克·韦尔奇创新经营》，黑龙江人民出版社2002年版，第137页。

② [美]达夫·尤里奇、史蒂夫·克尔、罗恩·阿什肯纳斯：《通用电气“群策群力”》，中国财政经济出版社2003年版，第2页。

都能认识到自己的努力能让 GE 运转得更好，都有强烈的参与感和成就感。这成为 GE 企业文化中极具代表性的特色。①

以人为本的文化观念，为成才创造了良好环境，每个员工都有发挥聪明才智的机会，都能看到升迁的机会，动脑的积极性就容易激发。员工在竞争中体会到合作的乐趣，企业的凝聚力增强，员工间的友谊也得到加深。

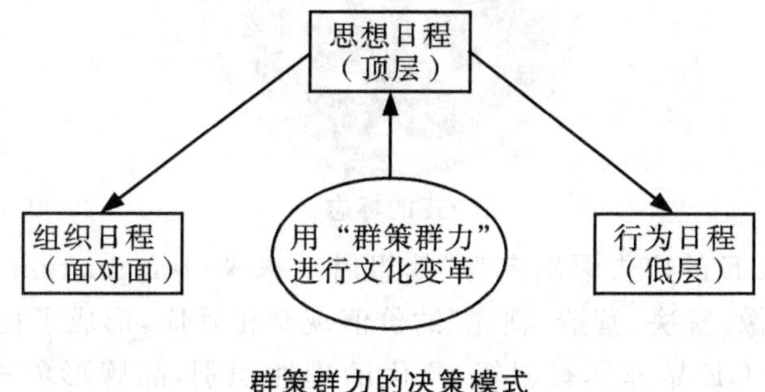

群策群力的决策模式

在中国，通用以招聘实习生来储备人才，只要拥有 GE 的价值观，坚持诚信、渴望变革、注重业绩；有足够的潜能，就有机会到 GE 实习并得到正式工作。这种人性化，不拘一格的人才管理办法已经得到回报：在首届“中国大学生心目中最佳雇主企业”调查评选中，GE 名列第六位，这说明 GE 的价值观、人才观已经得到广泛认可。

三、妥帖的维护品牌要素

品牌要素也称品牌认知，指用以标记和区分品牌的商标设计。品牌要素主要有：品牌名称、标识、图标、声望、广告语、广告歌和包装。② 长期连续一致使用相同的品牌识别、品牌定位、视觉识别、主题或宣传口号，是打造强势品牌的关键。③

GE 的标志主要元素一直保持不变。品牌资产、品牌名称都保持一致，这有利于维护 GE 品牌在消费者心目中一致的品牌认知，由此产生的品牌联想不断

---

① ［美］达夫·尤里奇、史蒂夫·克尔、罗恩·阿什肯纳斯：《通用电气“群策群力”》，中国财政经济出版社 2003 年版，第 228 页。

② ［美］Kevin Lane Keller 著，李乃和、李凌、沈维、曹晴译：《战略品牌管理》，中国人民大学出版社 2003 年版，第 113 页。

③ ［美］David Aaker 著，吕一林译：《创建强势品牌》，中国劳动社会保证出版社 2004 年版，第 20 页。

得到巩固，为通用电气品牌资产的增长奠定了坚实的基础。

GE的标志

几经演变，GE 的广告语确定为“梦想启动未来（Imagination at Work）”，这和通用电气“想像、解决、营造、领先”的价值观交相呼应，形成了良好的品牌识别和品牌意识链。GE 品牌具有创新、质优的理性识别，品牌形象不再单薄；理性识别的建立为消费者形成全面的通用电气品牌形象做了核心铺垫；通过广告、公关等对外一致的宣传，在消费者中建立统一形象。如：GE 保健公司提交的报告中提到，通用电气在管理质量、引进人才和投资价值方面名列全美前 5 名，但在社会责任方面却位列第 72 名。GE 很快进行了改进，注重作为公民的社会责任，2002 年，GE 任命了第一位负责企业履行公民义务的副总裁；2004 年，GE 提拔一些妇女和非洲裔雇员成为高层管理者，GE 还开展了全球性慈善活动，如向加纳当地医院捐赠超声波、X 光、病人监视、细菌培养、冷藏和冷冻设备；向阿赛赛瓦捐赠发电机和水处理系统。GE 始终把业务发展作为头等大事，和全球 100 多个国家进行业务。①

热心参与社会公益事业让通用电气更富人情味，良好的组织形象让通用电气的品牌更加厚实，这也有利于通用的品牌延伸，节省了品牌延伸所需耗费的高额宣传费用。

四、GE 定位：清晰与模糊的绝妙统一

在产品质量方面，GE 的定位清晰可见质量第一。80 年代初期，美国的大多数企业的产品质量标准都为 3.5δ，即每百万次生产操作中，允许有 35 000 次操作失误。但日本出口美国的产品的产品质量标准为 6δ，近乎完美。通用迅速觉察到潜在威胁，也提出 6δ 的质量管理要求，这意味着，每百万次操作过程中，不

---

① [美]Marc Gunthr：《通用电气为富必仁》，《中国工商》2005 年第 4 期。

能超过3.4次的操作失误，这超出所有美国企业对质量的要求。实施6δ管理体系，提高了工作效率，也为通用赢得了更多的客户。客户们认为，对质量的追求是对客户的尊重。

GE实施多品牌战略，总的品牌定位模糊，具体产品定位精准。GE企业竞争力的领域定位在核心制造、科技密集和服务三个方面。①

GE通过出售、资产重组、并购甩掉利润低的业务包袱，获得了大量的新部门、新业务。每次收购后，GE都要对收购的部门进行改革，对收购部门的产品和通用原有产品进行重组，发挥最优势生产效率，同时重新对产品进行定位。

GE总体定位为：通过多项技术和服务创造更美好的生活的全球性多元化企业。GE涵盖的行业之多可谓前所未有，为了能在所有能获得利润的行业进行投资，GE采取了企业的模糊定位，消费者感知的GE不是一个专门生产CT扫描仪的企业，也不是一个专门生产飞机引擎的企业，更不是专门生产高新材料的企业，而是一个为消费者提供更美好生活的多元化企业。这样的总体定位，为GE投资任何感兴趣的行业提供了消费者心理支持。

在品牌定位上，GE采取全球化策略。出口不意味着全球化，从全球投资中获益才是全球化。1987年以前，通用产品销往欧洲、拉丁美洲、亚洲等众多海外国家，但海外销售利润不到年度总利润的20%，这时的通用还不是全球化企业。真正的全球化是生产的全球化、人才的全球化、资本的全球化。1987年，通用和法国汤姆逊公司签订交易合同，用电视机事业部交换汤姆逊专营医用成像设备的公司CGR，这桩买卖标志通用在全球市场开疆拓土。之后，通用并购英国通用电气、生产照明设备的通斯拉姆及欧洲众多的银行等金融机构，收购德国的移动通信设施相关业务、瑞士的信用卡业务、英国的国际货车公司等。通用还以同样的方式在亚洲、非洲、拉丁美洲建立自己的工厂、管理机构、销售网络、售后服务网络，真正成为全球化企业。

GE的人才也是全球化的。80年代以前，GE的所有海外销售部都由总部派驻人员。随着全球化步伐不断加快，这种人才支配方式的弊端逐渐凸现出来，人员派出不仅增加成本，由于文化差异，美国人在管理海外公司时往往会碰到意想不到的麻烦，导致工作效率下降。通过改革，通用大胆启用本土人才，把该国优秀的人才网罗旗下，实现本土化管理。

经历百年风云，通用深厚的企业文化为其注入不老活力，通用仍在世界各地开辟市场，品牌资产不断提升。

---

① 董庆生、腾辉、安岗：《通用电气公司的全球战略》，《北方经济》2002年第12期。

——奥迪的中国超越之道

奥迪拥有百年历史，一直以豪华、动感、技术领先立于世界汽车之林，过去、现在以至未来，在中国亦是如此。

奥迪一路奔跑，从创牌的“马力强劲、质量优异、装饰豪华”，到发展中的“突破科技、启迪未来”，再到向上延伸的“同一星球、同一奥迪、同一品质”，每个进步

执笔：覃树勇。

① 拉丁文译作‘听’，与霍希的德文意思相同。

都是对创新的执着追求与对整合传播的精准把握。

1910 年，创始人奥古斯特·霍希为新公司的名字苦思冥想，一员工的儿子脱口而出“奥迪”一词，[①]响亮而干脆。奥迪品牌诞生了。

1919 年，后来成为奥迪四环之一的德国生产厂商 DKW 为机动自行车开发了两冲程发动机，奥迪的技术革新传统开始建立。

1931 年，DKW 借奥迪技术研制出世界上第一辆前轮轿车 F1，技术先进，价格低廉，在经济萧条中一枝独秀。

1937 年，汽车联盟的赛车在欧洲赛事中屡获殊荣。赛车手们带有四环标志的“银箭”创造了 15 项世界记录，包揽了当时众多著名赛事的绝大部分冠军头衔，并形成了当代场地赛车的基本格局，这塑造了奥迪品牌不可磨灭的动感形象。

1968 年，奥迪 100 面市，由于技术先进，外形漂亮，供不应求，这无可争辩地确立了奥迪品牌的地位，奥迪随后推出著名口号“突破科技，启迪未来”。

1976 年，奥迪推出前所未有的 5 缸发动机，并在 80 年代和 90 年代塑造了奥迪“技术先进，敢于创新”的品牌形象。

1984 年，奥迪 100 当选年度最佳轿车。奥迪先锋 100 面市。奥迪 quattro 被驾驶者和生产商联盟选为世界冠军。

随后，奥迪将其古老的高贵血统和优良的传统基因注入了中国唯一的高档豪华品牌制造基地——长春。从 1986 年起，奥迪开始了其中国合作事业。1988 年，一汽以生产许可证方式生产奥迪 100。1999 年，一汽、大众和奥迪三方合资，共同搭建起中国第一个高档豪华轿车的生产平台——一汽—大众，生产奥迪最新款轿车奥迪 A6。2005 年，全新奥迪 A6 L 2.0T 和 A6L 3.0 quattro 在中国同步上市。

作为奥迪在中国的合资企业，一汽大众结合中国的特点，继承与发扬奥迪的科技创新精神，始终不渝地演绎着“同一星球、同一奥迪、同一品质”的理念，创造了中国最佳合资企业、中国整车售后服务第一名、中国汽车销售服务用户满意度第一名、中国豪华轿车销售量第一的神话，也使得奥迪品牌深入消费者心里，其价值得以积累，“领先、激情、人性、远见”的品牌个性已成为了品牌识别的核心。

据权威汽车消费调查公司发布的2005年中国汽车销售服务用户满意度(Sales Satisfaction Index，简称SSI)调查显示，奥迪品牌凭借总分818分的优异成绩继续蝉联冠军，远远高于汽车行业803分的平均水平。这一荣誉的获得使得奥迪“同一星球、同一奥迪、同一品质”的理念进一步在中国广为传播。

案例分析

创新的经典演绎

科特勒说过：“一个品牌最持久的含义应该是它的价值、文化和个性。”它们确定了品牌的基础。

汽车产品自诞生之日起，就被设计者赋予了个性与风格，随同社会、文化、消费心理的融合，自身便流淌了生产国历史、文化、民族特色的血液。美国轿车豪华、气派、舒适、不拘小节，却有大家风范；德国轿车追求技术的精益求精，追求驾驶感；法国轿车造型浪漫、典雅、不拘一格，从不拒绝尝试最新技术；日本轿车造型清新圆滑，细部处理考究细腻，优先考虑低成本；英国轿车稳重、老派，不追时髦，怡然自得……

奥迪，从一开始就定位在“领先、豪华”的高端，这是对消费者心理的映射，自然有其栖居之地。奥迪借助产品创新、服务创新和传播创新，将品牌的核心价值深深地印在消费者的脑海。

(一)产品创新——诠释科技魅力

在高档豪华车市场上，宝马、奔驰一直都是奥迪最强劲的竞争对手，中国市场上亦是如此。凯迪拉克、沃尔沃、皇冠、日产天籁等也凭借价格优势与奥迪争夺国内高档车市场份额。这些品牌给消费者带来选择空间，进一步细化市场。从价格上看，奥迪的主力车型A6系列价格在29.83万～55.45万，价格相对昂贵。宝马自视品牌价值高于奥迪，其新入市的3系汽车价格在50万以上，这个价格令绝大部分购车者退避三舍。3系列轿车车身狭小、内部缩窄，无法满足公务用车的舒适性需求，性价比较差。宝马3系车的销量始终上不去，2004年底不得不全面降价，品牌价值严重缩水。奥迪成功的价格狙入策略令对手陷入两难。

根据资料显示，[①]2005年，奥迪在中国市场共计销售58 878辆，同比增长9.6%，其中包括2 934辆进口奥迪，同比增长40.5%；2006年1—6月，奥迪A6（新老款）销售27 925辆，奥迪A4（新老款）销售9 242辆，奥迪A8（进口）销售1 281辆，整体销量同比增长2倍，远远超过直接竞争对手。这是奥迪秉承“突破科技、启迪未来”口号，在产品设计、开发上执著追求领先地位的结果。

奥迪系列价格表[②]

子品牌	奥迪A4	奥迪A6	新奥迪A6L	奥迪A8
价格（万元）	37.9—55.9	29.83—55.45	34.98—84.89	85—210

1. 技术典范，豪华标准

1999年，奥迪A6推出立即受到国内消费者的青睐。奥迪A6（04型）上安装有世界一流音响、TV/DVD和冰箱，豪华气派；运动坐椅、方向盘的设计也充分满足驾驶乐趣，动感十足；经过多次成功的升级，奥迪A6的技术和配置达到新的高标准，可靠性非常强，堪称同行业的技术典范，成熟气质进一步显现。

2. 顶级技术，完美品质

2005年6月，国产全新奥迪A6L面世，它是国内生产的技术最先进、性能最佳、国情适应性最强的高档豪华商务车，它融入奥迪先进的高科技技术。9月，全新奥迪A6 L 2.0T和A6 L 3.0 quattro两款车型面世，全方位满足消费者需求。奥迪A6 L 2.0T配备的TFSI涡轮燃油直喷发动机，是权威杂志评出的2005年全球十大发动机第一名，代表了世界汽车发动机技术的顶尖水平。奥迪quattro上装载有全时四轮驱动系统，车辆操控几近完美，保证驾驶者的轻松自如。

① 中国经济时报.高档车市场春风得意 奥迪的胃口还有多大?. www.ruyicar.com。

② 数据来源：www.auto.tom.com。

3. 动感上市，驾驭体验

2005年10月25日，国产全新奥迪A4上市。全新奥迪A4采用奥迪最新的前脸设计，全新的外形和内饰，使用范围更富运动性和舒适性的底盘，选用无与伦比的2.0T FSI 200马力发动机、全新7速multitronic变速箱，引入全新安全科技和电子装备，配备奥迪quattro全时四驱技术，充分体现"科技领先"的理念和人文关怀。

全新奥迪A6L亮相，全新奥迪A4上市，奥迪品牌两大系列产品顺利完成更新换代，新奥迪A8L也投放中国市场。与国际同步的、包括从B级车到D级车在内的全新奥迪产品体系已经形成。

科技领先一直是奥迪品牌的核心精髓。国产全新奥迪集诸多国际领先技术于一身，为消费者提供安全舒适的驾乘体验，这也提高了国产豪华轿车的科技和配置水平，树立新的行业标准，更令竞争者望其项背。

（二）服务创新——真诚回馈客户

"一切以用户满意为中心"是奥迪的核心服务理念，亦是奥迪品牌的持续内核。通过提供优质、快捷、用心的服务，提高品牌知名度，增强品牌美誉度，培育顾客忠诚度，吸引更多新客户。凭借全新的动感外形、奥迪独步全球的领先技术、顶级豪华的配置与尊贵精致的工艺、设计标准、质量和可靠性，全新升级换代的奥迪A6L和A4一上市便成为市场关注的焦点。继取得2006年1月份销量开门红之后，奥迪还被中国汽车工业协会市场贸易委员会等机构评为"中国汽车品牌顾客综合满意度排名第一"。这是继奥迪被J. D. Power等国际机构评为"2005年中国汽车销售服务用户满意度第一名"之后，奥迪获得的又一殊荣。此前，全新奥迪A6L和A4分别获得包括"2005CCTV年度汽车大奖"、"新浪网年度车2006大奖：最佳动力性能奖和最佳制造工艺奖"在内的诸多奖项，充分展示奥迪中国高档豪华轿车市场领跑者的综合实力。①

这一切，奥迪完善的服务体系和人性化的服务管理密切相关。作为国内唯一成熟的高档豪华轿车制造基地，一汽大众奥迪品牌按照国际统一标准，建成了目前国内规模最大、覆盖面最广、服务水平最高的国际豪华品牌轿车服务网络，网络由106家经销商组成。每个销售渠道提供统一标准的服务，包括服务场所（标准化服务展厅的风格、规格）、服务流程、服务标准、服务工具、服务时间（24小时服务）、服务时限等诸多方面，这与"全球奥迪"理念保持高度一致，在高档豪华车的售后服务中独树一帜。奥迪拥有特色化的"预约服务"，消费者可以约定时间甚至约定维护人员。

奥迪独创"个性化订单产销"模式，让消费者成为生产和销售过程的起点和

① 苑德莉、肖千琼：《全新A6L助力奥迪销量大幅攀升》，http://news.chinacars.com/news/cjdt/113772。

终点，消费者直接参与、决定爱车的设计、生产，选择配置。

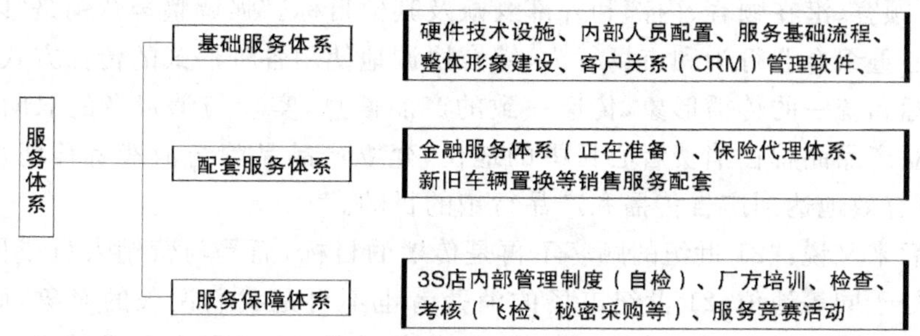

奥迪服务体系结构图①

在服务活动方面，奥迪首创轿车整车“假日服务”先河，每年在“五一”、“十一”黄金周进行免费检修活动，这是服务客户的例行活动。另外，奥迪还结合大型活动，如 2002 年六月奥迪 A6 迎来第 10 万名用户时，举办“牵手用户行动”，回馈消费者。奥迪常给车主以惊喜，如奥迪第 50 000 辆车主参与“奥迪车主德国行”活动，引起了媒体广泛关注。

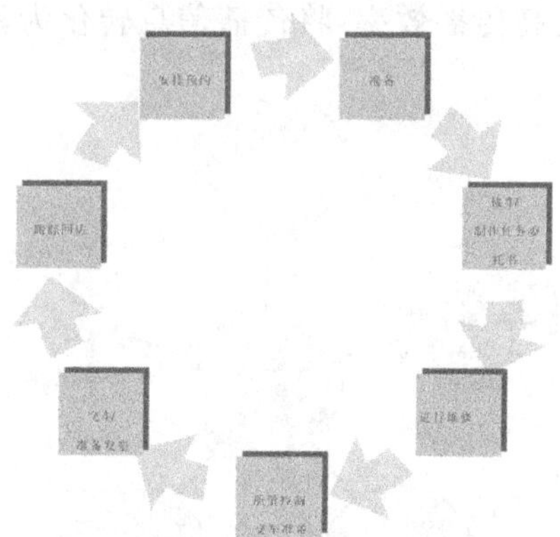

奥迪还拥有强大的销售网络，借助经销商吸引消费者。奥迪的渠道管理非常成熟，拥有四大法宝：秘密采购、飞检、经销商竞赛、回访。奥迪通过提升特许经销商的“质量”，来提升服务质量，进而提升用户忠诚度。奥迪认为，提供令人满意的销售体验可提高消费者忠诚度并营造正面的品牌形象，同时也可提高经销商的盈利能力。

（三）传播创新——抢占你我心智

舒尔茨早期认为：“整合营销传播是一个业务战略过程，它是指制定、优化、

① 贾昌荣：《奥迪轿车中国市场营销攻略》，全球品牌网。

执行并评价协调的、可测度的、有说服力的品牌传播计划，这些活动的受众包括消费者、顾客、潜在顾客、内部和外部受众及其他目标。”强调整合营销是“以消费者为核心重组企业行为和市场行为，综合协调地使用各种形式的传播方式，以统一的目标和统一的传播形象，传递一致的产品信息，实现与消费者的双向沟通，迅速树立产品品牌在消费者心目中的地位，建立产品品牌与消费者长期密切的关系，更有效地达到广告传播和产品行销的目的。”①

他后来又说：“21 世纪的顾客不再是传播的目标，而是与营销人员或信息传播人员处于同等地位；21 世纪市场的消费者也不再是我们说服的对象，而是我们聆听和响应的对象。”在消费者时代，消费者对品牌的个性化需求越来越强烈，对品牌的喜好度更取决于品牌折射出的信息价值与个人的爱好、信仰、品质等心理认同的暗合，选择品牌意味着对某生活形态、人生价值的认同。

整合营销是以由外而内的战略为基础，以整合企业内外部资源为手段，以消费者为核心而重组企业的管理行为和市场行为。整合营销要求企业变单一分散传播手段为多种综合传播手段；坚持“一个观点，一种声音”，要求与消费者建立持久良好的关系，尤其是建立顾客品牌关系；整合营销还要求企业员工都参与营销传播，建设价值链，提高传播效率，将传播信息转化为具体概念、影响和声音。

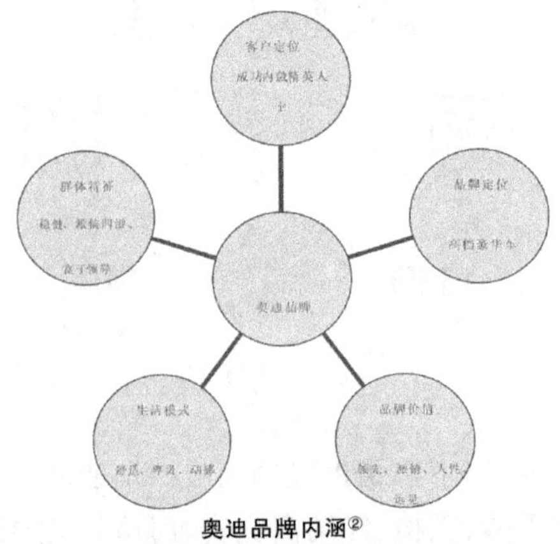

奥迪品牌内涵②

奥迪凭借对中国消费者心理的洞察，提炼出清晰的品牌概念，品牌是一个承诺，品牌是一种体验。品牌是在顾客心中形成概念，包括产品开发、设计、生产、销售、市场和服务。奥迪以之为经营准则，企图让其消费者认可自己是充满时尚

① 董雅丽、陶李：《整合营销传播的含义及其演变》，http://www.wm23.com/paper/P04/04001_1.htm。

② 贾昌荣：《奥迪轿车中国市场营销攻略》，全球品牌网。

个性、激情四溢、领导潮流的群体，崇尚尊贵、自由，追求成功，是“领先、激情、人性、远见”的代言人。

1. 广告运动

奥迪的新品广告始终坚持三个诉求点的紧密结合与层次升华。其一，宣传奥迪的品质和领先的技术，诠释“领先”；其二，宣传奥迪的卓越声誉和代表的生活方式，诠释“激情”；其三，宣传先进的服务和销售网络，诠释“远见”。最能体现奥迪品质的广告当首推影视广告“门声篇”。新奥迪高贵品质首先体现为做工精细，精细到让人爱不释手，整体车型浑然一体，天衣无缝，其次是零间隙，零间隙意味着钢板之间的密合度很高，间隙不超过 0.1 公分。因为使用这样的先进技术，奥迪的关门声不是“啪”而是“砰”，尤其稳重。

奥迪依托各大城市主流报刊、电视、户外、网络等媒体在集中持续地向受众传递“舒适、安全与技术领先”、“成功与科技互辉映”的诉求，“奥迪，引领时代”等广告语很快为消费者熟悉。

2. 公关行销

公关关系是一个组织运用信息传播的手段，处理自身与社会环境关系的活动。对企业来说，公关关系的目的是处理企业及其品牌与社会环境的关系，尤其是企业与公众的关系，树立企业或品牌在公众心目中的良好形象。

消费者对产品认可，从认知度到美誉度直至忠诚度，需要过程，在这个过程中，做好任何一次公共行销，都有助于品牌成长，促使其实现量变到质变的飞跃。奥迪大气、动感的广告铺面展开后，气势磅礴的公关行销往往一路追随，形成猛烈攻势，让消费者眼球尽是“奥迪”。

(1)新闻发布。奥迪非常重视与记者的沟通，在上海设立新闻中心，在网站(中国公司网站、一汽——大众网站)上设立网上新闻中心，及时发布新产品信息及企业动态。新产品的下线、上市都会举行记者发布会，为记者提供快捷、方便的服务。

(2)赞助营销。一直以来，奥迪品牌热心支持中国举办国际性会议、支持中国区域经济发展和推动国际经济合作。2002 年、2003 年，奥迪连续两届赞助博鳌亚洲论坛；2004 年，奥迪成为亚洲合作对话第三次外长会议唯一指定用车；2003 年 8 月，作为第七届中国投资贸易洽谈会唯一赞助商，奥迪赞助高尔夫用车 20 辆；赞助世界经济峰会中国企业论坛；2005 年，新奥迪 A6L 成为首届东北亚博览会唯一指定用车……这是奥迪争夺商务用车市场、塑造商务首选形象强势出招。中国举办的大型国际性政治、经济、文化会议上总能看到奥迪闪闪发光的四环标志，向世人展现“中国造”高档豪华轿车的风采，更折射出奥迪高度的社会责任感。

(3)体育营销。奥迪拥有百年辉煌历史，是全球顶级高档汽车品牌，其形象始终充满动感、积极进取、高雅尊贵，支持豪华足球俱乐部是奥迪的传统，这一传统也跟随奥迪进入中国。2001年，中国体育热点频出，“申奥成功”、“国足出线”，体育行销潜力引起奥迪高度关注，奥迪也借赞助运动赛事进入消费者眼帘。2001年10月，深圳举办“观澜湖泰格·伍兹高尔夫挑战赛”，观众主要是政府官员、业务伙伴与赞助商，比赛期间，6辆奥迪A6总是与老虎伍兹形影不离，奥迪还赞助2003年的皇马中国之行，奥迪还被指定为2008年北京奥运会正式高级用车。通过积极参与高规格体育运动，奥迪品牌极具动感和进取精神的品牌形象得到张扬。

(4)体验行销。“体验驾乘乐趣”历来是汽车营销一个屡试不爽的宣传口号，这是通过驾乘体验来创造营销机会。体验行销还有另一个做点，那就是贩卖一种生活方式。对于这两种模式，对于高档豪华车更显适用。奥迪的体验行销可谓“一条龙”，成为体验行销的典范。

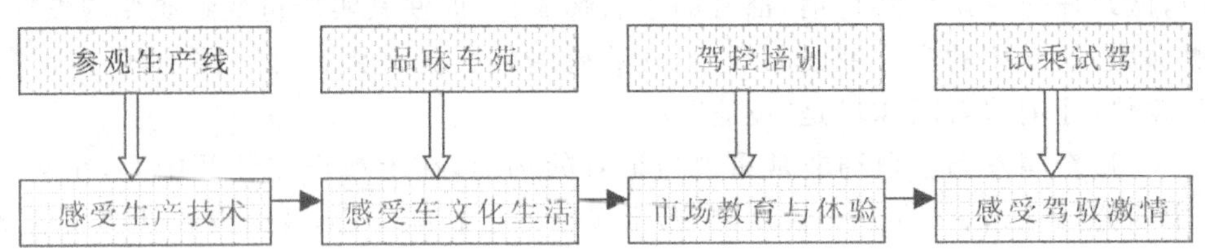

奥迪“体验行销”流程图①

(5)展示营销。展销包括很多种模式，诸如汽车博览会、网上展销、校园展销、3S专营店展销等多种模式。奥迪深深懂得，领先技术带来的驾驭舒适与车型线条的动感，如果能让消费者亲自体验与触摸，自然是一次“零距离接触”，积极拉近其与消费者的距离。于是，便有了“奥迪A4心动之旅”大型车展活动的精心上演；有了奥迪A6第五万名幸运车主免费携家属与四位“中国幸运车主”共同前往德国，亲自见证奥迪全球统一的领先技术和卓越品质；奥迪中国总部与一汽大众联手出击上海展会，并实现主题化：“引领时代”，与广告传播语吻合，实

① 贾昌荣：《奥迪轿车中国市场营销攻略》，全球品牌网。

现营销上的全面整合。

2003 年男性关注的十大汽车品牌排行

1 型号	上海大众帕萨特 1.8	价格:22.4 万元
2 型号	上海大众桑塔纳	价格:11.5 万元
3 型号	奥迪 A6 2.4L2003 款	价格:45 万元
4 型号	宝马 318i	价格:55 万元
5 型号	别克赛欧手动挡	价格:9.88 万元
6 型号	奔驰 E240	价格:84.5 万元
7 型号	广本新雅阁 2.0	价格:22.98 万元
8 型号	上海大众波罗 1.4	价格:12 万元
9 型号	日产风度 3.0	价格:42.67 万元
10 型号	丰田佳美 2.0	价格:39.5 万元

2003 年女性关注的十大汽车品牌排行

1 型号	上海大众波罗 1.4	价格:12 万元
2 型号	宝马 745li	价格:145 万元
3 型号	上海大众桑塔纳	价格:11.5 万元
4 型号	别克新世纪	价格:35 万元
5 型号	上海大众帕萨特 1.8	价格:22 万元
6 型号	大众甲壳虫 2003 款	价格:39 万元
7 型号	奔驰 E240	价格:84.5 万元
8 型号	广本新雅阁 2.0	价格:22.98 万元
9 型号	奥迪 A6 2.4L	价格:45 万元
10 型号	神龙富康 988	价格:10.98 万元

资料来源:男性女性关注的十大汽车品牌,3see.com。

(6)艺术营销。奥迪倡导“享受生活”,青睐艺术行销、娱乐行销。奥迪认为,驾驭奥迪轿车是“享受人生”,欣赏艺术同样是“享受人生”,两者极为相似。奥迪开展了许多与艺术有关系的营销活动,“海岩讲述全新奥迪 A4 的故事”,“释放你内心的激情著名小提琴艺术家林朝阳表演”,赞助 2002 三大男高音演唱会、赞助 2003 上海时装周……使其品牌主张在消费者心中留下深刻印象。

奥迪的传播,突出核心品牌理念,不断抢占心智,凝炼品牌价值、不断创造提升。奥迪把握了消费者的心理,形成有效共振,让消费者认同奥迪品牌蕴涵的生活品质和价值理念,使自己成为男性女性关注的十大汽车品牌之一。

突破:从现在到未来

奥迪在中国市场的成功有先入为主的因素,80 年代末,奥迪就与中国一汽建立合作伙伴关系，同步生产其豪华轿车 A6，凭借其技术领先优势、品牌知名度及来自德国的良好口碑，为自己赚足了人气。

中国汽车市场进一步开放，汽车巨头纷纷登陆中国，宝马、奔驰、丰田皇冠、别克荣御、日产天籁等豪华车正积极扩张。2005 年，中国大陆成为宝马全球增长最快的市场，销量达 23 595 辆，增长 52.4％，国产奔驰也于 2005 年年底上市。奔驰的本土化较晚，但挟带着世界豪华车第一品牌的威荣，相对于奥迪，奔驰不仅有更多的储备车型，还有更高的品牌价值，奔驰最豪华的 S 级轿车在中国的销量已经位居全球第二，更多奔驰车型也将陆续进入中国。2004 年 9 月，东风日产推出天籁，其 3.5 升和 2.3 升车型售价分别为 24.98 万元和 34.98 万元，直接与奥迪争夺市场。2005 年 3 月，运动型豪华轿车丰田雷克萨斯全新 GS430 和 GS300 登陆中国。① 中国高档轿车市场不再是奥迪当霸主，也不再是宝马、奔驰、奥迪三足鼎立，而是群雄并起、市场纷争。奥迪要继续保持市场优势，只有更加努力。

1. 秉承技术创新，保持品牌核心竞争力

奥迪一贯以技术创新姿态出现在消费者面前，赢得消费者的高度赞誉。技术创新是奥迪的核心竞争力；没有技术创新，文化内涵、传播方式、市场战略再好，也无法抵挡其他品牌的冲击。新技术不断出现，奥迪必须坚持技术创新，才能继续领跑高中档轿车市场。

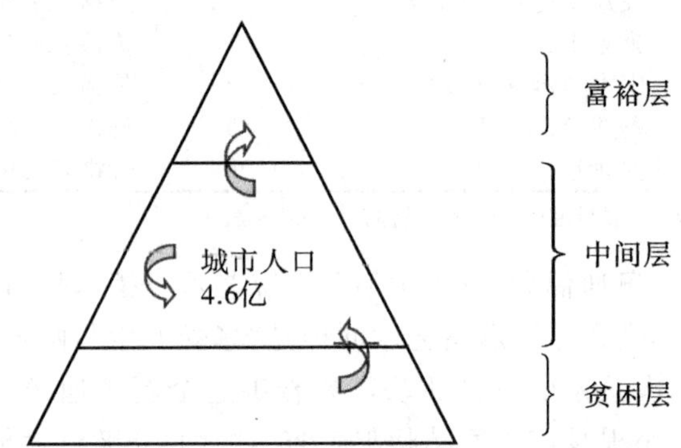

PCBP 中国消费者价值发现之“二元”模型

2. 市场细分——切以消费者为中心

中国市场已经转型，整体进入品牌竞争阶段，“消费者时代”特征明显。了解消费者，才能生存。城乡消费者层次调查表明，中国的大众消费主力人群是中间

① 新华网湖北频道. Http://www.hb.xinhuanet.com/auto/2006－01/28/content_6149331_1.htm。

阶层，他们以人口的绝对多数成为市场消费的主力。

中国市场大致分为三个级别：第一个级别为核心城市为代表，以省会城市为主，加上沿海地区发达城市；第二个是城镇市场，第三个是农村。第一个级别市场上，汽车的普及已有3年，以持续20年计算，还有15年的荣景；第二个级别市场上，汽车的普及需要5年时间，预计也可持续20年左右；第三个级别市场上，汽车的普及需要8年，也将持续20年左右，这就是中国市场需求的梯度表现和梯度实现，中国市场的汽车需求增长会延续35～40年。普及后，市场表现方式就会改变，整体增长水平基本持平，具体车型需求有升降波动。普及前，需求曲线上升趋势较为陡峭。① 消费需求不断增大，城市化带来中间层的重心下移与扩大，三者之间在5～10年内进行动态迁移和跳跃，抓住每次迁移和跳跃，就抓住了品牌价值成长的“拐点”。

一直以来，奥迪的主要消费群为政府机关和大型企业，家庭对奥迪豪华轿车的需求将不断增大。总量上看，商务需求总量仍然突出，但家庭需要迅速增长。未来10年内，个体私营企业主对奥迪的需求最大。中国进入第四代创业高峰，国有企业民营化步伐加快，新增企业大多为民营，人们出于商务需要买车，一级和二级城市中间以白领和有钱人家庭中间的太太，成为家用车的核心驱动群体。刚提到的18岁群体，在中国不是真正的消费群体，但是用18岁的观念设计产品更能抓住女性消费群体。②

奥迪应该积极做好充分准备应对这个“消费群的转型”，把握“动态变化”的特征，进一步细分市场，提高服务质量，丰富服务内容，形成更具人性化的服务机制，继续保持“汽车销售服务消费者最满意”的美誉。

3. 继续提高广告投资回报率

我们知道，除了品牌历史、其他直效行销手段等影响品牌认知度的因素，广告仍然是抓住消费者注意的必要方法。

然而在众多汽车制造商争相增加媒体曝光量的同时，尼尔森媒介研究和AC尼尔森的最新调查却指出：高额媒体投放未必产生相应的高品牌认知度。在调查的国外汽车品牌当中，大众的广告投放的回报表现良好，在广告投放和品牌认知度排名上都居首位。2003年大众的广告花费高达6.5亿元，品牌认知度也高达55%。奥迪以18%的品牌认知度排名第二，与此相较，奥迪的媒体花费

---

① 报告来源：跨国汽车巨头与中国本土汽车品牌的市场分食机会，零点指标数据网，3see.com。

② 报告来源：跨国汽车巨头与中国本土汽车品牌的市场分食机会，零点指标数据网，3see.com。

仅为 2.9 亿人民币。通用汽车和丰田这两大品牌的认知度稍逊，为 15%和 11%，广告投放分别为 3.5 亿元和 3.3 亿元。9 个国外品牌当中，本田的广告投放获得最高的投资回报率。广告投放仅为 9 500 万元，是大众广告投入的 1/7，丰田广告投入的 2/7，却拥有 17%的品牌认知度，在认知度中名列第三。其余参与调查的 4 个品牌的认知度均未达到两位数。调查显示，6%的受访者听说过雪铁龙这一品牌。5%的受访者听说过现代，马自达和奇瑞则为 4%。①

因此，如何继续提高广告投放的高回报率是奥迪今后广告策略重点考虑的一个问题。结合其他营销元素，运用运筹学最优化的原理，是奥迪努力的方向。

4. 继续提高服务体系的质量

2005 年 3 月 11 日一汽—大众宣布新奥迪 A6 于年中下线，而老一代 A6 则全面降价 1.5 万～4.1 万元，已久伺其侧的皇冠立刻决定于 3 月 21 日下线，加之 6 月登陆的进口日产豪华车 FUGA，昔日的德国老大已处于被日系对手腹背围攻之势。加之宝马的降价，奔驰新系列的下线，一场德系与日系豪华车的混战便已经上演。尽管在 J. D. Power 此次调查中，奥迪获得了销售满意度指数的最高分，但在售后服务方面却略逊一筹，面对善于讨顾客喜欢的日本对手，谁能得到更多的客户心，并拥有长久不衰的口碑与占有率呢？这需要时间给出答案。②

---

① 报告来源：AC 尼尔森，汽车广告投放与品牌认知度不成正比，www. 3see. com。

② 报告来源：经济观察报，汽车企业的终极目标是客户满意度最大化，www. 3see. com。

案例简介

戴尔是世人公认的增长最快的计算机公司，它用销售日用消费品的方式来销售电脑。戴尔推行的直销模式改变了人们购买个人电脑的方式，只用20年的时间，戴尔就成为世界个人电脑占有率排行榜的“状元”，年营业额超过400亿美元。传统工业领域中的洛克菲勒和美孚用了100多年才取得这样的成功，康柏、惠普和苹果等同行则用了半个世纪也未达到。戴尔创造了企业界的一个奇迹。①

电脑已成为生活必需品，没有电脑，人们无法工作、学习、娱乐。作为与

执笔：何璇。

① 陈广：《戴尔直销攻略》，南方日报出版社2005年版，第1页。

IBM、HP并肩的IT业巨人，戴尔一直坚持与消费者"直接接触"，取得辉煌业绩。随着全球业务的增长，亚洲市场成为戴尔进驻的热点，主要对象是日本和中国。中国市场上的直销还处于雏形阶段，初期推广遇到许多困难，大多数中国消费者习惯上商店和超市购物。戴尔认为这恰恰是机遇，直销拥有众所周知的价格优势。[①] 1998年，戴尔在厦门建立集成销售与制造的客户中心，[②]使用直销模式来降低销售成本，以价格优势大规模进入中国市场。凭借Dimension台式电脑和Latitude笔记本，戴尔从微软、IBM口中"拽"出中国市场的半壁江山。

从1998年8月将直线订购模式引入中国，戴尔用6年时间取得令人瞩目的业绩，中国成为戴尔最重要的战略市场。[③] 戴尔在中国市场的成功与决策者的高瞻远瞩密不可分，进驻中国前，戴尔曾委托国际调查公司对中国市场进行了9个月的调查，最后确认，直销在中国可行。戴尔进驻中国市场也是有步骤有策略的，1998年8月，戴尔在中国9个大城市同时开展直销业务。4个月后，戴尔的中国销售业绩比预期增加25%。1999年2月，戴尔将直销范围扩大到13个城市。3年后，戴尔将直销区扩展到100个城市。[④] 戴尔的直销模式取得优异成绩，覆盖95%的目标市场，包括电信、银行、税务、政府、跨国公司、教育等行业。戴尔产品的知名度也随着媒体的关注而节节上升。戴尔在北京、上海、广州、成都、南京、杭州和深圳都设有办事处，中国客户通过在全国258个城市中设立的530条免费电话直接订购PC台式机、笔记本电脑或服务器产品，也可直接通过互联网在戴尔网站上购买。戴尔提供的现场服务和技术支持直接覆盖1 580个城市。配合其直销策略，戴尔开通了近200部800免费电话，方便客户直接联系，满足客户的服务、咨询等要求。[⑤]

戴尔在中国的营销策略与在美国的不同，其直销的主要对象不是电话订货消费者，而是企业客户。这一策略打乱了联想、方正等中国PC制造商的阵脚戴尔正在蚕食中国厂商客户中最有价值的国有企业市场。

---

① 陈广：《戴尔直销攻略》，南方日报出版社2005年版，第1页。

② [美]理查德·博恩著，子娅、张小君译：《迈克·戴尔传》，东方出版社2004年版，第10页。

③ [美]理查德·博恩著，子娅、张小君译：《迈克·戴尔传》，东方出版社2004年版，第10页。

④ [美]理查德·博恩著，子娅、张小君译：《迈克·戴尔传》，东方出版社2004年版，第245页。

⑤ [美]理查德·博恩著，子娅、张小君译：《迈克·戴尔传》，东方出版社2004年版，第246～247页。

戴尔的顾客细分结构

分类	定义
大公司账户(LCA)	员工在1 500人以上的公司。
优先账户部分(PAD)	员工在500～1 500人之间的公司
家庭和小型企业(HSB)	员工不足500人的企业。

对LCA和PAD群体,戴尔采取“关系销售”策略,通过客户关系或经推荐进行交易,或纯粹靠价格优势完成交易。戴尔认为,建立信任后,这些群体不再需要太多面对面接触,可通过电话或网络下订单,从而降低营业费用。

LCA群体中,政府部门、教育部门、电信和电力产业、金融(银行)业四个主要产业占了戴尔总销售额的50%。2001年,戴尔着手争取个人消费群,戴尔放弃定制化生产策略,推出多款相对低价的电脑型号“速马(Smart)”。由于中国消费者多数信奉眼见为实,不接受直销,戴尔便在商场举办现场体验促销活动,让消费者消除电话购物的疑虑;由于多数中国人没有信用卡,戴尔向消费者提供货到付款的选择方案。戴尔还联合银行推出银行账户付款在开通此项服务的地区,消费者可在订货后带着存折到最近的银行付款。[①]

完善的直销网络为戴尔开拓中国市场打下坚实的基础,企业的核心竞争力还在产品上。戴尔进驻中国后,与SYNAPITCS公司合作,面向中国用户推出汉字输入法,用户可以在Latitude垫板上手写汉字,三笔触控板就可自动识别手写笔画并列出一系列可能的字。这减少了输入汉字的键盘敲击,提高了准确性。[②]

戴尔不断进行技术创新,使用贴近消费者的营销方式,这些努力使戴尔得到迅速发展。

一、从营销角度解读戴尔“中国化”

戴尔以其独一无二的“直销模式”驰骋全球IT市场,其直销模式在中国也获得巨大成功。

---

① 刘红强:《戴尔营销》,经济科学出版社2003年版,第298～299页。

② 刘红强:《戴尔营销》,经济科学出版社2003年版,第295页。

直销可理解为“零级渠道”，也叫直接营销渠道，生产者直接向消费者销售产品。直销的主要方式是上门推销、家庭展示会、邮购、电子通信营销、电视直销和制造商自设商店。[①] 戴尔建立一套与消费者联系的渠道，由消费者直接发订单，订单中详细列出所需配置，然后“按单生产”。戴尔的直销实质是简化、消灭中间商。[②]

戴尔已经做到零库存(联想的库存时间为 20 天)，因为零库存，费用减少，成本相应降低，中间环节的费用节省下来用于支持本土价格。

消费者拨打电话，第二天就可以得到想要的戴尔电脑，可以货到付款。直销模式使消费者、供应商和雇员之间的关系明确、直接化，有利于强强合作；直销模式按需定制的客户系统，为行业提供标准技术；直销模式为客户提供卓越的服务支持；低库存周期、高效率和领先的成本优化就等于更高的技术价值(最大化 IT 投资回报，降低总体拥有成本)。

戴尔中国在直销模式的后端将供货与需求联系起来，用信息取代库存，高效采购，通过降低成本使客户受益；直销模式的前端是按需定制，没有渠道冲突和中间商，客户化产品和服务。直销模式对企业和消费者都有利：

(1)免除中间经销商利润，所有产品直接到达消费者。

(2)不通过中间经销商，订单都是真实需求而不是预估，不会因为预估造成风险。

(3)直接准确掌握市场偏好，产品走向能及时反应到设计部门和策划部门，戴尔可按消费者的需求定制计算机。

(4)消费者可以要求戴尔提供使用最新技术的计算机。

(5)直线销售模式引入服务领域后，其便利性也凸现无遗。

(6)直销有利于细分市场。分得越细，就越能准确预测消费者日后的需求与其需求的时机，取得这种策略性的信息后，便可与供应商协调，把信息转换为应有的存货。

戴尔的直销模式深入人心，让消费者用最便利的方式购买到性价比最满意的产品。

二、广告宣传与戴尔直销相呼应

直销模式可大量节省企业渠道建设费用，将更多的营销费用花在广告投放

---

① 杨钏：《戴尔模式分析》，北京邮电大学 2004 届硕士学位论文，第 25 页。

② 杨钏：《戴尔模式分析》，北京邮电大学 2004 届硕士学位论文，第 25 页。

上。戴尔属于高科技产品类，广告表现形式应偏重理性诉求，若投放电视广告无法在短短几秒钟内详细展示产品特点和功能。因而，在选择广告投放媒介时，IT 行业产品一般倾向选择平面媒体，如报纸、专业杂志等。

1. 平面纸媒投放理由

(1)电脑产品偏重理性诉求，广告内容具体、详细，篇幅较长，报纸广告版面灵活，符合广告投放需求。

(2)报纸读者稳定，传阅性强，报纸广告的目标到达率较高。

(3)报纸广告比较容易保存，可重复阅读且容易查找分析。

2. 戴尔 2005 年《环球时报》广告投放

戴尔、IBM、联想、方正等均在《环球时报》上投放广告，几乎所有电脑品牌选择《环球时报》投放广告，因为其面向全国发行、发行量大、公信力高，《环球时报》的读者对象文化程度较高、经济收入尚可，与 IT 产品的目标消费群吻合。《环球时报》对于 IT 品类的媒介资源优势清晰可见，同品类品牌在同一媒体高频度投放广告可相互造势，让读者全面、细致了解自己需要的电脑产品。作为电脑类产品的知名品牌，戴尔选择《环球时报》投放广告符合行业规律和自身发展。戴尔是 2005 年《环球时报》国外电脑品牌中广告投放第一品牌，联想是 2005 年《环球时报》国内电脑品牌中广告投放第一品牌。这两个竞争对手不仅要在销售市场上决一雌雄，还要在广告投放上一较高下，这也表明，戴尔在《环球时报》上的广告投放是针对性的，要在同一媒介平台上与竞争对手传播自身产品、服务、价格上的优势信息。

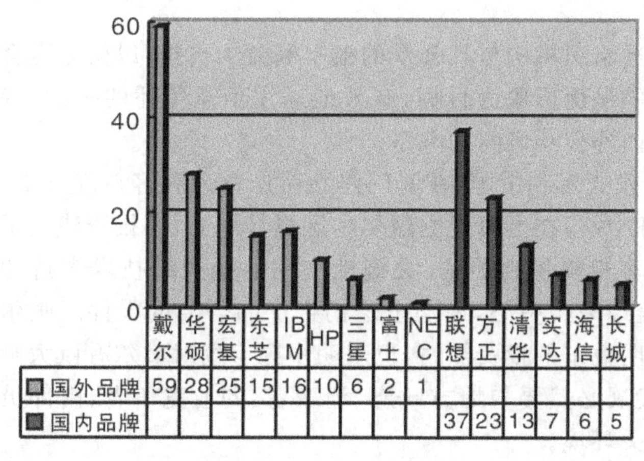

	戴尔	华硕	宏基	东芝	IBM	HP	三星	富士	NEC	联想	方正	清华	实达	海信	长城
国外品牌	59	28	25	15	16	10	6	2	1						
国内品牌										37	23	13	7	6	5

2005 年计算机品牌《环球时报》广告投放

3. 戴尔平面广告的诉求特点

戴尔广告会标明刊登机型的销售价格，经常打出“只售×999”的广告语，消费者对价格一目了然，可全面比较戴尔产品与其他品牌的性价比，有利于消费者做出符合自己需求的购买决定。戴尔是直销经营，不存在经销擅自提高零售价行为，可在广告中公示售价，显示了售价的透明化，这提升了戴尔在消费者心中的诚信度，也有利于推进直销模式。戴尔的广告不仅告知消费者产品的性能和功效，更告知价格，以帮助消费者决定购买，消费者满意则可直接电话订购或者网上订购，不必再到零售终端了解价格，消费者节约了时间成本。

4. 其他广告形式为补充

戴尔还大量使用邮寄广告，定期向消费者邮寄型录广告。型录本身就是宣传媒体，型录的容量比报纸、杂志广告更大、内容更丰富，不但包含产品信息，更保留了公司、技术、行业、服务、客户使用等资讯，增强消费者对产品和企业的信任。型录可以长期保存，定期邮寄型录让消费者持续接受产品信息，形成良好的持续品牌印象，在消费者中建立长期的形象和认知。型录的广告宣传色彩比单纯的报纸广告要小，更易获得消费者的信赖，型录中对消费者有实际价值的资讯越多内容，越容易获得消费者的好感。

戴尔在广告投放上力争以最小的投入换回最大的回报，以多种投放形式组合投放，将信息传播的广度与深度结合，高效配合直销模式。

三、戴尔内外部公关与其直销模式匹配

公关关系以维护、增进组织机构与其公众的根本利益为前提，以树立适合于本组织机构的生存、发展的最优形象为目标，有效地运用信息传播的手段，持续不断地协调、完善组织与内外公众之间的关系。[①]

1998年，戴尔将直销模式带到中国，在厦门建立生产基地和客户服务中心，在大连投资设立客户服务中心，在上海建立戴尔中国设计中心，还投资建立了中国企业服务指挥中心，为客户提供高质的、关键性应用的企业级技术支持和服务。戴尔还在中国开设全球采购中心，采购全球销售产品需要的零件。戴尔在中国的投资如此之大，表明戴尔的投资热情，也表明中国市场对戴尔有巨大吸引力。戴尔要在中国顺利发展必然要与地方政府、消费者、同业竞争者、内部员工和谐共处，营造良好的公关环境。

---

① 纪华强、杨金德:《公共关系的基本原理与实务》，厦门大学出版社1999年版，第17页。

1. 组织外部公关

戴尔一则广告说:"致我们所有挑剔的、要求过高的、吹毛求疵的客户:谢谢你们,并请您继续做这样的好事。"戴尔尤其注意处理与客户间的关系,在戴尔看来,最好的顾客不见得是最大的顾客,也不见得是购买力最强、需要协助或服务最少的顾客。"所谓最好的顾客,是能给我们最大启发的顾客;是教导我们如何超越现有产品和服务,提供更大附加价值的顾客;是能提出挑战,让我们想出办法后可以利于其他人的顾客",迈克尔·戴尔说:"我们的最佳顾客扮演着前导指示的角色,告诉我们市场的走向,提供各种点子,让我们精益求精;他们提高标准的门槛,鼓励我们不断提升,从一家销售零散的电脑公司,转变成一家提供整体服务的公司。"

戴尔不断满足客户需求,也不断通过公关途径了解客户新的需求,不断创新产品、服务,最大限度满足客户的需求。

戴尔不仅重视与客户建立互动的良性关系,也注重与所在地政府及相关职能部门的关系。在厦门建厂以来,戴尔多次邀请厦门市领导参观检查,在政府公关上的重视也表明戴尔对中国市场的重视。

2. 组织内部公关

作为直销企业,戴尔非常注重让营销团队保持战斗力及凝聚力,戴尔对企业内部公关的重视不低于外部公关,注重员工培训,开展各类趣味性销售竞赛和知识竞赛。

以戴尔中国区 ESG(服务器销售部门)为例。2006 年戴尔第 9 代服务器上市恰逢"世界杯"年,ESG 部门根据戴尔第 9 代服务器的产品性能并结合世界杯赛程在销售团队内部开展了别具一格的营销竞赛。戴尔市场部把销售竞赛命名为"9G ESG CUP",含义为第九代服务器销售世界杯,赛事命名醒目,以"To Be NO. 1"为活动口号,激励 ESG 销售部门中的每个销售人员及销售团队在 2006 年的"世界杯之夏"争当销售冠军。整个活动创意别开生面、匠心独具。每逢世界杯,许多企业主都担心员工看球而忽视工作,降低工作效率,戴尔巧妙利用将营销竞赛与世界杯赛事联系起来,有效地吸引了销售团队的注意力。ESG CUP 销售竞赛在形式上模仿世界杯,竞赛采取销售积分制,比较各参赛团队每周销售积分,判断胜利者。第一步,ESG 部门的销售人员分为 64 支参赛队,每个参赛队为自己的团队起名,队名拟订好以后将所有参赛队分为 8 个组 A——H 进行初赛,各组进行小组赛,每小组销售业绩前四名晋级下一轮,两周后决出 32 强。第二步,进入 32 强的队伍再次分为 8 个小组 A——F 组,各组进行小组赛,每小组销售业绩前两名晋级下一轮,两周后决出 32 强。第三步,16 强至冠军阶段。赛程见下表。

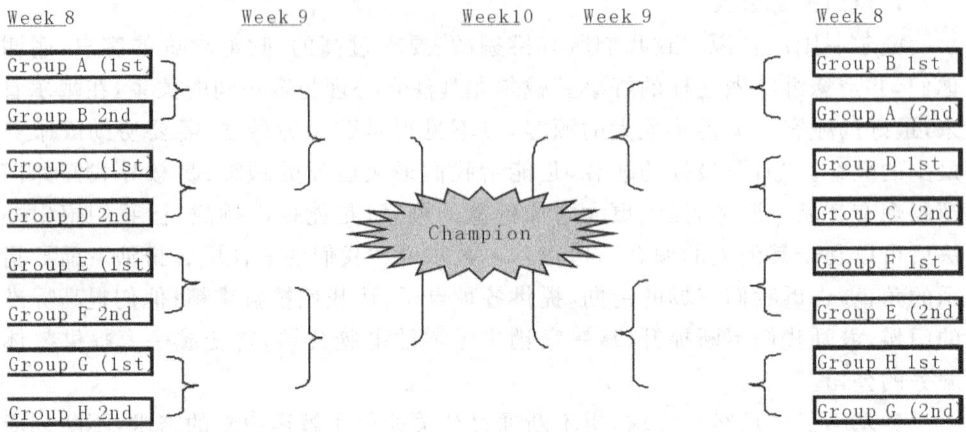

销售竞赛有效调动了销售人员的积极性，增加了团队的凝聚力。戴尔市场部投入大量人力物力布置办公区，将戴尔产品信息与世界杯图片结合悬挂于办公区内，让所有销售人员走入办公区犹如身临世界杯竞赛现场。

四、戴尔的人才管理与直销模式

1. 加强绩效考核管理

戴尔使用 360 度考核法，全视角绩效考核员工，通过上级主管、同事、下属和客户全方位、准确地考核员工的工作业绩。①

在戴尔，员工的工作表现就不只由上级来评价，不只依照直属主管个人主观的意见来评估员工；有机会了解员工工作表现的领导都参与员工的绩效考核，工作由团队而不是个人完成，个体服从领导小组的管理，而不是单个领导的管理。这种评估，可以明确指出需要改进的地方，增强员工的集体意识。

这种考核把数据目标化、把人际利害关系降到最低，能力较强的小组成员会因为此用多余的时间和精力来协助其他没有跟上进度的同事。评估结果与人分享，这也让管理团队可以在个人范畴内共同合作，追求进度。团队运作还能增强员工的凝聚力，避免员工相牵制，促使员工关注彼此的成长。

2. 注重员工培训

戴尔公司的招聘率和保留率都很高，主要原因就是员工有机会接受开发性培训，学习新技术，工作时可以运用新的技术。

员工培训方面，戴尔的做法很受欢迎。为了向员工提供学习和增长专业知

① 陈广：《戴尔直销攻略》，南方日报出版社 2005 年版，第 170 页。

识的机会，戴尔提供持续不断的培训计划，使有才能的人在他们的领域中能够保持领先，并使他们在戴尔有成就感。①

戴尔结合中国技术人才知识单一的特点加强多方面培训，不仅提供产品知识培训，还进行长期营销培训，培训形式也多种多样。

戴尔将直销模式带入中国，还将企业文化、管理模 139 式带入中国，为中国市场带来新的营销理念，并培养了一批本土直销人才，中国企业借此了解国外先进的技术及人才培养模式。

① 陈广：《戴尔直销攻略》，南方日报出版社 2005 年版，第 170 页。

三星世界，邀请每一个人

——三星移动电话品牌国际化发展策略解析

案例简介

三星集团成立于1938年，是韩国最大的企业集团，包括26个下属公司及若干其他法人机构，在70个国家和地区设立近300个法人及办事处，员工总数19.6万人，业务涉及电子、金融、机械、化学等领域。集团旗下3家企业进入美国《财富》杂志2003年世界500强行列，其中，三星电子排名第59位，三星物产排名第115位，三星生命排名第236位。2003年，三星集团营业额约965亿美元，品牌价值高达108.5亿美元，在世界百大品牌中排名第25位，连续两年成为成长最快的品牌。三星电子在2003年《商业周刊》IT百强中排名第三，成为行业领跑者，其影响力已经超越很多业内传统巨头。

三星电子建立于1969年，试图推动三星集团的发展。20世纪60年代，电子产业前景看好，但韩国企业都不拥有高新技术。1983年，三星集团进入移动通信行业，40个来自无线电话部门及传真机部门的工程师组成了无线发展团体，开始了三星移动的创业。三星移动的发展经历了四个重要的时期。

(1)1984—1993年，起步阶段。三星移动的工程师们从一部日本手机的粗略图片开始研究，他们无数次地拆分和重组日本汽车手机来了解移动电话。1986年，三星发布第一款植入式的汽车电话(SC—100)，但手机质量遭到许多消

执笔：徐冬杰。

费者的投诉，第一次尝试失败，三星只好把工程师的数量由 40 消减到 10。无线发展团队面临继续或者停止移动电话业务的艰难抉择。无线发展团队最终决定坚持下去，并斥资购买了 10 部摩托罗拉手机作为样本。1988 年，三星研发出自己的移动电话(SH—100)，这也是韩国自主设计和生产的第一部手机。但消费者更青睐摩托罗拉，三星手机无法打破消费者的偏见。三星每年都会推出新机型，但每款只能销售一两千部，销售业绩令人失望，三星的高层开始动摇，有人主张放弃手机。90 年代早期，世界范围内移动通讯市场增长迅速，市场新进者不断涌入，在韩国市场，摩托罗拉占据 60%～70%的份额，三星只有 10%。三星移动通讯的工程师们在期望中坚持。

(2)1993—1996 年，转变期。1993 年，一个重大事件促成三星的突破。一个周末，一个三星员工爬山时看到别人使用摩托罗拉手机，也随手试用自己的三星手机，三星手机无法接通，这使他意识到，手机的连通性十分重要。在山区，无线电波没有在平原传递得那么远，而韩国国土的三分之二以上是山地，三星决定集中精力提高手机的连通性。他们找到合适的电话天线长度，并设法大幅度减少阻力增加信号连接稳定性，他们还研发了适用于韩国地形的电波搜寻软件。

与此同时，另一个事件触发了三星移动通讯业务的改革。1993 年 6 月，三星在东京开会，高级执行官和顾问们围绕未来的发展进行讨论。会议结束不久，日本顾问提交了题为“管理和设计”的报告，批评三星设计执行上的问题并提出建议。这个报告就是所谓的“Fukuda 报告”，该报告促使三星重新考虑经营管理。1993 年 6 月，三星召集 200 名执行官，指出三星品牌中存在的所有问题，号召实施新的经营管理，要求执行官门“变革所有的东西，除了你的妻子和孩子”，移动通讯部门接到最后通牒“到 1994 年我们就要生产出能够与摩托罗拉相媲美的手机，要不然三星就退出移动通讯市场”。在这个背景下，三星研发部门不断实验，跑遍国内所有的山地，测量手机的连通性。1993，三星生产新机型(SH—700)，新产品能够承担 870 公斤的压力，而重量却轻于其他所有机型，连通性也很好。新机型每个产品出厂前都要经过检验，问题手机会被当众烧毁。这种仪式突出了“质量为骄傲”信条，把新的经营管理方式植入雇员心中。

(3)1996—1998 年，CDMA 时代先锋。韩国的 CDMA 始于 1996 年 4 月，主要电信运营商是 SK 电信和 Shinsegi 电信(2000 年，SK 电信并入 Shinsegi)。1997 年 10 月，增加 3 个新 PCS(个人通讯服务)运营商。1996 年 3 月，三星研发出第一款 CDMA 手机(SCH—100)，该手机融入特别的光亮设计和更细长的机型设计。不久，三星又进入 PCS(个人通讯服务)市场，生产出的 SCH—1100 拥有超轻机身、增长电池寿命，能获取细小声音，很好地满足了年轻消费者的需要。到 1997 年底，三星手机占据了 CDMA 市场的 57%，PCS 市场的 58%。

(4)1998— ，全球化大发展时期。1996 年，三星在国际市场斩获颇多，三星的 PCS 手机成功进入美国市场，三星与美国 CDMA 手机的运营商 Sprin 签订 6 亿美元的合同，三星将在 3 年内为 Sprint 提供 PCS 手机，使用“Sprint-Samsung”联合品牌。三星与 Sprint 的工程师合作研制适用于 Sprint 网络的手机，取得成功。1997 年，三星进入香港市场，1998 年，进入巴西市场。1998 年，三星在巴西建立工厂生产手机，进一步拓展拉丁美洲市场。1999 年，三星已经占据国际 CDMA 市场 50％的市场份额。但国际市场上，GSM 市场占有率远高于 CDMA，为了进一步成长，三星又开始进攻 GSM 市场。在 GSM 市场上，三星为欧洲市场研制了许多新机型，采取高端市场定位，三星的市场份额不断增长。在中国，三星手机也占领了高端市场。由于快速增长，三星两次获得“最佳生产商”荣誉，以往这些奖项都非诺基亚和爱立信莫属。

在几年时间里，三星发展速度惊人，取得骄人业绩。将 CDMA 和 GSM 市场份额联合起来计算，2002 年，三星在移动电话的国际市场中排名第四，2003 年，三星的单位产品销售第三，总收入第二。

几年前，三星还只是索尼的备用品牌，消费者认为它是一个依靠复制竞品中低端产品生存的便宜电视机和录像机制造者。短短几年，三星发展成引领科技前沿的高端品牌，产品远销 60 多个国家和地区，成功进入美国市场，被人们当作范本。像许多中国品牌一样，三星也一度使用联合品牌策略打开国际市场，但它做得更强更大，更有特色。

案例分析

三星成功走出本土，发展成跨国企业。瞄准本土地形特征和消费者需求，打造“强于韩国独特地形”的手机并开展强有力的品牌推广活动，占领本土市场。在此基础上，向国际市场进发，通过联合品牌策略进入美国市场，在美国市场取得成功后，向其他市场渗透。这是三星的成功经验。一方面凭借雄厚的研发能力和创新性的产品设计，一方面凭借本土化的市场发展策略和体育营销(尤其是奥运营销)，一步步打造自己前沿、高端的电子产品生产商形象。这也是三星的成功经验。

一、打造强有力的国家品牌

三星手机在国内市场的成功与其准确的市场定位密切相关。在韩国国内市场上，摩托罗拉占有绝对的市场优势，三星从韩国本土多山的地形出发，开发“强于韩国独特地形”的高质产品，有效地将自己与摩托罗拉等只在平地进行试验的品牌区分开，建立了鲜明的品牌定位。成功的定位是卓有成效的品牌营销的基础。

(1)引入新的品牌名称，改变消费者的认识。1994 年 10 月，三星 SH—770 机型导入“Anycall”品牌。该机型是加固版的 SH—700，改进了设计和质量。三星希望这个新品牌能改变消费者对三星移动通讯产品的印象并建立品牌信任。

(2)开展强有力的广告营销。三星早期市场营销的目标是打破消费者对三星手机质量次于摩托罗拉手机的观念。为了推介三星手机，三星打出“强于韩国独特地形”的广告语，试图说服消费者，三星手机最适合韩国，适合韩国多山地形。三星的广告强调，国外产品多在平地进行检验，而不是山地。三星开展名为“Cheon—wang bong(Mt. Chen—wang)Project”的市场营销活动，在著名的山地和岛屿举行免费试用活动。试用活动在节假日开展，邀请许多名人参加，其广告也邀请那些受人尊敬的著名演员代言。这样，三星将品牌和优质、品牌的可信度和爱国精神紧密联系了起来。

(3)重视和产品分销人员建立关系。消费者的选择受销售中介产品推介的影响，所以，三星十分注重与分销人员建立良好关系。三星邀请 3 000 个分销商到韩国参加新产品推介活动，向其赠送东方养生用品。为了取得中介的信任，三星还实施了中介提名，分销商可以测试手机质量并决定三星报纸广告中应使用的名称和图片。

(4)与消费者建立广泛而友好的关系。作为日常使用的耐用消费品，消费者的推荐十分重要，三星重视消费者的反馈，也擅长利用消费者的有利意见来进行宣传。三星的消费者经常反映的消费体验。有消费者说，三星手机在车压过后还能正常工作；有消费者说，三星手机救了他的命，因为手机在燃毁一半的情况下，还能拨通消防部门的电话。这些反馈故事应用于广告中，提高了三星产品在消费者心目中的形象。消费者的推荐推动了三星的品牌建设。

受营销活动的刺激，三星手机在韩国的市场份额由 1994 年 10 月的 25.8%增长到 1995 年 8 月的 51.5%。同期摩托罗拉的市场份额由 52.5%下降到 42.1%。

二、品牌的国际化发展策略

1. 广告营销将全球化策略和本土化策略相结合

经济全球化包括全球化的市场营销战略，企业应制定统一计划，以同样的方式在全球销售产品。广告全球化指在世界各地市场使用一致的广告传播方式，实现全球市场营销战略。这种全球化广告给国际资本带来明显利益:取得了迅速扩展生产和分销渠道的规模经济效应;减少了实现市场规划和控制目标所需的营销和广告成本;降低了广告制作成本;提高了在各地市场上迅速推广其产品概念的能力;树立国际性品牌和企业形象。

在广告国际化的同时还存在本土化的问题,本土化与民族文化的认同相关联。而广告本土化的理论支点是:各国有自己独特的文化,国际品牌在进入一个国家和地区进行广告表现和传播时,其广告策略、表现方式、品牌形象等要为迎合当地的文化传统特性和审美口味而采取差异化的策略。可见,品牌国际化发展的过程中必然面对着品牌国际化和本土化发展的问题,两者缺一不可,三星移动通讯在这方面为我们做出表率。

(1)整合全球广告资源,打造世界高端品牌。三星巧妙的市场营销策略有效地提升三星的品牌形象(从低端产品的生产商到全球电子技术的领军者)。为开展有效的全球营销活动和品牌建设战略,三星建立了一个新的组织来整合其全球的营销活动。原来在 IBM 工作的 Eric B Kim 被国际营销部门聘用,他的一个重大决定就是停止所有现存于 55 个广告公司的合同,并和 FCB 全球广告公司签订 4 亿美元的合同来帮助三星建立一个高端品牌形象。在 2002 年三星花费了大概 4 亿美元打造一个新的营销活动来推出三星全新的形象。在这个广告活动中三星简单地陈述自己是"DigitAll"并且"everyone is invited",根据 Kim 的说法"数码电视、音频和视频是宇宙的中心"。为了推出这个广告活动,三星打造了"通常十分引人注目的广告例如将一个十分时髦的女性面部涂满蓝色化妆品,手上涂上黄色指甲油然后装扮上鸵鸟的羽毛放置在一个电视显示屏的旁边"。整个活动还包括一个这样的广告,该广告展现出一个超现实的梦幻世界,这个世界里各种三星产品和性感的、天使般的模特聚居在一起。"数码世界,邀请每一个人"(DigitAll,everyone is invited)的广告语在广告中显著出来,强调出三星邀请所有的消费者在他们的生活中使用自己产品的理念。通过"DigitAll"活动,三星彻底的将自己浸入革新性的市场营销技巧之中,这些包括"运动搭卖方式、产品植入和联合促销等等。"

(2)在国际市场拓展的具体策略中,三星十分注重本土化策略的运用。三星十分注重设计理念的本土化。三星为欧洲消费者制作第一款机型为 SGH—200 并没有很好的吸引欧洲消费者,他们的发展团队认识到只是简单改变线路系统,无法在欧洲市场上奏效。他们更加紧密地关注消费者的需求,他们发现欧洲消费者喜欢几何式的、平衡性的并且简洁的设计。利用这些信息,三星使用"简洁"作为其设计概念,发展新的设计来适合欧洲人的口味。

三星的营销战略更是体现了本土化的特征。在德国,三星发现德国移动电话的提供商主要是围绕他们所提供的内容进行不断的竞争，为此他发起了一个名为"快乐团体(funclub)"的网络社区，该社区不但增强了消费者对三星的喜爱，而且增强了三星和服务商之间的关系。通过"快乐团体"这个社区的讨论，三星证明将一些流行的服务方式运用于手机当中是可行的。在法国，三星试图通过文化营销的方式将技术和文化联系起来。在2001年5月，三星在Guime博物馆举办了一个名为"三星，与文化并行"的展览会。在该展览会中三星展示了自己的产品。对于一个著名的法国博物馆来说，展出一个公司的产品而不是历史遗迹无疑是一个新鲜的尝试，同时在展览会上法国的艺术家还被邀请参加公司的新产品推介会。

在中国，三星的整体市场份额居第三位，而高端市场却占据了50%的市场份额。特别是在中国的CDMA市场，2003年三星击败了摩托罗拉在中国占据市场份额第一的位置。2005年初，中国三星朴根熙社长自上任伊始，就曾对中国媒体表示"中国是三星重要的全球战略伙伴，达成在中国建设'第二个三星'的目标，取决于我们能否成为优秀的'受中国人民爱戴的，贡献于中国社会'的企业"。成为"受中国人民爱戴的，贡献于中国社会"的企业发展战略，体现了三星根植中国的长期战略主线。在这一理念的指导下，围绕2008北京奥运会，三星制定了切实、充分的奥运赞助和支持计划。作为国际奥委会TOP赞助商，三星自2002年开始每年向北京奥运会青少年培养基金捐款100万元，用以支持北京奥运会。在2008北京奥运会"绿色奥运、科技奥运、人文奥运"三大理念下，三星还正在或即将向北京市政府和北京奥组委提供一系列的密切合作与支持。三星既是无线电通讯设备领域的奥林匹克TOP赞助商，又是无线终端机、CD－M A通信系统、软件等领域的先导企业，担负着实现北京奥运会"科技奥运"的使命。2006年，以"人文奥运"为主题的"三星电子杯"迎奥运长跑节将在中国的北京、天津、成都、沈阳、深圳(广州)、苏州等城市陆续展开，时间持续到2007年年初。不仅如此，三星连续两年赞助韩国前任驻华大使权丙铉推动的"中韩友谊林植树活动"，并就"绿色奥运"事宜与政府有关部门构建支援与合作关系。此外，为深入实施本土化策略，中国三星大力投入社会公益事业，并成立了"中国三星社会公益团"。在履行企业公民责任、参与公益事业时，三星非常注意与中国政府的国家战略同步。其实，尹钟龙是中国的老朋友了，自从2000年以来，他曾十几次来到中国，也是访华次数最多的跨国企业CEO之一。更令人称道的是，尹钟龙总裁几乎走遍了中国各个区域的主要城市，所到之处，当地大型IT、家电卖场，都留下了这位国际商界巨子风尘仆仆的踪影和热切专注的神情。在2008北京奥运会临近之际，尹钟龙访问北京，并与北京奥组委高层进行工作沟通，推动三星奥运营销战略实施。有理由相信，三星在2008奥运营销中的表现，将为许多谋求在奥运营销中大展身手的中国企业提供极有价值的借鉴。

2. 善用体育赞助策略

近年来，公司的赞助活动成为市场营销组合中越来越重要的因素，许多国际性的赛事也成为公司们赞助的焦点。例如 1996 年的亚特兰大奥运会就迎来了 200 万观光者，与此同时还得到全球电视观众的关注。拥有如此广泛的受众曝光率，再加上整个奥运活动的正面形象，奥运会为公司们提供了一个增强新老产品认知和塑造企业良好公民形象的重要机会。当然我们要考虑奥运赞助及其相关营销活动的成本，在处理好各种关系的基础上使得奥运营销为企业良好形象的建设发挥应有的作用。三星可谓体育赞助特别是奥运赞助活动的行家，而奥运会官方赞助商的形象也在三星整个国际品牌战略中发挥了举足轻重的作用。

(1)三星的最主要的国际化的品牌策略便是奥运会赞助策略。从 1996 年开始三星便成为亚特兰大奥运会的一个非官方赞助商。而在同一年由于 Kun Hee Lee 被选举成为国际奥林匹克委员会成员，这样三星得到了一个加入奥林匹克合作伙伴(TOP)的机会。奥委会提议要三星做奥林匹克家电品类的赞助商，而三星认为家用电器的赞助活动不足以强化三星的科技优势，他们想利用这样的一个机会塑造自己高科技水平的形象。于是三星着眼于自己移动通讯品类的产品的营销并且相信通过奥运赞助的方式，可以摆脱它作为低端家庭用品生产商的形象，并将自己提升为高科技移动通讯公司。为了赢得赞助商地位的合同，三星将自己的市场营销资源集中到移动电话的业务中来。从 1988 年以地区性赞助商身份参与首尔奥运会，到 1998 年日本长野冬奥会上的无线通讯设备领域的全球合作伙伴身份，再到 2000 年的悉尼奥运会、2002 年盐湖城冬季奥运会、2004 年雅典奥运会、2006 年的都灵冬季奥运会以及日渐临近的 2008 年北京奥运会。在过去的 20 多年时间里，三星一直在为奥运会、亚运会等多种世界范围的体育盛会提供赞助。

除了奥运 TOP 赞助计划，三星还持续赞助了悉尼、雅典以及都灵冬奥会的火炬传递活动，并在全球开展火炬手的选拔。在 2006 都灵冬奥会火炬接力中，深受我国公众喜爱的舞蹈艺术家邰丽华、素有“冰上蝴蝶”之称的陈露等体育明星以及全国各地选拔出来的数十名优秀选手，作为三星电子中国区火炬手参加了冬奥圣火的传递。另外，自 2000 年悉尼奥运会开始，三星推出了“相约奥林匹克计划”，获得了巨大成功之后，这个项目一直得到延续，在奥运会期间的影响也日益扩大，深受全世界参观奥运会体育迷的喜爱。

成功地实施奥运营销战略，使得三星品牌获得了快速而显著的提升。根据 2004 年雅典奥运会时对三星进行的一次调查显示，雅典奥运会后，三星品牌以下指标有了显著提高：好感度提升了 7%，第一提及知名度提升了 6%，未提示知名度提升了5%，购买欲提升了5%。国际权威机构 inter brand 调查数据显示，2001年三星品牌价值64亿美元，排名世界第42位；2002年盐湖城冬奥会后，三星品牌价值达到83亿美元，排名提前8位；2003年三星品牌价值攀升为108亿美元，排名第25位；2004年8月，三星品牌价值已达125.5亿美元，世界排名第21位；到2005年，三星品牌价值149亿美元，世界排名第20位，以5年来增长186%的业绩名列前茅，被 Inter brand 评价为发展最为迅速的品牌之一。

(2)除奥运赞助外，三星还赞助全球范围内的其他体育赛事和一部分运动员，活跃于运动市场上。三星主办了数场马术赛，例如联邦国际马术赛、三星国家杯，还在法国举办三星超级联盟等等。同时三星世界高尔夫赛赞助商的地位同样也有利于他全球品牌形象的建设。三星认为一个伟大的高尔夫手可以增强主办商的品牌价值和声誉，所以他决心赞助 Seri Park，因为她的球手生涯是在美国起步的，同时三星还成为女子职业高尔夫协会的官方赞助单位。

三星与 Sina、Sohu、Tom 三大网络媒体强强联手打造的网络整合营销三重奏。

世界杯是全球最大的单一体育赛会，其影响力可与奥运会媲美，2006年世界杯期间，预计有360万人到场观看，全球观众将超过40亿。面对如此巨大的市场，三星曾经借助奥运平台迅速成长为国际化品牌，顺理成章地利用网络整合营销参与这一体育营销盛事。三星认为，世界杯目标受众的共同点是关注资讯内容、乐于参与互动活动，这是世界杯营销的核心。为了将世界杯营销发挥到极致，三星整合内部资源和外部资源，对内，整合IT、数码、家电及通讯等产品线的优势资源；对外，充分利用 Sina、Sohu、TOM 三个中文门户网站的优势资源，资讯包装、视频包装、网络广告、互动活动多种手段全面出击，接触网络世界杯的目标受众。有效的营销使三星的品牌形象充满激情、富有创造力，产品形象也兼具时尚外观、人性化功能、顶尖技术水平。

3. 电影产业，国际化

电影在三星品牌营销的过程中也扮演很重要的角色。三星将他们的许多产品例如监控器、电视、手机等放置到一些好莱坞电影及流行的电影中进行展示。特别是与《黑客帝国》这部影片的完美结合，大大推进三星国际高端产品的形象建设。

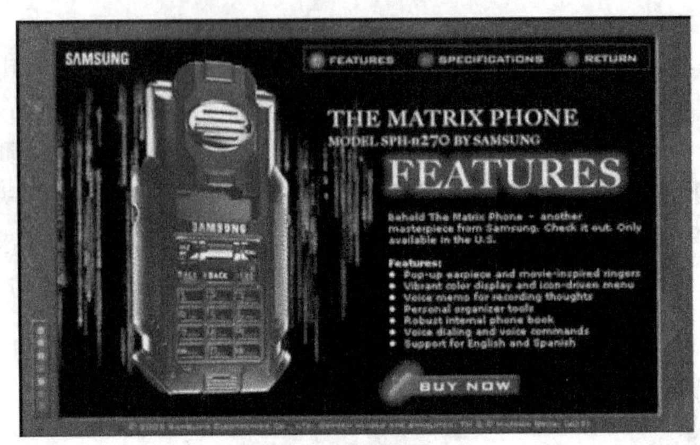

三星 Matrix 黑客手机

2002 年华纳兄弟好莱坞制作公司制作电影“Matrix（黑色帝国重装上阵）”，要求世界上三个顶级的移动电话生产商诺基亚、摩托罗拉和三星研发一款新的矩阵式手机，工作室的人员还特别指出这款手机必须具有很高的实用性、它的设计要独特并且要适合于矩阵的观念。这是一个很具有挑战性的设计和工程任务。三星的工程师和设计人员苦干六个月的时间才拿出机子的原形。最终华纳兄弟放弃了在黑色帝国第一个系列中使用的诺基亚手机，而选择了三星。三星手机出现在电影的结局部分，并且随即便售出 500 部手机。电影的大范围流行，使得三星的矩阵式手机得到广泛的关注和赞誉。三星也围绕影片开展了一系列的市场推广活动包括为黑客帝国之重装上阵几度身定做手机，将“黑客”手机赠送给收藏家，在黑客帝国影片 DVD 中插放三星黑客帝国手机的广告，以及在“进入客帝国”的在线游戏中放置三星的标志。与此同时，三星还在电视、报刊和网络上刊登广告，并开展了针对消费者和经销商的促销活动以及相应的公关活动。通过这一系列的活动有效地提升了三星的品牌价值和产品销售。这样连同当年黑客帝国电影本身所做的极具煽动力的广告活动和三星自身的联合营销活动，三星的品牌价值得到了大大增强。

2003 年，三星 DigitAll 黑客帝国市场营销项目赢得了“Super Reggie Award”殊荣，此奖项只授予当年世界最佳市场营销项目，三星电子同时还获得单项金奖，这是市场推广营销行业针对国际消费者推广方面最权威的奖项。Reggie奖与电影行业的学院奖和广告行业的戛纳广告节齐名。2002年的获奖者为宝马影片公司，2003年的获奖者分别为宝马公司，其营销推广项目的合作影片为007系列片黄金眼；M&M's公司和奔驰公司，其营销推广项目的合作影片为黑衣人II。三星电子的DigitAll黑客帝国市场营销项目与去年轰动全球的黑客帝国影片一起在全球同步开展，被评为最佳全球市场营销项目。这是三星电子进入娱乐营销领域的第一次大型市场推广活动，初次涉足这一领域便能获得两项殊荣对三星电子来讲具有历史性的意义。

三、品牌核心竞争力的打造

没有好的产品和设计为支撑，再好的品牌和营销策略也是无能为力的。三星品牌的发展也不例外。三星电子一直坚持在产品和设计创新上下功夫，并且把大量的资金投入到产品的研发之中，一步步打造自己鲜明的品牌核心竞争力。

1. 创新性的设计和产品

三星成功的一个很重要的因素就是他们创新性的设计和产品功能。公司研发了独具特色且受使用者喜爱的设计，这些设计统一到其创新性的产品观念之中，打造了许多世界一级的移动电话。

1996年"Fukuda报告"的发布使得三星的CEO重新认识到设计的问题，他们随即发出声明将1996年定义为"世纪变革的一年"。该声明的目的是要重新配置三星的设计功能，并把它作为公司产品和市场营销战略的核心支撑功能。同时，三星的设计与三星的品牌战略和公司品牌识别的建设紧密地联系在了一起。到2001年，三星的设计部门得到加强，成立了设计管理中心，并且受CEO的直接管辖，这样这一新发现的重点功能设计功能终于被建设到组织结构中来。与此同时一个新的执行位置CDO(Chief Design Officer)被确立下来，从此，设计人员与研发人员一样从头至尾地加入到整个产品的研发过程中。三星还建立了一个全球的设计网络，建立了四个国外设计中心，分别在旧金山、洛杉矶、伦敦和东京，这些国外的设计中心在保持三星持续一致的品牌识别的基础上负责国际市场客户化设计的研发。

三星的设计历程中引入了一些独特的设计特征，这些都将他的产品与其他品牌的产品很明显地区分开来。在其早期的努力中，他们改变了手机中发送键和结束键的位置。原来这两个键都是位于手机较低的边侧，这十分不便利，使用者要一只手握住手机，用另一只手按发送或者结束键。三星调整了键盘位置，将它们放置在显示屏下方，使用者只用一只手就可完成任务。三星还推动了翻盖手机的发展，并且是翻盖双屏手机的第一个设计者。与此同时三星的 Smart—Phone（内置辅助个人工作的数字工具，主要提供记事、通讯录、名片交换及行程安排等功能），MP3 手机（内置 MP3 播放器）和手表式手机（可佩带于人的手腕处）都是世界同类产品的首批推出者。三星的许多原创性的设计已经表明了三星在设计方面的优势。三星曾多次获得行业设计优秀奖，2004 年还有七项产品，包括一个 PDA 手机还有两个移动电话，获得"If Design Award 2004"，该奖励是欧洲最享有声望的设计奖之一。

这家韩国巨头企业创造出一些世界上最炫、最酷的电子产品。现在它正改头换面，意欲更上一层楼

2. 三星产品的全球研发

2003 年，三星投入 30 亿美元，即他们总收入的 8%，进行产品的研发。同年他们获得了 1 313 个美国专利，在世界所有获得美国专利奖项的得主中排名第 11。同时，三星有大概 119 700 个研究人员在研发部门工作，他们的研究人员占到总员工数的 34%。我们看到，每一年三星研发部门的工程师们都会研发出约 100 项新的技术。在移动通讯行业，三星从 1998 年起已经在韩国申请了 12 000 个专利，在海外申请了 25 000 个专利。现在研发部门的重点是发展第四代通讯科技的标准和移动网络。我们期待着三星的研发部门给我们带来更多的意想不到的惊喜。

结　语

随着三星在市场中的不断晋级，他们所面对的挑战也不断加剧. 现在他们在进一步创新自己的技术和提升自己的品牌和消费者的关系将越来越复杂。"当你面对像微软、索尼和诺基亚这样的竞争对手时，放松可不是一个选择"，但是，三星懂得这些，其整体公司文化非常热情，这是三星电子成功的秘诀，其经营管理也成功跨越逆境。

自 1938 年建立以来，三星就将工作职能界定为不断回应世界和消费者的变化。作为一个全球性的企业，三星已经在北美、南美、亚洲、欧洲、非洲和澳洲的 60 多个国家开展业务。三星具有拓展新的国际市场方面的显著创造力。2002 年，三星在伦敦的希斯罗机场举办了一个"全数码享受"的互动展示，每天吸引数以千计的游客，其进入美国市场的成功案例被人们当作范本来学习。我们不会忘记，三星的每一个广告语都代表着他发展历程中的重大时刻，同时也显示了三星从一个本土产业的领导者到全球消费电子产品引领者的不同阶段。今天，三星作为"世界上发展速度最快的品牌，他的品牌价值自 1999 年以不止 2 倍的增值达到 83 亿美元"。我们期待着他们创造更辉煌的未来。

宝马给公众带来一个品牌，而不仅仅是一个产品，品牌的货真价实和始终如一构成宝马的精髓。宝马集团是世界上最成功和效益最好的汽车制造商之一，明确的高档品牌战略是其长期高举的一面旗帜。

随着 2003 年 1 月 1 日起对劳斯莱斯品牌的接管和新劳斯莱斯落户，宝马集团拥有了三大品牌：宝马(BMW)、MINI 和劳斯莱斯(Rolls—Royce)。这些品牌分别处在从小型车到顶极豪华车各细分市场的高端。

目前，宝马品牌车型包括：1 系列、3 系列、5 系列、6 系列、7 系列、X 系列、Z 系列、M 系列。2005 年后，宝马致力于推出两个全新独立车型系列。在中国最具价值的品牌调查中，宝马连续三年名列第一。

宝马在德国、美国、南非、英国、奥地利、巴西、墨西哥、泰国、埃及、印度尼西亚、马来西亚、俄罗斯、越南及中国等 15 个国家设有 23 个生产厂和组装厂。

“按标溯源”是认识汽车的捷径，宝马的故事明明白白地写在标志之上。蓝白相间的四片扇页组成的圆形标志，就像高速旋转的螺旋桨在蓝天白云的背景上划过所形成的图案。这寓示，宝马从生产飞机发动机起步。

1916 年，慕尼黑·拉普发动机制造有限公司和古斯塔夫·奥托飞机发动机

执笔：闫琰。

制造厂两家公司合并成立宝马，[1]生产飞机发动机，随后生产摩托车发动机。1928年，兼并一家小公司后，宝马开始生产汽车，使用宝马牌号，其中一款跑车赢得1929年阿尔卑斯杯团体奖和1930年蒙特洛特拉力赛大奖。1934年，首辆装有排量为975毫升、功率为14.7千瓦的发动机的AM4旅行车下线。

宝马汽车的标志

1933年，弗里茨·菲德勒担任宝马的总工程师，负责研制首台六缸发动机，并于同年装配在303型轿车上，接着一系列的跑车陆续登场，其中最著名的是1936年生产的328型跑轿车，第二次世界大战爆发前夕，宝马又生产了3 485毫升的335型汽车，1952年，501型轿车的面世标志着宝马汽车恢复生产，该车是在326型轿车的基础上研制成功的。1954年，502型轿车投放市场，该车安装了排量为2 580毫升、功率为73.5千瓦的V8发动机。

1959年，宝马濒临破产，采取的第一个补救措施是获准生产意大利Isetto轿车，这是一款1955年到1962年间获得极大成功的小型敞篷车。1959年，随着700型轿车的亮相，宝马实现复兴。1962年，宝马的2000型四门车和2002型双门车的生产和销售都取得成功，宝马牢牢树立起自己的国际地位。

从1970年开始，宝马进入现代化，形成3条基本生产线；1972年建成3系列生产线；1975年建成5系列生产线；还有7系列生产线，生产众多声名显赫的六缸轿车，从中又发展出6系列轿车。1983年，慕尼黑的宝马斯泰尔发动机有限公司和宝马奥地利分公司合作开发了增压式柴油发动机。1963年，宝马的汽车总量是14万辆，1983年，达到41万辆。

90年代以来，宝马蒸蒸日上。1990年推出850i，1991年的全新3系列，为宝马的第一个75年缔造了耀眼的里程碑。作为国际汽车市场上的重要成

---

① 李京生、张文杰:《宝马》，电子工业出版社2005年版，第30页。

员，宝马相当活跃，业务遍布120个国家。1997年，宝马生产各种车辆120万辆。1998年以来，宝马的销售量平均每年增长15%，宝马进入事业兴盛时期：欧宝和福特购买宝马的6缸发动机及电子设备，还与其共同研发航空发动机；1994年，宝马收购了英国罗孚汽车公司；1998年，宝马又购得了劳斯莱斯汽车品牌；宝马在美国南卡罗来纳州的新厂也落成投产，这是在美国的第一家外国高档汽车。

多年来，宝马一直享受着令人忌妒的高利润率，据2003年的数据统计，尽管宝马研发费用增长了53%，资本投资增长75%，但宝马2003年的净利润仍上升了8.3%，达到23.6亿美元。尽管本田这样的公司拥有比宝马高的生产效率和质量标准，但它们始终无法创造出一款拥有宝马这样利润率的产品。生产率和质量是汽车工业调查报告重视的数据，但宝马在其他三个重要方面拥有难以逾越的优势：高赢利率；长期得到媒体好评；拥有清晰且具有延续性的品牌形象。

按照流行音乐的说法，把汽车也分为偶像派和实力派，宝马应该是实力派。2002年7月，《财富》杂志评价宝马时用的标题是：最适合驾驭的品牌！2003年春季，《财富》杂志将宝马列为"全球最值得尊敬的公司"的第12名，宝马在"创新"和"员工能力"两个方面超过丰田。2002年，Automotive News和普华永道将宝马评为最佳投资价值公司。

案例分析

打造终极品牌

宝马是一棵大树，宝马的产品策略及营销策略就是树根，树根向下伸展得越深越广，树上的果实品牌也就越丰富。宝马直接走近市场与消费者接触，使品牌以最佳形象进入消费者心目中。

宝马的品牌可用"货真价实"和"始终如一"来评价。货真价实，因为宝马从不制造失败的产品；"始终如一"，宝马一直以重视品牌形象著称，始终如一地阐述着自己"品质、效率和专业化"的品牌特征。

产品策略

1. 卓越的产品性能

消费者购买坐骑，首先考虑安全性能，没有人拿生命做赌注。宝马制造高质量、高性能和高技术含量的汽车，汽车产量不高，但享有和奔驰同等的声誉。宝马汽车的加速性能和高速性能在汽车界数一数二，各国警方挑选警车时首选宝马。

早在20世纪70年代，宝马的工程师们就全力研究交通事故，不只为了减少受伤人数，也想通过改善汽车内的相应系统以防患于未然。从1976年开始，事故调查成为宝马重要的研究工作。20多年来，宝马的交通事故研究部门对1 500起事故进行了深入分析和模拟实验，为研发部门提高汽车安全性能提供了重要的参考资料。作为该方面突出的成就，"巴伐利亚香肠"宝马ITS头部安全气囊为遭侧部碰撞的驾驶员提供有力的保护。

通过对事故进行深入研究，宝马的事故研究人员在开发主动性和被动性安全系统方面起到关键作用，这令宝马名声大增，更巩固其"世界名车"的首席地位。

2. 强劲的市场攻势

宝马不惜血本，大刀阔斧地攻占产品市场。宝马在大量范围里进行投资，用以支持其强劲的产品和市场攻势。仅2001年，宝马就投资34亿欧元以扩充工厂，6年内，宝马计划陆续投资160亿欧元完成这一计划，宝马还投资100亿欧元用于产品开发。宝马称这种活动为"尝试风险"，但不等于盲目的匹夫之勇。宝马推崇的是充分评估，在接受挑战之前，掌握情报，尽可能了解各种变通之道与替代方案，以增加对失败的控制力。鼓励创新，也接受失败。

大规模、大手笔的巨额投资，使宝马以"贵族"身份在市场上占据举足轻重的地位，其利润也理所当然地随投资额成正比例飞速上升。

3. 扩充产品组合

宝马汽车种类繁多，从较小型、时髦的3系列到提供安全舒适空间的5系列，再发展适合高级人员的7系列房车，直到独特优雅的8系列双门跑车，所有车系都具备宝马汽车惯有的优雅风格、潜在的动力、高品质做工及无与伦比的安全性能。

为了使汽车成为豪华车里名副其实的"武林霸主"，宝马大胆举措，大规模快速扩充产品组合。按计划，到2008年，宝马豪华车的销量要增长40%，达到140万辆，超过奔驰。

每三个月，宝马就推出一种新车型或改进车型。新型车有助于宝马超过对手，这可以适应消费者不断变化的口味，大量的新车型能满足市场的需求，满足消费者的期望。在2003年的美国市场上，宝马暂时领先奔驰，甚至超过丰田的凌志，与20世纪90年代初相比，这已经是宝马的一大飞跃。

品牌营销策略

著名的汽车公司都通过别具匠心的方式让自己声名鹊起。奥兹莫比尔有名，是因为几十年中保持了漂亮的造型、前进的动力及优秀的性能；凯迪拉克有名，是因为几十年中保持了良好的声望、舒适奢侈及庞大发动机；大众有名，是因为在几十年中保持便宜、可靠、值得信赖，同时兼有德国人在工程上的禀赋，通过外形设计传递个性；福特有名，是因为给人质量可靠的轿车，同时使每个家庭都负担得起；梅赛德斯有名，凭借的是卓越的技术、质量和声誉；劳斯莱斯无疑是终极汽车，技术造诣和工艺的精巧都无与伦比。这些汽车品牌，宣传口号每年一变，不断重新定义品牌，设计和开发产品的出发点完全不源自品牌。

宝马却坚持建立品牌标识，以标识为旗舰，将品牌融会贯通到所有的产品和流程之中，使品牌和产品互相依赖、相得益彰，共同发展，这是宝马比其他汽车公司更卓越的地方。

1. 别出心裁的品牌定位

"最完美的驾驶工具"是宝马别出心裁的品牌定位，这个诉求结合三大要素：设计、动力与科技，塑造了宝马"尊贵、年轻、活力"的形象，以此与奔驰的"尊贵、传统、豪华"区分。宝马所有的传播沟通策略至少以其中一项为主题，每一个要素的定义都特别考虑宝马的顾客群。

宝马的品牌定位，巧妙地绕过了奔驰这一强劲对手。通过区别旧与新，使宝马从其他厂牌中分离出来，全力吸引新一代。较之其他的汽车品牌车主，宝马的车主非常容易辨认：他们挑剔地购买和穿戴品牌；年轻或者心理年轻；在生活和事业中充满活力。宝马致力于吸引那些内心渴望和宝马的核心价值相契合的消费者，向他们提供运动的快感。对于那些追求尺寸、可靠性、内部空间及价格等因素的消费者，宝马将其拱手让给其他汽车制造商。这使宝马成为全球汽车业内最值得尊敬的品牌，也使其拥有业内最高的年利润率。

2. 促销多样化

和其他品牌不同，宝马倡导生活体验、生存哲学和生活方式，体现年轻、有活力的生存状态。宝马不仅是交通工具，还包容其他内容：服装、体育、车会……各方面有声有色。

(1)时装秀。宝马经常举办时装秀配合品牌促销，此举在营销品牌文化、阐释品牌精神方面的意义远远大于商业利益。首次在中国举办试车活动时，宝马就结合时装秀：服装、眼镜、领带、笔甚至化妆盒通过这些时尚产品与宝马紧密相连，共同诠释出完整的宝马世界：华贵同时也是亲近的。

(2)汽车运动。推出新车型时，为了避免王婆卖瓜之嫌，经销商往往通过参加汽车拉力赛以显示新车的优越性能。每年的国际汽车拉力赛，既是新车亮相的最佳舞台，也是汽车制造厂显示其研发实力和产品性能的最佳场地。

(3)赞助国际体育赛事。为扩大国际影响，汽车公司往往通过参加或赞助国际体育大赛来显示实力和品质的优越。宝马连续几年将世界上规模最大的业余高尔夫赛事引进中国。在宝马代理商的积极参与下，该比赛已在 30 个国家举行，约 10 000 名选手参加。目前，这一系列比赛已经成为世界上规模最大的业余高尔夫球赛。

宝马品牌和高尔夫运动的形象非常匹配，都能体现人与高潮技术、技巧之间的配合。宝马通过赞助这项运动，与成功人士沟通，展示宝马的个性化和人性化服务，借机了解客户的特点。

(4)创办车迷会。宝马成立自己的车迷会，鼓励会员踊跃参与车迷活动：游车聚会、聚餐及参观宝马汽车维修中心。宝马车迷还有自己的网页，内容丰富专业，包括会员活动、宝马信息、相片集、二手宝马及零件买卖、汽车技术支持等，会员可以在网上交流驾驶心得。

这种品牌延伸帮助年轻低消费能力的顾客群亲近品牌、认知品牌，启发其更广阔的消费欲望，提高了品牌知名度。

3. 广告创意策略

在过去几十年间，宝马更换过数家广告代理商，曾谨慎地平衡“豪华”和“性能”关系，也一度热衷宣传“悄无声息的豪华”，最终仍然痴迷于宣传“终极驾驶机器”这一主题。

宝马根据自己的市场策略精心挑选广告代理商，制定广告策略，制作广告。1995 年，在法隆广告公司的策划下，宝马 Z3 跑车在 007 系列电影中间露面，与 007 一起成为明星，这样的结合为宝马找到了自己的广告战略。1996 年，宝马拥有一系列法隆创作的广告，与后来的“宝马风格”比，这些广告的风格还不确定，但已经得到经销商、消费者及媒体的赞许。为了改变传统的广告定位，宝马接着展开全新的广告战略，放弃了 70 年代强调核心性能的广告战略，创造“取舍角度”广告，每个广告中的闪光点都突出轿车及其绝妙的驾驶体验，广告口号是“快乐并不是在拐弯处，快乐就在于拐弯”，这些广告突显了宝马的运动驾驶乐趣。

2001 年，高档车市场竞争加剧，竞争对手重新崛起，福特收购了捷豹，通用收购了绅宝，它们从母公司获取大量投资，在多个领域与宝马展开竞争。这些轿车拥有宝马 3 系、5 系、X5 系，甚至 M 系许多共同特征，宝马放弃了以人口特征为导向的营销，转而采用以心理为导向的营销。

宝马制作了名为"The Hire"的系列电影短片广告，共有5部，每部影片8～11分钟，风格迥异，同时在网络上发布，这些导演的国际化气质和品位，契合了互联网全球化的特质。消费者可以在宝马的电影频道上下载，而非在宝马的官方产品和销售网站，这样就与商业网站保持一定的距离，使这个项目从商业广告中脱颖而出。

这些电影吸引了900万受众，他们在网站上激烈讨论每部影片，一向挑剔的媒体和电影文化评论家也给予电影正面评价。受到鼓励，宝马又生产了一系列后续电影短片，掀起网络电影热潮。这些影片讨论道德伦理和金钱、讨论人生意义，赋予宝马理性色彩。2003年，宝马甚至在DrictTV上开辟了一个频道专门播放这些电影。

利用网络发布广告电影，颠倒了制作费和宣传费的传统比重，80%费用花在制作上，使得广告非常诱人。反其道而行之的市场营销手段有效地塑造了品牌形象，取得了以往广告战都无法取得的良好效果。

宝马《雇佣》系列电影海报

宝马的品牌形象大使也非常特殊，不是一般意义上的明星，而是来自德国巴伐利亚的一位前王室成员利奥普德·冯·拜任，他是著名的"童话国王"路德威格二世的后代，在35年的汽车赛手生涯中曾获得过200多个奖项，他既是宝马的形象大使，也是宝马的专业车手。利奥普德·冯·拜任的出身和职业特点与宝马品牌很契合，是对宝马产品卓越性能的最有力的证明。

4. 品牌战略

(1)吞并劳斯莱斯。劳斯莱斯像伦敦的大笨钟、白金汉宫的熊皮帽，是英国挂在脸上的招牌，代表了至高无上的皇家风范。劳斯莱斯精雕细刻，大多手工制作，是工业界最早按顾客特殊需要制作的产品。宝马一直是劳斯莱斯的重要供货商，与劳斯莱斯关系良好。

事实上，劳斯莱斯 30%～40%已经是宝马打造，宝马宣布收购劳斯莱斯，就是瓜熟蒂落。1998 年 8 月，宝马击败大众得到劳斯莱斯品牌，而大众得到劳斯莱斯的生产企业。2003 年，宝马与大众达成协议，新建一个"劳斯莱斯"汽车公司。宝马收购劳斯莱斯，为自己的品牌家族添加了重要的一员。

(2)新的品牌战略。为了满足不同地方市场的需求，宝马决定采用几种统一的品牌策略，战略的实施依据国家的不同而变化，这就是"品牌全球化营销地方化"营销战略。

因为虽然人们对车有一致的要求：可靠、安全、质量优良、技术先进。宝马把这些标准称为基本要求。购买时，不能满足这些要求的汽车，购买者就会放弃。在不同的国家，消费者主观认定的一致要求有不同的内容。荷兰消费者重视汽车的内部品质，奥地利消费者重视汽车给人带来的自信，意大利消费者希望汽车能符合驾驶人的个人风格，他们更重视设计和审美品质以及行驶中的动力表现。人们对车的特定期望因国而异，汽车要在不同国家销售，就要重视这些问题。

(3)不间断的品牌延伸。宝马不只是在广告中紧扣品牌核心价值，而且创造性地通过品牌延伸推广新产品来低成本地传播品牌精髓。最近，宝马加大了服饰的推广力度，北京东方广场、首都机场、重庆机场等豪华场所都开设了宝马生活方式专卖店。①

宝马不仅象征非凡的制车技术与工艺，还意味着"潇洒、优雅、时尚、悠闲、轻松"的生活方式，车和服饰都是诠释宝马核心价值观的载体。宝马品牌向服饰的延伸不仅能获得服饰的利润，更通过服饰向更多消费者推广宝马的生活方式。宝马注意到，人们空闲时很少到汽车展示厅闲逛，而会去商业中心，宝马希望通过宝马生活方式店的服饰展示宝马精良的品质和完美的细节，培育宝马汽车的潜在消费者。

---

① 《怎样低成本打造强势品牌》，http://www.chinabreed.com/manage/strategy/2006/06/2006062866993.shtml。

宝马中国的品牌得失

以成功的品牌战略为先导，宝马在全球取得了巨大的成功。中国市场是全球最受瞩目的市场，也是最后一个大汽车市场。2001 年，宝马汽车“感受完美”五大城市巡展试车活动从广州拉开帷幕，这是宝马首次在中国举办试车。

同年，华晨集团成为宝马的合作伙伴。在与华晨合作之前，宝马是唯一未在中国建厂的世界知名汽车厂商，华晨与宝马的合作被人们一致看好。

2004 年，在中国大陆市场，宝马共售出 15 480 辆 BMW，比 2003 年的 18 445 辆下降了 16%。其中，国产宝马 3 系和 5 系只卖出 8 661 辆，与市场老大奥迪相差甚远。生产能力达 3 万辆的沈阳华晨宝马只实现不到 1/3 的产能。[①] 宝马在中国的表现与其全球地位不相称，为此，2004 年底，宝马将大中华区市场从亚太区中独立出来，升格为与德国、欧洲、美国和亚太区平行的区域市场。这一举措证明，宝马已经重视中国市场。

宝马的困扰不断涌现，品牌运作方面也失误不断。

1. 遭遇奥迪

宝马无意将奥迪列为竞争对手，但事实上，奥迪在中国有先发优势和渠道优势，奥迪在中国的整体品牌竞争力并不逊色于宝马。凭借强大的生产能力，奥迪抢在国产宝马 3 系上市前推出 A4，为 A4 制定了比 A6 还高的价格，为宝马设置了价格障碍。

按惯例，宝马的售价普遍高于同档次奥迪，宝马 3 系宣称“真正第一款在中国生产的豪华轿车”，但价格大大超出消费者的预期，销售严重受阻。奥迪 A4 虽然也没有完成销售目标，但奥迪 A6 的性价比却相应提高，有效地牵制宝马，迫使其不得不打价格战。宝马不得不承认，在国际市场上，宝马的主要竞争对手是奔驰，只有在中国市场上，竞争对手还有奥迪、沃尔沃、雷克萨斯、凯迪拉克。在国际市场上，宝马的价格总要比奥迪高一个级别，但在中国，宝马不得不顾忌先到者的威慑力。宝马参与价格战，只有在中国市场能见到。

2. 被丑化的品牌形象

近两年来，北京宝马校园撞人案、哈尔滨宝马撞人案、长沙宝马撞人案、西安宝马彩票案、贵州宝马闯关案、驴拉宝马案等一系列与宝马车相关的事件将宝马与低素质暴发户联系在一起，令宝马蒙羞。这些事件是宝马无法控制的，但营销

---

① 李光斗：《宝马：品牌战略的得失轮回》http://www.spn.com.cn/spl/index/15967.html。

策略上的失误，强化了宝马与暴发户的联系。在西安宝马彩票案中，宝马汽车作为重奖奖品被开上了颁奖台，假彩票风波，使“宝马是暴发户的车”这一品牌误读得以急剧放大。

宝马赞助《天下无贼》，却换来了一句经典的嘲笑：开好车的就是好人吗？单纯从创意上看，宝马嵌入式的广告很符合剧情，从现代大都市高档豪华的别墅到苍凉壮美的甘南荒原，宝马让人们感受到豪华、动感的魅力，但宝马的形象又与暴发户联系在一起，在《天下无贼》中，宝马的前后车主都是典型的暴发户，对其而言，宝马是用来炫耀身份的工具，而非生活方式的选择。宝马的品牌推广中缺少文化认同，对中国市场的了解和运作明显不敌竞争对手。

形象改变是长期任务，宝马不能以德国人的思维方式来制定中国战略，作为本土企业，宝马不仅要驻入市场，也要融入中国社会，将“中国风格”进行到底。一系列负面事件发生后，宝马的宣传主题从“宝马就是宝马”的霸气转化为“宝马从未离你如此之近”的亲和，传达出不同讯息。前者突出了宝马质量的全球统一性，是“Made by BMW”，后者却贴近了中国消费者，体现“Made in China”，宝马更愿意强调后者。

作为运动性能、操控性能突出的豪华轿车品牌，宝马以享受驾驶乐趣的成功人士为目标消费者，宝马“尊贵、年轻、活力、典雅”的品牌形象得到众多成功人士的追捧，但由于价格策略、市场定位及营销策略没有统一于品牌战略之下，宝马在中国成了奢侈品的代名词、身价的象征，“豪华与动感的结合”的品牌传播口号显得单薄，为此，宝马进行了调整：

(1)进行品牌内部区隔，保护品牌价值。2003 年，宝马刚进入中国，许多人质疑国产宝马的品质，宝马回答“宝马就是宝马，在德国生产的宝马，在南非生产的宝马和在中国生产的宝马都一样”。此后，华晨宝马的宣传主题变为“宝马就是宝马”，强调驾驶乐趣，消费群体定位为新贵。宝马还在不同系列车型间建立区隔，进行不同的品牌定位：3 系是“享受驾驶的乐趣”、5 系是“享受生活”，7 系是“享受尊贵”。这样区隔，最大限度地减少降价对品牌的伤害，细分目标消费人群，整合传播将更有的放矢。

(2)回归品牌形象，找真正的精英人士来代言形象。2001 年 6 月，万科董事长王石成了摩托罗拉 A6288 手机的形象代言人。摩托罗拉选择王石这样一位兼具商业领袖、知识英雄与公众人物三重角色且颇有传奇色彩的人物，非常契合广告诉求对象心理期待。宝马也可以向摩托罗拉学习，让受众认为“开宝马的也应该是好人”。请学界和商界有实力、有名望、有学识、有品味、有魅力的人士来代言，让宝马实至名归，让具有贵族和绅士风度的“王者”归来。

结 语

宝马围绕高端市场定位制定实施市场营销和广告策略，塑造了宝马卓越品质、尖端科技、适宜驾驶这一品牌形象，其品牌核心是乐趣，包含驾驶中的乐趣、过程中的乐趣、美丽事情中的乐趣、生活中的乐趣、成功的乐趣和拥有中的乐趣。这些乐趣共同打造出宝马的品牌烙印。“开宝马、坐奔驰”已经成为消费者对宝马品牌的第一印象，这足以说明宝马的成功。

——曼联打造百年经典品牌

足球是世界第一大运动，拥有数十亿球迷，拥有俱乐部联赛(杯赛)、大洲俱乐部联赛(杯赛)、联合会杯和世界杯一整套稳定健全的运作机制。现代足球不仅是运动，还是创造巨大商业价值的产业，作为该产业最基础最前沿的运作单位，足球俱乐部队在产业发展和商业运作上发挥不可替代的作用。

资料来源:http//newsxinhuanet.com/photo/2004-08/17/content_1804186.htm

---

执笔:郝建发。

竞技水平最高、商业化运作最好的欧洲五大足球联赛中，产生了意甲的 AC 米兰、国际米兰、尤文图斯，英超的曼联、切尔西、阿森纳、利物浦，西甲的皇家马德里、巴塞罗那，德甲的拜仁慕尼黑、多特蒙德等一批俱乐部品牌。英超豪门曼联依靠辉煌的赛事成绩和成功的商业经营管理连续八年成为"世界最赚钱的足球俱乐部"，其品牌价值列各大俱乐部之首，达 3.51 亿美元，成为世界体育产业最炙手可热的品牌之一。

成功的足球俱乐部品牌离不开悠久的历史和强势的赛事成绩，更离不开成功的商业化经营运作。曼联是世界足球俱乐部品牌的表率，其悠久的历史，辉煌的赛事成绩和成功的商业运作打造了这个全世界最有价值的足球俱乐部品牌。

20 世纪初，60 年代中期以及 90 年代，曼联经历了三个黄金阶段，多次夺得联赛冠军、足总杯冠军、欧洲联盟杯冠军及冠军杯联赛冠军等荣耀，成为著名的职业足球俱乐部。

曼联的前身是牛顿希思，于 1878 年成立，1902 年正式改名曼联，6 年后即夺得首个联赛冠军。1910 年，曼联就拿下足总杯冠军。

二战开始后，曼联进入低潮，50 年代后，球队三次成为联赛冠军。1958 年发生慕尼黑空难，球队 8 名球员不幸罹难，深受打击。报道让全世界都知道曼联的名字，慕尼黑空难成了 20 世纪后期曼联全球流行的催化剂，1965 及 1967 年，曼联再次夺取联赛冠军，彻底引发流行。1968 年，曼联首次夺得冠军杯。

1991 年，曼联夺得欧洲杯赛冠军杯，1993 年，英超成立，曼联重温联赛冠军的美梦。1994 和 1996 年，曼联取得双料冠军，并于 1999 年创下联赛、足总杯及冠军杯的"三冠王"传奇。

曼联有限公司 1991 年成立，并在伦敦上市，曼联足球俱乐部成为其三个子公司之一。1998 年，"足球俱乐部"字眼从曼联标识中彻底消失，足球俱乐部形象被淡化。

自英超成立以来，曼联一直称霸英国球坛，8 次夺冠纪录令其他球队望尘莫及。1993 年首次夺冠，是曼联 26 年来首个联赛冠军，坎通纳从利兹联来投，是曼联王朝兴起的重要功臣。在其效力 5 年期间，坎通纳为曼联取得 4 次联赛及 2 次足总杯冠军。其后，曼联再有贝克汉姆、吉格斯、斯科尔斯等世界顶级球星，吸收范尼斯特鲁伊、萨哈和鲁尼等加盟，队中高手云集。容纳 68 000 人的老特拉福德球场，每场比赛高朋满座。

曼联在全世界有超过 5 300 万忠诚观众。2002—2003 赛季，到老特拉福德体育场看球的观众有 220 万，平均每场 66 236 人，曼联队服销往 58 个国家和地区，2003 年，销售队服 250 万件。俱乐部网站平均每月每页浏览人数 1 490 万，特殊用户 100 万，访问者平均在线时间 8.43 分钟。manunited.com 网站平均每月每页浏览人数2 620万，特殊用户130万，访问者平均在线时间8.08分钟。[1]

130年来，曼联获得荣誉无数：联赛冠军15次，社区盾冠军15次；足总杯冠军11次；冠军联赛冠军2次；联赛杯冠军1次。

赛场上的辉煌是曼联的目标，商业上的成功也是曼联关注的焦点，赛事成绩和商业效益并重成为曼联的经营方针。

足球电视转播权兴起，足球相关产品销售趋热，英国足球产业化程度日益加深，曼联率先成立有限公司并上市。1998年，曼联标识中抹去"足球俱乐部"字眼，曼联淡化足球俱乐部形象，呈现庞大的足球商业帝国形象。

曼联拥有英国最忠诚的球迷，其大多收入依靠英国国内市场。2003年，曼联90%的收入来自英国国内市场。[2] 曼联还从事零售业、批发业、商业、餐饮业、金融服务和广告媒体等相关商业活动，集团经营项目达1 500个，涉及保险信用卡、储蓄账户、旅馆、休闲设施等。

在海外，曼联同样拥有良好的口碑及众多支持者，其80%的球迷在海外。海外市场的收入增加潜力巨大。仅在亚洲，曼联就拥有4 000万球迷，中国有2 700万球迷。[3] 虽然面临市场跟进者强劲的挑战，但十几年的市场培育和开发使曼联在亚洲的扩张卓有成效。

2000年，曼联将营销目标锁定在东南亚，在马来西亚、泰国及中国的香港、上海等地积极展开营销，年销售额高达1 000万英镑。

中国、日本和韩国是全球重要的三大足球市场。曼联通过出访活动、友谊比赛获得部分球票收入，借此加强品牌推广，密切同球迷的联系，将球迷发展成为曼联的"顾客"。作为俱乐部亚洲战略的一部分，曼联于1999年出访中国，聚集忠实球迷。2005年7月，曼联以香港为起点，在北京、东京和崎玉同当地球队进行友谊比赛。

在商业开发方面，曼联于2003年在成都开设了一家"曼联主题餐厅"，雄心勃勃地要开设100家连锁店，其专卖店、咖啡厅也不断增加。

曼联还开通"曼联球迷联盟"和"曼联天空"等网站，收入达200万英镑。2005年7月，曼联同中华网共同开通了曼联的中文网站，在商业服务和电子商务方面进行合作。[4]

2003年，曼联与英国商业电视供应商Granada TV共同建立俱乐部官方电视频道曼联电视。格莱泽收购曼联后，一直试图独立出售曼联比赛的转播权，但

---

① 资料来源：http://manage.org.cn/observe/200606/32413.html。

② 资料来源：http://manage.org.cn/observe/200606/32413.html。

③ 资料来源：http://manage.org.cn/observe/200606/32413.html。

④ 资料来源：http://manage.org.cn/observe/200606/32413.html。

遭到英超联盟和欧盟委员会的反对。然而，不受欧盟管制的亚洲与美洲仍存在着广阔的市场空间。在那里，曼联可以获得单独国际转播权，这项收益每年至少有 2.5 亿英镑。

2002 年 8 月，曼联同耐克签订长达 13 年的合作协议，耐克在全球 58 个国家同时推出曼联球衣，提升了曼联和自己的全球影响力。2004 年 9 月，曼联同意英国奥迪提供两个赛季的赞助。根据协议，奥迪成为曼联指定官方用车。在豪华汽车市场上，英国奥迪是一个不断改进演变的品牌，其质量、设计和技术革新方面都及时迅速，拥有良好声誉。奥迪同曼联的品牌形象相吻合，合作强化了双方高端的品牌定位和豪门品牌形象。

2001 年，为抢夺美国市场，曼联同纽约扬基（美国著名棒球队）签订合作协议，双方在市场推广与产品销售等领域密切合作。商业的成功反哺球队，形成良性循环。

凭借成功商业经营管理，曼联连续 8 年成为"世界第一赚钱足球俱乐部"，品牌价值达 3.51 亿美元，成为世界足坛最具价值的品牌。

曼联成功的基础

1. 辉煌的赛事成绩是其品牌成功的基础

美国市场营销协会认为，品牌是用以识别某人或某群销售者的产品或劳务，并使之同竞争对手的产品和服务相区别的名称、术语、标记、符号或设计及其组合。消费者通过品牌来识别和选择产品，产生品牌偏好和品牌忠诚。高质量的品牌更容易得到消费者的偏好和忠诚，对球迷来说，高质量就是好看的攻势足球和强势的赛事成绩。

曼联的成功首先建立在辉煌的赛事成绩基础上，130 年中，曼联共获得联赛冠军 15 次、社区盾冠军 15 次、足总杯冠军 11 次、冠军联赛冠军 2 次、联赛杯冠军 1 次。这些荣誉是曼联品牌成功的基石。

成功使曼联拥有众多追随者，曼联不只是销售质量足球，也销售经历。对曼联球迷而言，曼联代表情感和非凡的领导力，成为俱乐部会员渴望与追求成功紧密联系，球迷作为俱乐部的成员，能提高自尊，增强归属感。

2. 成熟的品牌理念促使曼联从足球迈向更广阔的商业领域

为谋求更大的发展空间，品牌成功时往往会采取品牌延伸战略，利用成功品牌推出新产品，新产品投放市场就获得成功品牌的优势支持。品牌延伸能形成品牌整合支持体系，联合消费者的品牌联想、厂商的品牌技术、服务支持形成整合链条。

品牌延伸有两种方式：产品线延伸、产品类别延伸。产品线延伸指借助原有品牌的质量和形象声誉，将原有品牌名称应用于(直接应用/背书担保)同行业。产品类别延伸指借助原有品牌的质量和形象声誉，将原有品牌名称应用于(主要是直接应用)不同行业。曼联就采取后一种品牌延伸，在更广阔的商业领域里面掘金。

曼联有限公司成立后，“足球俱乐部”字眼从曼联标识中彻底消失，曼联的足球品牌形象逐渐延伸到其他商业领域零售业、批发业、商业、餐饮业、金融服务和广告媒体。曼联集团经营的项目达 1 500 个，拥有数百家专卖店。

品牌延伸战略为曼联带来更多收入，是曼联成为世界足坛最具价值品牌的关键因素。

3. 精细的管理使集团的资源得以最大利用

管理是服务于组织目标实现的有意识、有目的的活动。管理过程由一系列相互关联、连续进行的工作活动构成，包括计划、组织、领导、控制等，它们成为管理的基本职能。管理活动的重要性伴随着组织规模的扩大和作业活动的复杂化而愈益明显。精细高明的管理能使企业的资源得到发挥利用，创造最大效益。

曼联集团是公开发行股票的上市公司，拥有曼联足球俱乐部、曼联商业、曼联餐饮、曼联交互和曼联电视(MUTV)。曼联集团的最高权力属于股东，股东任命董事会，监督和管理企业运作。

在决策管理方面，曼联决策层始终把创新，承担义务，依靠持续成功的球队，增加俱乐部财力，保护和经营品牌作为中心工作。《曼联俱乐部 2003 年年度报告》中把经营品牌作为四大核心战略目标之一，俱乐部在“健康、安全与环境”“企业哲学”、“同等机会”、“环境”、“观众安全”、“残疾人观众”等方面制定了相应政策。

在员工管理方面，曼联重视招聘有营销技能的职员，而不是招聘寻找工作的专业足球运动员。曼联的员工不会因种族、肤色、国籍、宗教、性别、婚姻状况、年龄而受到歧视，他们平等享有发展机会。在曼联，忠诚的观众可优先预定比赛门票；购买超过 5 英镑商品的曼联会员可以得到 10%的折扣；会员购买比赛程序册可享受 30%的折扣；曼联会员参观博物馆和旅游中心享受半价；会员和贵宾席的观众到红魔咖啡厅消费享受 100%的折扣；会员到客场观看比赛由会员办公室组织；享受意外人身保险。

健全的体制、富有远见的品牌经营战略、详尽的管理制度使俱乐部的各种资源得到充分利用。

4. 周到的服务增加了消费者对品牌的偏爱和忠诚

市场营销以消费者为中心，要最大限度满足消费者需求。消费者需要足球提供愉悦欢快的享受和疯狂刺激的体验。向消费者提供周到细心的服务能直接了解消费者的需求变化,采集反馈信息,使消费者感受到被重视。有利于增加消费者对品牌的偏好和忠诚。

曼联改进服务的措施

(1)每年进行消费者服务调查,发布调查结果。消费者可通过电子邮件、传真或信件进行投诉,曼联在10天内给予全面答复。

(2)实施客户关系管理。曼联拥有球迷档案数据库系统,通过客户关系管理了解球迷的需求、会员和门票、产品和服务等情况。比如,俱乐部通过CRM数据库使俱乐部了解到曼联每年有190万观众,其中,英国占90%,60%的观众是男性,40%的观众是女性。积极的消费者有56万人,不积极的消费者有27万,潜在消费者有110万人。电子邮件用户515 000人,移动电话用户108 000人,金融账户72 000个。消费者平均年龄36岁,曼联俱乐部会员人数151 000人(截止2003年3月)。

(3)为消费者提供便利。曼联提供不同档次的门票;每场比赛至少有20%的门票提供给非季票观众;对16岁以下和65岁以上的观众提供5折优惠;对家庭看球的观众提供固定的区域;对无陪伴的年龄在11～16岁的青少年提供固定的区域;对残疾观众和他们的护理者提供帮助;对重赛实行免费或打折处理。

球迷是情绪化的群体,他们会将情绪带到对俱乐部的品牌态度上。曼联周到的服务照顾到大多数的消费者,培养了忠诚的球迷,使其对曼联产生忠诚的品牌偏爱。

强势公关塑造良好的形象

公共关系指组织运用信息传播的手段,处理自身社会环境关系。公共关系以维护、增进组织机构与公众根本利益为前提,以树立适合于本组织机构的生存、发展的最优形象为目标,有效运用信息传播手段,持续不断协调、完善组织与内外公众之间的关系。公共关系的重要性越来越得到认同,世界著名品牌大多设有负责公关的副总裁,直接参与高层管理,公共关系成为保持和增加品牌资产的重要手段。

作为国际著名品牌,曼联注重球场成功商业收益,针对其公众采取行之有效的公关措施,依靠提高社区生活质量和改善俱乐部周边环境等公关活动提高企业形象,有效提高品牌资产。曼联主要从体育、健康、教育三个方面帮助青少年。

1999年，曼联加入联合国儿童基金会和联合国儿童慈善机构，帮助改善贫困儿童的生活。曼联在国内组织“反种族日比赛”“世界街道足球赛”、“防癌意识周”、“世界读书日”、“大屠杀日纪念”等活动。在环境方面，曼联把提供安全、健康的环境作为自己的责任。俱乐部对垃圾进行循环再利用，提供环保商品。曼联参加“社区环境公约”，提出环保目标减少送到填埋场垃圾的数量。曼联在《俱乐部宪章》中承诺：保证比赛日的安全秩序，抵制反社会行为的冲击，联赛门票价格保持在整个俱乐部的中游水平，俱乐部提供的食品符合健康和安全的要求，不断改进餐饮服务质量。在社区活动方面，曼联通过组织足球活动支持足球草根计划，向学校免费提供训练服务，支持贫困者、少数民族事业。曼联的措施提高了曼联的影响力和社会声誉，提高了消费者的满意度、忠诚度，形成品牌并为其创造了可观的利润。

在与合作伙伴关系方面，曼联采取了与赞助商、合作伙伴双赢的战略。著名品牌之间的相互合作往往使品牌相互映托，相互提升。曼联同耐克联合销售曼联球衣，同英国奥迪签订了赛季赞助协议，2001年，曼联同纽约扬基队合作。曼联的目标是美国市场，借曼联在远东的影响力推销产品。曼联的双赢战略逐步取得成效，与传媒、商业、博彩等多家公司建立了紧密合作关系，形成了多赢的局面。

成功的品牌传播为品牌腾飞插上翅膀

消费者对品牌的忠诚通过许多渠道影响形成，企业应该传播多样的品牌信息，通过品牌传播深度展现特征个性。CIS是企业总体战略的重要组成部分，也是品牌传播和增加品牌资产的重要手段。

(1)在VI上，曼联保持了稳定的、持久的俱乐部名称。曼联俱乐部1902年改名为曼彻斯特联队，之后100多年中，俱乐部的名称始终不变，这有利于品牌经营。曼联选择好队服的颜色。曼联的红色球衣、白色短裤，给观众留下了深刻的印象，球迷们给曼联队取了一个绰号“英国足坛的红魔”。曼联的标志不仅印在球衣和各种商品上，电视转播画面上也显示双方俱乐部的标志。这样做，利于观众把俱乐部名称和标志联系起来，促进品牌的保护和传播。

(2)在BI上，曼联的球队风格鲜明，曼联保留了传统的力量型打法，又融入了南美技术特点，特色鲜明，比赛更具有观赏性。

(3)在MI理念识别方面上，曼联大力宣传企业的发展目标和企业使命。曼联2002年年度报告中提出俱乐部发展十大战略目标：稳定可靠的运动队队伍；保持球队的良好成绩；开发足球场资源；开发媒体转播权；与全世界的球迷保持密切的关系；经营品牌；利用球员交易支持区队的发展；支持整体销售电视转播权；与主要赞助商建立密切的合作；通过梯队建设，培养有才华的年轻球员。曼联俱乐部的使命是“给全世界的球迷以更多的回报”。

运用独特的识别系统，运用多种传播手段，曼联的声望和不断增长的曝光率增加了其在球迷和球员心目中的品牌净值。曼联通过自己的电视台、移动手机服务、海外商业比赛、曼联网站、曼联电子信箱等发布的最权威、最及时的曼联活动，如比赛结果、转会资料、股市行情、球员信息、比赛日程等。所有这一切，都使曼联品牌成为全球范围内公认的最受爱戴的体育品牌。

球星战略赢得广阔的海外市场

传播制胜的时代，大众传播造就各领域的明星。作为群体追捧崇拜的对象，明星对这一群体有很大的号召力和感染力。明星的穿着、行为、消费习惯深刻影响其支持者。百年历史，造就了曼联众多世界级球星。这些球星就像曼联的活广告深刻的影响着球迷对曼联的品牌忠诚度。

欧洲足球分析家称，欧洲球迷的忠诚度主要体现在对球队固定风格的爱戴上，亚洲球迷的忠诚度集中在球星身上。贝克汉姆效力曼联时，对曼联意味着：在亚洲球迷眼中，贝克汉姆是时尚的象征，成功人士的代表。有许多球迷先知道贝克汉姆，才知道曼联；先崇拜贝克汉姆而后忠诚于曼联。在中国，人们亲切地称他为“小贝”；在日韩，贝克汉姆特别受女球迷的追捧。贝克汉姆还在曼联的黄金时代，在日本、韩国、新加坡、马来西亚和另外一些国家拥有数以百万的曼联球迷。曼联借助贝克汉姆的超级影响力，通过到亚洲各地举办的商业友谊赛，在亚洲市场取得先机。

近年来，曼联试图通过选拔亚洲球星，拉近与亚洲球迷之间的距离，扩大其在亚洲的知名度和影响力。出于民族情结，亚洲球迷通常对为数不多的、在国外优秀球队效力的本国球星情有独钟，喜欢观看他们参加的比赛，这些球迷自然会关心球星所在的球队。出于商业价值考虑，曼联引入了中国球员董方卓。

结　语

曼联在其辉煌的历史和赛事成绩的基础上，依靠成熟的品牌理念、精细的管理、周到的服务、强势的公关措施和独特的品牌识别传播等一系列成功的措施成为世界足坛最具价值的著名品牌，其成功的经营运作可以为国内俱乐部或其他企业所借鉴。

——解剖耐克"哑铃型"营销架构的三大关键词

2006 财年，耐克销售收入达 150 亿美元，比 2005 年增长 9%，盈利 14 亿美元，同比增长 15%，创历史新高。这组数据显示，耐克是运动品牌当之无愧的第一名。2005 年，interbrand 评选"全球 500 强品牌"，耐克排名第 30 位，品牌价值为 101 亿美元。

耐克旗下拥有 Nike、Converse、Cole Haan、Hurley、Starter、Air Jordan、Bauer Hockey 十数个知名运动品牌，涵盖篮球、足球、登山、冰上运动、高尔夫等多个运动项目。耐克的广告遍布全球，其旗舰店里总有翘首以盼新品的拥趸，人们以各种心态虔诚的、崇拜的、欣赏的、狂热的面对耐克，把耐克当成身份代表与趣味选择。其实，耐克起步于 60 年代，品牌历史不过 40 年。

50 年代，菲尔 · 耐特与比尔 · 鲍尔曼因热爱田径而结识，耐特是俄勒岗州立大学的田径选手，鲍尔曼是他的教练。他们抱怨买不到好的运动鞋。耐特环球旅行时偶然发现日本虎牌运动鞋的品质和世界第一品牌阿迪达斯的相差无几，价格却非常低廉。1964 年，耐特与鲍尔曼各出资 500 美元，成立耐特公司，经销来自日本的运动鞋。生意很顺利，低廉的鞋子很畅销，到了 70 年代，日元持续升值，人力成本高涨，日本鞋价格水涨船高，耐特决定寻找成本更低的供货商并开发自有品牌。自有品牌定名为 Nike——希腊神话中拥有美丽双翅的胜利

执笔：左琳。

女神。1975 年，耐克将生产线转移至人工相对更低的韩国与台湾，生产成本降低，耐克可将资金投入研发和行销中，耐克走上良性发展道路。

80 年代初，耐克发展迅速。1981 年，耐克年收入达 4.58 亿美元，拥有 8 000 家零售商、140 种型号的产品、130 名销售代表、2 700 名员工。好景不长，耐克不久就遭遇本土竞争对手锐步的强烈挑战，设计新颖、时尚多变的锐步鞋成功席卷青少年市场。1987 年，锐步销售收入达 9.91 亿美元，占有 30%市场，成为北美运动鞋市场的盟主，耐克的销售只有锐步的一半。耐克深切感受到年轻消费者的重要性，在新品研发上投入了更多精力，80 年代末，气垫鞋面世，为耐克赢得了巨大的声誉与市场。耐克从困境摆脱出来，及时修正品牌发展方向，反败为胜。

90 年代，耐克专注于名人代言，将运动品牌的行销发展到极致。乔丹系列广告成为耐克鞋品销售的强心针，使耐克在运动品类市场上所向披靡。耐克的市场占有率由 1987 年的 18%猛增至 1990 年的 28%，快速持续增长至 1996 年的 43%，仅在美国市场上，耐克的销售额就超过 30 亿美元，将竞品远远抛在身后。除了邀请名人代言，耐克的发展还得益于重视发展新产品永远创新、永远给消费者惊喜、永远走在最前沿。新产品发掘了市场机会，满足消费者的深度需求。

纵观耐克的发展史，可以提炼出三个关键词 70 年代外包起家、80 年代创新发展、90 年代名人代言。进入新世纪，耐克的运作依然围绕着这三大关键词，继续着它的品牌传奇。

案例分析

在技术壁垒较低、竞争对手众多、仿制品泛滥的快速消费品行业，制造环节无法产生高附加值，耐克深谙这一要诀，坚决将制造环节外包，只保留研发与销售部门。在营销流程上，研发与技术创新是起点，销售是末端，中间的生产制造部分则尽量简化，外包，这种两头重的营销架构模式称为“哑铃型”结构。耐克营销结构就是典型的“哑铃型”营销结构。

关键词一：外包

1. 耐克，将“外包”进行到底

耐克使用中间商品牌路线贴牌，根据市场需要自行设计产品，委托生产商制造，自营销售。耐克不设厂房和生产线，而选择符合条件的生产商委托生产，制造环节外包，产品使用耐克品牌。

耐克一直进行无厂房虚拟经营，早期产品虎牌运动鞋来自于日本鬼冢公司。最初，耐克只是代理商，1971 年，耐克才在代理的鞋子上贴上商标，在懵懂中确立贴牌外包营销模式。

随着日本经济的发展，日本的劳动力价格上扬，运动鞋的价格也水涨船高。1976 年以后，耐克面向韩国台湾寻求合作厂商，这些地方劳动力更低廉、名牌运动鞋仿制生产能力与规模都较大。耐克与釜山和台北的制鞋厂签订合同，提供技术支持，但也提出了具体的产品要求：使用最好的尼龙、最牢的黏合剂、最好的橡胶、中间加软化层的坡跟鞋底，将塑料面改为皮面，耐克鞋的质量得到具体的协议保证。耐克不再是日本鞋代理商，开始拥有自己的品牌，来自亚洲的大批量产品也满足了扩大的销量。

尝到外包制造的甜头后，耐克发现，寻找生产能力过剩或濒于倒闭的厂家，与其签订合同，让厂家按照规定的条件生产商品，这样的生产方式有利可图；寻找外包工厂，优化整合制鞋资源，一方面可打通销路，救活濒死企业，一方面也以最低成本获得最大利润。发展中国家的制鞋企业视拥有先进技术与设计理念的企业的订单为救命稻草，将尽力迎合。

时至今日，耐克的所有产品依然来自于世界各地并不著名的中小企业，越南、泰国、马来西亚以及中国的许多工厂都为耐克进行贴牌生产。亚洲的低价劳动力与密集生产能力是耐克的一张王牌。

2. 为什么要“外包”出去

将生产环节外包，从生产制造业自身因素来看，有其眼光独具的优势。

(1)降低生产成本。将生产制造环节外包，企业无须为生产工厂负责，只要提出商品要求，按协议付款取货，工厂的人力、物力与财力投入都节省了。依托生产商所在国的廉价劳动力与原材料，耐克可以在世界范围内选择最低价格的生产商，将成本降至最低。

(2)合理规避制造业风险。生产制造涉及原材料采购与质量监管、生产技术革新等问题，生产环节上出现问题将导致风险，生产商还要面对技术的跳跃性发展带来的风险，需要花费大量的精力来解决。虚拟生产企业毋需对生产商负责，问题减少许多。

(3)拥有更多主动权。与生产商签约时，虚拟生产企业可以决定签约期限与续约条件，按要求严格考核产品的质量与性能，还可以选择合适地点的工厂，以使新产品及时上市，迅速占领市场，缩短库存时间，提高资金的周转率与产品的市场占有率。拥有选择生产商的主动权，就可整合生产企业的优势资源，这远较传统选址评估和投资建厂灵活方便。

（4）绕过关税壁垒。市场竞争日趋激烈，贸易保护主义抬头，关税壁垒高筑。耐克鞋价格较高，出口其他国家还要支付高关税，这样一来，价格就没有竞争力。寻找当地生产制造商合作，依托当地资源，可避开关税，自由开拓市场。

（5）积累品牌资本，赢得高附加值。虚拟生产企业有接近目标市场的优势和丰富的销售经验，其销售网络大多设立在人口集中的大中城市，密切联系消费者，了解消费者心理，信息灵通，虚拟生产企业可以凭借经营经验、分工细、专业化程度高、经营范围广等有利条件为产品积累品牌资本，提高商品的销售率与品牌文化在消费者心目中的深入程度，获得独一无二的品牌附加值。

耐克的做法迎合了现代制造业的趋势，将生产外包而集中精力运作品牌获取利润，而不是用保留各种生产线的方法来达到目的。戴尔、通用等国际著名品牌也都采用这种模式。汤姆·彼得斯曾经说过“做你最擅长的，剩下的外包”，无疑，耐克是使用外包战略的佼佼者。

关键词二：创新

产品研发与设计是耐克“哑铃型”营销架构中重要的一端，这一环节的成功经验是创新。创新的含义十分丰富，既包括技术上的新发现，又包括商品概念上的新发展；既包括产品设计上的新动作，又包括商品种类上的新开发；既涉及产品，也涉及消费者心理。

1. 技术创新——品牌发展的原动力

品牌的生命力主要体现在产品创新上，而产品创新维系于技术创新。耐克随着时代的发展不断创新，品牌影响力广泛。没有产品的创新，就没有品牌的持续发展。

耐克非常重视研究开发和技术革新，雇用了数百名研究人员，专门从事研究工作，其中许多人拥有生物力学、实验生理学、工程技术、工业设计学、化学相关领域的学位。耐克还设立研究委员会和顾客委员会，聘请教练员、运动员、设备经营人、足病医生和整形大夫等担任委员，他们审核各种设计方案、材料和改进运动鞋的设想，具体活动有对运动中的人体进行高速摄影分析、运动员踏车的情况分析、有计划地让300多名运动员进行耐克实验，试验和开发新型跑鞋，改进原有跑鞋和材料。耐克在产品研究、开发和试验上每年都要投入巨资。

耐克针对顾客的潜在需求，组合应用多种技术，在各相关领域中实验创新更多品种更新功能的产品。根据脚的形状、人的体重、跑步速度、性别、技术要求等各项指标来设计生产适合各类人群的鞋子。耐克致力于寻求更轻、更软的跑鞋，耐克试图使这些跑鞋能持久使用，也给运动员提供跑鞋工艺所能制作的最先进产品。耐克成功地将运动鞋从同质性极高、由帆布和橡胶制造的简单产品转换成拥有超过 1 000 个品种的丰富商品。

使用 SHOX 的一款鞋

耐克的产品总是走在鞋类的前沿，耐克的弹性缓震系统 SHOX 最令人称道。历经 16 年马拉松式的研究与严格测试，SHOX 一面世，其卓越的缓震效果与超强的保护机制就彻底征服了从顶级运动员到普通消费者在内的所有使用者。SHOX 成为制鞋史上里程碑式的发明，耐克也成就了自己积极革新，不断超越的品牌形象。

2. 概念创新——品牌发展的加速器

在一般人的理解中，一双运动鞋足以应付所有常见运动项目，耐克绝对不这样想。一个庞大而有生命力的市场绝不会只有零星可数种类的产品，细分产品才能打动市场。

70 年代，美国人将慢跑作为最时尚最健康的运动，70 年代末，长期参加慢跑活动的人数达到 3 000 万。耐克敏锐地发现了这个细分市场，针对慢跑者主要属于中产阶级这一特点，耐克很快研制出价格较高但性能优越的慢跑鞋。这种鞋弹性极佳，充分缓解慢跑过程中鞋底接触地面时对脚踝的压力，这款鞋设计独特、品质优良、卖点突出，切中消费群体的购买心理，掀起一场购买慢跑鞋的狂潮。耐克通过细分概念，圈出一大块市场并以专业化的姿态占领这个市场。先入为主，先进为王，对市场进行正确细分，切中消费者需要的肯綮，这是耐克的过人之处。

耐克在市场上的表现永远最活跃、最鲜明、最有个性。慢跑鞋大获成功后，耐克不断推出新品类：跳高鞋、登山鞋、滑雪鞋、摔跤鞋、自行车鞋、所有球类运动的专用鞋及青年鞋、儿童鞋、专业运动鞋、业余运动鞋等大量细分产品。

关键词三:名人

耐克是第一个聘请名人代言进行推广的运动品牌,事实证明这种营销方式的成功。1973 年,耐克便聘请长跑健将史蒂夫·普瑞方汀代言;乔丹的代言更是使耐克走上梦幻般的发展道路。自 1984 年开始,迈克尔·乔丹与耐克签订了长达 20 年的广告代言合同。乔丹作为一名最伟大的篮球运动员,不仅成为一段传奇,也成就了一个驰名世界的体育品牌,对体育产业王国的影响相当深远。在过去 10 年里,乔丹从体育市场上收入 3.5 亿美元,但乔丹效应的最大收益者是耐克。耐克利用青少年崇拜、模仿体育明星的心理行为特点,用乔丹进行广告宣传,创造了营销的奇迹。耐克也是第一个把流行音乐和运动营销结合在一起的厂商,1987 年,耐克在运动鞋广告中使用披头士的音乐,造成轰动。

许多本土运动品牌,尤其是鞋类品牌,不分青红皂白一律聘请名人代言来推广品牌,甚至形成"中央五套+名人代言"的公共模式。这种行为同质化程度很高、品牌识别度很低,严重危害企业的持续发展和品牌的有效传播,其效果和耐克的名人代言模式的完全不同。

1. 同代言人一起成长发展

1984 年,芝加哥公牛队选中 21 岁的迈克·乔丹,NBA 的神话时代悄悄拉开序幕。当时,美国的鞋业竞争异常残酷,耐克正处境困难,他们发现乔丹并决定把赌注押在乔丹身上。耐克的诚意打动了乔丹,他们签订了 5 年 250 万美元的天价合同。签约后,耐克立即着手打造乔丹。1985 年,耐克推出以乔丹名字命名的乔丹一代,乔丹一代的功能和其他球鞋别无二致,但外表醒目当时球鞋大多是白色的,乔丹一代却以黑红为主色。无论训练还是比赛,乔丹都穿着这双鞋,因为特立独行的颜色与整个比赛队伍的球鞋颜色差异太大,篮球联盟禁止乔丹穿这双鞋,违反即罚款。耐克却鼓励乔丹继续穿乔丹一代,替乔丹支付罚金,罚金一直涨到每场 5 000 美元。NBA 的这条禁令成为效果最佳的廉价广告,更多人关注乔丹和他的鞋。

随即,耐克推出名为"飞人乔丹"的电视广告。广告中,篮球滚向露天球场的一端,乔丹熟练地将球勾入掌中,穿着彩色运动鞋大步流星,转眼间,一飞冲天,将近 10 秒的慢动作生动勾勒出乔丹进攻时候的舒展。这个广告成了乔丹的精彩写照,乔丹身上凝集了活力、希望、高超的技术和令人振奋的体育精神,成了全世界青少年心目中的英雄。耐克在商店设立乔丹专柜,在大屏幕上播放 NBA 经典比赛,悬挂乔丹空中飞跃的海报,充分展示乔丹的飞人形象。耐克商标不断出现在获胜者的队伍里和场景中,这不但提高耐克的声望,还创造情感性市场和自我表达型的利益，深度挖掘体育运动蕴涵的情感。

著名的乔丹飞人Logo

乔丹广告是对乔丹形象的重度包装，夸张放大了乔丹的魅力，使这种魅力流布到更广泛的大众传播领域，使乔丹在篮球上的成功激变成大众，尤其是青少年敬仰与崇拜的焦点。这增加了乔丹形象的艺术感染力，从心理上征服了目标消费人群。与乔丹紧密相连的耐克，自然成为大众追逐的焦点，成为消费群渴望得到以拉近与偶像距离的宝贝。耐克的品牌文化也在代言人的成长过程中逐步积淀神奇的、充满活力的、永不言败的体育精神。

1985 年，耐克推出以乔丹命名的子品牌，每年都推出新款乔丹鞋，从乔丹 1 代一直延续到乔丹 18 代，并将继续。每一双卖出去的乔丹鞋中，乔丹都有一定比例的提成。耐克与乔丹因为这牢固的利益而紧密联系，耐克为乔丹定制的许多鞋款都成为传世经典，引发销售狂潮，乔丹则忠实维护耐克品牌，在赛场上，在领奖台上，在所有穿运动鞋的公众场合都只穿耐克，并公开拒绝耐克的竞争品牌，引发公关事件。

2. 让代言人成为品牌、产品与消费者之间的情感纽带

在乔丹促成的销售狂潮中，耐克清楚地认识到品牌代言人的重要性。代言人的个性、气质与影响力范围必须与品牌个性、气质与发展相一致，运动员代言人要成为品牌、产品与消费者之间的情感沟通纽带，消费者才会把代言人与品牌看为一体。耐克要让消费者看到乔丹即联想起耐克，让乔丹成为耐克的标签。对耐克而言，乔丹成为品牌文化的标杆。

耐克签约乔丹时，刚刚驶入发展快车道，品牌新鲜有活力，潜力巨大，与行业巨头阿迪达斯差距显著；当时的乔丹也刚在联赛中崭露头角，上升空间大，却并未被委以重任。此后 10 年，乔丹迅速成长为篮球巨星，成为 NBA 的王者，耐克的销量也节节攀高，超越竞争对手成为运动产品第一品牌。乔丹与耐克有相似的成长经历，容易使消费者相互联想，乔丹完美扮演了与消费者沟通情感的纽带，乔丹在赛场上一次次展示王者风范，也一次次将耐克的"just do it"精神传递给消费者。

反观国内的许多运动鞋品牌，这些品牌对代言人作用的理解还比较肤浅，只想借助名人的影响力和声望获得助力，不考虑代言人与品牌的契合度，甚至聘请与体育毫不相关的影视明星来代言，篮球用品请足球明星代言。品牌与代言人没有任何内在关联，消费者在感觉不到与消费品牌与代言人情感上的联系，品牌的 slogan 在脑中一闪而过，留不下痕迹。这样低层次的简单照搬名人代言模式，无法触动消费者，效果有限。这样邀请名人代言可以彰显企业实力，快速切入市场，但只能短期促销，后续推广与传播一定乏力。

3. 如何看准明日之星

2004 年，雅典奥运会期间，耐克策划的刘翔夺冠系列广告又大获成功。耐克再次展现巨星尚未绽放光芒就"先下手为强"的市场预测能力。

刘翔脚踏耐克

耐克有两个市场部：品牌市场部和体育市场部，品牌市场部主要负责广告与公关事务，体育市场部负责体育界的一切事物服务签约运动员，每月向总部订货以满足运动员一年四季的装备要求，全面了解体育界，发掘明日之星。耐克的公司架构是其签到明日巨星的保证。

耐克体育市场部的员工成天奔波在训练场上，与运动员关系密切，日常积累的关注与观察使得耐克能慧眼识英才。耐克体育市场部的李彤原是耐克曾经签约的田径运动员，后入耐克服务。李彤利用对田径界的熟悉为耐克提供签约参考，因为是刘翔的同门师兄，李彤很了解刘翔的实力与潜力，所以刘翔很早就进入耐克的视野。2004 年 5 月下旬，耐克把名将迈克尔・约翰逊请到中国，当时约翰逊感觉刘翔的状态很好，耐克根据这个事实大胆拟定奥运刘翔方案。活动 6 月份开始策划，7 月下旬开始全面推广，通过公关和网络，中国队到雅典前 10 天推出广告。耐克还在新浪上设计了刘翔新闻中心，刘翔得金牌后有 3 000 万人上去浏览刘翔的一举一动。"明日之星"的熠熠光辉在最准确的时间照耀了耐克的品牌，这个无价的回报就是耐克体育市场部全部努力的成果。

结　语

合理的营销架构促使耐克在发展过程中不断审视自我、修正自我、扬弃自我。70 年代，耐克确定了外包机制，拉出了"哑铃型"营销架构模式中细长的杠杆部分；80 年代，耐克重视产品的技术创新与概念创新，加重了"哑铃"模式营销起始端的重量；90 年代，耐克对体育明星炉火纯青的运用令其在营销终端获得"哑铃"的平衡。营销架构中所体现出的三大关键词外包、创新和名人，是耐克长期在市场制胜的核心要素。

奥运会充满个性、多元冲撞，牵动全球的神经，奥运会拥有全球性、持续性、综合性、超大型性、文化内涵高、筹办时间长、投资巨大、参与人员广泛、竞技水平高等特点，成为具有巨大社会、经济、政治、文化等综合效应的活动，受到各国政府和商业集团日益广泛的关注。奥林匹克运动是全球性文化现象，也是全球性强势品牌，在商业、文化和社会效益上都取得巨大成功。

奥运会起源于希腊，奥运会蕴含丰富的文化资源，体现各地区、各民族、各种族及各文明之间的平等对话，展示了不同的思维方式、价值观念、宗教信仰、伦理道德、风俗习惯之间的自由交流。奥运会提倡竞争、公平、公正、团结、友谊，因此不断发展，生生不息。作为社会文化现象，奥运会已成为传奇品牌，风靡全球，成为兼文化商业于一身的奇迹。

品牌的主要特征是能带来利益，在这一点上，奥运非常出色，奥运品牌带来巨大的经济利益和社会利益，尤其能促进主办城市的经济社会的发展。

执笔：张洁。

一、奥林匹克的品牌效应

1. 对国民经济的影响

20 世纪 80 年代中期以来，奥运会开始按市场经济规律营运，对主办国的经济发展显示出直接的促进作用。参加奥运会的各种人员的参观与商业活动；通信、电子媒介方面的投入；赞助者的广告、展览等文化项目活动；外来观光者的开支；当地居民与奥运会有关的开支；奥林匹克纪念品的发售等经济行为都会带来直接的经济效益。1964 年，东京成功主办第 18 届奥运会，接待了 94 个国家和地区的 5 140 名运动员，使用卫星向全世界转播实况，日本人的新形象被世界接受，国民生产总值由奥运前的每年增长 10.1%，猛增到 26.1%，日本人称之为“东京奥林匹克景气”，经济学家称之为日本进入世界工业强国的里程碑。1988 年，汉城举办奥运，也试图借奥运带动经济起飞，1981—1988 年，奥运工程带来 70 亿美元的生产诱发效果和 27 亿美元的国民收入诱发效果。1996 年，亚特兰大奥运会给美国带来的经济效益约为 51 亿美元。

2. 创造大量就业机会

举办奥运要进行大量设施建设、经济的准备、社会的安顿，这些工作需要带来众多就业机会。

3. 促进市政建设

东京筹办 1964 年奥运会，投资 30 亿美元扩建城市公用设施和体育场馆，当时建成的成田机场和许多高速公路至今还是现代城市交通的典范。

慕尼黑原是比较古老的城市，甚至没有像样的比赛场馆。奥运会的主办使其焕然一新，完善了铁路和高速公路，新建了大量可作为城市景观的体育场馆，还建成奥林匹克公园和人工湖，慕尼黑一下子成为“欧洲明珠”。

为了举办奥运，巴塞罗那也大力改善城市环境和设施。1989—1992 年，巴塞罗那的道路设施增加了 15%，绿化带和海滨旅游区增加了 78%，人工湖和喷泉增加了 26.8%。

4. 提高主办城市的国际知名度

奥运会吸引许多运动员和游客，这些人会与家人朋友分享游历，通过奥运会节目电视转播，主办城市风貌也会遍及全球，成功举办奥运，会给举办城市带来有利的国际舆论。美国的亚特兰大，1996 年以前给人的印象停留在《飘》的故乡，申办时美国的新闻界说，亚特兰大是美国治安最差的城市，也是美国第一大毒城，美国著名专栏作家布鲁斯威尔森甚至说，亚城办奥运是“天大的笑话”，但亚特兰大借 1996 年的奥运会发展成为美国网络第二大的城市。东京、汉城、巴塞罗纳都因成功举办奥运会一跃成为世界著名城市，带动本国经济的发展。

5. 各种交流带来的商业契机

奥运会还会引发人口大量流动，带来经济机会。奥运会对企业知名度、产品的宣传都有巨大的促进作用，赞助奥运的企业可以借机展示新技术、新工艺、新材料、新款式。奥运会带来的交流将产生商业契机，促进经济的发展。

二、奥林匹克的品牌营销

与可口可乐、耐克、阿迪达斯等著名品牌完全不同，奥林匹克本质上是一个事件，品牌营销策略与众不同，通过品牌导向来组织行销。

1. 营销结构

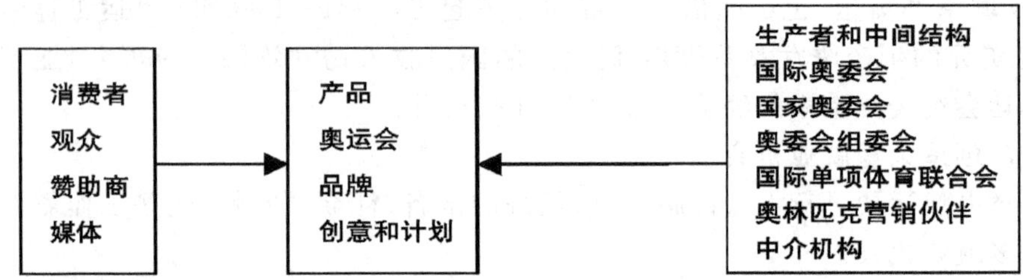

2. 营销策略

(1)品牌价值导向。1913年，国际奥委将口号"更高、更快、更强"正式作为奥林匹克格言。这六个字不单单是宣传，更蕴含丰富的意义。奥林匹克精神的普适性使其迅速渗透到人们的日常生活中，成为激励人们进取的座右铭。这是奥林匹克品牌的魅力所在。

(2)广泛的品牌延伸。奥林匹克是社会文化现象，无法落实为具体事物，需要借助品牌延伸来诠释原品牌的价值，丰富核心品牌资产。奥林匹克旗、奥林匹克运动会、奥林匹克火炬、奥林匹克标志、奥林匹克会歌、奥林匹克学院、奥林匹克邮票、奥林匹克场馆等实物的组合让人感知真实的奥林匹克。

(3)奥林匹克旗帜下的个人品牌。奥林匹克品牌下的体育明星，类似于企业品牌和产品品牌，像宝洁和潘婷、海飞丝的关系，双方互相促进、共享荣辱。奥运会是一个梦工厂，造就了一颗颗奥运明星，看着明星冉冉升起，体育爱好者们也得到了难忘的经验。

3. 营销活动

(1)赞助。奥林匹克为赞助商提供了强有力的营销平台，赞助商可以由此体验奥林匹克形象的力量。赞助商获得的广泛权益和机遇为其进行其他营销活动提供了更大的空间，有利于企业将奥林匹克精神结合进企业战略，提高企业文化，促进企业的长远发展。赞助的形式多种多样，可赞助比赛队伍和特定队员，可赞助奥运会本身，还可赞助相关的文化活动。

(2)电视转播。电视转播带来的收益是奥运会的财政基础，最近30年来，电视转播是奥林会最重要的收入来源。2004年，雅典奥运会电视转播收入高达15亿美元，占奥运会总收入一半以上。

(3)特许制。奥运会品牌管理者用品牌特许的方式来充分调动商业赞助，奥运会的主办权、冠名权审批非常严格，竞争十分激烈，一旦获得特许，就可以获得巨大的收益。

(4)门票。门票的基本目标是使最多的人能亲身体验奥林匹克的仪式和比赛，其次才是获得支持奥林匹克举办必需的财政收入，门票收入在总收入中所占比重越来越小。

三、奥林匹克品牌分析

(一)奥林匹克品牌资产与价值

与奥林匹克亲密接触，将带来不凡的体验。奥林匹克品牌的强势可用品牌资产和价值来衡量，表现为奥林匹克品牌的市场认同和民众认同。奥林匹克的品牌资产是基于市场力和基于消费者的品牌业绩表现。

1985—1996年，国际奥委会和国际赞助中心联合开展奥林匹克品牌认知度的跨国调查研究，结果显示，超过90%的公众认识奥林匹克的五环标志，在全球商业或非商业标志中，奥运会名列榜首，成为全球最知名的品牌。在国际体育赛事中，奥运会也排行老大，搭上这金色五环标志的商品，会引起63%受试者的购买兴趣。关于奥运会品牌价值内涵的调查结果表明，奥运会是青少年的典范、国家荣耀的来源、卓越表现的象征等多种价值的集合体。

借鉴大卫·艾克的品牌资产10要素以及英国Research International的品牌资产引擎来分析奥林匹克品牌，可得到下列三个指标：

1. 硬性指标

对于耐用品或消费品品牌来说，硬性指标表现为产品的功效、质量、耐用等。对于奥林匹克运动来说，硬性指标体现在一流的体育成绩上。毋庸讳言，奥运会赛场上，体育健儿们拼搏进取，挑照自我，挑战极限，用刷新的纪录纪录人类的拼搏史。奥林匹克代表人类最强最快最高的实力，这无疑说明，奥林匹克是一个高规格高层次的品牌。

2. 软性指标

(1)品牌联想。强势的品牌首先是一个丰富的品牌,能通过长期的品牌传播,使消费者从简单的名称或标志里萌发深刻、丰富的联想。例如,看到金黄色的M,想起汉堡和炸薯条,麦当劳小丑和温馨快乐的幸福时光。同样的,提起奥林匹克,让人想到五环旗、四年一度的奥运盛会、奋力拼搏的健儿、激烈的申奥大战,还有奥运奖牌。这些丰富多彩的联想构筑了奥林匹克品牌的丰厚资产与价值。

(2)品牌个性。强势品牌与普通品牌最大的区别是,前者拥有鲜明的品牌个性,后者相对平庸。历经百年沧桑,奥林匹克已沉淀出鲜明的特色,以至于人们谈起奥林匹克就会想起和平、团结、进取、超越的品格,奥林匹克倡导健康乐观的生活,这种生活为大众所认同甚至崇拜,积极向上的品牌个性使奥林匹克融入人们的日常生活,成为生活的一部分。

3. 市场指标

(1)社会价值。在奥林匹克主义的倡导下,全球体育爱好者人数日益增多,人们开展各种有益的体育活动,在锻炼身体的同时丰富文化生活。此外,受奥林匹克的影响,竞技体育活动也蓬勃发展,各国体育赛事络绎不绝。

(2)市场价值。奥林匹克还带来庞大的市场价值,出让电视转播权、门票收入、赞助都是收入来源,奥运会还是众多商业品牌抢夺的展示场合,企业激烈争夺"唯一"、"指定"名衔,争取在大众面前展示自己的机会,没有哪项活动能像奥林匹克一样强烈吸引企业。

(3)潜在价值。奥运会的潜在价值表现为奥运申办权争夺战,申办城市总是兴师动众,申办过程总是极尽能事,申办结果总是扣人心弦。这种潜在价值也体现在国家形象的提升,国际交流的加深,城市的建设和经济的带动上。以北京为例,在喜获2008年的奥运主办权之后,中国经济景气监测中心会同中央电视台《中国财经报道》对北京市民进行了抽样问卷调查。71.1%的人认为北京能创造直接受益,42.4%的人认为国家将是最大的受益者。在人们心目中,奥运已经不仅是体育,它带来更广泛更深远的效益。因为如此,在申奥和奥运会的开幕式上,国家元首都要亲临现场。

(二)奥林匹克品牌识别系统

按照大卫·艾克的"品牌精髓、品牌核心识别、品牌延伸识别"结构,我们获得一个清晰的奥林匹克品牌识别系统。

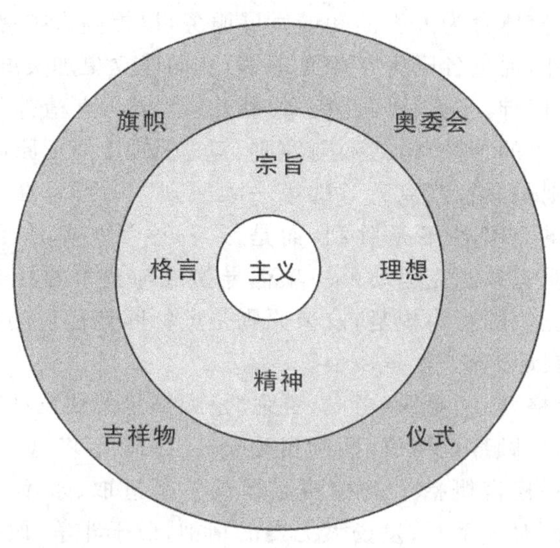

1. 奥林匹克的品牌精髓

奥林匹克引发一个世纪的风靡，表层原因可能是，四年一度的奥运比赛激烈刺激，扣人心弦，强大的可观性产生巨大吸引力。从深层次挖掘，奥林匹克的魅力在于其颇得人心的品牌精髓奥林匹克主义，和谐、奋斗的生活哲学。

通过对古希腊竞技体育和英国近代教育的研究，现代奥林匹克之父顾拜旦提出奥林匹克主义。顾拜旦称，奥林匹克主义是一种精神形态对奋斗、和谐的狂热崇拜，即表现为对自我超越和自我节制的追求。一位加拿大学者则把奥林匹克主义概括为对教育、国际理解、机会均等、公平竞争、体育运动独立、文化和美等七个方面的追求。这些阐述揭示了奥林匹克主义的实质源于体育的生活哲学。

奥林匹克主义融合体育运动与社会文化，强调提高人的体质、才智、道德、意志等多方面素质，提倡尊重基本公德，在奋斗中寻求乐趣，其最终目标是促进人类的和谐与进步。奥林匹克主义宣扬的友爱、平等、尊重、奋斗和拼搏已不仅囿于体育本身，而表达出对健康的生活形态的追求，这些主张顺应了时代潮流，具有顽强的生命力和感召力。

2. 奥林匹克品牌核心识别

奥林匹克品牌核心识别由最能反映奥运品牌精髓“和谐、奋斗”几个关键要素组成，包括奥林匹克宗旨（友谊、和平、进步）；奥林匹克精神（参与、竞争、公正、友谊和奋斗）；奥林匹克格言（更高、更快、更强）；奥林匹克理想（共建和平、美好的世界）。这些要素从不同侧面诠释了奥运品牌的精髓。

（1）奥林匹克宗旨。“友谊、和平、进步”是奥林匹克宗旨的高度概括。这一宗旨具体体现为:使体育为人类的和谐发展服务,以提高人类尊严;以友谊、团结和公平竞争的精神,促进各国青年相互理解,从而建立更加美好和平的世界。

(2)奥林匹克精神。《奥林匹克宪章》指出,奥林匹克精神就是相互了解、友谊、团结和公平竞争的精神,包括参与原则、竞争原则、公正原则、友谊原则和奋斗原则。参与原则是奥林匹克宪章的第一项原则。顾拜旦在1936年奥运会演讲时说:"奥运会的重要性不是胜利,而是参与;生活的本质不是索取,而是奋斗。"竞争原则表明奥林匹克运动是一项倡导挑战与竞争的社会活动;公正原则是参与奥林匹克竞争的行为规范;友谊原则是奥林匹克运动的目的;奋斗原则是奥林匹克精神的灵魂。

(3)奥林匹克格言。"更快、更高、更强"是顾拜旦的朋友狄东于1895年提出的体育教育口号,经顾拜旦提议,国际奥委会于1913年将这一口号正式定为奥林匹克格言。这一格言概括了奥林匹克运动不断进取、永不满足的奋斗精神。既指在竞技场上面对强手时,发扬大无畏的精神,敢于斗争,敢于胜利,也指在生活中永不满足,不断战胜自己,冲击新的极限。

(4)奥林匹克理想。奥林匹克提倡人的全面发展,提倡人类社会的和谐和公正,倡导建立和平美好的世界,这是大多数的共同追求。

近百年来,奥林匹克的发展充满坎坷,经历了两次世界大战、长期政治干扰、过度的商业化问题、业余和职业化问题、兴奋剂问题、规模过大和暴力事件等,但奥林匹克仍然朝着理想前进。奥林匹克淋漓尽致地展现人自身的力量:人可以跑得更快,跳得更高,变得更强;人类可以举办超级规模的奥林匹克运动大会,人类可以创造出尽善尽美、高度发达的运动场地设施,这一切充分展现人的强大。奥林匹克使人骄傲和自豪,鼓舞人们战胜人生征途上的困难,这是维系现代奥林匹克发展的精神力量。

3. 奥林匹克品牌延伸识别

品牌延伸识别是对核心识别的补充以及对品牌精髓的进一步诠释,奥林匹克的品牌延伸识别包括8个方面:

(1)奥林匹克运动体系。奥林匹克运动的活动内容是实现奥林匹克理想的具体手段和途径。通过国际奥委会与国际单项体育组织、各国奥委会以及各方面人士的密切结合,大胆创新与设计,逐步改善与完善,奥运活动的内容与形式丰富多彩。具体包括奥林匹克运动会、大众体育以及与体育有关的教育、科学和文化等活动。以奥林匹克主义贯穿,这些活动形成了具有鲜明特色的奥林匹克活动体系。

奥运会是世界规模最大的和最有影响的综合性运动,分夏、冬两季。夏季奥运会沿袭了古奥运会旧制,每四年一届,不管举行与否,届次照算。奥林匹克运动的其他重要活动主要包括各大洲的洲际运动会、伤残人奥运会等国际奥委会承认的竞赛活动。奥林匹克大众体育活动则主要是奥林匹克文化节，奥林匹克青年营以及每年都举办的奥林匹克日。奥林匹克文化节是奥运会期间的一个重要的文化活动，她将不同国家民族的文化艺术一同展现在世界人民面前；奥林匹克青年营使来自世界各地的青年，在奥林匹克的旗帜下，相互交流，相互学习，借以深刻了解奥林匹克运动的理想；奥林匹克日旨在促进大众体育活动的开展，扩大奥林匹克影响。另外还有为表彰一些为发展奥林匹克运动做出贡献的团体或个人而进行的颁奖活动。

(2)奥林匹克仪式。为了表达奥运会崇高的原则及理想，顾拜旦亲自设计了奥运会仪式，这些仪式深具教育意义，帮助人们理解奥林匹克主义。奥运会的主要仪式可分为三个部分：开幕典礼、颁奖典礼、闭幕典礼。在开幕典礼上，运动员、裁判员及国际奥运会新任委员代表要进行宣誓。这是古代奥运会的传统，敦促全体人员恪守奥运精神。在颁奖典礼上，发奖牌、升国旗、奏国歌是最激动人心、最神圣的场面，因为一个国家将在一个时刻同时受到世界数十亿人们的关注。

(3)奥林匹克标志。奥林匹克标志由五个奥林匹克环组成，五环自左至右互相套接，颜色分别为蓝、黄、黑、绿、红。五环的寓意是全世界的运动员在奥林匹克运动会上相聚一堂，象征五大洲的团结友爱。奥林匹克标志是顾拜旦提出的，1913年为国际奥委会批准，正式图样存放在国际奥委会总部。《奥林匹克宪章》禁止把奥林匹克标志用于一般的广告和其他商业目的。

(4)奥林匹克吉祥物。奥林匹克吉祥物是奥运主办国设计的卡通形象，用于表达该国人民对奥运理想的寄望。吉祥物能增添气氛，负载奥运寓意。

(5)奥林匹克圣火。奥运会期间在主会场燃烧的火焰即是奥林匹克圣火，自1936年起，点燃圣火被列为奥林匹克仪式，成为开幕式典礼的高潮所在。圣火火种取自古代奥运会发源地奥林匹亚，经由火炬接力传递，送达奥运会会场，点燃圣火即拉开奥运会序幕。圣火起源于古希腊神话普罗米修斯为人类盗取火种的故事，象征神圣、纯洁、完美、光明和勇敢。

(6)奥林匹克旗。奥林匹克旗又称五环旗，白底，无边，中央是五色的奥林匹克标志，五环旗的含义是"象征五大洲的团结，全世界的运动员以公正、坦率的比赛和友好的精神，在奥运会上相见。"

(7)奥林匹克会歌。奥林匹克会歌由希腊著名作曲家萨马拉斯于1896年创作，由希腊诗人帕拉马斯配词，是优美、庄严的古典音乐，歌词鼓舞人们从奥林匹克活动中追求人生的真善美。

(8)奥林匹克徽记。奥林匹克徽记由奥林匹克标志加上其他特殊部分组成，经常用作为各国奥委会的会徽、各界奥委会的会标、奥林匹克代表大会会标和国际奥委会全会会标。这些会徽、会标是奥林匹克标志与各国人文风情的结晶,象征各国人民对奥林匹克主义的理解和追求。

除此之外,奥林匹克品牌延伸识别还包括各级奥委会的权威形象和上任国际奥委会主席萨马兰奇,现任国际奥委会主席罗格的个人魅力。

(三)奥林匹克品牌传播

奥林匹克思想精髓还要通过多渠道、多方位的传播,才能为世界大众接受,从而成为名副其实的强势品牌。这些传播方式主要有:

(1)奥运会电视转播。每次奥运会都是一次全球性的体育盛会,而电视转播是传递奥运信息的最重要的载体。绝大多数人都通过电视才感受奥运精神。1997—2000 年的奥运会周期里,电视版权收入占奥运总收入的 50%。

(2)奥林匹克刊物。国际奥委会有专门机构出版奥林匹克刊物,最重要的出版物是《奥林匹克宪章》。《奥林匹克宪章》是国际奥委会为发展奥林匹克运动所制定的总章或总规则,为国际筹委会所承认的国际单项体育组织、各国(地区)奥委会遵循的总的活动规范。

(3)奥林匹克宣传画。在申办以及举办奥运会期间,申请国/主办国会印制大量奥林匹克宣传画,这些宣传画张贴在申请国/主办国的大街小巷,不仅增加奥运气氛和吸引力,更使奥林匹克主义深入人心。

(4)奥林匹克学院。奥林匹克学院 1961 年建于希腊的奥林匹亚。该学院通过举办研究班和召开会议的形式讲授奥林匹克历史、哲学及原则,传播奥林匹克主义,受训人员主要包括各国奥委会成员以及其他体育工作者。

(5)奥林匹克主题网站。据国际奥委会统计,20 世纪 90 年代以来,全世界有 12 万个以奥林匹克为主题的网站。国际奥委会、国际单项体育联合会和各国奥委会都相继设立了自己的官方网站。奥运会期间,悉尼奥运会官方网站的访问量达 2 000 万人,点击量达 30 亿次。

(6)奥运纪念币。为了配合奥运宣传,主办国被授权发行奥运纪念币,纪念币图案上采用奥林匹克标志、徽记、名称、吉祥物、奥运场馆设施等,这些图案的设计有效地宣传了奥运精神及主办国人文、历史、自然面貌。

(7)奥林匹克邮票。1896 年,奥林匹克纪念邮票和现代奥运会同时问世,在坎坷的现代奥运史中,邮票扮演极其重要的角色,用于筹款的附捐票曾一次次为奥运会提供强有力的财力支持,恢宏博大的奥林匹克精神则为奥运邮票提供了深远的内涵和丰富的素材。这些方寸艺术品被称为“体育缩影”,从侧面反映了一个国家和地区的体育风貌。

（四）奥运明星的个人品牌

在奥林匹克品牌体系中，最重要的是精彩的体育赛事和体育健儿们的精彩表演。体育明星就是成功的品牌，站在领奖台上享受成功喜悦时，这些明星就以非凡的实力赢得公众的认可，从而拥有忠实的体育 fans。受职业性质影响，体育明星品牌一诞生就带有强烈的正面形象为国争光、拼搏进取、充满活力。观看奥运比赛时，人们总是将运动员的发挥和国家荣誉联系起来，运动员的成败直接影响观众情绪，奥运明星品牌像产品品牌一样，给观众带来难忘的体验。

就像奥林匹克精神一样，奥运品牌是一个博大精深和永恒的主题，对它的挖掘、探索和实践也将为人类带来永恒的收益。

案例简介

1923年，迪斯尼兄弟动画片制作公司在洛杉矶成立，迪斯尼开创了动画世界，其经营范围包括电视、书籍、电影、广告、主题公园等。迪斯尼在很长时间里都是世界上最大的传媒娱乐集团，直至1996年被时代华纳取代。迪斯尼的儿童影视娱乐产品风靡全球，游乐园进入欧亚，专卖店每年吸引2.5亿顾客。2000年，迪斯尼的收入254亿美元，总资产超过436亿美元，雇员12万人，市值900亿美元。[①]

迪斯尼创造了许多优秀的卡通人物，唐老鸭、米老鼠的形象遍布世界各个角落，幸运兔子奥斯华、灰姑娘、白雪公主、爱丽斯、维尼熊等动画人物也受到热烈欢迎。迪斯尼还摄制了《狮子王》、《人猿泰山》、《花木兰》及《海底总动员》等全球流行的动画片。

迪斯尼拥有ABC广播公司、ESPN有线电视网、A&E、迪斯尼频道、福克斯家庭频道，还拥有生活频道、历史频道、Americas电视公司的大部分股份，在海外拥有Eurosport电视网、西班牙Tesauro SA等多家电视台、电台的股份。

1955年，迪斯尼结合动画片中色彩、魔幻等表现手法与游乐园功能，推出洛杉矶迪斯尼乐园。现在，迪斯尼拥有世界上最大的主题公园和游乐场，范围遍及美国本土、欧洲、日本、香港等地，主题公园的服务范围包括游乐、餐饮、旅馆。迪

执笔：王瑜。

① 苏元益：《圈地贵族》，浙江大学出版社2004年版，第35页。

斯尼还在日本东京、法国巴黎、中国香港开设主题公园，方便世界各国的消费者。

迪斯尼擅长延伸媒介品牌，将深入人心的动画形象嫁接到消费品上。在T恤衫上印制唐老鸭，将手表、玩具设计成米老鼠形状等。这些产品深受消费者(尤其是儿童)的喜爱，每年仅玩偶的营业额就超过10亿美元，利润近1亿。迪斯尼还成功将媒介品牌和消费品牌同零售品牌结合在一起，开设了600多家零售商店，还与成千上万家制造商和零售商建立特许关系，迪斯尼正在成为一个全球消费品的最终制造公司。

互联网方面，迪斯尼开设了Disney.com、EPSN.com、ABCnews.com、Go.com等，还控股Anaheim Mighty Ducks和Anaheim Angels两支职业运动队。

1.前期的迪斯尼

1919年，沃尔特在堪萨斯担任商品经纪人和商业艺术家，开始为动画做广告。1922年，沃尔特辞去广告公司工作，筹措1 500美元组建欢笑动画创作室，推出《灰姑娘》等多部受人欢迎的动画片。正当沃尔特踌躇满志时，欢笑动画的订货商"图书俱乐部"破产，沃尔特心爱的创作室倒闭。他离开伤心地，奔向好莱坞。1923年，沃尔特和哥哥罗伊凑了3 200美元重新创业，成立迪斯尼兄弟动画制作公司，这是迪斯尼王国的雏形。1927年，迪斯尼兄弟动画推出的《幸运兔子奥斯华》广受欢迎。然而由于发行公司人事变动，迪斯尼又一次经历了打击。20世纪20年代后期，美国电影处于无声片到有声片的转变期，沃尔特敏锐地抓住机会，四处筹款制作有声片，于1928年拍摄了第一部有声动画《汽船威利》，沃尔特亲自为主角米老鼠配音。该片获得巨大成功，沃尔特紧接着推出米老鼠系列影片，顽皮可爱的米老鼠受到全世界的欢迎。沃尔特接着结合动画角色和消费品，推出米老鼠冰淇淋筒、米老鼠手表、米老鼠墙纸、米老鼠麦片包装盒、米老鼠造型电影机等，从中获利无数。不久，沃尔特推出第一部彩色动画片《花与树》，放映即引起轰动，获得电影艺术科学院第一次为动画片颁发的金像奖。20世纪30年代的经济大萧条严重影响了电影，电影院为招揽顾客很少放短片，迪斯尼又受到沉重打击。沃尔特决定推出了动画长片，《白雪公主和七个小矮人》获得商业和艺术上的双丰收，票房创下空前纪录，并获得特别的金像奖1个带有7个小金像的金像人，迪斯尼的品牌迅速树立起来。这个阶段迪斯尼的作品还有《三只小猪》、《木偶奇遇记》、《幻想曲》和《小鹿班比》，这些影片风格迥异，艺术水准高，至今仍是人们喜爱的经典。

2. 战争中的动画

二战爆发，美国参战，电影发展不景气，迪斯尼也不例外。二战期间，迪斯尼的主要业务是制作政府需要的科教动画片，受美国政府委托赴越南进行文化宣传。二战结束后，沃尔特发现，迪斯尼长期和政府合作，与市场严重脱节，把握不住动画业的发展方向。战后短短一年，迪斯尼已负债累累。

3. 迪斯尼的黄金阶段

1950 年，迪斯尼推出战后首部动画长片《仙履奇缘》，这也是沃尔特的得意之作。影片票房成绩卓越，获 3 项奥斯卡提名和柏林影展金熊奖最佳音乐片奖。之后，迪斯尼又拍摄了《爱丽丝梦游仙境》、《小飞侠》等动画长片。1955 年，《小姐与流氓》把动画场景由幻想王国搬到现实社会中。短短十余年里，迪斯尼拍遍了所有童话题材，以王子公主为题材的《睡美人》、动物为主角的《101 忠狗》、改编自历史传奇的《石中剑》都大受欢迎；迪斯尼还拍摄了许多真人主演的动画电影以及大量关于野生动植物的纪录片。1950 年拍摄的《金银岛》是迪斯尼历史上第一部完全由真人主演的电影。实际上，启用真人是为了向动画作家施压，不料无心插柳柳成荫，真人动画非常受欢迎，1964 年，真人与动画人物合演的电影《欢乐满人间》上映，非常轰动，获得 13 项奥斯卡提名和 5 项大奖，迪斯尼东山再起。20 世纪 50 年代，电视开始普及，电视机进入寻常百姓家。迪斯尼认为电视可帮助动画片面向观众，因此十分重视相关应用。动画片投放电视后，表现出色，视觉效果良好，内容也吻合观众心理，一跃成为最受大众欢迎的娱乐节目，成为电视台的重要项目。把握住良好时机，迪斯尼影业的成功通过电视这一全新媒介得到放大。50 年代，沃尔特还实施了他最伟大的创意——迪斯尼乐园。1955 年，投资 1 000 多万美元的迪斯尼乐园在洛杉矶建成，一推出就受到了空前欢迎。[①] 沃尔特还希望在佛罗里达的奥兰多建造一座比迪斯尼乐园更好的城市，那里气候温暖，可以常年开放。不幸的是，1966 年，沃尔特突然发病与世长辞，迪斯尼的黄金时代落幕了。

4. 失去的 10 年

沃尔特逝世后，罗伊负责主持工作。1971 年，奥兰多迪斯尼世界开业。沃尔特关于未来城市的设想实现了。罗伊去世后，迪斯尼上演了争权夺利的窝内斗，沃尔特的女婿米勒获胜，1977 年，米勒出任公司总裁，但米勒选择了保守策略，挫伤了员工的创新进取精神，公司利润直线下降。总的来说，由于内耗严重，20 世纪 70 年代后期到 80 年代初期是迪斯尼“失去的 10 年”，公司徘徊在低增长甚至亏损的边缘，差点被人收购。[②]

① 所谓主题公园，就是园中的一切，从环境布置到娱乐设施，都集中表现一个或几个主题。

② 苏元益：《圈地贵族》，浙江大学出版社 2004 年版，第 45 页。

5. 神奇的 13 年(1984—1997)

1984 年,罗伊的儿子小罗伊在权力斗争中获胜,重返迪斯尼,公司内耗告一段落。随后董事会一致通过邀请迈克尔·艾斯纳和费兰克·威尔斯入主迪斯尼。迪斯尼进入艾斯纳威尔斯时代。

艾斯纳深知动画是迪斯尼的灵魂,他非常看重动画片,对动画片的大手笔投入带来丰厚回报。80 年代末 90 年代初,美国经济萧条,但迪斯尼逆市飘红。《美女与野兽》票房收入破 3 亿;《阿拉丁》票房达 3.5 亿美元;《狮子王》7 亿余美元的票房更令人咋舌,加上书籍、玩具、视听产品、主题公园,总创收超过 10 亿美元。艾斯纳在动画领域的另一重要决策是大胆运用新技术。1995 年获奥斯卡特别奖的《玩具总动员》使用了大量数字设计,是第一部故事片长度的计算机动画影片。除了动画片,艾斯纳也非常重视普通电影的制作,他把电影纳入长期发展计划,首先通过小成本影片来启动迪斯尼普通电影门类,实现自给的持续发展,《贝弗利山的落魂》和《无情的人们》都获得巨大的成功。艾斯纳努力提高电影的质量,电影部门发展迅速。艾斯纳也非常重视迪斯尼乐园的经营,1987 年,迪斯尼乐园全年的营业额占公司年度利润的 70%。艾斯纳充分利用新推出的动画形象,不断在乐园内增加新的动画明星;同时高薪聘请娱乐界的精英,设计新奇、刺激的娱乐节目,不断更新娱乐设施,以吸引回头客。因为大部分游客都远道而来,住宿也是一笔很大的消费,艾斯纳投入巨资,在乐园内建起主题宾馆,宾馆建筑与乐园融为一体,置身其中,仿佛生活在童话世界,迪斯尼的品牌再一次得到延伸。1995 年,迪斯尼以 190 亿美元的高价收购美国广播公司,在其电视网上推出《谁想当百万富翁》节目,节目取得优秀的收视率,随之带来高额的利润,广告收入激增。这个节目成为迪斯尼的王牌节目。迪斯尼还投资 ESPN 电视网,ESPN 是全球最大体育电视网,对欧洲四大足球联赛和欧洲冠军杯的转播为它赢得了全球美誉。ESPN 现在已经是足球经济不可或缺的部分,这得益于迪斯尼强大的资本支持和高水平的专业节目制作及推广能力。

6. 迪斯尼的困难时期

90 年代末,网络经济高速发展,迪斯尼也从传统媒体向网络媒体转型。1998 年,网络经济高峰期,迪斯尼购买了搜索引擎 infoseek 并开展互联网业务,以搜索引擎为基础建立 go.com,与雅虎及美国在线等门户网站展开竞争。这一战略遭到失败,电影的发展也受到挫折,制片公司利润锐减,经济衰退和 9·11 事件更使迪斯尼受到沉重的打击,9·11 事件后,人们害怕坐飞机或出现在人潮涌动的场合,这严重降低了主题公园的入场率,迪斯尼陷入了困境。

总的来说,迪斯尼是经营欢乐的公司,它提供的不是有形的可见的商品,而是对消费者精神需求的满足。迪斯尼在产品定位、品牌营销、品牌延伸、用人之道等方面都有成功之处。

产品定位

消费者需求指在拥有货币、具有支付能力的前提下，消费者在一定时期内愿意购买一定数量的商品服务的欲望和能力的总和。[①] 消费者需求可以分为显在的需求和潜在的需求，潜在需求指表面上消费者对产品和服务没有需求，但消费需求潜藏在消费者的意识中，消费者并未发觉或意识到，但由于没有经济支付能力而暂时无法实现的需求。如果条件成熟，这种需求就会转化为显在的需求。物质匮乏，产品供给远远不能满足人们的需求，人们的显在需求表现为物质需求，精神需求还处于潜在需求。物质产品丰富，物质需求得到满足，人们的需求就转向精神需求，精神需求要从潜在变成显在。人们也开始追求高雅、健康、快乐、休闲，生活节奏加快，压力不断加重，人们对精神享受的需求会越来越大，人们消费时不再仅注重商品的使用价值，而更注重情感的满足。迪斯尼把娱乐具体化，把欢乐作为商品来经营，实现了产品主题与时代主题的高度融合，把欢乐带给了千千万万的人，把欢乐带到世界各地。迪斯尼把产品定位在销售欢乐，首先以孩子为目标消费者，这也唤醒了成年人对童年时代的回忆。迪斯尼以他的欢乐世界，治疗或者安慰精神有问题的人，他所做的比精神病医生还要多。[②] 在迪斯尼，返老还童是可能的，迪斯尼的作品影响范围很广，适合从咿呀学语的儿童到白发苍苍的老人，迪斯尼的影片适合家庭共享，迪斯尼通过其出色的作品把男女老少都连接在一起，把欢乐带给所有人。

品牌策略

企业竞争已从产品转向品牌，商品高度同质化让企业意识到品牌的重要性。成功的品牌不仅带来巨大利润，也为企业赢得信任和赞誉，品牌是企业制胜的法宝。

打造品牌需要长期努力，品牌凝聚科学技术、营销传播、企业管理和文化内涵等多方面内容。产品是品牌的基础，先要在产品基础上确立合适的品牌名称，传播产品品牌的特征和含义，便于消费者认同和购买。名称是产品的符号，名称一般都概括反映和描述产品的特点、功能、性能、成分，不仅是消费者用来识别产品的标志，也能刺激消费者的心理活动。提起迪斯尼，人们头脑中可能立刻浮现

---

① 彭程、武齐：《迪斯尼营销：销售欢乐的成功法则》，中国经济出版社 2003 年版，第 7 页。

② 彭程、武齐：《迪斯尼营销：销售欢乐的成功法则》，中国经济出版社 2003 年版，第 13 页。

出可爱活泼的米老鼠、喋喋不休的唐老鸭、大智若愚的三只小猪等，这些亲切的卡通形象不仅给人带来欢乐，也使迪斯尼享誉世界。众所周知，迪斯尼的名称来源于创始人沃尔特·迪斯尼。以人名命名使消费者将人与物联系起来，迪斯尼有鲜明的商标：两只圆圆的大黑耳朵，一双充满神奇的眼睛，一个小丑角的黑鼻头，一张滑稽上翘的大嘴里装着一个诱人的小红舌头；它身着红马夹，下穿红短裤，脚套黄袜子这就是米老鼠，它的头像与手写变形体"Walt—Disney"组合作为迪斯尼的标识，成为世界上最著名的商标之一。迪斯尼的商标设计既有图案，又有文字，鲜明生动、形象活泼、构思新颖、风格独特。

迪斯尼始终坚持精品策略，特别重视产品质量。打造成功品牌，高质量是必需的。质量是品牌众多内涵之一，也是品牌的重要基础。高质量才能赢得消费者的信任，不断提高产品的质量，品牌才能赢得持久的生命力。细微之处更能体现精品的价值，迪斯尼追求完美，执著于每一个细节，全盘体贴客人的点滴需求。迪斯尼的动画世界由成千上万张图片组成，充满大量细节，迪斯尼充分关注这些细节，打造好每一个细微之处。迪斯尼坚持全员高质量信念，全面重视质量管理，坚信质量和细节的重要性。员工发现迪斯尼世界的旋转木马偏离中心 2 厘米，迪斯尼坚持把它拆掉，因为考虑到，成千上万的游客会拍照，带回家的照片将展示不完美的经历，这会损害迪斯尼的品牌形象。迪斯尼用完美的产品证明自己过硬的产品质量，迪斯尼知道投入的资金会以客户的满意和员工的忠心为回报，这种投入方式已经收到预期的效果。

产品质量是品牌的基础，品牌文化才是品牌内涵的关键，品牌文化是以品牌产品为载体的高层次营销文化，是企业文化的延伸，[①]品牌文化反映与众不同的文化价值并产生巨大的文化附加值。消费者不仅注重商品的使用价值，而且追求文化价值，品牌文化附加值能发挥巨大的作用。与其他品牌不同，迪斯尼经营的就是文化，迪斯尼先有文化，再制造产品。迪斯尼的文化特征就是欢乐、休闲、轻松，让所有人享受童年的快乐、天真。电影作品、主题公园、电视频道、动画形象、员工、设施、管理等都是迪斯尼文化的组成部分，提起迪斯尼，欢乐气氛扑面而来，消费者游乐中接受迪斯尼文化的熏陶。

迪斯尼是一个丰富的品牌，产品类别多样、范围广泛，这给品牌发展带来巨大风险。品牌延伸失败，将给整个企业带来巨大的灾难；延伸成功，将给品牌带来活力，使品牌更持久，生命期更长。迪斯尼不仅在同类产品中实现延伸，其品牌成功地延伸到其他产品类型上。在品牌发展过程中，迪斯尼始终注意创新，开发新产品不断满足消费者的需求，完善老产品，对旧产品进行新开发，或挖掘新

---

① 彭程、武齐：《迪斯尼营销：销售欢乐的成功法则》，中国经济出版社 2003 年版，第 23 页。

价值，或赋予新内容，使产品重新焕发活力与生机，既吸引新顾客，又巩固老顾客。迪斯尼创作的众多动画形象就是其不断创新的有力见证。米老鼠的成功使迪斯尼走上辉煌的发展道路，米老鼠之后，迪斯尼不断创作开新的卡通形象来丰满迪斯尼王国，扩展迪斯尼品牌；从无声电影到有声电影，从动画电影到真人电影，从电影到迪斯尼乐园，每一步都体现迪斯尼的创新思想。迪斯尼的创新不仅表现在产品上，也体现在其经营模式上。迪斯尼采用特许经营方式进行有效的大规模的品牌扩展，[①]通过出售特许经营权，获得特许经营费，把企业的品牌、技术等专属权转让给受许者，这也是个创新。

用人之道

迪斯尼的成功是员工共同努力的结果，迪斯尼充分意识到这一点，十分重视员工培训，甚至为此建立了一所“大学”。

迪斯尼大学拥有漂亮的校园，课程以严格著称。新员工先要上迪斯尼大学，在“第一号传统”课及格后，才能接受专业训练。从迪斯尼大学毕业后，新员工才能单独接待游客。每个新员工，上至高级管理人员，下到临时职员或导游，都必须在上岗之前进行培训。培训按照典型的迪斯尼方式进行，不仅教授具体技能，更促动员工深入理解企业文化。迪斯尼强调使新员工感到自己的努力对企业有重要意义，让员工感觉企业的关注，帮助员工获得自信。迪斯尼使用各种方式表扬和鼓励员工，通过明确工作职责来提高员工的敬业精神。迪斯尼把员工的培训当作未来投资的一部分，通过这种方式不断提高企业的竞争能力。

团队合作也是迪斯尼成功的重要因素，迪斯尼一直提倡团队精神，这也体现在迪斯尼的作品中。迪斯尼坚信，团队合作，可以提高解决问题的能力，有利于企业的长远发展。迪斯尼还善于激发员工的灵感，使用集体的智慧，给员工表达意见的机会，碰撞中产生伟大创意。在迪斯尼，人们齐心协力，用智慧和努力创造欢乐、销售欢乐、传播欢乐。

经营快乐，开启人们失落的童心是迪斯尼的核心竞争力。人生有多长，对快乐的追求就会有多长，快乐是人们永远的需求。童年的快乐又是那么纯真，烂漫，谁不向往？迪斯尼发掘出人们对这种快乐的向往，通过动画把人们带到一个奇妙的世界，创建主题公园，将这个童话般的世界实体化，让人们身临其境，重新得到快乐。迪斯尼创造快乐，把快乐带给千家万户；迪斯尼创造梦想，让千千万万的人梦想成真。

---

① 彭程、武齐：《迪斯尼营销：销售欢乐的成功法则》，中国经济出版社 2003 年版，第 81 页。

案例简介

宜家(IKEA)是瑞典家居用品企业,创立于1943年,起初经营文具邮购、杂货,后以家具为主业,产品扩展涵盖各种家居用品。

和许多白手起家的成功企业一样,宜家也经历了从小到大,由弱到强,从地域到全球的发展过程。1943年创业时,宜家只有少量的文具邮购业务及一个杂货店,商品种类繁多,没有主打业务。这个时期,宜家依靠低价战略开拓市场。1958年,宜家涉足家具零售,业务很快发展到挪威、丹麦和瑞士,宜家实现从杂货店到家居用品店的转型,制定了许多开创性的经营与销售策略,宜家迅速发展。20世纪70年代起,宜家开始全球扩张。1974年,宜家成功进入家居用品全球最大的市场德国;其后,又成功进入加拿大、荷兰,1985年,宜家成功进入美国;1987年,宜家成功进入英国,这三个国家成为宜家最重要的市场,宜家帝国的雏形开始显现。90年代,宜家帝国崛起,发展迅猛,10年内新建商场69家,超过了70、80年代的总和,其销售网络触及占据世界绝大部分人口的北半球,同时开始接触中国大陆市场。2001年,宜家拥有110亿欧元收入和超过11亿欧元的净利润,成为全球最大的家居用品零售商,还赢得Interpand发布的Top100全球最有价值品牌中排名第44位的荣誉。

宜家在44个国家和地区拥有8.4万员工和186家连锁企业及特许经营店,

执笔:安琪。

销售 12 400 多种商品，拥有 1.2 亿相对固定的消费者。宜家成为无可争议的家居业巨无霸，成为 20 世纪少数令人眩目的商业奇迹之一。

家居用品反映生活方式与生活质量，不同地区不同民族的消费者对家居用品的需求不同，家居用品特有的功能和艺术形象潜移默化地唤起消费者的审美情趣。宜家认为，家居用品非常重要，因为家是港湾，应该让家庭成员感到温馨快乐，家居产品要给人家的感觉，营造令人舒适的居住环境。

经济发展，人们对生活品质的要求逐渐提高，家具逐渐成为生活品质的象征，家具广告的发展也大致经过了以下三个阶段：

(1)设计产品、推广产品阶段。在这个阶段，家具广告单纯靠产品外形来吸引消费者，产品独特的设计是最好的广告；

(2)设计展厅、宣传形象阶段。家具存在于空间中，家具与周围的空间环境相辅相成，设计师认识到这种关系，展示家具时精心设计空间元素，丰富家具的感官感受；

(3)设计生活、创造生活概念阶段。经济发展，家具成为生活品位、生活态度的象征，消费者期望家具能负载深远意义，家具广告开始提倡生活概念。

宜家拥有许多独特的经营理念，从一开始就塑造平民形象，以大卖场的形式贩卖家居产品，将少数人享用的奢侈品改造成大众产品，成功吸取大型零售企业的经验。“既要让消费者买得起，又保证他们买得好”是宜家的独特定位。宜家即控制品牌又控制成本，创造品牌，使品牌覆盖全球，其产品研发、供应链、物流等方面也有独特之处。宜家倡导的娱乐购物的家居文化潜移默化影响了许多消费者，它的品牌文化和品牌精神是无法被其他竞争对手所模仿的。

一、宜家的营销组合策略

根据 4P 理论，本部分着重考察宜家的产品、价格、促销、渠道，具体分析宜家的营销策略。

(一)产品

1. 产品定位

宜家不单是家具企业，而是家居企业，其产品除了床、沙发等大件家具，还包括许多家居配件，宜家提供家居生活需要的大部分物品，床柜桌椅、锅碗瓢盆，装点室内的相框、盆栽、玩偶等，应有尽有。

宜家的所有产品都独立开发设计，产品风格强调“简约、自然、清新、设计精良”，继承北欧家具的历史传统又有现代感。宜家认为自己产品消费者应该在25～45岁，主要是想要高品位生活又付不起高价格的年轻人。迎合年轻消费者对流行时尚的关注，宜家设计产品时强调时代感，不仅体现流行，更带动流行。为了降低价格，宜家努力节约成本，让消费者自行提货自行运输组装，满足消费者的低价需求。宜家的产品确实美观实用、价廉物美。

宜家的产品定位贯穿在设计、生产、销售全过程。为了贯彻定位，使品牌及专利产品覆盖全球，宜家坚持自主设计产品，每年有100多名设计师疯狂工作以保证“全部的产品、全部的专利”。

在欧美发达国家，宜家主要面向大众；到了中国之后，其目标消费者相应调整为大城市中相对富裕的白领阶层，定位为价位相对较高但很有品位的家居企业。适应当地情况的定位让宜家顺利地进行全球扩张。

2. 产品特点

(1)种类丰富，组合齐全。宜家有两万多种产品，拥有3条产品线：宜家办公、家庭储物、儿童家居，包括：装饰物、浴室用品、床、沙发、坐凳、儿童用品、厨房餐具、书桌和工作台、厨房用品、灯、地毯、储物配件、储物家具、纺织品、桌子等十几大类。宜家还有许多子品牌：Sandomon沙发、Expedit书柜、Faktum橱柜、Moment餐桌，小小的香槟杯都有Julen品牌。通过组合，宜家产品可满足消费者的实际生活需要，构建客厅、卧室、餐厅等不同的生活场景。宜家还生产儿童家居用品，覆盖儿童一切活动。产品组合在卖场中的陈列不仅方便消费者选购，也起到提示作用，刺激购买，促进销售。

(2)创意独特，设计人性化。宜家产品的设计充分体现人性化，注重环保健康，尽量使用天然原材料。宜家产品的造型不仅考虑方便舒适，也讲究新颖美观。例如，宜家的儿童家具上没有尖角，使用柔和材质，防止孩子撞到产生危险。

(3)控制成本，价格低廉。宜家严格控制成本，杜绝浪费，其产品价格比竞品低30%～50%，以最低的价格获得最高的质量。宜家让消费者自行包装自行运输自行组装，使价格大幅度降低，年轻消费者也乐于牺牲以此换取低价格，动手省钱。

（二）价格

1. 价格策略

低价是宜家吸引消费者的主要原因，低价战略是宜家核心战略。宜家不断降低成本，从而降低价格，赢得市场。仅有精美设计和实用功能并不能造就营销神话，宜家的低价战略为其大众化销售定位奠定了坚实的基础。

(1)微利原则。宜家的微利原则长期贯穿于经营中，宜家认为，以普通大众为目标消费者，就要以微利为原则，企业不应满足于比竞品低的价格，而要最大限度地追求低价优势，用比竞品低得多的价格形成竞争壁垒，宜家产品要具备难以抵抗的低价，让消费者不得不买，还要让消费者坚信自己买的东西物超所值。

(2)先定价，后生产。宜家使用矩阵定价法来定价，把所有产品价格填入价格矩阵格，寻找空格市场空白，发掘有市场价值的产品组合，给产品寻找市场空间。结合市场调查的结果，在定价的基础上确定成本，目标是要比竞争对手价格低30％～50％，然后按照确定的价格来决定材料和工艺。设计产品前就设定了较低的销售价格及成本，在成本内尽可能做到精美、实用，这种定价模式打造了宜家价廉物美的竞争优势，成为其标志性策略。

(3)统一价格管理。宜家坚持统一定价，坚持价格面前人人平等，坚持由商店直销，对大宗购买消费者也不提供让利，从不因为批量购买而打折。宜家坚持统一价格有两个原因：产品已经是绝对低价；保证对产品价格、销售纪录以及专利权的维护。统一价格策略不但未影响产品销售，反而树立了宜家坚定统一的形象，使其得以成功对抗恶意价格战。

2. 低价来源

宜家主要通过以下4个措施获取价格优势：

(1)成本意识及设计理念。成本意识深深融入于宜家的经营中，融入宜家员工的工作中。宜家除了在生产环节上把握成本，在流通中也十分注重节约，这是其成本意识的延伸，这不仅贡献利润，也推广了良好的公众意识。产品设计上，宜家坚持“同样价格的产品采取设计成本最低的方案”，但这以产品质量为前提，不但能有效降低成本，还能促使设计师在比较中寻求新颖的创意。

(2)供应商选择。原材料成本是产品成本最主要的部分，宜家因此关注原材料成本控制。通过选择供应商，宜家控制了原材料产地价格和劳动力价格。宜家现有55个国家约1 800家供应商，在中国、印度、印尼、泰国、波兰等33个地区设有43个贸易办事处，这些地区的工资大体比较低。宜家鼓励供应商之间相互竞争，在保证质量的基础上以最低价控制成本。宜家还倾向于采购原材料，而非半成品，将可预见成本降到最低。

(3)包装方式。宜家率先实行平板包装，1956年，宜家一名设计师注意到，消费者将桌子塞进车里时非常费劲，可拆卸的桌腿能有效解决这一问题。设计师由此得到灵感，开始设计可拆式家具。从那以后，宜家的大部分家具都可以拆开装运。平板包装方便消费者自行运输，最大限度利用了集装箱的空间，降低了运送成本。

(4)卖场自建。宜家喜欢自建卖场，相对于租借场地，自建卖场从长远上能减少支出。例如，在上海，宜家投资 6 000 万美元修建卖场，将租借场地退掉。根据计划，宜家未来的卖场也将全部自建。

几近苛刻的成本管理保证宜家的低价策略的实施，使价廉物美成为现实，这也帮助宜家打造了独特利益点，使其深受消费者青睐，逐渐成为家居业的领军企业。

（三）促销

1. 透明营销

促销时弄虚作假或者一味吹嘘，这只会让消费者缺乏安全感，不敢放心消费。宜家尽量让消费者了解产品的价格、原材料、功能等信息，主动披露消费时的注意事项，让消费者充分比较，放心购买。例如，宜家的四季被清楚标注："四季被，三被合一，一层是温良舒适的夏季被，一层是中暖度的春秋被，你也可以把两层放在一起，成为温暖的冬季被。被芯填料：65％鸭绒，35％鸭毛，被芯外套为100％棉。可在 60 度温水中清洗，也可以用干衣机甩干。"

宜家产品在卖场展示时都提供测试器，例如，橱柜柜门和抽屉上都会附上测试器，显示该产品开关的次数，用具体数字揭示产品的牢靠和耐用。

宜家还鼓励消费者"拉开抽屉，打开柜门，在地毯上走走，或者试一试床和沙发是否坚固。这样，你会发现在宜家沙发上休息有多么舒服"，轻松自在的购物环境让许多习惯了"样品勿坐"的消费者感到舒适和愉快，像在家里一样安心浏览选购。

2. 目录展示

目录营销是宜家打开市场的重要手段，宜家通过直邮或者发放产品目录来促销。每年，宜家的设计师和摄影师都会按精美家居杂志的标准来制作产品目录，详细提供来年所有的新产品和将打折的产品，注明详细信息，展示陈列出样板间的布置、颜色等细节，介绍居室布置的相关知识。目录不仅发放给进卖场的消费者，还发放给人流量大的快餐店和百货门口的行人。让消费者把目录带回家，也为消费者提供家居设计参考，传播宜家的家居理念。

3. 人性化关怀

宜家对于消费者人性化关怀体现在许多细节上，让消费者直接感受宜家的企业文化和企业精神，感受宜家的瑞典生活方式。

(1)卖场的人性化布置。在宜家商场中，店员不会喋喋不休的介绍产品的益处，而是安静等候消费者的询问，让消费者静心浏览选择。宜家的卖场设计极其规范，商场地板上有箭头指引消费者按最佳顺序浏览。主通道旁边为展示区，展示区的深度不会超过 4 米，以免消费者往返折回。展示区按照客厅、饭厅、工作室、卧室、厨房、儿童用品和餐厅顺序排列，尊重消费者习惯，有利于整体展示，也有利于诱使消费者购买。

(2)针对消费者实际情况提供帮助。宜家卖场里有专人照顾小孩，设有儿童娱乐中心，以方便带孩子的消费者；卖场每层电梯口都有个大架子让消费者寄放已经采购的东西，架子上提示牌醒目写着“您累了吗？请把东西放在这里”；宜家的店打烊很晚，以方便上班族下班后购买；宜家卖场里还设有咖啡厅及瑞典小吃……这些细节体现了宜家对消费者无微不至的关怀。

(3)售后人性化。宜家大部分家具可拆分，设计师设计时都动手安装过，产品包装中提供工具帮助安装并配备有指导手册或宣传片，这增加消费者的购物体验。宜家产品还附有退款声明，提醒消费者保护自己的权益。

4. 企业文化宣传

宜家打造家居文化，开创了家居行业的新时代，把有形的“家具”上升为无形的“家居”，引导大众家居理念。

(1)家居文化。通过大量投放精美的产品目录，宜家向已有的和潜在的消费者展示了产品的特色。宜家“更多更好更便宜”的产品获得消费者的青睐，其精巧的样板间设计和家居组合也给许消费者以启示，提升高了消费者的欣赏水平，灌输了先进的消费理念。宜家提倡“平民的价格，贵族的享受”，追求产品品质与价格的完美结合。在中国，“吃麦当劳，喝星巴克咖啡，用宜家家具”成为风尚，成为小资阶层消费文化的重要组成部分。

(2)自助消费文化。宜家提倡 DIY 自助服务，宜家让消费者通过体验来了解产品特性。购买产品后，消费者要自己运输回家，还要动手组装家具。消费者可以体会到动手的乐趣，享受创造的成就感。DIY 文化是对商业消费文化的创新，是宜家文化的独到之处。

(3)环保文化。宜家注重树立良好的公众形象，注重环保，在产品开发、原材料的选择、产品包装运输等环节上贯彻绿色环保思想。例如，选择原材料时，尽量不破坏自然资源，开发环保型产品；在产品开发上，宜家提倡充分利用材料，减少浪费，不使用危害人体健康和自然环境的材料；在产品包装运输上，宜家尽量增加单位包装数量，节省包装材料。宜家还和瑞典环保组织合作，举办了系列环保活动，促进民众环保意识，树立良好公众形象。

(四)渠道

1. 连锁经营

宜家独立开设卖场，直接向消费者销售自行设计生产的产品，控制产品的终端销售渠道。宜家坚持连锁经营，以消费者为中心，通过统一商品、统一价格、统一服务，以相同的模式统一管理各卖场。在宜家的连锁经营中，作为连锁系统的核心，总部对连锁店从商品的生产到销售的全过程进行统一管理。这使宜家能够将家居理念贯穿于运营过程中的每个环节，使全球各地的宜家保持统一的风格。

2. 直销式渠道管理

宜家用直销方式来管理渠道，完全控制产品价格、销售记录、专利权及整个销售体系，不开设批发业务，大宗团购也不打折让利。同连锁经营一样，这样的直销提倡"价格面前人人平等"，有利于品牌的统一管理，保持了品牌形象的统一。

二、宜家在中国

宜家与中国的接触最早可追溯到20世纪70年代，1973年，宜家就在中国采购产品，1975年，宜家在香港开设了第一家特许经营店，1977年，宜家参加了广交会。但直到1998年，宜家才正式进入中国，在上海开设了中国的第一家店铺，1999年，宜家在北京正式开业。2003年，进入中国五年后，宜家自己建造的第一家标准店在上海正式开张。2005年后，宜家每年在中国新开两家商店。由于中国国情特殊，文化上和经济水平上的差异使宜家在中国的发展遇到许多问题，宜家在中国的发展机遇与挑战并存。

1. 存在的差异

(1)消费习惯的差异。消费水平的差异是宜家进入中国最主要的问题。在中国，宜家的价位相对偏高，中高收入阶层才能负担，在许多中国消费者眼中，宜家是无法问津的奢侈品。对于以低价为其主要竞争优势的宜家来说，价格这一武器成为障碍。在国外，私家车普及，宜家的卖场一般都建在郊区，消费者自己驾车到郊区进行批量采购。而在中国，大部分消费者尚无私家车，交通不便，把卖场建在郊区会严重影响消费者的访问，从而影响销售。

(2)消费观念的差异。宜家提倡自助服务，为了保证低价，最大限度地降低成本，大部分商品要求消费者自己负责运输包装和组装。在宜家的卖场里，工作人员不会主动介绍产品，主张消费者自己体验产品。然而在中国，大部分消费者已经习惯商家为了竞争而促销，家具行业一般都提供产品运送及安装服务，中国消费者并不认可自行运输安装产品。

(3)营销体系的差异。中国市场相当大，十分复杂，许多营销手段并不适用。在国外，宜家主要靠发放产品目录吸引消费者，在中国，产品目录无法在大范围内提高知名度。中国消费者不了解宜家品牌，消费者容易忽略未经详细说明的产品特性。语言、文化等方面差异也会给营销细节的调整带来障碍。

2. 策略上的转变

宜家原有的经营风格偏离了中国消费者的习惯，宜家应设法结合自身特色与中国本土特色，针对中国市场相应调整营销策略。

(1)定位的调整。中国消费水平不如发达国家，宜家应该调整面向大众消费者的定位。宜家的简约风格显然不适合追求品位和个性化的高端人群，也不适合成熟的中产阶级，更不适合计较产品价格的低收入阶层。中国大中城市以都市白领为代表的准中产阶级主要关注家居产品的个性、特色和品位，这些消费者拥有一定的收入，购物时候不主要考虑价格，随着经济的发展，这部分群体的数量在逐渐增长。针对这一阶层的消费特点，宜家调整了在中国的定位，获得了良好的市场效果。随着宜家文化在中国的传播，拥有宜家成为小资争相追逐的生活态度，宜家成为生活时尚的代表。

(2)产品的调整。由于生活习惯和产品定位不同，宜家的一些商品无法顺利打开市场，有些产品需求又无法满足。经过详细的市场调查后，宜家也适当调整了产品供应，保持产品原貌直接投入的做法，对产品进行适应和创新。例如，适应亚洲人的手形，宜家把亚洲地区销售的唐尼杯子调整得更小更轻，为中国消费者专门设计不同款式的筷子。

(3)价格调整。在中国，宜家主要面对中产阶级，但也不轻易放弃低价竞争优势，宜家希望其大众路线执行到底。宜家充分利用中国廉价的劳动力和丰富的原材料资源，最大幅度地降低成本，以更低的价格吸引更多的消费者，2003 年 9 月，宜家在中国销售的 1 000 种商品全部降价，降幅平均达到 10%，最大降幅达到 65%。

(4)促销手段的调整。中国市场十分大，消费群体数量是国外市场的好几倍，并且主要集中大中城市。宜家进入中国时，认为锁定的中高收入群体只是人口的一小部分，不代表大多数消费者，因此不使用昂贵的电视广告，仍然使用产品目录作为最重要的宣传手段。中国的消费情况迫使宜家调整了宣传策略，2002 年 9 月，宜家首次使用电视媒介，制作了名为《宜家美好生活》的电视短片，在北京和上海播出，该片向观众介绍家居装饰经常遇到的问题及其解决方法，广告口号是“改变很简单(Change Is Easy)”，让观众在轻松愉快的气氛中了解宜家的产品和服务。该促销手段的调整是在充分的市场调查后进行的，以帮助消费者更深入地了解产品，以“改变很简单”为口号，吸引想改变家居环境但又怕麻烦的消费者。

结　语

在中国，宜家已经逐渐成为时尚的标志，成为生活态度的象征，培养了相当一部分的忠诚消费者。宜家的差异化经营、体验营销及消费者导向等营销特色也给中国的家具行业许多启示企业应该明确自身优势所在，在保持优势的同时不断创新和改革，延伸和强化原有优势，从而让竞争对手无法模仿和超越，构建独特的核心竞争力。

——欧莱雅核心竞争力解析

法国欧莱雅是世界上最大、最国际化的化妆品生产公司。欧莱雅的事业遍及150多个国家和地区，在全球拥有283家分公司及100多个代理商，还拥有44家工厂、4.8万名员工。拥有护肤防晒、护发染发、彩妆、香水、卫浴、药房专销化妆品和皮肤科疾病辅疗护肤品等500多个品牌。到2002年，欧莱雅的利润连续第18年保持两位数的增长。2004年，欧莱雅在《财富》世界"500强"企业中名列第327位，全年营业收入158.78亿美元。欧莱雅在世界范围内树立了美容王国的形象。

1907年，毕业于巴黎化学研究所的欧仁舒莱尔研制出一种合成染发剂，其主要成分是从植物中萃取的色料，效果更自然，舒莱尔将产品命名为"奥莱雅(Aureol)"。舒莱尔走街串巷，向巴黎的理发师们推荐这个新产品。1908年，舒莱尔用800法郎成立了欧莱雅的前身——法国无害染发剂公司。1909年，法国无害染发剂公司改名为"欧莱雅(Loreal)，"欧莱雅"来源于希腊语"OPEA"，象征"美丽"。

舒莱尔聘请俄罗斯皇宫前理发师为销售代表，并到处做广告。舒莱尔意识到，没有名气就没有赢利，品牌是企业成功的推动力，他开始研究销售，试图把欧

执笔：龚玲。

莱雅大众化。为此，舒莱尔和"头发商人"及一名理发师创办了一份专业报纸《巴黎发型》。对于理发业其他方面的供货商来说，这份报纸也是很好的广告媒体。欧莱雅的销售不断上升，不断发展壮大。1912 年，欧莱雅远销荷兰、奥地利和意大利。1920 年，欧莱雅雇佣了 3 个药剂师，月营业额达 30 万法郎。舒莱尔十分重视广告，创造了新的广告形式——广告歌，发明了公共汽车车身广告。在法国，欧莱雅已经家喻户晓。1923 年，《欧莱雅公报》创刊，提供使用欧莱雅产品的建议，提出说服客户试用的充足理由。1924 年，《欧莱雅公报》已发行 4 万册，并发行辅助的小册子。1928 年，欧莱雅收购一家香皂公司，进军洗涤产品市场。1934 年，欧莱雅推出著名的多普洗发液，受到消费者青睐。1936 年，欧莱雅实行有限责任制。

1953 年，欧莱雅设立了科斯美尔公司，将其作为驻美代表，欧莱雅真正走向世界。舒莱尔 1957 年去世，其助手弗郎索瓦达勒接手担任董事长和首席执行官，拥有经营权，所有权归舒莱尔的女儿莉莉雅娜贝当古。所有权与经营权分离使欧莱雅管理层可以放手经营，保证了企业发展的持续性。

1963 年，欧莱雅上市，展开一连串的收购，将法国化妆品名牌兰寇收归旗下。随后几十年里，欧莱雅通过收购扩张品牌，1970 年，收购碧欧泉，1973 年，获得一制药实验室的控制权。1973 年，欧莱雅的著名口号"欧莱雅，我值得拥有!"问世。1979 年，欧莱雅创建皮肤病国际研究中心。1980 年左右，欧莱雅在美国的分公司科斯美尔取得赫莲娜化妆品公司的控制权。1984 年，欧莱雅收购 Warner 公司。1989 年，欧莱雅收购赫莲娜，同时取得理肤宝药剂实验室的控制权。同年，欧莱雅禁止旗下所有美容产品用动物做试验。1993 年，欧莱雅收购雷德肯实验室。1996 年，欧莱雅收购美国美宝莲。1998 年，欧莱雅收购 Soft Sheen 和 Carson 这两家主要以黑人为目标顾客的护发品公司，其合并为 Soft Sheen/Carson，研制适用于各人种发质的产品。1999 年，欧莱雅合并 Sanofi 和 Synthelabo，组成欧洲药剂第七大集团。同年，欧莱雅收购日本美宝莲，登陆日本市场。2000 年，欧莱雅实现历史性增长，利润达到历史纪录。2001 年 12 月 17 日的《金融时报》公布，由普华永道对全球 65 个国家所做的调查显示，欧莱雅是最受尊敬的法国公司。2003 年，《福布斯》杂志 4 月份公布了 2003 年全球 400 家最佳大企业，欧莱雅名列其中。这是该杂志连续第五年评选全球 400 家最佳大企业，2003 年是欧莱雅第四度荣登此榜。2003 年 7 月，《财富》杂志公布了新的全球 500 强，欧莱雅公司名列第 273 位，较上年飙升 42 位，是排名提升幅度最大的企业之一。

欧莱雅集团凭借强有力的科研实力，不断创新产品，对质量的要求精益求精，还拥有庞大有效的销售网络和先进的营销理念，通过百货、超市、免税店、发廊、药房及邮购等方式，把大众喜爱的高品质产品带到世界的每一个角落。

和人们想像的不同，核心竞争力其实颇为罕见。很多号称核心竞争力导向型战略的企业实际上是自欺欺人——只有小部分企业拥有核心竞争力。对于大多数企业而言，建立核心竞争力是当务之急。国外许多大型企业已经具备维系企业持久发展的核心竞争力，我国的企业可以引以为鉴，启发自身的核心竞争力挖掘和战略规划。中国的企业多为中小型企业，迫切需要建立核心竞争力并将其作为重要的发展战略。欧莱雅是世界上最大、最国际化的化妆品生产公司，其建立核心竞争力的经验值得借鉴。

1990 年，C·K·普拉哈拉德和加里·哈默尔首先提出“核心竞争力”概念，他们认为，使竞争力独树一帜的能力才可称为核心能力；随着全球经济一体化加强，企业的成功不再归功于偶然的产品开发或灵机一动的市场战略，而要依靠核心竞争力来推动；核心竞争力可表现在技术、生产经营、营销、财务、品牌等方面。例如，欧米茄手表以品牌形象主导核心竞争力；雀巢以创新为主；德国大众以人为本；联合利华实施集中战略，打造核心竞争力；家乐福海外扩张打造新型超市航母；贝塔斯曼内容为王，分权管理，合作致胜；三星整合知识资本，构建核心竞争力；现代依托自主创新，挑战世界 500 强。

顶尖的产品科研技术

企业核心竞争力由企业拥有的资源和能力构成，资源是建立核心竞争力的基础，没有资源，无法构建核心竞争力。能力可以按机构来划分：获取和创造新技术的研发能力（研发人员）；利用现有成熟技术生产顾客需要的产品和服务的制造服务工程能力（工程人员）；培育、利用工程技能和生产作业技能的作业能力（作业人员）。研发能力居主导地位，在行业内，欧莱雅的研发能力数一数二。

过去10年里，欧莱雅的研发费用达32亿美元，高于所有竞争对手。这样的投资保证了欧莱雅每三年更新近50%的生产线，平均每年申请300项专利。欧莱雅保证每种产品都从科技创新中汲取精华，让世界女性享受高科技、高质量、安全可靠的化妆品。欧莱雅每年要更新20%的产品，为此，集团每年要把3%的总营业额投入科研和新产品开发，而行业内的平均水平不到2%，这个比例远远高于行业的平均水平，几乎是其他化妆品公司平均水平的两倍。

欧莱雅人经常习惯性地说"在我们这儿，一切从研究着手，这是欧莱雅的策略和传统。"欧莱雅集化学家、物理学家、皮肤科专家、生物学家、毒理学家、药物专家、内分泌学家等为一体，在亚洲、美洲、欧洲设有10个研发中心，在大约20个国家设立科研小组，拥有2 800多名研究人员、30多个分科。1988年，欧莱雅在欧洲、日本、美国的研究人员增长了一倍。他们的研究成果发表在各类国际性学术刊物上，并申请了各项专利。遍布三大洲的皮肤、头发研究中心针对当地女性特点，起用本地人才，及时开发出适合的高品质产品，满足世界各地不同消费群体的需求。2000年他们一共提交了420项专利，是法国在同领域内的冠军，世界第15名。2002年，欧莱雅申请专利共501项，至今集团拥有2万个已生效的专利发明。

欧莱雅拥有一个完整的研究机构，可与制造三级火箭相比。基础研究使集

团在自己所擅长的方面获得基本的认知水平并合成新的分子。把这些新发明切实应用到实践中，即检验其效果并验证分子是否无害，与其他成分的结合，再找到生产它的工艺方法。研究人员还要研究竞争者们研制出的新产品。这种类似军队式管理的组织，无可比拟，时刻都在进行各种意想不到的实验。比如，研究人员成功地研制出如何在体外生长头发，还能够让这些头发在试管里生存 45 天；他们重新制造人的皮肤等。同时，他们还研究新技术，如测试皮肤的弹性，头发的韧性，以及产品梳理毛发的能力等。欧莱雅实验室物理组于 1985 年为人类博物馆提供了服务，埃及政府请该博物馆保存美尼斯二世的木乃伊，以便研究法老用什么防腐香料以保存遗骸的头发。2001 年，设在巴黎郊区维勒瑞夫的法国国立科学研究所的科学家们研制成功了一种“高危险癌症”的人类皮肤，他们是同欧莱雅研究人员一起研制的。后者 2002 年还参与了其他调查人员展开的对脱氢表雄酮的研究，其更为人所知的名字为 DHEA，即被认为可以抵挡某种老化因素的一种激素。欧莱雅公司还借助微型研究开发化妆品。欧莱雅公司发现：臭氧、氮氧化物等空气污染物会对人的容貌产生不利影响。人的皮脂发生氧化，使其逐渐丧失保护功能，严重时还会引起头发枯黄以及皮肤干裂、轻度发炎或过敏等反应，使人看上去显得很苍老。欧莱雅公司与法国抗癌中心曾对空气污染较严重的某大城市一些居民和距该城 75 公里的某些居民做了一个对比实验，结果表明大城市居民的皮脂发生了较为严重的氧化。这也说明，空气污染会潜移默化地损害人的皮肤和头发。但是空气污染程度不易被量化评估，因为地区不同空气污染程度也有所不同。欧莱雅公司在欧洲航天局的卫星的帮助下分析不同地区的空气污染物种类和浓度，并以此为依据开发出针对不同地区、特点各异的化妆品。

在中国，欧莱雅有实力雄厚的化妆品研究部和欧莱雅苏州护肤美容发展中心。化妆品部是巴黎总部 R. A. D 实验室在中国的分支机构，专门从事化妆品的公众测试与研究；苏州护肤美容发展中心是巴黎总部与苏州医学院合办的专业皮肤研究中心，专门针对中国人皮肤和头发进行研究，为总部研制新产品配方提供实验依据。凭借雄厚的科研力量，欧莱雅的产品具有极高的科技含量，假冒者也望而却步。当宝洁、资生堂等化妆品饱受假冒产品侵害之苦时，欧莱雅以其高贵的品质和超凡脱俗的特色，而免遭假冒之苦。依靠科技手段创造出欧莱雅的独特品质，并通过大众传媒树立起长盛不衰的品牌形象，消费者无论从其外观形象还是内在品质都能感受到欧莱雅的独特魅力。

正因为有了这些科研技术，使得欧莱雅能够在任何时候推出旗下品牌的新型产品，满足潜在市场的需求，扩大其市场规模。

独特的人才录用理念

人力资源是核心竞争力的构成要素之一。它包括员工个人的知识技能水平、企业员工的整体素质与知识技能结构，这是核心竞争力得以形成的基础。核心竞争力属于知识的范畴，其实质是企业组织中积累形成的特殊知识，而知识作为一种特殊的资源，人是其重要载体，核心竞争力只有通过企业员工的学习和创新才能获得。

欧莱雅是从一个家族企业发展成为世界化妆品行业龙头老大的。欧莱雅能够从巴黎众多化妆品行业中脱颖而出，走出国门，把自己成功地推销给世界，这与欧莱雅独特的"用人之道"是有直接关系的。

市场竞争的核心在人才，企业要在激励的市场竞争中占有一席之地，就必须建立一支高素质的人才队伍。虽然核心能力不存在于单个人中，但核心能力的形成归根到底是知识、技能的学习与积累，而人才是这些智力资源的载体。欧莱雅独特的"集诗人和农民于一体"和"大胆启用青年人"的人才观，吸引人才的"全球在线商业策略竞赛"方法等都是基于"人才是知识资本承载者"的理念。

1. 大胆启用青年人

欧莱雅招聘人才的标准十分特殊：它要求人才不仅要有大胆的创新精神与想象力，还要具备将梦想付诸实践的创业精神，"将诗人和农民结合在一起"，希望招聘的人才"像诗人一样富有激情和创造力，又要像农民一样勤恳、脚踏实地"，理想的欧莱雅人应该是"集诗人和农民于一体的"。现代社会里，能将诗人的才智和农民的实干融合在一起的人才，最集中的地方恐怕就是学校，校园成为欧莱雅的主要目标。与其他跨国公司靠猎头公司、凭高薪挖人不同的是，欧莱雅将自己的人才宝库建筑在校园招聘这块基石上。欧莱雅每年在全球招聘1 900名管理层人员，其中46%是刚刚毕业的大学生，10%的人具有初步工作经验。在人才大战越演越烈的今天，欧莱雅已将职员的招聘作为其经营战略的重要环节，并同全球110个知名院校保持着紧密的合作。

在欧莱雅，人员的年轻化已经初具规模，整个公司中50%的品牌总经理不满40岁，25%甚至是不满35岁的后起之秀。在欧莱雅上海地区的200多名员工中，平均年龄只有28岁。将近80%的入职员工均为应届毕业生或工作经验在两年以下的新人。这种明显倾向新人的招聘策略，不但为企业的发展储备了生力军，给企业注入了新鲜血液，更不断地让年轻人的新潮观念和创意冲击企业已有的概念，带动长远的发展。欧莱雅中国分公司在短短的几年中从 100 人发展到 3 000 人，就是“大胆启用青年人”的最好说明。

招收一流的人才，让年轻人完全融入企业的经营运作体系是欧莱雅用人的最终目的。欧莱雅不希望用合同的形式将人“捆绑”起来，而是要使企业的每一个岗位都具有吸引力，让新入门的年轻人尽快成为“这个家”的主人。

2. 全球在线商业策略竞赛

为了吸引人才，帮助优秀的大学毕业生尽快缩短适应商业竞争的时间，欧莱雅开创了“全球在线商业策略竞赛”，这是世界上唯一一个全球规模的商业竞赛。“全球在线商业策略竞赛”结合商业竞争的各种要素，模拟新经济环境下国际化妆品市场的真实现状，让每一位渴望成为企业家的大学生通过网络学习管理和运营。参赛者要运用自己的专业知识与技能，做出决策并驾驭各项挑战，最终使该虚拟企业在充满竞争的商业环境中脱颖而出。

2000 年，欧莱雅率先意识到在线商业竞赛的划时代性，结合自己的宗旨，创办了欧莱雅“全球在线商业策略竞赛”，并迅速将其推广成为世界水平的大赛。比赛要求 3 名同学组成一个队，领导一个虚拟企业，对企业的主要产品在研究开发、市场、广告投入、品牌定位、销售渠道等方面的业务做出战略性决策。这项赛事主要考察各参赛队对企业运作、市场开拓和培育、战略制定实施、财务数值分析及市场变化的综合分析和随机应变的能力。

“全球在线商业策略竞赛”在世界级名牌大学和商学院中颇受赞誉，影响深远。2002 年，全球共有近 1.7 万名学生报名参赛，其中 2/3 为 MBA 学生。他们大多来自世界顶级院校，其中包括耶鲁大学、哈佛大学、纽约大学和西北大学等。

欧莱雅通过校园招聘、校园企划大赛、在线商业策略竞赛等活动甄选可造之才，而后续的职业发展计划、本地化措施等针对员工自身特点量身定做的培训计划，则是激励员工展现真正个人价值的动力。

完美的“金字塔”品牌结构

在竞争激烈的新经济时代，企业能否成功，就要看其品牌能否在市场上站住脚。品牌已经成为赢得顾客忠诚和企业长期生存与成长的关键。品牌代表潜在的竞争力和获利能力，是质量与信誉的保证。

作为世界 500 强企业，欧莱雅自其创立以来就致力于品牌创建和管理。经过近一个世纪的不懈努力，欧莱雅已拥有 500 多个优秀品牌，树立起不同的品牌文化内涵和品牌特色，同时获得多项殊荣。

欧莱雅旗下500多个品牌凭着品牌高、中、低端的金字塔战略占领了大部分的化妆品市场。以欧莱雅在中国构建的"金字塔"为例。中国市场上可见到欧莱雅的所有名牌——兰寇、赫莲娜、碧欧泉、薇姿、理肤泉、欧莱雅专业美发、巴黎卡诗、巴黎欧莱雅、美宝莲、卡尼，虽然品牌众多，但欧莱雅赋予不同品牌不同的定位和个性，欧莱雅旗下所有品牌都有精确的市场定位，每个品牌都被精确定位在特定的市场，尽可能减少与其他产品定位之间的重合，以不同的形象，接触不同的消费者群体。

高端市场上有赫莲娜、兰寇和碧欧泉。赫莲娜是这些品牌中价位最高的，以拥有强大消费能力的成熟女性为目标消费者，是颇具现代感的前卫品牌。赫莲娜于2000年进入中国上海，将美容科学作为品牌理念，治疗效果作为其保养品的特征和研究方向，对塔尖消费者颇具影响力。兰寇是最早进入中国的欧莱雅高档品牌，是全球最著名的高端化妆品品牌，其目标消费者年龄比赫莲娜的要年轻一些，消费能力也相当强大，兰寇主要通过高档百货店、购物中心的专柜销售，在22个城市的高档百货商场有45个专柜，在中国高端化妆品市场占有率第一，为众多高端消费者青睐。碧欧泉2001年进入中国，是欧洲三大护肤品品牌之一，碧欧泉以具有一定消费能力的年轻时尚消费者为目标消费者，价格比赫莲娜和兰寇低一些，采用时尚的开放式购物方式。

在中端市场上，欧莱雅投放了薇姿、理肤泉、巴黎欧莱雅专业美发、巴黎卡诗等品牌。这一市场可以分为两部分，一部分是活性健康化妆品，有薇姿和理肤泉两个品牌，另一部分是美发产品，有卡诗和欧莱雅专业美发。薇姿1998年进入中国，通过全国各地医院的皮肤科临床试验，在国内大中城市的专业药房建立专柜。理肤泉2001年进入中国，在药房销售，解决皮肤保养难题，起辅助性治疗作用。在中国，欧莱雅是最早在药房销售化妆品的品牌。巴黎欧莱雅专业美发是专为美发师创造的品牌，只在发廊销售使用，满足发廊在专业服务上的特殊需求。巴黎卡诗是专门的护发品牌，只在特定高档发廊使用，通过美发师的特殊技巧和个性化服务，使消费者得到整体享受。

大众市场处于金字塔的最底部，拥有最多的消费者，欧莱雅在大众市场上主要投放巴黎欧莱雅、美宝莲、卡尼尔及最近收购的国内品牌小护士和羽西。其中，巴黎欧莱雅是大众品牌中的高端，是欧莱雅历史最为悠久、知名度最高的大众化妆品，也是进入中国市场最早的大众化妆品品牌。巴黎欧莱雅包括护肤、彩妆和染发品；第二品牌是羽西，羽西是中国国内的主流品牌，以“专为亚洲人的皮肤设计”为根本理念，收购羽西后的欧莱雅，既有法国文化、美国文化、日本文化，又有典型的中国文化；第三品牌是美宝莲，是欧莱雅 1996 年收购的美国品牌，风格明快、时尚、青春，在大众市场上颇具影响力，欧莱雅给美宝莲的定位是“国际化的品牌，平民化的价格”；第四品牌是卡尼尔，以“健康之源美于自然”为宗旨，致力于开发天然美容产品，中国引进的主要是染发产品，比欧莱雅更大众化，更年轻时尚，在超市百货和化妆品店专柜销售，在中国有 5 000 多个销售点；最后是小护士，小护士是中国土生土长的低端品牌，目标市场是追求自然美的年轻消费者，市场占有率达到 5%，在年轻人中的品牌认知率超过 90%，在全国拥有 177 个经销商、2.8 万个销售网点，网点遍布二三级县市，有助于欧莱雅拓展二三级城市市场。新的小护士品牌采用卡尼尔技术，和卡尼尔捆绑销售。欧莱雅通过小护士和羽西的庞大的销售网络销售卡尼尔和美宝莲，使这些产品的销量成倍数的扩大。对小护士和羽西的收购，填补了欧莱雅在中国化妆品低端市场的空缺，先于宝洁等其他竞争对手建立“品牌金字塔战略”。

不同层次的品牌需要不同的传播渠道和传播模式，欧莱雅在建立品牌金字塔的同时，为各品牌选用了对应的传播方式。例如，作为大众品牌，美宝莲在中国已有方便的销售渠道，电视是面向大众最重要最有效的大众传媒，所以欧莱雅只在电视媒体上做广告，以吸引更多的消费者。兰蔻等高端品牌在高档商店才能购买，网点不如美宝莲多，做大规模、昂贵的电视广告既不合适，也不合算，因此，兰蔻的广告主要出现在时尚杂志上。巴黎欧莱雅以专业和时尚为卖点，所以通过专柜和专业美容顾问展示品牌专业形象。欧莱雅还通过别具特色的公关策划打造企业的整体形象，突出女性、艺术、法国文化及时尚等核心要素，例如与联合国教科文组织合作设立“世界杰出女科学家成就奖”和“世界青年女科学家奖学金”、举办“从北京到凡尔赛——中法美术交流”活动等。通过相对应的品牌宣传，欧莱雅进一步巩固和加强了品牌金字塔上的各品牌形象。

核心竞争力的重要来源——收购

企业核心竞争力由一系列专长和技能共同构建，建设核心竞争力，所需各要素或专长必然会有所欠缺，企业应该通过各种方式获取这些专长和技能，整合企业外部资源是获取这些专长和技能的主要途径。整合企业外部资源有许多种方式：企业间的合作联合、企业间的兼并重组、企业的资本运营、企业对发展速度及时间的把握等。通过外部整合，企业可以吸收“外来”资源，在较短的时间内获得必要的竞争力要素。

资源整合指通过合理配置资源而将企业的内外资源调整到最佳状态，从而增强企业的整体竞争力，在市场竞争中获得竞争优势的企业战略行动。资源整合包括内部资源整合和外部资源整合。内部资源有人力资源、生产和研发活动的设施、资金，无形资产和内部信息系统等；外部资源有用户、供应商、研发机构和高校、投资商、政府、标准组织、咨询机构及其他企业等。资源整合有机整合企业的内部资源与外部资源，使企业资源配置更合理。外部资源整合包括两个方面：企业的并购——吸纳外部资源并将之转化为内部资源；企业间的联盟——与其他企业合作双方资源相互利用。欧莱雅主要通过并购来获得所需资源，构建核心竞争力。并购主要有合并和兼并，合并指两个以上企业股权或资产发生交易后形成新企业，原来的企业消失了；兼并指两个以上交易企业中有一家存留下来成为新企业的主体，其余企业不复存在。欧莱雅更倾向于使用兼并，兼并后的企业以一家为主体，其他企业自然消亡。资源整合与核心竞争力都是企业整体战略选择的主要方式。这两大战略相互为用。两者具有共同的价值取向，都是为了帮助企业获得竞争优势。资源整合是企业扬长避短、择优出走的战略；核心竞争力是企业集中优势兵力，重点突破的战略。两者都需要调整企业资源，对企业自身的各类资源进行取舍，资源整合以形成企业的核心竞争力为最优结果。

收购是欧莱雅获得核心竞争力和发展企业战略的重要手段，收购是欧莱雅品牌拓展的重要途径。欧莱雅通常的做法是收购本地化妆品品牌，将其改头换面后再推广到世界各地除染发等少数产品是其自有品牌外，欧莱雅其他品牌，如兰寇、薇姿、美宝莲等，都通过收购成为欧莱雅的品牌成员。1928 年，欧莱雅为了进军洗涤产品市场而收购香皂公司"梦皂"。1934 年，欧莱雅收购多普洗发液，推出自己的第一种大众洗发液，进一步扩展了产品线。1963 年，欧莱雅上市，展开一连串的收购行动，将法国化妆品名牌兰寇收归旗下。随后的几十年里，欧莱雅通过收购来扩张品牌队伍，通过科技来研发新产品，不断地发展壮大。

对欧莱雅而言，收购无疑是明智的选择，欧莱雅要打开中国中低端市场，同时又有足够的资本，所以先后收购小护士和羽西，先于宝洁构建品牌金字塔结构。在全球市场上，欧莱雅巧妙借用资本的杠杆实现品牌的倍速增长，不断寻求新的并购对象，如果本土品牌会增加现有品牌之间的合力，有利于整体发展，欧莱雅都将采取行动。这些并购帮助欧莱雅在多个市场里复制其品牌金字塔，无论是在发达国家还是在发展中国家。以欧莱雅收购小护士、羽西为例，对两个本土优秀品牌的收购，不仅让欧莱雅在中国的品牌金字塔更加完善，更使其品牌管理的优势得以充分发挥。小护士创立于 1992 年，2003 年 12 月被欧莱雅收购。小护士从创建之初就花大力气构建了覆盖全国的 28 万个销售网点，而欧莱雅进入中国后，大众产品的销售网络无法建立，只能蜷局于百货商店，大众产品的销售网络是欧莱雅的软肋，小护士的销售渠道将可以让美宝莲等大众产品的销路成倍扩张，这是小护士带来的最好的嫁妆。小护士宜昌生产基地的产量和欧莱雅苏州工业园的产量基本相当，收购小护士能大大提高欧莱雅本地化生产能力，节省物流成本。收购小护士，意味着欧莱雅"在中国市场真正进入大众护肤品领域"，做到"有消费者的地方就有欧莱雅"。2004 年 1 月，欧莱雅收购羽西，为巴黎欧莱雅成功清除了一个竞争对手，拥有与玉兰油抗衡的市场份额。羽西一直是中国女性品牌的标志，在全国 240 个城市有 800 个销售网点。这两次的收购，充实了欧莱雅的"品牌金字塔"中较为薄弱的塔基，拥有 1.6 亿件产能，缓解了超负荷运转的苏州工厂的压力。

核心竞争力不易模仿，尤其是和企业文化相关的核心能力，中国的中小型企业不能一味地模仿外国企业的核心能力，因为核心竞争力是企业独有的、和企业的各个部分紧密相关，中国企业应该学习外国企业构建核心竞争力的方法，依据自身的发展和组织情况，构建属于自己的核心竞争力。

花旗银行已有194年历史，是华尔街上最古老的商业银行之一。成立之初，花旗银行的注册资本为200万美元，实收资本仅80万美元；如今，花旗银行已发展成世界最大的全能金融集团。2005年，花旗银行资产规模已达1.5兆美元，位列世界500强第16位，是全球规模最大的金融航母。[①]2005年，《商业周刊》推出的全球最有价值的100个品牌排行榜，花旗银行品牌价值达199亿美元，列全球顶极品牌第十二位，金融行业第一位。

花旗银行总部坐落于美国纽约派克大道399号，诞生于1812年。花旗银行的前身是纽约城市银行，1812年由斯提耳曼家族创立，经营与拉丁美洲贸易有关的金融业务。1865年，按照美国国民银行法，纽约城市银行取得了国民银行的营业执照，更名为纽约国民城市银行，迅速发展成为全美最大的银行之一。

20世纪初，纽约国民银行开始积极发展海外业务，1902年，该行在伦敦开设了它的第一家国外分行。1902年，花旗在上海设立美国在华的第一家银行分行。进入中国时，花旗银行门前每天都飘扬一面美国国旗，故被国人称为花旗银行，这个名称一直沿用至现在。

20年代，花旗银行开拓零售金融业务。1921年，成立首家专门针对个人服务的分行，1928年，成立首家提供个人贷款的商业银行，70年代，花旗银行的零售银行业务又获得新的发展，成为美国VISA卡与万事达卡的最主要发行者。

执笔：王瑜。

① 《花旗2005年报》和2006 http://www.citigroup.com/citigroup/fin/ar.htm。

1977 年，花旗银行率先大规模引入 ATM 机，目前，花旗银行已是美国最大的信用卡发行者。为把零售金融业务推向全球化的，同时扩展分销渠道，花旗集团于 2000 年 11 月收购 Associates First Capital，成为全球首屈一指的零售金融企业。

1955 年 3 月，花旗银行兼并了纽约第一国民银行，更名为第一花旗银行。合并后的第一花旗银行成为仅次于美洲银行和大通曼哈顿银行的美国第三大银行，1962 年，第一花旗银行更名为第一国民城市银行。

1961 年，第一花旗银行率先推出大额可转换定期存单（CD）业务，该业务使花旗银行能够与政府债券竞争资金，花旗银行取得新进展。同时，花旗银行进一步国际化，到 1982 年底，花旗银行已在 94 个国家拥有 1 490 个分支机构，海外机构的资产和收益占花旗银行全部资产和收益的 60%。

1967 年，花旗银行组建控股公司——第一花旗公司，1971 年，第一花旗公司改组为多银行持股公司，1974 年，更名为花旗公司，花旗银行更名为 Citibank, N. A.。花旗银行是花旗公司的核心附属机构，花旗银行的董事长、总裁也同时是花旗公司的董事长和总裁。

20 世纪 80 年代末，花旗银行由于在海外及商业房地产方面的不良贷款而陷入困境。1990—1992 年，信贷损失达 100 多亿美元，1991 年，税后利润亏损 9.14 亿美元。经过 1992—1994 年的三年复兴，花旗银行迅速调整了资本结构、恢复了资本实力。1995 年，花旗银行净收入达 35 亿美元，资本总额达 277 亿美元。花旗银行的一级资本上升到了 192.4 亿美元，占总资产的 11.9%。

1998 年，花旗公司和旅行者集团合并，合并后组成花旗集团，使用旅行者集团的红雨伞商标，合并后总资产达 7 000 亿美元，净收入为 500 亿美元，营业收入为 750 亿美元。通过合并，花旗集团的业务范围涵盖到消费金融、企业金融和投资银行、保险、证券经纪及资产管理服务，成为世界上规模最大的全能金融集团公司，其在世界 500 强的排名从第 58 位跃升至 1998 年的第 16 位。

历经近两个世纪的潜心开拓，花旗集团已经成为全球最大的金融服务机构，资产达 1.5 兆美元，于全球雇有 27 万名雇员，为逾 100 多个国家约两亿消费者、企业、政府及机构提供金融服务。

以创新打造核心竞争力

以客户为主，面向客户需求的金融创新是花旗银行的核心竞争力，花旗银行以服务营销理念为中心，进行金融产品创新和技术创新。

熊彼特提出创新理论，认为，创新是经济发展的根源，经济增长的根本动力在于企业的创新活动。他将创新定义为：创新就是建立一种新的生产函数，是企业家对生产要素的新组合，即把一种从未用过的关于对生产要素的新组合引入到生产体系的过程。1990年，普拉哈拉德提出“核心竞争力”概念，认为核心竞争力是企业区别于竞争对手的竞争优势。“创新”这一经济学概念以“核心竞争力”的形式具体化，系统化。

因为不断创新，花旗银行始终引领世界金融潮流，成为金融领域里的哥伦布。大至发展战略，小到服务形式，花旗银行不断进行积极主动的创新，在营销理念创新、产品创新、技术更新和发展上长期领先。

（一）以服务营销理念为中心

花旗银行是银行业服务营销理念的创始者，1977年，花旗银行副总裁列尼·休斯科特在《市场营销月刊》发表《从产品营销中解脱出来》一文，提倡服务营销。

服务营销的指导思想是服务理念，服务理念的核心是以顾客为导向，一切服务主张、服务思想和服务意识都要以满足顾客的期望和要求为目的。服务创新是实施服务理念的根本。顾客的需要和期望是不断变化的，要坚持顾客导向，就要不断创新服务，以新服务适应和满足顾客需要的变化。顾客导向是建立并与顾客保持良好的关系，向顾客提供高质量的服务，提升顾客的满足度和忠诚度是服务营销的目标。

1998年，花旗银行被《欧洲货币》杂志评为全世界服务最佳的银行，这是最受同业尊重、衡量国际金融机构的年度优质服务奖。客户是银行最大的财产，只有竭尽全力满足客户的需要，才能最终赢得客户的青睐。70年代，其他银行仍着重于交易时，花旗银行就认识到客户关系的重要性。1977年，花旗成立信用卡银行中心，率先启用全自动柜员机设备（CAT），提供24小时服务，并提出口号“花旗永不休息”。1978年，一场特大暴风雪袭击纽约，整个城市陷入瘫痪，所有银行分支机构不得不停业，但花旗银行的CAT仍在工作，“花旗永不休息”在上百万的纽约人面前变成现实。

1993年，花旗银行实施“以客户为重点”的管理计划，客户至上成为超越制度的文化，花旗客户真正感受到“以客户为中心”的企业文化。以客户服务中心为例，客户服务中心将查询、答疑等服务独立出来，使之成为银行和客户间的沟通渠道，客户可查询各项汇款。追踪每笔交易、咨询每项产品，提出任何质疑。只要有疑问，在任何地点、任何时候都可以与客户服务中心联系，客户服务中心在规定的时间向专业部门查询、核实每笔交易，集中花旗银行专家的智慧和意见为客户提供金融信息和投资理财建议。

花旗银行实行客户经理制，变原来按业务模块由各营业窗口被动式销售为客户经理为柜台延伸的“综合柜员制”，为客户提供综合的理财建议。客户经理是向客户提供集业务员、咨询员、情报员为一体的“个人银行家”，研究分析客户的需要，负责对客户的财务状况提供咨询，帮助客户设计储蓄方案。这种整体性金融产品营销服务不受业务分割，网络柜台的限制，客户能从中感受到银行服务的完整性、协调性和效率性，充分诠释了花旗银行的“客户至上”的服务理念。

(二)金融领域的哥伦布

创新是企业竞争优势的根本保证，也是成功开展营销的关键。金融创新主要是通过改变金融市场的产品和服务来实现。在金融创新方面，花旗银行也一直走在美国银行业的前列。

60年代，美国银行业遭遇严重的资金短缺。1961年，花旗银行率先推出可转让定期存单(CD)，这种存单有固定面额、固定期限和规定利率，可以在市场上买卖，存单持有者到期前需要现金时，不是找银行提前支取，而是拿到市场上转卖给第三方。纽约贴现公司宣布为这种存单开辟二级市场。这种存单是一种新的金融工具，其出现激发了人们定期存款的积极性，增加了商业银行资金来源。使用这种存单，商业银行可以先发放贷款，然后再寻找资金来源，解决了资金来源过于被动的问题。转让定期存单的发行方式不断翻新，如浮动利率CD、固定利率滚动CD、欧洲美元CD、股市CD等，从而拉开20世纪金融创新浪潮的序幕。花旗银行的这一创举给整个美国银行业带来巨大影响，被称为是“美国银行业的一场革命”。

信用卡业务领域是花旗银行最重要的零售业务。为了减少银行信用卡业务上的欺骗损失，1992年，花旗银行率先推出相片卡，允许客户把照片印在其信用卡。为了便于人们阅读和理解信用卡协议，花旗银行关于信用卡又在Visa卡和Mastercard卡上首次引入了以简单语言书写的个人贷款协议。

花旗银行既重视金融产品的创新，也重视硬件设备的创新，以技术创新带动产品和服务创新。花旗银行成功应用互联网创新业务，保持现有客户满意度、吸引新客户和推广系列银行产品，为众多的财经企业开创了范例。花旗银行在网络发展上投入大量的人力和巨额资金。70年代初，花旗银行建立Marty网络。80年代，代之以“2000计划”网络，“2000计划”由银行高级管理人员直接负责，装配最好的设备。1981年，花旗银行又首先在伦敦使用地区网络。90年代初，花旗银行已通过网络直接服务于6 000名客户，间接服务于30 000名客户。为让客户适应网络交易，花旗银行还投入大量培训费用。90年代中期，花旗银行实施Project Enterprise计划，该项目包括在93个国家建立基于6万台Window NT的微机和工作站的网络。新技术降低了交易成本和管理费用，更好地满足客户需求，也推动了金融创新的发展。

目前，花旗银行正在积极开发两项热门的前沿技术：目标导向的计划和数字式媒体。这两项技术将广泛用于网络和电子银行业务。对花旗银行而言，传统的在线银行只是电子银行业战略的一部分。未来的电子银行已取得的一项重要技术发展是EMS(电子货币系统)，EMS将允许客户在第三方的情况下，进行个人或商业交易。EMS支持所有货币，用户可以用美元、日元或马克等进行支付。在EMS体系中，货币流通像现金一样，而且还具有完全的查账跟踪功能。当电子货币遗失时，客户能够方便地追回。花旗银行已在美国申请了EMS专利。1994年4月，花旗银行在日本开始申请EMS专利，1996年得到批准。

整合营销传播效果最大化

整合营销传播理论出现于90年代，强调以消费者为核心重组企业行为和市场行为，综合协调使用各种形式的传播方式，以统一的目标和统一的传播形象，传递一致的产品信息，实现与消费者的双向沟通，迅速确立产品在消费者心目中的地位，建立产品与消费者长期密切的关系，更有效地达到广告传播和产品行销的目的。整合营销传播融合各种传播手段，寻求对外营销传播效果最大化。

花旗银行放弃以产品为导向或以科技为导向的经营战略，以具体化、规模化、系列化的人文操作为主导营销，相信沟通才是成功的关键。它强调满足客户并与之保持有利的长期客户关系，对顾客的需求负责，在点滴的沟通中建立品牌形象与顾客关系。花旗银行整合营销传播的核心是客户至上。在这个理念的指导下，花旗银行通过制定统一的战术性架构来协调传播计划，通过集中的传播活动整合创造统一的组织形象。

(一)整合营销传播的基点：基于客户至上理念的客户关系管理

整合营销传播的出发点是消费者，品牌工作要围绕消费者进行，企业必须了解使用产品的消费者的情况，建立完整的消费者资料库，从而与消费者建立牢固关系，获得品牌忠诚。花旗银行建立了完整的客户数据库，创新地开展全面客户关系管理(CRM)，以更好地了解客户，开展整合营销传播活动。花旗银行通过CRM系统建立客户主文件，客户主文件包括三方面内容：客户原始记录，包括客户对银行的态度和评价、履行合同情况与存在问题、摩擦、信用情况与存在问题、需求特征和潜力等；银行投入记录，包括银行与客户进行联系的时间、地点、方式和费用开支、提供产品和服务的记录、为争取和保持每个客户所做的其他努力和费用。花旗找出具有获利潜力的客户群并利用数据挖掘软件的卓越功能，了解客户的行为特征、消费习惯、财务状况及未来需要，从而给客户提供财务建议，有针对性地开展广告、促销和公共关系等。花旗银行能准确说出盈利来源最多的客户，能在10分钟之内讲清楚重要的银行客户使用了多少种银行产品，这些信息的获得都得益于CRM系统的应用。花旗银行的客户关系管理使营销传播人员能有效利用这些数据来制定营销传播计划，营销传播中也有效地将客户相关资料转化为客户认知。CRM为整合营销传播提供了平台，也实践了花旗银行"客户至上"的理念。

（二）整合营销传播的起点：统一的品牌形象

整合营销传播的起点是协调策略传播，使对外传播形成"一种形象、一种声音、一种表达"，整合现有品牌形象是花旗银行整合营销传播的起点。花旗银行品牌战略的目标是在全世界建立高效方便、高质量的卓越品牌形象——Citibanking。为此，花旗银行聘请曾经打造万宝路品牌的威廉·坎佩尔负责品牌战略。

品牌标识是品牌的"脸"，为了向全球客户提供统一服务，花旗银行决定确立统一的品牌形象，改掉容易引起混乱的名称，统一使用源于178年前的City Bank。1990年4月，花旗银行全面使用新的品牌标志，全美551家分行统一名称，在欧洲的支行也统一了名称。通过更名，花旗以一个统一的形象出现在社会公众面前。

除了品牌标识，花旗银行还设计了大楼的建筑风格，统一办公用品、车辆装饰、职员着装、名片等。庄重典雅的银行大楼、宽敞明亮的营业大厅、绿化整洁的银行环境、良好的行风行貌给大众以安全感和美感。整齐划一而标准化的品牌形象为花旗的形象注入了新的生机。

1998年，花旗集团和旅行者集团合并，花旗银行在品牌标识加上旅行者集团的标志——红色雨伞，寓意“资产放在我们的伞下最安全”。

（三）广告传播

广告是整合营销传播的支柱。花旗银行的广告大都让人感觉亲切温馨，透露出对客户的浓浓关爱。2001年，花旗银行发布“富裕地生活”系列的广告，其中一则广告说：“你记得你的银行卡密码，那你的结婚纪念日呢?”。另一则广告说：“在城市里最温暖的一张桌子就是你和家人团聚时围绕的那一张。”花旗还劝告人们“不要回家太晚”。系列广告形象地传达了花旗银行“以客户为本”的品牌理念。

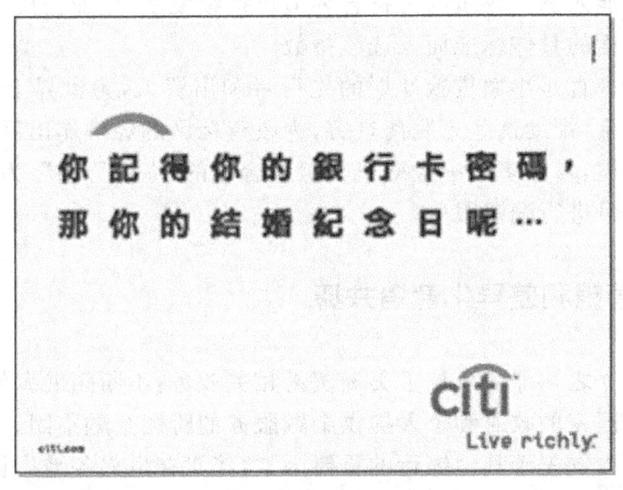

花旗著名的“长尾巴”曾给人留下深刻印象。该广告是强调花旗银行信用卡失卡免风险。一位先生在一个熙来攘往的大堂等人，他一不小心被后面的小偷乘虚而入偷了钱包。此时，奇怪的事情发生了，透过镜头，我们看到他的裤子后面走出了很多信用卡的签账单，旁白说：“一旦您的信用卡掉了，麻烦的还不是补发新卡，如果被冒用，损失就更大了。”那位先生裤子后面出来的签账单越来越多，变成了一条长长的尾巴。连过路的漂亮姑娘也忍不住回头看他的窘态。镜头一转，这位先生正在堆满他的尾巴的电话亭旁求教：“花旗吗？我的卡掉了……”，那边的小姐安慰道：“先生请别担心，花旗会负担您所有被冒用的损失，而且在24小时内补发新卡给您。”这位先生拿着他补发的新卡走在街上，忽然发现从一位女士口袋里正生出一条信用卡签账单的尾巴，这时，顽皮的字幕出现：老天保佑，她用的是花旗银行卡。产品出现时，旁白说：“失卡免风险，花旗信用卡。”这则广告构思新颖，诉求明确，让人看后会心一笑，体会到花旗银行时时刻刻为顾客着想的服务理念。

(四)公共关系

在提供优质的产品和服务,搞好经营管理的基础上,花旗银行努力增进与社会的联系,取得他们的支持和信任,致力于开展公共关系活动,树立良好的品牌形象。

花旗每年都通过"花旗集团基金会"和各业务部门向社会(特别是其分支机构所在的社区)捐款,捐献主要集中在四个领域:理财教育、普通教育、小额贷款、中低收入社区的贷款和投资。2004 年,花旗再次入选"2004 道·琼斯可持性世界指数",这是一种衡量企业在环境、社会、经济方面的综合表现指数,只有前 10%的企业才能入选。花旗因为符合环境可持续发展、企业公民、股东回报率及支持人权等方面的具体标准而入选该指数。

花旗银行一直是小额贷款计划的先行者和出资人,为世界上数以万计的贫穷人口提供资金,帮助这些人脱离贫穷,为改善社区的经济作出巨大贡献。花旗还热衷保护环境,参加多国家金融机构组织合作的"赤道原则",为社会及环境问题相关开发项目进行融资服务。

全球化营销和差异化营销共舞

花旗从创立之初即从事拉丁美洲贸易相关业务,不断拓展海外业务,发展成为为 100 多个国家的政府和个人提供金融服务的跨国金融集团。超前的全球化营销战略是花旗领先于其他银行的重要因素,花旗在世界各地广设分支机构,建立起庞大的金融营销网络,这一网络是花旗的核心竞争力。为了应对激烈的市场竞争,花旗以全球化为导向,细分目标市场,实施差异化营销策略,结合全球化和本土化。

花旗的核心业务主要有三类:消费者业务、企业业务、投资管理和私人银行业务。消费者业务为 50 多个国家及地区提供系列银行、借贷及投资服务,包括签发信用卡、签账卡及提供个人保险产品。消费者业务致力研制产品及交易平台,以迎合日益增长的中产阶级的需要。据 2004 年年报,花旗 2004 年营业额高达 861.9 亿美元,净利润超过 170 亿美元。主要的四项业务中,消费者业务贡献了 72%的净利。1902 年,花旗在伦敦开设第一家国外分行。经过一个世纪的发展,到 1996 年,花旗在世界 100 个国家和地区建立了 3 500 余个分支机构。花旗的全球化不仅是业务和机构设置的全球化,也包括品牌推广的全球化。花旗银行全球性的品牌规划模式使它在世界各地的分行风格一致,客户拿着卡到各地都能使用同样的机器，感受同样的服务。在员工的引进、培养、使用上，花旗也鼓励多元化，奉行四海一家的企业文化，并视其为花旗全球化的基础。

花旗以全球化为取向，但深深植根于业务所在当地市场。花旗的全球口号是“做一个生根的银行”，把每个市场当作本地银行，并成为每个市场最大的外资银行。在花旗的差异化营销中，市场细分发挥重要作用。花旗银行的市场开发战略还针对不同国家发展阶段的不同而有所区别。花旗银行的口号是：代替统一服务的是那种能满足每一个单独顾客需求的服务。花旗银行选择不同的产品或战略，采用坐标方格把各国按其发展阶段分为 5 类——早期、增长、迅速发展、正在成熟和成熟 5 个阶段的国家，根据不同阶段选择合适的产品和服务。在增长阶段的国家，花旗提供更复杂的金融服务，如证券托管等；在正在成熟和已经成熟阶段的国家，随着国际投资者的进入，花旗银行提供包括资产支持的证券化、美国预托证券服务等较全面的业务。

花旗银行根据不同细分市场中顾客的不同需求，提供差异化的便利性服务和支持性服务，采用合适的服务营销组合策略，最大限度地满足顾客的需求，培养顾客的忠诚度，获得竞争优势。90 年代初，花旗银行实施的亚洲计划是花旗差异化营销的典型表现。该计划包括三个要点：(1)在亚洲，花旗银行的名字同高质量金融服务的提供者联系，花旗银行应利用这一形象；(2)每个拥有最低 10 万美元存款的客户都有一名专门的银行职员来服务；(3)以 8 种货币进行金融交易，客户到世界各地都享受同样的服务。

花旗银行在亚洲地区实行客户服务差别化战略，依据客户收入、消费习惯的不同，提供不同的服务组合。如对越南这样的不发达市场地区，主要业务方向是为美国跨国公司和当地企业提供现金管理、短期融资和外汇交易服务。在印度等国家，开办银团贷款、项目融资以及债券和零售业务。在马来西亚、新加坡等经济发展迅速的国家，提供更复杂的证券业务、金融衍生品等服务。在日本这样的金融服务业成熟的国家，花旗提供的服务就更全面，金融、信托、证券、租赁、期货，几乎无所不有。在中国台湾，花旗把年收入不少于 50 万元新台币、私人存款达百万元的中层管理人士吸收为特殊顾客。对这类顾客，银行制定了特别服务计划，为他们提供支票账户、周转卡、晚餐卡以及优先服务花旗金卡等。持花旗金卡者，无论何时何地在任何一个花旗银行分行都无需排队等候服务，随到随办理。

花旗在中国市场的差异化营销策略

花旗是最早入主中国的外资银行，1902 年进入上海，1995 年，花旗银行中国区总部从香港迁至上海浦东。此后，花旗银行一直致力于开拓中国市场，在北京、上海、广州、深圳及厦门等主要城市开设了分支机构，成为在中国市场上分支机构最多的美资银行。

花旗银行力争成为中国主要的人民币放贷银行，其目标是将花旗银行的所有系列产品带来中国，并由此定下了系列目标：首先，是与中国的银行系统合作提高市场的成熟程度和市场容量；接着，扩大客户量，先是企业客户，然后是提高个人消费者客户的服务附加值。在针对个人消费者客户市场上，花旗的定位是高端客户，对其推行贵宾理财。花旗的“花旗贵宾理财”是全球名牌服务项目，通过设置“收费淘汰”和提供“差别服务”来区隔市场，进行差异化营销。“收费淘汰”设置存款门槛，储户月存款余额至少要达到5 000美元，否则需交纳每月6美元的手续费。通过这一举措，淘汰掉效益低的客户，以保证对高端客户的服务质量，同时也让其客户感觉到成为花旗的顾客是身份象征。差别化服务在市场细分基础上推出，贵宾理财客户可享受系列理财专利及优惠，包括减免各服务费用，幅度高达50%。

结　语

花旗史可谓美国金融史，纵观花旗银行百年的历程，可以看到，花旗银行的核心竞争力体现在以客户为中心，推行服务营销至上理念，不断革新，永不停歇。花旗以核心竞争力为后盾，进行整合营销传播，打造良好的金融企业形象。花旗以全球化为导向，组建跨国银行集团，实行全球化营销，触角遍及世界各地，在各国进行差异化营销策略，牢牢占据当地市场。中国加入WTO之后，金融市场进一步对外开放，我国金融企业将面临来自国外金融机构更加激烈的竞争，亟需不断地革新和完善，花旗集团百年来的成功经验值得我们认真借鉴和学习。

——音乐剧《猫》营销案例分析

《猫》是英国作曲家安德鲁·劳伊德·韦伯根据英国著名现代诗人艾略特的诗《擅长打扮的老猫经》改编成的音乐剧。

该剧从猫的视角讲述了一个童话故事：在一个月色中的垃圾场内，杰里科猫群正在举行每年一次的部落聚会，部落的首领会选出一只猫，让他升入天堂，获得重生。“领袖猫”、“英雄猫”、“娇气猫”、“摇滚猫”、“犯罪猫”等纷纷用歌曲和舞蹈来展现风采，希望能被选中。最后是当年光彩照人而今邋遢落寞的“魅力猫”

执笔：吉雅琳。

登场，她痛苦悲伤地唱起《回忆》，歌声打动了所有在场的猫，最后，她在大家的护送下升入天堂。

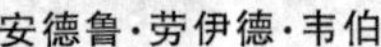
安德鲁·劳伊德·韦伯

《猫》海报

《猫》剧在伦敦西区和百老汇的演出，分别始于 1981 年和 1982 年，演出跨越 20 年，演出场次、观众人数、票房价值都创造了文化娱乐历史上的最高记录。《猫》剧在百老汇的演出曾创造单天收入 119 万美元的票房记录，《猫》剧全球的演出收入超过 20 亿美元，其每年可为英国音乐剧收入贡献 10 个百分点（包括版权收入和演出相关产品收入）。

《猫》剧是最成功的音乐剧，也是伦敦和百老汇上演时间最长的音乐剧。这只在百老汇、伦敦西区及世界各地游荡了 20 多年的“猫”，踩着独特的“猫步”走进中国。2003—2004 年，《猫》剧在上海、北京两地上演几十场，制造了一个“音乐剧”高潮。2003 年 3 月 28 日，《猫》剧在上海大剧院进行了在中国的首场演出。在上海，《猫》剧的票房收入 2 400 万元、衍生产品收入 100 万元、赞助 500 万～600 万元，除去成本 2 500 万元，《猫》剧创下上海大剧院的盈利纪录。

《猫》的成功和其经营公司——英国真正好集团有限公司密不可分。真正好是安德鲁·劳伊德·韦伯于 1977 年创立的以剧院演出、电影、影视、音乐会制作和录音、音乐出版为主要经营业务的公司。在世界范围内，真正好制作和授权了大量产品，其中，音乐剧以韦伯的作品为主。来中国的《猫》剧团隶属于真正好集团澳大利亚公司，该公司全权负责真正好在澳大利亚、新西兰和亚洲等地的生产、制作和授权。除了其本身的艺术魅力外，《猫》剧独特的营销推广之道也是它经久不衰的重要原因。

中国市场上从来都没有《猫》这样成功的音乐剧,《猫》剧的引进和红火刺激了本土音乐剧的发展,《香格里拉》、《日出》、《搭错车》等音乐剧相继出现,引起一定反响,但从总体上看,国内音乐剧的发展不尽如人意。本土音乐剧的不景气有许多原因制作不精良,缺乏制作人才、演员及资金等,最大的问题在于市场推广。国内有许多优秀的创作和表演团体,却没有专门从事音乐剧制作推广的公司。市场化运作,是《猫》剧带给中国的启示。《猫》剧不仅是简单的剧目和几十场次的演出,而是全新的"销售"观念;音乐剧的演出,重点不在于卖掉门票,而在于把音乐剧作为正在生长的"产品链",通过有效的市场,把品牌力转化成经济增长点。①

一、"真正好"全球营销三大王牌

1. 标准化生产

除了音乐剧本身的艺术水准、吸引力及观众的文化认同等因素外,严格的艺术标准和统一的演出要求是《猫》剧成功的要诀。

《猫》剧的制作,音乐、音响、舞台、美术……,要严格按照标准来执行。真正好集团澳大利亚公司总经理蒂姆·麦法兰说:"在世界上不管什么地方演出这个剧,都是安德鲁·韦伯的作品,演出的舞台服装、导演意图等完全都是一样的,所有的版权都在我们这里,而且对每一个《猫》剧的质量都有监督,让它们一定达到原创的水平,应该说都是一模一样的翻版。《猫》能够在 20 多个国家这么长时间地上演,所有的演出都要由韦伯先生亲自批准,以保证与原创相吻合,一丝不苟。"

《猫》剧不仅是音乐剧,而是一个文化品牌,拥有独特的产业链。从产品和品牌的关系来说,产品是建立品牌的基础。音乐剧是无形产品,产品本身尤为重要。观众只有观看演出,才能获得消费体验。

《猫》用连锁快餐式的标准化程序来制作艺术产品,用商业营销模式将其推向市场,由此获得可观利润。这样的艺术生产,与肯德基、麦当劳、星巴克之类的物质产品生产毫无二致。流水线的生产方式大大降低单位产品的成本,撑出尽可能大的赢利空间。② 标准化的生产同时也确保了产品的一致性,保证了演出

---

① 佚名:《传奇音乐剧〈猫〉登陆北京》,[EB/OL]. Http://ent.163.com/edit/030321/030321_156586.html,2003-3-21。

② 傅谨:《从百老汇音乐剧〈猫〉看中国的演出市场》,《艺术评论》2003 年第 1 期。

质量，保证了票房。

2. 严格的版权保护意识

版权是文化产品的重要的赢利来源，是文化产品产业链发展的重要保障。只有受到版权的保护，文化产品才能获得商业利益，实现经济价值。图书、电影、音乐等如果被任意复制、使用，就不能实现商业价值，创作者也得不到合理的收入，其生产就缺乏动力。保护版权，是发展文化产业首先要解决的问题。

《猫》在全世界各地演出都禁止现场录音、录像，正式演出时一旦有人拍摄，剧场里的监控系统就会自动搜索出偷拍者的位置，这有效地防止了盗版。《猫》剧保护版权的意识非常强烈，防范严密，这保证了《猫》剧的版权收入。不出完整的录像带，只出歌曲片断的做法，让"《猫》迷"们不得不走进剧院去领略《猫》的魅力。歌曲片断为消费者提供了有限体验，"犹抱琵琶半遮面"的做法吊足了观众的胃口，刺激他们心甘情愿地走入剧场。

3. 风险共担 利益共享

《猫》剧的演出采取剧团和剧院共同合作的方式，实行共同投资，共担风险，共同收益，对分利润。《猫》每在一个地方演出，都会找一家当地的合作单位，由其提供演出场地和代理广告。这样，双方利益捆绑在一起，当地合作单位就会非常积极，这也降低了当地宣传成本，促使演出本土化。《猫》在上海的合作伙伴是上海大剧院，在北京的合作伙伴是中国对外演出公司，它们都与真正好集团签订"二一投资，五五分账"的协议（真正好集团负责演出制作费用及演员的报酬，中方负责宣传推广，除去14%的版税外，剩下的部分双方平分）。

这样合作，整合了双方资源，合作方分享利益，节约了成本，利益也得到最大化。依靠"当地人"，用共同分摊的利益将演出方和承办方紧紧结合在一起，是文化产业值得借鉴的模式。[①] 由于责任共担、利益共享，上海和北京两地出现热炒《猫》的情景。

二、《猫》在中国

（一）产品分析和目标市场定位

《猫》剧中反映出对美好时光的回忆，诱使对未来生活的向往，生发出来对生命本体和生活意义的追求与映射，是我们在人的世界中所无限向往，但却又被经

① 韩千群：《英国文化营销的猫经》，[EB/OL]http://www.musicalchina.com/marketing/articleshow.asp? ID=1634&Sub CateID=5 2004－12－13。

常忽略的表达。《猫》不是单纯的歌舞，也不是演给孩子们看的，孩子只能看懂其中快乐的成分——绚丽的服装、轻松的歌舞、动人的旋律，成年人却从中可以感受爱——对生活、对生命、对过去、对现在和未来的爱。

《猫》剧照

《猫》倡导现代的生活方式与理念，这种理念可以在生活中找到对应的人群。猫的伶俐、猫的乖张、猫自由的生活方式吸引着人们。从猫的生活方式中，人们可以找到一个全新的自我定位。这是个奇特的发现过程，没有人愿意用自己的生活与一只猫咪的生活做比较，但是从音乐剧《猫》中，从那些千奇百怪的小生灵身上，从他们梦幻般的生活中，我们却可以从生活以外的角度，审视自我和自我的生活。就像下面的一段文字描述的那样：

> 在桀骜的独来独往中高贵着，在傲慢的灵性间我行我素的美丽着；智慧、敏锐而带着些许凌厉的心扉可以在永无止境的奔忙中悠然自若；放纵、

忘我、酣畅淋漓的感受世界，享受着、付出着，肆无忌惮的生存……

这是一种懂得享受生活，却不铺张奢靡；特立独行，又不标榜另类的新锐人类；她们崇尚自由、寻求反叛，是唯“物”主义的忠实信徒、却又极端的亲近自然、回归纯真；她们迎接极限的挑战，仅仅是因为要证明自己是命运的主宰。这是一群人，带着生命的感触，过着猫样的生活。“猫族”们绝不屑于追名逐利，也不会恪守某种形式上的生活概念，他们大多也事业有成，但她们活着就是为了活着，为了能够亲身激情体验到痛苦、欢乐、爱与哀愁等一切构成生命的必须，她们一直试图在生命中寻找的就是在生活品质和灵魂自由中最为超然飘逸、纯粹的态度。从生活中的点滴走进猫的世界、逐渐体验属于猫也属于人的生活感受，《猫》一步步靠近观众的心。

因此，《猫》的观众将是：青年白领、在华外籍人士、英文程度好的大专院校学生、儿童和专业人士。

产品找对目标受众，才能获得成功。《猫》剧来到中国，选择在上海和北京演出。在中国，音乐剧还不是大众文化产品，是比较高雅的文化产品，其目标受众应该是具有一定的文化底蕴，追求时尚且有一定经济基础的人群，他们崇尚个性、时尚、健康的生活。上海和北京两个城市，文化相对发达，各种文化和时尚活动也多选在这两个城市进行，其消费者对时尚极为敏感也易于接受。上海曾成功引进四大歌剧中的另一部——《悲惨世界》，获得成功。2001 年，上海大剧院和真正好集团合作推出过“韦伯音乐剧盛典音乐会”，其音乐剧市场相对成熟。《猫》剧进京则是对中国演出市场潜力的动态考察，试图测试中国观众对于音乐剧的了解和认可程度。《猫》剧高成本、大运作，其他城市没有这个经济和市场的容纳力来承担。这些因素使真正好将中国的“猫窝”搭在了上海和北京。

2003 年 3 月 28 日，《猫》在上海大剧院首演，演出持续到 5 月 11 日结束。持续 6 周 53 场，场场座无虚席。《猫》原计划 2003 年五月下旬移师北京天桥剧场连演 72 场，首演夜 1 排 1 号的“金”票很快以 8 000 美元的“天价”被拍走，创造了中国演出史上演出门票价格的纪录；但时值 SARS 肆虐，在门票已经售出将近 1 万张后，《猫》不得不止步于上海。《猫》剧的宣传推广效果显著，为 2004 年 4 月重返北京舞台进行了很好的铺垫。

(二)演出场次的设计

《猫》剧能够成功，除了有好的剧本外，演出场次的设计、票价的制定及相关产品开发等环节也出力不少。登陆半年前，《猫》剧制作公司的市场推广人员就对上海和北京进行市场调查。调查发现 8 万以上的观众才能盈利。8 万是一个观众基数。总票数要超过 8 万，所以上海要演出 53 场，北京要演出 72 场。这种计算，以利益的最大化为前提，保证演出不会亏本。根据演出城市的市场规模得到观众基数，根据演出场地的容纳力得出演出场次，以目标为导向来决定演出场次，保证投资能够收回。

（三）门票策略

票房是艺术产品生产的前提，没有票房作基础，一切创作、演出都是白搭，《猫》的演出一切以票房为基础，票房先行。

1. 定价策略：针对不同人群，划分不同档次的票价

对营销人员来说，决定门票票价非常困难。产品价格多半由成本决定，但文化产品除了要考虑成本，还要考虑其他重要因素。

观众的相对需求是影响票价的重要因素。上海和北京的观众对于《猫》的到来表示出前所未有的热情，久已不见的排队买票情景复现，购票者就像抢购紧俏商品那样排起长队。《猫》迷们因买不到票而"望猫兴叹"，《猫》票显然供不应求，观众对《猫》的狂热使得这只"猫"身价不菲。

良好的票房收入得益于市场细分。上海方面，针对不同的消费群，剧院方划分出 21 档票价，从首场的 1 200 元，到下午场的 80 元。21 种票价是在对广泛调查的基础上反复论证后推出的，观众可以根据情况自由选择场次和价位。剧院方还提供家庭套票（两张成人票、一张学生或儿童票）和学生票（下午场 E 类票）。不同的目标受众群购买与相应票价的票，都有机会走进剧院。

北京平均票价为 270 元（首演票价最高为 1 000 元），周末演出票价 120～600 元，平时日场票价 100～400 元。

2. 门票销售策略：分批售票，不设赠票

《猫》剧演出方认为，演出时间跨度长，场次多，售票会经历"伊始趋之若鹜、中间上座下降、收尾一票难求"3 个阶段，演出方相应制定了不同的售票策略，第三轮售票开始才宣布告别场的演出日期。销售上的节奏感让观众时时感受到"猫"的存在，又有买不到票的担心。从第一张票售出开始，销售就"高开高走"，这种状态一直持续到首演当天，平均出票率达 85%，第一轮出票率为 100%。第三轮售票正值五一黄金周票和学生票高潮，演出方邀请主要演员在广场上签名，当天出票 6 800 张，票款达 150 万，创造了中国演出市场上单日票房收入记录。

北京消费者没有提前购票的习惯（很多观众历来在演出开演前三天购票），《猫》剧资金投入大，场次多，不打破这一习惯心理，市场风险就非常大。演出方采用在不同时间内售票实行不同佣金的方法，售票时间越晚，佣金就越多，有效地调动了各代销点的积极性。

3. 门票的销售渠道

门票的销售方式、销售地点及购买的难易度会严重影响消费者的购买决策，《猫》剧演出方使用各种方法，方便消费者购票。

(1)成立售票中心。使用这种方式售票，能紧密接触消费者。有经验的售票人员可以向消费者提供演出、座位及其他相关信息，通过询问消费者，建立相关的数据库。

(2)通过售票中介系统代销。《猫》在上海就与100多家柯达连锁点票务系统合作同步售票，在北京与42家票务销售公司签约。通过中介代售，剧院可以省下雇佣售票人员的成本，分散销售也使得购票更方便快捷，刺激了购买。

(3)网上订票和短信订票。上海大剧院开展"一票通"网上订票与短信订票，方便消费者购票，节省了时间，让购票者免去排队之苦。

《猫》剧尽可能地为消费者提供便捷、通畅的服务，组合应用不同销售渠道，将售票触角伸到城市的每个角落。

(四)本土化策略

本土化，指国际性品牌进入不同文化背景的国家或地区时，自觉利用当地的文化元素，加强与消费者的沟通，密切与消费者的感情。[①]《猫》剧在不同的地方上演，既严格遵循主旋律、舞美服装、导演意图灯等标准，又考虑结合当地具体欣赏习惯，以保证演出的原汁原味，又拢住不同文化背景观众。为了加强与中国观众的沟通，《猫》剧自觉引入直观的本地元素。《猫》剧每到一处都进行"本地猫"的选拔活动，"本地猫"更容易与观众交流，演出时在台下出没，与观众互动。让观众体验到在"猫窝"做客的新鲜感。《猫》剧在上海大剧院演出时，剧院的广播不时提醒观众，"演出期间有猫在你的身边爬行，请不要惊慌，请享受与猫共舞的时刻。"让观众充分感受到娱乐元素的冲击，在《猫》剧中，道具也大量中国化，北京《猫》剧舞台上，猫窝里不乏清代大袍、坍塌的宝塔、废弃旧马车、破旧柳条筐等中国人司空见惯的垃圾。上海《猫》剧舞台上，车牌号调整为"沪××××"，让上海观众倍感亲切，主要角色分别起了地道的中文名，"领袖猫"、"迷人猫"、"魅力猫"、"富贵猫"、"保姆猫"、"剧院猫"、"摇滚猫"、"犯罪猫"、"英雄猫"、"超人猫"、"魔术猫"等。

---

① 阮元彬、戴世富:《猫是如何逮住耗子的》,《经营管理者》2004年第8期。

《猫》剧部分人物形象

（五）推广策略

《猫》剧在宣传策划上都动足了脑筋，一方面是为了销售，一方面是为了演出剧院本身的艺术定位和文化品牌。其宣传推广紧密结合时尚元素，以时尚带动市场。

1. 上海：利用传媒紧抓沪人跟风心理

上海《猫》剧宣传抓住了上海人赶时髦的心理。上海人喜欢赶浪潮，有人说好，大家就跟着说好，不看就是落伍，这种心态促使音乐剧在上海的发展。《猫》剧抓住这个心态，告诉人们，这是一个时尚的东西，这个在上海是有市场的。从2002年年底到2003年3月，《猫》剧不断在上海文化市场掀起新闻潮。3月《猫》剧演员到达上海的新闻发布会上，平面媒体的宣传简报贴了整整一墙。演出方不惜出资100多万元，在上海的商业区贴出巨幅海报。在演出间歇剧院大厅里和签名售票的广场，演员成了《猫》的活广告。

(1)多种媒体结合，通过多元化视角告知观众"猫"的到来。2003年年初，《猫》剧在上海延安路高架上的v设置了三面巨幅广告牌，在南京西路繁华路段设置了巨大横幅，以产品的形式发布高架演出广告的做法收效甚好。在文广新闻传媒集团的全力支持下，《猫》剧电视宣传片每天在10个电视频道和电台频率中滚动播出，街头巷尾，想不知道"猫"来了也难。

(2)普及音乐剧欣赏知识，扩大目标市场。多功能多渠道宣传推广，让想买票的观众来买票，犹豫的观众受吸引来买票，买了票的观众有准备地看戏。配合三轮售票，上海大剧院举办了两次新闻发布会、三套票务最新情况统发稿，媒体报道了《猫》的背景及其在上海的引进、出票等先期情况。上海大剧院还举办了四场以"打开音乐剧辞典"为主题的普及讲座，让更多观众了解音乐剧，了解《猫》。其中一场讲座还移师上海复旦大学，受到学生欢迎，培育了学生市场。讲座不仅针

《猫》剧剧场海报

对观众,也针对剧院工作人员,促使他们更好地与音乐剧的工作人员合作。

(3)前期与现场结合,多样性宣传演出的前期与过程。上海大剧院把宣传的亮点放在演员和舞台上,分批营造宣传焦点。2003 年初,演出方派记者团远赴英国采访主创人员,春节过后,又派遣连续报道组赴韩国采访汉城艺术中心和巡演团。"猫"抵沪后,演出方指定了首演前采访的时间、地点和人物,只允许记者拍彩排片段,让观众知道"猫"的形象和特征而无法了解"猫"的全貌。首演之后,集中报道首演的成功和明年的演出计划。演出期间,在上海进行跟踪报道,游浦江、上海老街、东方明珠,从台前追到幕后。直到第 53 场演出成功结束,"猫"才从观众的视野中走出,带着无限的眷恋离开上海。

2. 北京:以活动吸引时尚品牌消费者

上海大剧院依靠同一系统的传媒免费宣传,这是北京的中演公司望尘莫及的,北京观众的挑剔及对灌输式宣传的逆反心理给营销也平添难度。如果用对待上海人的方式对北京人说:"这是时尚,你怎么能不看呢?"北京人多半会回敬:"凭什么你说是时尚就是了？我凭什么听你的?"北京的宣传先从规模气势入手。《猫》剧 3 月 21 日的新闻发布会结集了中央及北京等多家媒体的记者 300 余人;《猫》剧主创人员到场专门答复观众的提问,破除了北京人的戒备心理。

北京演出方的推广强调时尚,结合具体品牌进行潜移默化。比如,利用目标受众对品牌汽车的喜爱,诱导其喜欢上《猫》。通过活动,追踪品牌背后的人群,将消费者对品牌的认知延伸到《猫》剧中,针对北京市民的心理,感召其认同文化,而非号召其来跟风。

为了强化市场化运作力度,《猫》剧不进行常规广告市场带动的运作模式,而创新实施"以活动推事件,以事件带市场"的演出市场公关模式:有效运用《猫》剧在西方主流娱乐业中的地位和认知度,用活动来制造事件,用事件来引导时尚,用时尚来确定受众。北京演出方创新提倡"猫样生活"概念,"其实我们身边真的可以找到这样一群人:他们过得很个性,又很健康"。策划包括几个系列:"馋猫"——跟餐饮品牌结合,"拇指上的猫"——与短信结合,"汽车猫"——与汽车、旅游品牌结合,"时尚猫"——和服装和化妆品牌结合,"运动猫"——与运动健身品牌结合,开"猫车"、住"猫房"、花"猫币"、过一星期"猫样生活"……这些活动吸引了相关时尚品牌厂商的合作,也吸引了京城百姓的注意,活泼俏皮的宣传语"猫样生活,你猫了吗?"成为时髦的问候语。

《猫》在北京演出的海报

《猫》剧在北京使用了非正常宣传手段,不把《猫》作为单纯的艺术作品来推广,而把《猫》看作时尚话题,通过活动设计吸引时尚人群,引起社会对《猫》"笆录"的关注。时尚话题带来品牌叠加效应。[①] 北京《猫》剧演出方还使用了公关营销手段,大大节约了公关费用。

《猫》剧的北京宣传实施概念营销,制造消费者认同的时尚概念,由此引发消

① 由于演出形式的限制,在以往的演出活动中,品牌总是单独出现,而《猫》不一样,她是一个时尚的话题,所以,周身可以"捆绑"上各种不同的品牌,所有这些出色的品牌加在一起,强强相加,1+1>2。

费兴趣，形成时尚潮流。这些活动吸引了众多相关时尚品牌的合作，使《猫》剧成为现实的时尚生活与精神符号，《猫》剧倡导和引申的时尚概念深入白领消费者心中，"猫样生活"像磁铁一样，吸引着对时尚信息敏感而自信的京城受众。

（六）赢利模式：票房＋衍生产品＋赞助

如同电影产业一样，影片的银幕营销和非银幕营销一个都不能少，门票销售收入外，衍生产品收入也是《猫》剧的重要利润来源。《猫》剧的"非舞台营销"自然落在衍生产品的开发上，《猫》的衍生品有T恤衫、棒球帽、钥匙链、咖啡杯和纪念节目册、CD、VCD等等。纪念品上都有猫的两只眼睛——商标。这些纪念品都要求用《猫》剧的注册标识，仅此一项就产生近20万元利润。纪念品只能在剧场里定点卖，不能到剧场外兜售，消费者想要购买产品，就不得不买票进场，观赏完经典音乐剧后，观众也总想带回"猫"的余韵，观赏音乐剧和购买纪念品之间产生良性互动。衍生产品的制作也有严格标准，精美的纪念品有效地塑造了"猫"的高品质形象。

《猫》CD 封面

《猫》剧还成功吸引企业的广告赞助，海报上不起眼的摩托罗拉、奥迪企业广告，为演出的双方在票房之外带来几百万收入。《猫》剧聘请专业公司操作，配合音乐剧的特点，精心挑选代表时尚潮流的摩托罗拉和奥迪作为冠名和联合赞助商。摩托罗拉是冠名赞助商，赞助费用35万～55万美元；奥迪是协同赞助商，费用为10万～30万美元。"猫"得到赞助费，而赞助商则通过"猫"而接触到目标客户，相比于广告，这种方式成本更低，效果也不逊色，双方各取所需，达到双赢。

《猫》剧的收入不仅仅在票房和纪念品这两项。2000年，《猫》剧在百老汇停演后，制作公司立即将它制作成电影进行销售。百老汇很多成功音乐剧都通过这种方式操作，曾获奥斯卡奖的影片《芝加哥》，其前身也是经典名剧。把舞台制作的音乐剧拍成电影，走的是产业化发展运作模式，涉及面非常广，产业链越来越长，利润空间自然也越来越大。《猫》剧本身的艺术魅力及其庞大的观众群是这条产业链中最关键的两个环节，没有这两个关键环节，雪球是无论如何也滚不大的。

在北京，“猫窝”——天桥剧场也成为衍生产品，天桥的空间和广告位置也进行拍卖，充分地利用剧院场地的广告价值。在强势媒体的推动下，广告利益寸土必争，几近白热化。《猫》是世界上最成功的音乐剧，《猫》在北京的演出前后将持续四个月，是很好的广告和公关推广机会，加上现代化的天桥剧场，《猫》和天桥相互搭车，两强相加，1+1>2，品牌效益得到延伸。

结　语

1.《猫》剧非常注重票房收入

一般来讲，表演艺术团体的经费大体来自三个方面：主办方、赞助商、票房。票房收入最低要占三分之一。“猫”的上海票房收入远远超过总收入的三分之一，经验如下：

(1)保证艺术产品质量。无论高雅艺术还是通俗艺术，艺术产品都必须讲质量。观众要看经过艺术家再创造的、能够引起审美感受和联想的艺术品，艺术的根本命运得到观赏者的认可，令观赏者愿意欣赏并付出。《猫》剧严格质量把关，保证艺术质量，这成为其票房收入最重要的保障。

(2)让观众获其门而入。消费观赏者的数量远远小于有兴趣观赏而未进入演出场所的观赏者，其原因在于消费者不得其门而入。在中国，艺术界大部分活动局限于狭小的金字塔，百姓不知剧场开往哪里，不知票如何买、怎样买。《猫》剧使用了专门的售票联网机构，为想观赏《猫》剧的观众提供了便捷的通道，成功吸引了消费者走入剧场。

(3)合理安排赠票比例。在中国的演出市场中，相当部分演出票以赠票形式流通，销售出的票占比不高，再除去工作票，能给演出带来经济收益的票所剩无几。赠票的初衷是带来更多观众，带来更多的票房收益，演出赠票应该控制比例。《猫》剧严格控制赠票，除少部分工作票，绝大部分票通过销售系统售出，使票房收入达到最大化。

2. 规范操作

从表面上看，《猫》剧组是一个商业演出团，但其背后是一个在世界音乐剧舞台上举足轻重、拥有众多著名剧目、剧场、演员的音乐剧制作集团，中方的组织、联络、市场、宣传、技术工作的好坏都将在第一时间传达到千里之外的悉尼和伦敦，其操作的规范性值得借鉴。

品牌沟通之无极

——IBM 的品牌重塑之道

IBM(International Business Machines),中文译名为国际商业机器公司,1911 年创立于美国,是全球最大的信息技术和业务解决方案商。在过去 90 多年里,IBM 始终以超前的技术、出色的管理和独树一帜的产品领导全球信息工业发展,满足世界各地的行业用户对信息处理的全方位需求。

20 世纪前半段,IBM 在信息产业独领风骚,成为全球信息产业科技先锋。50 年代至 80 年代初期,计算机发展经历了大型电脑和小型电脑阶段,IBM 始终稳坐霸主席次。1964 年,IBM 耗资 52.5 亿美元推出 360 型计算机,确立了 IBM 在大型主机上的绝对领先地位,造就电脑帝国。60 年代中期,小型机蓬勃发展。IBM 起初并未重视,贻误战机,最终迎头赶上。1966—1969 年,IBM 电脑大量运用于阿波罗登月计划,这是 IBM 引以为豪的资本。

80 年代初期至 90 年代中期,个人电脑与互联网络时代来临。IBM 于 1982—1983 年推出 PC 机,并在 1985 年成功占领 56%的市场。1985—1988 年,IBM 在战略上严重失误,其 PC 市场份额逐年减少。80 年代末,小型机和 PC 机走俏,计算机竞争日益加剧,IBM 的盈利和市场占有率巨幅下降,1992 年,巨额的亏损使 IBM 面临解体。从纯收入上看,1990 年 IBM 的盈利超过 60 亿美元,1991 年却亏损近 30 亿美元,1992 年亏损 50 亿美元,1993 年亏损更高达 80 亿

执笔:李凤萍。

美元。与此同时，其主要产品的市场占有率和股票价格也出现下跌趋势。在业界人士看来，IBM“一只脚已经迈进了坟墓”。

1993年，郭士纳接手IBM，他顶住巨大的压力保持IBM的完整，但先进行大刀阔斧的改革，使IBM从传统的集权式组织结构转变为分权式组织结构，从原来的高瘦性组织转变为扁平化组织。他认为IBM能够更灵活地适应市场变化，做出自己的反应。

IBM建立了以客户为导向的机构，果断地合并撤销了重复和低效的部门，到1995年中，IBM以客户为基础，将公司化分成了12个集团11个行业集团和一个涵盖中小企业的行业集团。在此基础上，IBM将组织机构逐渐调整为矩阵式或网络式。IBM按照全球各大战略地区划分管理系统美洲区、亚太区、欧洲区等，生产经营活动的主要环节纳入地区总部。IBM所采取的网络式机制属于混合式的矩阵结构，在产品部门和地区职能部门之间，推行全方位的动态管理模式，其实质是在地区部门结构和产品部门结构或行业部门结构之混合基础上形成多元管理体系。机构调整是IBM其他战略决策得以成功实施的基石。机构调整后，IBM重新制定了发展战略——从生产硬件转向提供服务和软件开发。成功的战略转型使IBM起死回生。

与战略转型相对应，IBM改变了与消费者接触的方式。当时IBM的广告系统已陷入混乱。每个分部每个产品经理都设立了自己的广告部，聘用不同的广告代理机构。1993年，IBM共有70多家广告代理机构，每个机构都是独立的，相互之间没有任何协调。在同一本业内杂志里，竟出现18种不同版本的IBM广告，这些广告的设计、用词甚至标识都各不相同。IBM与消费者的沟通出现严重隔阂。1994年，IBM委任奥美全面代理策划其全球传播，这是广告史上规模最大的一次业务转移。奥美为IBM策划了主题为“四海一家的解决之道”的广告运动。在“字幕”系列广告影片中，寻常很难与电脑联系起来的人物，轻松自在地讨论着高科技问题。广告以轻松、可爱的调性向人们介绍IBM的新价值观——这是一家比以前更温馨、亲切和人性化的公司。

IBM的战略转型和广告运动取得成功。1995年，IBM彻底结束亏损，营业额创下新高720亿美元。1996年底，IBM年营业额高达759亿美元，纯利润54亿美元，股票价值也迅速增长，每股40美元飞涨至175美元，涨幅达4.4倍。

脱离困境以后，IBM奋起直追。2002年10月，接替郭士纳出任全球总裁的彭明盛提出一个新的计划——随需应变的电子商务(e—business on demand)。“on demand”并不是一个新概念，它只是“按照要求”的意思，并不能很好地“应变”，“e—business on demand”才更好地表明了IBM战略转型的延续和发展。2003年，IBM在各种媒体形式上宣传这一新概念。“先销售、后生产，这就是随需应变的商务。您看到了吗?”一个巨幅户外广告鲜明地表达了 IBM 的诉求。

2005 年 12 月 8 号,IBM 和联想宣布一项重大协议:联想以 12.5 亿美元收购 IBM 的个人电脑事业部,组建世界第三大 PC 领导厂商。同时,双方还将在 PC 销售、服务和融资方面建立长期战略合作。这一协议将全世界的眼光都吸引到了亚洲——联想!就在人们为联想此举的利与弊争论不休之际,“蓝色巨人”朝自己的战略目标又迈进了重要的一步——继续深化自己的战略转型。

案例分析

《时代》周刊撰文说,IBM 的企业精神,是人类有史以来无人堪与匹敌的。它像一支数量庞大、装备精良而又组织严明的集团军,浩浩荡荡傲立于世。没有一家企业,像 IBM 那样,对世界产业和人类生活方式带来并将带来如此巨大的影响。

IBM 认为,IBM 的地位是其拥有的世界级品牌铸就的;世界级品牌来自于坚持不懈的重塑自我。IBM 及时地重塑品牌,挽回败势,重新回到行业的领导者位置上。“四海一家的解决之道”的新战略定位和“字幕”系列广告促成了“蓝色巨人”的重新崛起。顺应市场的变化,IBM 主动将企业形象定位为:全世界领先的“随需应变”解决方案的提供商,为各种规模、各种行业的企业和机构提供服务。10 年前,IBM 试图让人们在看到 IBM 这个品牌的时候想起 Linux、电子商务和企业服务,现在,IBM 希望带给人们看到 IBM 就想起:这是一个能够帮助客户解决生产力问题的品牌。我们看到 IBM 在“随需应变”的形象重塑中释放出了源源不断的活力。

形象重塑应以市场变化为出发点

郭士纳将 IBM 的转型描述为大象跳舞,这形象地说明了 IBM 的起死回生,适时地随市场变化,进行战略调整。这种战略调整不仅体现在其管理机制改革上,也体现在品牌的塑造上。

IBM 身陷困境时,计算机产业模式发生巨大变化。发展初期,电脑微处理器和存储器等基础技术产品、软件及系统的安装和维护捆绑在一起,客户购买系统时也购买安装和调试,这一过程中只需一次付款。IBM 创造了这种模式,在很长一段时期内少有竞争对手。20 世纪 80 年代后,电脑消费的模式改换了,计算机企业不再青睐纵向联合。竞争对手从少数几个演变成数百个乃至数千个,大部分竞争对手只销售单一的和一小部分的电脑产品。这给 IBM 带来挑战，IBM 准备成立几个独立的事业部，以应对逆境。

计算机产业发展的方向是网络。1994 年前后，个人电脑仍然是主宰，但网络时代已经来临，信息产业不得不进行相应调整——快速和高宽带的网络将丰富个人电脑的功能。与此同时，信息技术服务成为巨大的成长型细分市场，信息技术服务将成为带动信息产业再次腾飞，提供整体解决方案的服务型公司（而不是技术型公司）将从中获利。

在这样的市场背景下，IBM 决定跳出自己设计的产业模式。口号“四海一家的解决之道”表明 IBM 欲摆脱冰冷科技形象、建立亲切软件服务形象。好的品牌应该永远领先于市场，而且是稍微领先于市场，而不能离市场太远，这样才能贴近消费者。IBM 要转变消费者的观念，IBM 不仅提供技术，更提供良好的服务。

PC 业务与 IBM 的定位及未来发展方向冲突，在标准化的 PC 市场，特别是台式机市场，厂商难以建立稳固和清晰的市场细分，也难以通过市场细分建立独特的价值定位，竞争者的快速仿效和价格战会摧毁产品差异带来的价值，价格战成为不变的主旋律。在缺乏技术区隔的情况下，无论 IBM、惠普还是联想，谁都难以通过产品特色稳固建立价值屏障。PC、笔记本业务已是低利润、低技术含量领域，以销售见长的 HP 和以渠道见长的 DELL 仍有利可图，以技术为驱动力的 IBM 却没什么可留恋了。2005 年，IBM 宣布放弃 PC 业务。

IT 产业价值的转移也影响了 IBM 的战略。咨询和软件等业务在 IT 业中的地位越来越重要，IT 产业正向服务业发展，软件服务成为核心内容，软件服务更强调以客户为中心，以需求为主线，企业运营的中心由产品转向服务，由人机对话的技术平台转向人人对话的服务平台。几年前，IBM 就已转变。在将硬盘业务线出售给日立之前，IBM 已经在电子商务和 IT 服务乃至芯片等方面斩获颇丰。IBM 收购了莲花公司（Lotus），收购了 Informix 数据库软件公司，收购了普华永道顾问咨询公司等，这都显示了 IBM 向软件服务形象转型的决心。

认真把握行业竞争的焦点后，IBM 将发展的重心转移到软件服务上，早前的硬件形象逐渐远离 IBM，除了保留高端服务器，咨询、软件等服务业务才是 IBM 的核心业务。对市场焦点的准确把握，随需应变，深入开发市场焦点的价值，使 IBM 在发展中占尽先机。

形象重塑与企业组织结构密切相关

IBM 的机构不仅规模大，还极为复杂，复杂的原因在于：第一，几乎每个机构甚至每个人都是 IBM 实际的或潜在的客户。第二,每年都会有数千个新的竞争对手出现,产品更新换代的周期也由过去的 10 年缩短为 10 个月。新的科学发现不断地冲击着建立在常规基础上的战略规划和经济假设。因此,面对着遍布全球的客户和不断更新的技术,IBM 的组织机构经过多年演化逐渐形成一种二元结构:拥有实力的海外(美国以外)分部,它们负责处理 IBM 在全球的扩张;同样拥有实力的产品事业部,它们负责处理基础技术层面。这样的结构不关注消费者的意见,大部分的海外分公司都致力于保护自己的利益,产品事业部也自作主张地做自己的业务,不顾及消费者的需要或者整体的优先。IBM 在美国本土有 1 个全国性总部、8 个地区性总部、若干个隶属地区的区域性总部办事处。各区域总部之间各自为政,权利结构僵化。每个国家的 IBM 分支机构都有独立体系,每个级别的部门都存在冗员问题。仅在欧洲,IBM 就拥有 142 个各不相同的财务体系,客户资料甚至无法在公司范围内流通。IBM 的员工首先属于各地分部,然后才属于 IBM。

由于长期作为行业领袖,加上始终奉行家长制管理,使 IBM 内部形成保守的、孤芳自赏的工作氛围,IBM 的员工认为只要生产什么,消费者就会需要什么,IBM 的员工很少考虑产品是否真正满足消费者的要求。过于强调尊重个人的企业文化也让 IBM 的员工不再重视个人业绩和企业的发展。在没有竞争压力的环境下形成的企业文化让 IBM 无法及时准确应对消费者的需求。孤立封闭的企业文化导致 IBM 漠视客户及财务目标。

基于对行业发展和客户需求变化的深刻理解,从 1996 年起,IBM 开始着手创建统一的服务机构,以代替过去相互独立的服务部门,并引进外包制度和全球网络化服务机制。自 1997 年起,所有 IBM 服务业务均以全球一致的品牌形象 IBM 全球信息服务来运作。内部结构的改变必然导致企业形象的转变,IBM 的客户意识到这种转变,IBM 的努力才能产生效果。

IBM 还通过整合内部优势资源来重塑品牌形象。IBM 科技实力雄厚,拥有世界上成果最多和最重要的科学研究实验室;拥有比大多数国家更多的诺贝尔奖;IBM 还是众多信息技术产业发展的源头和基地。IBM 整合能力无人匹敌,这也适应了客户对整体解决方案的需求。IBM 规模庞大,分布广泛,还拥有产品和技术方面的优势,IBM 只有将硬件、软件、集成、开发应用和其他服务都整合在一起,才能打造其他企业无法匹敌的服务。

形象重塑的落脚点是随客户需求而变

IBM 的宗旨是:以科技为核心,以客户需求为导向,以客户解决方案为目标，做好市场导向品质服务。面临危机时，这些客户的支持给了 IBM 重整旗鼓的机会。这样的支持坚定了 IBM 以客户为中心的理念。

(一)给客户一个切合需求的品牌承诺

1924 年，IBM 的品牌承诺是降低全球业务的成本，提高利润。80 年代，IBM 品牌承诺仍然与产品相关，这就与客户需要的帮助设想、设计和建立终端的解决方案的集成者相去甚远。90 年代，IBM 的品牌承诺是帮助客户解决大问题，IBM 不再关心软件和硬件平台，而关心满足客户随需应变的要求。IBM 创造了一个新的业务类别，它走到业务技术之外，占据超越技术市场的市场。

IBM 重新调整了区分客户的标准，不再如同以前那样根据企业规模来区分潜在客户，将客户分为三类：IBM 的现有客户；IBM 的竞争厂商使用者；还没有安装电脑系统的公司。针对这些客户对电脑系统的期望和需求，提供更能满足客户需求的产品和服务。

客户不知道自己可以在哪些方面得到提高时，就需要有人出谋划策，IBM 具有相关的行业经验，拥有良好的知识和信息系统，能够发现客户不知道的深层次需求；这是 IBM 所能提供而竞争对手无法提供的业务。

IBM 认为客户不可能在 IBM 不同产品部门寻找到适宜的产品，进而找出合适的解决方案，他们需要有人提供包括硬件系统、软件系统、集成服务、应用开发在内的解决方案。IBM 应深入了解这些需求，提供相应的服务。新计划“e-business on demand”便是对服务转型的延续和发展，服务转型使 IBM 成为随需应变的企业，以帮助更多企业建立随需应变的业务模式。这些品牌承诺使得 IBM 得到客户的信赖，客户愿意与之建立长期而广泛的合作。

(二)与客户进行积极沟通

IBM 拥有满足客户需求的实力，但还需将以客户需求为中心的品牌形象传达给消费者，拉近与消费者的距离。

在战略调整后，IBM 将所有分散独立的广告部门都集中起来，将所有的广告业务都交由奥美。IBM 彻底革新了广告预算和媒介购买，通过合并广告代理活动，节约了大笔开支。

临危受命的奥美认为消费者决定了 IBM 的成败，改善消费大众对 IBM 的印象将有助于树立 IBM 已经改头换面的口碑。1994 年，IBM 投资 5 亿美元，在 144 个国家启动主题为“IBM 已经卷土重来”的广告。“字幕”系列广告拉开了 IBM 品牌重塑的序幕，每个广告都以一个 IBM 的重要产品与服务为诉求点，广告的中心主旨是互联网。“四海一家的解决之道”这一广告口号也应运而生。

奥美在全球60多个国家有270余间办公室，拥有7 000名员工，使用70种当地语言，这决定了奥美能为IBM提供适应当地文化环境的各种广告策略。双方合作过程中，奥美"品牌管家"的工作方式发挥了巨大作用。奥美以"品牌写真"作为所有与IBM相关的促销传播策略的最高指导原则，确保了IBM在全球不同市场具有一致的品牌个性和一致的信息重点。这次广告重申一条重要的信息：IBM是全球的，而且，IBM将坚决团结在一起成为一个世界级的集成者。

之后，IBM又以"电子商务"为主题发动了另一次广告战役，IBM确立了自己潮流引领者的地位。在最新广告片中，IBM则提出广告口号"IBM易捷解决方案，专为随需应变的世界准备"，这是品牌随需应变的最新力作。

这些广告口号文字简洁，意义丰富，让人一目了然地了解IBM试图传达的品牌形象。IBM广告信息的差别化、单一化、一致化、整合化迎合受众希望获得相关信息，但不希望浪费所有时间的要求。消费者毋需获得所有信息再决策，消费者需要迅速识别信息然后做出理性判断，IBM的广告用精练简明的符号帮助进行识别与理解，取得良好的效果。

IBM的广告口号朗朗上口，易于流传，品牌信息随之流传进入消费者心中，帮助消费者形成关于IBM品牌的概念，形成可能构成购买理由的品牌联想，强化了品牌意识。口号广泛传诵，品牌名字也在消费者心中打下深深的烙印。

除了广告外，IBM还同时进行直效营销、公关活动、促销、事件营销，例如1997年的人机大战国际——象棋大师卡斯帕罗夫迎战名叫"深蓝"的IBM计算机。该事件一时成为世界各大媒体报道的焦点，IBM因此名声大振。IBM还致力于建立以教育投资为切入点的良好公共关系体系。IBM意识到，IT业发展迅速，IT企业不能仅靠自身的资源积累来开发产品，高校中蕴涵丰富的科研资源，共同研发能更好地服务客户。投资教育，IBM平衡了自身发展与社会需求之间的关系，无形中替自己进行了长期的自我宣传。

在100多个国家和地区进行整合品牌传播，目的是为了增加品牌价值和曝光率，不论在哪个国家和地区，用何种语言，通过哪些媒体打广告，均遵循相同的风格、语调与方式，这使IBM的品牌形象更加鲜明一致。

从"四海一家的解决方案"到"随需应变"的解决方案，IBM一直强调IBM就是服务！而且这种服务正越来越专业，越来越亲切，越来越深入。IBM前董事长郭士纳曾表示："顾客的需求已经越来越倾向于商业范畴，而非技术范畴。"冰冷的科技打动不了消费者，生硬的沟通只会拉远与消费者的距离，服务才是联结企业与消费者的纽带。

以品牌重塑建立品牌核心竞争力

IBM最近的一次业务调整是将PC业务转让给联想集团，从中可见IBM不断重塑品牌，打造品牌核心竞争力的努力。

PC业务与IBM以“随需应变”为中心的策略产生不兼容的矛盾。根据“随需应变”策略，IBM应开发销售复杂的基础运算架构和应用软件，这是IBM在硬件、软件、服务、核心技术的研发上加大投入的原因。相较之下，要提高PC业务的利润必须提高生产效率，其今后的发展依赖于规模经济、价格优势，这并不是IBM发展的重心。

IBM是个人电脑的奠基者，但个人电脑不再是IBM的主要业务。从90年代开始，IBM就转为以企业集团为对象提供电脑服务业务，逐渐退出个人电脑业务。对IBM来说，个人电脑和笔记本在内的PC业务已无法带来利润，成为鸡肋。IBM的个人电脑业务占其总销售额的10%，利润非常低，对公司每股赢利贡献率不到1%。个人电脑业务被联想收购后，IBM在纽约证券交易所的股价立刻上升2%。在“失去”后，IBM反而得到了业界的一致支持。对IBM来说，将PC业务卖给联想不失为一个合适的选择。出卖PC业务后，IBM可以将精力和财力集中在服务器和IT服务上，形成其他企业不具备的核心竞争力。

作为市场领导者，作为世界级品牌，IBM必须不断进行品牌重塑，不断对既有品牌形象进行批判与继承，才能保持品牌活力，才能在世界上立于不败之地。

——人性科技缔造通讯业帝国

在全球100个最有价值的品牌中，诺基亚(Nokia)是前10名中唯一的非美国公司。诺基亚用了短短的10年时间缔造了一个神话，一个现代商业的神话。15年前，诺基亚还处在破产的边缘，现在却成为世界移动通讯的领导者，把一些传统意义上的国际大公司远远甩在身后。

对于一些人来说，要在地图上找到芬兰这个国家是一件困难的事，因为它只是一个北欧小国。与之对应的是，要在地图上找到一个没有诺基亚手机的国家是一件更困难的事，除了白色的南极洲和七大洋，地图上所有的地方都有诺基亚手机。

把芬兰涂成一种颜色，而把地图上有诺基亚的区域涂成另一种颜色，想象一下，这将会是多么巨大的对比。这种对比，恰恰证明了诺基亚的成功。

解构诺基亚，学习诺基亚，借鉴诺基亚，就是希望它的成功经验能为我国的高科技企业参考。

执笔：袁静。

以人为本　演绎传奇

（一）危机关头，企业内部的战略整合

1865 年，工程师 Fredrik Idestam 创立了诺基亚。刚开始的时候，诺基亚只是一家木浆制造厂，生产纸制品。1967 年，诺基亚与芬兰电缆公司合并，进入电信行业，成长为一家涉足木材、造纸、物业、橡胶、机械、电缆、电子等几乎所有产品的多元化经营的规模公司。由于涉及的领域太多，缺乏具有核心竞争力的优势产品，诺基亚在诠释品牌内涵时无法统一，品牌形象相当模糊。

东欧巨变、苏联解体以及美、日竞争对手冲击，诺基亚公司一下失去了大半市场，巨额亏损把诺基亚带到破产的边缘，诺基亚一度想把自己廉价卖给瑞典的爱立信，却被对方拒绝。这场危机，迫使诺基亚对自己的经营方式和经营状况进行了深刻的反思。

经历了阵痛之后，诺基亚做出了历史性的战略调整。约玛·奥里拉临危受命，出任诺基亚公司 CEO。这位天才的领袖升任总裁之后，认真考察了诺基亚的情况，认为产品过于复杂不利于企业的发展。通过对市场的调查，奥里拉坚信：未来属于通讯时代，诺基亚要成为世界性的电信公司。诺基亚必须抓住时机、调整战略。奥里拉对诺基亚进行了大刀阔斧的改革，将造纸、轮胎、电缆、家用电器等业务或压缩到最低限度，或出售，或独立出去，甚至砍掉了拥有欧洲最大的电视机生产能力之一的电视机生产业务，集中 90% 的人力和资金加强移动通讯器材和多媒体技术的研究和开发，制定了以移动电话为中心的专业化发展新战略。次年，诺基亚就摆脱危机走上复兴之路。面临生死抉择的时候，冷静地从企业战略角度考虑问题，集中优势进行单一化经营，尽早把握未来市场的需求，及早建设企业核心竞争力，赢得时间上和战略上的优势，这为诺基亚的成功奠定了基础。

（二）渡过难关，开辟成功的经验

1. 单一品牌策略

高科技产品时间性强，升级换代速度快，寿命一般只有几年甚至几个月。如果每一样产品都要树立品牌，没等品牌名字为消费者熟悉，就成为历史。诺基亚采取统一品牌策略，没有副品牌或子品牌，不为产品单独塑造品牌形象，而是以企业名称作为产品品牌，为企业建立品牌形象。这样，宣传产品的同时也宣传企业的形象，更容易被消费者记住。诺基亚的三大核心业务：移动电话、网络和通信产品，都冠以诺基亚品牌名称。这样，不但不互相抵触，还互相提升知名度，节省各类产品的品牌设计和广告费用，降低营销成本。

2. 差异化的品牌定位

奥里拉及时地将诺基亚的业务重点转移到通讯科技领域，但当时的诺基亚在技术、知名度或是资金上都无法与摩托罗拉、爱立信等通讯行业的巨头相提并论。诺基亚遭遇了里斯和特劳特在其著名的《定位》中假设的困境如果已有的品牌的地位牢固，你又没有采取任何手段或定位战略，要想登上脑中阶梯可能难上加难。

正确的品牌定位来自于对自己的正确了解，诺基亚在技术上没有任何优势，以技术作为市场宣传的诉求点，不但无法与其他品牌进行区分，还会弄巧成拙。经过市场分析，诺基亚意识到，手机的用途限制在商务活动上，这种局限性造成了手机消费市场的局限性，普通消费者对手机消费的理解相当片面；打破消费者对手机的这种片面理解，在市场上推广和普及这种先进的通讯技术，可以获得众多竞争品牌瓜分剩下的发展空间，那里将是诺基亚成功的关键所在。

科技的真正魅力应该来自于人性本身，当人与科技在互动中相得益彰的时候，科技便找到了它存在的真实意义，诺基亚另辟蹊径，从科技企业特有的人文角度，找到适合自己的品牌文化根基和新的市场诉求点，提出“Human—Technology（人性科技）”的品牌文化和品牌诉求，改变了高科技企业以技术为唯一诉求的单一经营模式。提出这一品牌理念，对诺基亚来说，是一个伟大的创举。

(1)改变了人们对高科技企业的思维定式。高科技企业凭借其技术优势成为投资者的宠儿，但高科技企业普遍缺乏传统消费品生产企业具有的品牌意识和热情，因而一直给人高高在上的印象，缺乏亲切感。诺基亚“人性科技”的品牌理念使科技具有人性化的气息，为高高在上的，非个性化的技术世界带来人本色彩，让消费者的消费意识从原先的对科技产品的敬畏甚至排斥转变为真正享受科技带来的方便和快捷。诺基亚深刻地抓住了现代科技的内涵科技不能操纵人们的生活，它仅仅是一种催化剂、一种促进因素，科技应该帮助消费者享受更好的生活。诺基亚通过“人性科技”这句口号把这一理解切实地传递给了消费者。

(2)体现了诺基亚独特的人文关怀。人类的大脑分为左右两个半球。左半球与逻辑、数字有关，管理人们的理性思维和活动；右半球与情感、创造有关。一个品牌必须对两个半球都产生吸引力，这样才能在众多品牌中脱颖而出。科技产品的理性成分偏多，诺基亚主张的“人性科技”赋予品牌一个平衡的个性，把焦点放在品牌与消费者的关系上，使消费者感受到被关怀。这种感觉使消费者认为诺基亚真正理解他们生活中的需要，从而信服诺基亚会运用科技力量去帮助他们。诺基亚成功地赋予了科技一张人性化的脸，强调情感的重要地位，满足了消费者的情感需求，在诺基亚与消费者之间建立了牢固的情感纽带。

“以人为本”，重点在于人，诺基亚用其个性化的产品支持了这一品牌诉求。较早时候，有专为年轻人设计的诺基亚5110，它的彩色外壳可以随意更换，很符合年轻人的心理。后来的诺基亚6310除了支持GPRS以外，还加入了无线电话应用界面及公共图书馆功能，主要针对专业人士；专为崇尚尊贵、追求更高生活质量人士设计的是具有双频功能的诺基亚8850；而诺基亚3330是为了满足市场中那些需求经济型WAP手机的人。物美价廉、使用方便的诺基亚2100，意在吸引包括青少年在内的初次购机者；全新的诺基亚7250视觉设计极富冲击力，拥有内置相机、支持多媒体信息，专门吸引潮流定位者和时尚用户。为了吸引少女顾客，诺基亚设计了变色电话，改变这种电话的仪表板即可使电话颜色与服装或指甲油颜色相配。诺基亚还深入研制3G技术产品，这种产品打开即可变为一个兼有网上漫游功能的微型电脑，其目标市场是大量的技术人员。

诺基亚非常强调产品的个性化。如前后随心换彩壳，自我设定铃声，最具逻辑和适应性的用户界面和无可挑剔的总体外观。诺基亚在充分研究消费者需要的基础上，提供了时尚互动的附加值来满足不同消费者的“贪心”。诺基亚还根据市场反馈的信息来及时调整自己的产品，使其符合消费者的心理，把人文关怀真正落到实处。诺基亚5110在引进中国之初，如同在其他国家的一样，按键是白色的，但是诺基亚很快把按键换成黑色，因为他们发现中国的消费者觉得白色不够高档，而且容易弄脏，此后，诺基亚的手机上再未出现白色键盘。诺基亚这种人文关怀的做法，既为自己的产品打开了销路，也赢得了消费者的良好口碑。

(3)建立了品牌差异。世界经济进入同质化时代，由于竞争的开放性，技术上的优势已经逐渐被淡化。与此同时，品牌作为企业的差异化标志得以凸显。在没有明显技术优势的情况下，单纯靠技术来建立品牌会花费大量的资源，一旦技术无法达到区分品牌的效果，就只能加强价格优势和促销攻势而陷入价格战的旋涡，品牌价值将急剧缩水。诺基亚敏锐地意识到这一陷阱，转而提出“人性科技”这一品牌理念，跳出了这种恶性竞争，与其他品牌很好的区分开来，其品牌附加值迅速得到提升，赢得了市场。差异化的定位是诺基亚成功的关键。

3. 保持品牌的一致性

作为高科技公司，诺基亚采取单一品牌策略，从一开始就以树立企业品牌作为长期战略。诺基亚用不同的数字型号为自己的上百种手机产品分类。每种手机用一个4位数字作为标识，首位的数字表明产品所属的类别，不同类别的手机满足不同的目标消费者。每一款诺基亚手机上只标注诺基亚品牌标志，没有具体型号的信息。

诺基亚品牌的统一性还表现在外观的设计风格上。除了手机上的商标标识外，其独特的大显示屏和屏幕上显示信息的位置都是一致的。这种一致性可以使消费者产生正面的联想。

诺基亚反对建立子品牌，其把企业整体作为品牌的做法在同行业中绝无仅有。这种品牌战的优势表现在：

(1)使诺基亚品牌纯度不会因子品牌而弱化。在短短十几年的时间内，从一个默默无闻的小企业到超越摩托罗拉、爱立信等强势品牌，其一贯保持的品牌纯度就是一个重要原因。

(2)提高了品牌的识别率。其单一的品牌标识更容易为一般消费者记识。

(3)各类别产品都可以借助企业的整体品牌形象分享同样的营销传播，这大大降低了成本。

4. 技术赢得市场

“科技以人为本”，首先要求掌握先进科技。诺基亚深知技术对品牌的重要性，多年来，诺基亚的技术和产品代表的是时尚和未来，领导了整个行业的潮流。单一化的经营确保诺基亚把原来用在其他行业的人力和资金投向通讯产品的研究和开发。1991 年，世界上第一个商业 GSM 呼叫由诺基亚提供的 GSM 网络接通；1992 年，世界上第一台 GSM 数字移动电话诺基亚 1011 问世；1993 年，第一台诺基亚 SMSC 投入商业使用；1994 年，诺基亚推出第一个用于无线数据通信的蜂窝数据卡，同时推出了当时世界上体积最小、重量最轻的数字移动电话系列诺基亚 2100；1996 年，诺基亚推出了世界上第一台一体化通讯诺基亚 9000；1997 年诺基亚又推出了世界上第一部集电话、传真电子邮件和互联网连接器、电子记录本于一体的全功能数字式移动电话……

诺基亚深知一个品牌要想历久弥新、常领风骚，必须继续加强技术研究与开发，要想在竞争激烈的高科技市场中存活下去，就得走在别人前面。诺基亚打破了行业每两年发布一个新产品的规律，平均一个月就有一种产品问世。仅 2002 年一年，就有 34 款新机问世，型号更新速度犹如流行的时装，让人眼花缭乱。它的系列移动电话在优化基本功能的同时，从小处着眼不断创新，填补了一个个的消费空白，将诺基亚“科技以人为本”理念完美的显示出来。

随着移动通讯的发展，诺基亚意识到未来的手机会向娱乐型、媒体型、商务型、图像电话方向发展，需要更多的附加功能游戏、电子购物等，由此加大了这方面的研究。诺基亚还积极参与第三代无线通信技术(3G)的开发和研制，与日本 DoCoMo 公司达成协议，共同开发第三代无线通信的终端产品，成功进行了 WCDMA 终端通话实验。

2000年，诺基亚公司用于研发的费用高达25亿美元；2001年的研发投资为29.85亿欧元；2002年为30.52亿欧元。诺基亚在全球14个国家拥有55家研发中心，研发人员占员工总数的35%。这些分布在世界各地的研发中心，不断为诺基亚注入新的观念、新创意，使诺基亚始终充满活力，引领整个行业的发展。

5. 人性化的关怀留住人才

(1)人力资源管理的以人为本。诺基亚认为，员工不仅是企业的雇员，更是企业的伙伴。应该针对员工的个性挖掘他们的积极性和创造性。在这种以人为本的管理理念下，诺基亚公司特别重视人才的培养，诺基亚通过各种渠道，创造优越条件，让员工实现他们的个人价值，创造了独特的企业文化，把广大员工凝聚到一起。

诺基亚有自己的培训中心，培训中心的主要任务是帮助员工融入诺基亚，帮助他们成为符合价值观的诺基亚人客户满意、尊重个人、成就感和不断地学习。诺基亚的管理特点就是：领导的主要工作之一就是为员工打好基础，把一个可以合理运转的系统平台搭建好，让员工可以通过自己的努力去取得最大的成功，成就自己的一番事业。

(2)给予员工人性化的工作环境。诺基亚的总裁奥里拉说，如果员工生活在恐惧中，那他就不会有创造力。因此，诺基亚给予员工充分的自由和创造空间。领导只在员工需要的时候才给予帮助和指导。这种做法，使得诺基亚的人才流失率低于5%，这在高科技企业中是非常值得羡慕的。

(3)尊重员工。顾客是上帝，这是所有企业的共识，但将员工看得和顾客同样重要却不是每个企业能够意识到并付诸实施的。诺基亚却意识到并做到了，市场环境低迷时，诺基亚从不简单地采取大规模裁员的做法，这种重视和尊重是诺基亚以人为本的企业文化的集中体现。

6. 企业文化诺基亚的灵魂

诺基亚提倡并贯彻"以人为本"的企业文化，其对企业精神身体力行的强调使得这一品牌理念深深地植入到每一个诺基亚人的灵魂深处。观念的统一给企业带来巨大的效益反馈。每一个诺基亚人在工作中都会秉承以人为本的宗旨，真正去体会消费者的价值取向，满足他们的消费需求。这一核心价值观也通过每一个员工由内而外的自然释放，以一种亲切友好的方式传递给消费者。

当竞争对手还一味地沉迷于手机核心技术研发的时候，诺基亚本着"人性化"的宗旨，超前认识到，未来的手机市场上，产品设计比制造技术更重要，他们卓有远见地成立了专门研究手机外观的设计部门，聘请营销专家、社会学家、心理学家和流行嗅觉灵敏的专业人士，为特定的手机消费族群设计不同的手机，使手机看起来更个性化和多样化。这些，正是诺基亚以人为本的企业文化建设所产生的巨大经济效益。

7. 营销利器征服消费者

(1)出色的品牌推广。因为采用单一品牌战略，诺基亚一开始侧重宣传的是企业整体的品牌形象，以整体形象带动各种产品的销售。经过长期的传播，"科技以人为本"的理念已为人们熟悉，诺基亚树立起一个兼顾工作与生活的商务休闲的品牌形象。手机向时尚和个性化转变时，诺基亚的产品也适时多元化和个性化，每一种产品针对的市场都不同。诺基亚也改变了传播策略，它赋予每一种产品一个具体的形象，而不再用整体的品牌形象来统领所有产品。一个品牌下面如果有太多的产品，会稀释品牌的定位，而如果每种产品太过于依附品牌的话，又容易导致产品个性的消失。诺基亚却做到了"形散神聚"，每种产品的个性都很鲜明，品牌的整体合力也没有削弱。

(2)广告创新。创新是高科技公司生存发展的灵魂，但高科技公司往往沉溺于科技的创新、产品的创新，忽略营销手段的创新，这会把企业带来被动的处境。营销手段的创新源自对市场、对消费者的细致理解研究以及对消费心理的精确把握，诺基亚将其理解为"以人为本"的营销理念。从进入欧洲市场开始，诺基亚就钟情于不断运用新的广告方式，这似乎已经成为诺基亚广告运动的一个重要特征。早在1992年，诺基亚就制作了一系列的半广告性质的电视短片宣讲诺基亚的品牌理念，不是推销产品，而是传达先进性和前瞻性，给予消费者更多的信息和理想。在"诺基亚主题公园"广告运动中，诺基亚就创造了许多第一，如：第一个大量运用电视广告作为广告媒介的移动电话公司，第一个采用音乐电视的广告表现手法等等。诺基亚不断地创新，每一个创新都吻合产品的特性和目标受众的消费心理。

创新还体现在诺基亚品牌的宣传和娱乐、艺术、时尚产业的结合，这使诺基亚品牌更具时尚气息和艺术品位，以此赢得青少年消费者的喜爱。如，2000年1月，在中国市场，为配合3310的宣传，诺基亚聘请香港舞蹈团体演出一个舞台剧。整个活动就像是一场狂欢，到处都是假的火把，摩天轮，发的礼品是棉花糖和爆米花，这其实正是3310尽情尽兴的个性体现。

8. 品牌个性化战略彰显个性

(1)细分市场，打造个性品牌。诺基亚很早就开始市场细分。细分时，诺基亚侧重对消费市场进行心理细分，根据购买者的社会阶层、生活方式或个性特点，将购买者划分为不同的群体。诺基亚针对不同的消费市场推出不同型号的手机，并采用特定的产品型号来区分不同的目标受众。如，将3、5打头的型号手机定位在追求流行和娱乐，但经济能力有限的青年人；6打头的手机强调手机的商务功能；8型号的手机则针对看重品位，追求生活质量并具有一定经济基础的目标人群；最新的7系列超宽触摸屏多媒体智能型手机，则锁定手机发烧友。这样细分，消费者容易寻找到一款适合自己并能够很好诠释自己个性的手机，也便于产品迅速找到自己的市场定位，避免不必要的内部竞争和重叠营销，同时，也可以保持和巩固各系列产品特有的风格。

(2)年轻一代的选择。1997年，诺基亚把“科技，以人为本”的品牌理念带进中国市场。在新的品牌理念和口号下，为了进一步加强诺基亚品牌的个性化内涵，诺基亚推出了5110手机。这是一款定位于低端市场的手机，通过推出“彩壳随心换”主题广告活动，将诺基亚品牌领入个性化移动通信品牌的前卫领域。

当时手机还是高档消费品，颜色也以黑色居多。5110给消费者带来了一种新的消费概念，手机外壳不但可以彩色，而且还可以根据自己的喜好随时更换不同色彩的外壳，体现自己的个性。诺基亚迅速获得消费者，特别是年轻消费者，的青睐。通过这一广告活动，诺基亚顺利开拓了低端手机市场，人们开始认识并喜欢上了诺基亚这个个性突出的手机品牌。诺基亚在消费者心目中，特别是在年轻人心目中，建立了良好的品牌定位和形象。诺基亚品牌建设从年轻一代的消费者这个巨大的消费潜力市场入手，为诺基亚品牌开拓更广阔的市场发展空间奠定了基础。

继5110之后，诺基亚又推出3210，并以“灵巧多变，前所未有”作为诉求点，将“彩壳随心换”的概念进一步深入人心。3210的外形依然可以前后“随心换”，“随心换”的概念拓展到了内在功能：自创铃声、图片信息、内置天线、双频自动切换、游戏功能、震动提示。内置天线的流线型外形与其他的手机形成了鲜明的对比，如此创新与另类的产品设计将时尚的因子完全融入了产品本身，更在年轻人中引发了购买的潮流。这两款手机的推出，诺基亚将时尚元素与自身品牌很好地融合在一起，在年轻一代消费者心目中完成了“彰显个性”的品牌个性塑造。

(3)都市白领的开拓。在成功开拓年轻消费者这一低端市场之后，诺基亚将眼光投向了中高档市场。2001年，诺基亚推出了8210手机的下一代产品8250。诺基亚8250的目标市场是都市白领，他们崇尚现代价值观和生活时尚，收入较高且注重生活品位。8250的独特之处就在于它的“蓝色屏幕背景光”，由此诺基亚确立了该产品的USP蓝色魅力。诺基亚研发人员对蓝色进行了透彻的分析：高科技，神秘的未来大多以蓝色为其表征；充满小资情调的、蓝调音乐以及蓝色系列的时装以及饰品一直是现代人所向往拥有的，所以蓝色是幽雅的。这些都是白领阶层梦想拥有的特质，这样，蓝色与目标人群的关系就自然而然地建立了起来。在这场“蓝色魅力”广告运动中，诺基亚选择了杂志作为广告投放的主要媒体，因为8250的目标受众是都市白领，他们是在经济上独立的时尚年轻人，不喜欢被约束，亦不喜欢人云亦云。他们有独立的价值取向，较之于电视广告等一些强制性广告，他们更倾向于接受杂志广告这样的选择媒介，这使他们的选择得到尊重。此外，他们不喜欢大众化的手机，杂志的相对小范围传播恰好满足了他们的虚荣。很快地，诺基亚 8250 就攻占了都市白领这一目标市场，为自己在中档手机市场开辟了一番新天地。

(4)商务人士的选择。在手机的高端市场，摩托罗拉是领导品牌。为了开拓高端手机市场，同时提升诺基亚品牌的尊贵之感，诺基亚推出了第一款高档手机 8850。8850 同时推出了两个版本金色和黑色。金色手机设计独特，将真正亚光的金属材料与诺基亚出众的滑盖相结合，具有独一无二的时尚感以及永恒、经典、豪华的个性。给人带来“非一般的尊崇感受”。黑色手机则以黑色为基调，凝重的纯黑色透露出机智、情感，演绎着儒雅和现代。8850 打造的永恒而经典、华贵而精致的贵族品位，凸显了目标人群对高层次生活的品位和领悟，在成功人士中引发了购买热潮。

三、品牌的可持续发展

世界在奔跑，通信领域的发展速度更是超出常人想像。停滞不前就是倒退，发展慢了也是倒退。面对日益激烈的移动通信市场竞争，面对日益减少的利润空间，诺基亚也体会到了这种压力。具有超前意识是诺基亚品牌战略的特色，在对未来的憧憬中，诺基亚为消费者构筑了通信领域的未来世界。

自 1997 年诺基亚启用“科技‘以人为本’”的品牌理念，它用一系列的活动向消费者宣讲了它对通信产品的理解，传达了诺基亚品牌的先进性和前瞻性，给予了消费者信息和憧憬。2001 年，诺基亚又推出未来手机的 3G 概念，继续保持其品牌在人们心目中的领先形象。虽然所描述的第三代信息媒体移动电话 7110 还处于研发阶段，但诺基亚所描绘的科技远景在人们心目中占据的位置和热情却无胜于有，令人魂牵梦绕。诺基亚无时无刻都展现出对科技的追求和期待，它所展现的未来有时甚至比我们想象的还要快一些。正是这种对科技，对人的尊重，以及为人类生活创造更丰富的价值的不懈的追求，成为诺基亚品牌可持续发展的动力。也正是这种追求铸就了诺基亚品牌现代科技的神话。时尚需要变化，而感动则需要永恒，品牌的关怀正是在这无休止的变化中升华为消费者永恒的心动！

诺基亚用了短短 15 年时间，缔造了一个诺基亚神话。回顾这些年的发展，我们可以看到，在这个品牌神话的背后，处处体现的是诺基亚“以人为本”的终极关怀下的品牌内涵。从某种意义上说，正是这种超前的品牌意识使得诺基亚在众多的强手中脱颖而出。诺基亚给我们提供了一个高科技公司品牌发展的思路。适时的市场定位、注重先进的技术、尊重个人、持续的学习创新、凸显个性，这五种价值取向在诺基亚的发展历史中演绎得淋漓尽致。

辉煌正在延续，未来无限可能！

——运动与时尚的完美结合

戴尔是世人公认的增长最快的计算机公司，它以推销日用消费品的策略来销售电脑获得巨大的成功。通过直销，戴尔降低成本，激励推行低价路线。戴尔极力推行的直销模式改变了人们购买个人电脑的方式，这种方式已经风靡全球。

作为全球500强企业之一，2001年，戴尔公司的市场份额在全球名列第二，2003年，戴尔又以16.9%的市场份额领先于业内同行，巩固了其在全球PC市场排名第一的领导地位。

戴尔只用了20年的时间就成为世界个人电脑占有率排行榜上的“状元”，其总资产高达数百亿美元，年营业额超过400亿美元。传统工业领域中的洛克菲勒和美孚为了达到这样的成功用了100年，康柏、苹果等同行则用了半个世纪也没达到，这不能不说是一个奇迹。

1984年，凭借1 000美元的创业资本，迈克尔·戴尔，一个19岁的德克塞斯大学学生在美国正式登记成立戴尔电脑公司。那时，这个新生的公司还毫不起眼，而在20多年后的今天，戴尔已经成为世界PC界的龙头老大。

戴尔的生意一开始就非常兴隆，成立一个月后，戴尔的办公室第一次搬迁，就从1 000平方英尺扩展到2 350平方英尺。这时候，戴尔确立了直销战略，企业也开始了盈利。很快，戴尔发现生产自己的电脑利润会更大，戴尔开

执笔：赖祯黎。

始借助于高科技来发展。戴尔率先采用了电脑芯片组，降低电脑成本，提高品质。四五个月后，戴尔不得不再次搬迁搬到面积 7 200 平方英尺的地点。1985 年，办公室从 7 200 平方英尺又变成了 3 万平方英尺。6 个月之后的他们不得不找一个像足球场一样大的空间。因为这一次要增加很多设备电话系统、设备、组织架构、所有硬件和电力系统等。但不到两年，这个办公场所也不够使用，戴尔又得搬家了。

自 1992 营业年度以来，戴尔年均销售额增长率为 54%，只有一年的销售额增长率低于 30%。2006 年，戴尔公布第二财季的营运报告，再次显示了戴尔在保持主要市场业务快速增长的同时，确保可观盈利的独一无二的能力。

戴尔公司财政年度财务概述(每股净收益除外)

单位：百万美元

	2006 财年[2]	2005 财年[3]	2004 财年	2003 财年[2]	2002 财年[4]
净营业额	$55 908	$49 205	$41 444	$35 404	$31 168
营业利润	$4 789	$4 254	$3 544	$2 844	$2 271
净收入	$3 825	$3 323	$2 645	$2 122	$1 780
摊薄后每股收益	$1.5	$1.2	$1.0	$0.8	$0.65
股票收盘价	$29.26	$41.06	$33.44	$23.86	$26.80

资料来源：戴尔公司网站，http://www.dell.com，2006 年 5 月。

戴尔首席执行官罗林斯在德国接受媒体采访时表示，戴尔将会超越 800 亿美元的年营业额目标，年营业额可达到 900 亿、甚至 1 000 亿美元。罗林斯也表示，戴尔的未来支柱仍是企业市场，2005 年戴尔 559 亿美元营收当中 85%来自企业市场。

无可置疑，戴尔已经成为全球增长最快、最大的直销个人电脑公司。戴尔在全球拥有两万多名员工，客户遍布 180 余个国家和地区，全球超过 113 000 个商业和机构通过 www.dell.com 进行商务往来。戴尔还在全球 34 个国家设有销售办事处。在中国厦门设有生产全线计算机的企业。

戴尔已远远超越了自己的个人 PC 核心业务，像嗜血的鲨鱼一样杀入新的市场，如存储设备市场、网络设备市场以及打印机市场、消费电子市场。事实上，戴尔正在一步步蚕食整个 IT 产品分销市场。

戴尔，创造了企业界的一个成长神话。

案例分析

我们习惯于给成功者贴上“标签式”的成功秘笈。论及戴尔的成功之道，几乎是众口一词地归结为“直销模式”。而事实上，戴尔成功的真正根源却在于使直销模式得以畅通行使的基于现代信息技术基础的运营管理模式直销、高效的生产模式以及行销管理模式。由于没能打造出如同戴尔一样成功的生产模式和管理模式，同样是业界巨头的IBM、康柏、联想模仿戴尔的直销模式无一例外地纷纷落马，康柏甚至沦落到被兼并。模仿戴尔的运营管理模式却并非易事。这几乎要求一切从头开始，包括生产厂、数据链、物流、网络等一整套相配套的管理体系。迈克·戴尔2004年2月5日接受CCTV《经济半小时》栏目采访时说的：“许多美丽的东西往往是很简单的。我们建立的商业模式运转得非常好，在消费者看来这非常的简单。但我们企业运营的内部却是非常复杂的，并不像看起来那么简单……我想如果真是那么简单，谁都会去做。”[①]

一、戴尔直销模式剖析

有人说“直销就是戴尔”。没有直销模式，没有与客户的直接接触，戴尔将不再成为戴尔，戴尔惊人的发展速度与其实施直销战略息息相关。戴尔有个广告一家电脑商店上面打上一个十分醒目的红颜色叉形符号，下面写道：“有戴尔，您不必去那里买电脑。”这则广告同它所宣传的直销模式一样，成为戴尔的经典标志。

1. 戴尔直销模式的价值含义

戴尔的黄金三原则中，首要原则便是“坚持直销”。所谓戴尔直销方式，就是由戴尔公司建立一套与客户联系的渠道，由客户直接向戴尔发订单，订单中可以详细列出所需的配置，然后由戴尔“按单成产”。戴尔所称的“直销模式”实质上就是简化、消灭中间商。

戴尔发现了直销模式中的巨大竞争优势，从而改变了传统的销售过程。2001年，世界个人电脑市场萎缩了5%，在销售台数排名前五的公司中，只有戴尔一家实现了销售增长，增长幅度高达18%，年度结算首次居世界第一位。戴尔销售势头强劲的源泉正是“戴尔直销模式”。

---

① 周志民、卢泰宏：《21世纪直效营销的黄金时代》，《销售与市场》2000年第7期。

2. 戴尔直销方式

直销的方式多种多样电话直销、人员直销、邮购直销、电视直销、会议直销、产品展销等，近年来更出现了网络直销。直销方式不同特点不同，适用于不同的情况。戴尔的直销方式包括：

(1)网络直销。戴尔在1995年开始通过电子商务在网上销售。

(2)电话直销。通过被叫付费电话(800)向中小企业等有经验的用户销售。

(3)人员直销。由技术人员直接到政府、银行、企业介绍推销产品服务。

(4)邮购直销。通过向潜在客户邮寄产品目录来进行销售。

3. 戴尔直销模式的特征

与传统的经销模式相比，戴尔的直销模式主要有如下几个特征：

(1)直接。戴尔建立一套直接与客户联系的渠道，其实质就是简化、取消在传统经销模式占据重要地位的中间商。

(2)服务周全。戴尔为其客户的购买和查询提供了周全的服务。只要登录戴尔的网站或拨打戴尔的800免费查询电话，就可以得到全部的产品信息。此外，戴尔还为其重点客户设置了单独的网页并由专人负责订单管理。网页内容包括所有现有产品及新产品信息，以及专为重点客户提供的优惠报价，定期维护并对其订单进行跟踪管理。

(3)按需配置。戴尔的营销模式有一个非常鲜明的观点——按需配置，按单生产。戴尔是全球第一家依照顾客的直接回馈来建立组织的个人电脑公司。传统的以电脑工程师为中心的电脑公司的态度是“我们来发明个什么东西，看看能不能推销给可能有意愿购买的顾客。”戴尔的态度则截然不同：要敏察顾客的意见与需求，以此来设计产品与服务顾客；根据顾客的不同需求，为顾客定制电脑系统。这其实也从另一面反映了戴尔的直销模式优势所在：传统的分销模式由于其层层的分销渠道，生产商根本无法直接接近消费者，因而只有事先贮备库存以供不时之需。其销售模式也就只能是“看看能不能推销给可能有意愿购买的顾客”。

(4)细分市场，比顾客更了解顾客。大多数电脑公司主要是产品细分，戴尔在此基础上细分顾客。戴尔把客户分为大客户部和中小客户部两大部分。大客户部包括大公司及政府与教育机构两大市场。大公司市场包括国内大型公司、全球性企业客户和重点客户三部分；政府与教育机构市场则分为联邦政府、州政府和地方政府、教育机构三块不同的市场。中小客户部则进一步分解为中小型公司和一般消费者两块业务。顾客市场细分使戴尔随着对每一个顾客群认识的加深，更能够精确衡量对于它们所代表的财务机会，也可以更有效地衡量各营运项目的资产运用。戴尔通过评估每个细分市场的投资回报率，并与其他市场进行比较，制定出日后的绩效目标，使各项业务的全部潜能得以充分发挥。戴尔说："分得越细我们就越能准确预测顾客日后的需求与其需求的时机。"成长后与顾客脱节，一直是大公司的通病。而戴尔每一次的业务细分，却都能更深入了解各顾客群的特别需要，确实是个奇迹。"我们的目标是要做到比顾客更了解他们自己的需求"，戴尔说。

(5)研究顾客，而不是竞争对手。营销观念认为，实现组织诸目标的关键在于正确确定市场的需要和欲望，并且比竞争对手更有效、更有利地传送目标市场所期望满足的东西。[①] 这里的目标市场，就是顾客。市场销售是否以顾客为主，已成为现代营销观念与传统推销观念的关键区别因素。西奥多·李维特曾对此作过深刻的注释：推销观念注重卖方需要；营销观念则注重买方的需要。推销以卖方需要为出发点，考虑如何把产品变成现金；而营销则考虑如何通过产品以及与创造、传送产品和最终消费产品有关的所有事情，来满足顾客需要。这正是戴尔的营销策略。戴尔可谓是"挟客户以令各路诸侯"，企业的一切运营都奉行"以客户为中心"原则，这正是其明智之举。许多企业都太在意竞争对手的作为，因而更受牵制，花了太多时间在别人身后努力追赶，却没有时间往前看。相较而言，戴尔以顾客需要为出发点，真正抓住了市场销售的本质，因为掌握了客户就等于拥有了与竞争对手对抗的强大力量，拥有了与供应商谈判的支配地位，这无疑是棋高一着。

(6)简单快速。传统分销模式的送货天数一般为 60～90 天，而戴尔的直销模式由于省略了中间商环节，送货天数大大降低，从客户下单到出货天数目前平均仅为 8 天，大大优于业界平均水平。

二、戴尔高效生产方式

在竞争日益激烈的今天，谁拥有高效的生产方式，谁能够以更低的成本更少的时间，生产出更多更好的产品，谁就能赢得竞争。

戴尔的高效在业界是出了名的，高效为其带来了极大的成本优势：戴尔产品的库存时间只有四天；90％的零部件通过网络采购；戴尔下属的工厂每隔两个小时就接收到新的零部件；零部件的库存时间以小时而不是以天计算；

PC 机市场利润空间日益缩小，竞争对手的效率不断提高，提高效率对戴尔来说显得尤为重要。在戴尔的纳什维尔工厂，员工们摸索出一种全新的组装笔记本电脑的办法，使得时间缩短了 3 倍。在当今 PC 技术趋于大同的情形下，PC

---

① 陈广：《戴尔直销攻略》，南方日报出报社 2005 年版，第 65 页。

巨人戴尔所一贯倡导的这种高效生产显得尤为重要，因为效率的最大优势就是带来了成本的削减，而这无疑是制胜的关键。

而戴尔的这种高效生产方式来源于其先进的供应链管理和零库存。

(一)戴尔供应链管理模式

在戴尔，一流的供应链管理意味着赋予直销模式不可抵挡的魅力。戴尔的整个供应链管理模式主要包括如下三大环节：

(1)需求管理。包括整体上需求计划的制订，个体上是指对订单的需求满足过程，包括对订单的管理、按订单要求生产、出货以至售后服务的过程；

(2)供应管理。针对物料的采购部分，包括对供货过程以及对供应商的管理；

(3)物料管理。主要针对企业内部资源的运筹调度。包括物料库存管理，供需平衡等。

1. 供应链管理的作用

(1)大幅度降低成本，以较高的性价比迅速占领市场。先进的供应链管理使戴尔的库存成本控制在业界一直遥遥领先。正如戴尔分管物流配送的前副总裁迪克·亨特所言："我们只保存可供 5 天生产的存货，而我们的竞争对手则保存 30 天、45 天，甚至 90 天的存货。这就是区别。"高效率的物流配送使戴尔的过期零部件比例保持在材料开支总额 0.05%～0.1%之间，戴尔的对手企业的这一比例高达 2%～3%，其他工业部门更是高达 4%～5%。仅库存一项，戴尔的产品就比业界的竞争对手拥有了 8%左右的价格优势。如此优秀的性价比，自然是其直销模式得以畅通无阻的关键所在。

(2)以最快的速度将最新技术推向市场。戴尔生产的每一台产成品在公司逗留的时间都无需超过 24 小时，而先进的供应链管理则使物料的库存成本降至了最低限度。由于没有库存压力，戴尔就如同一艘轻装上阵的战舰，随时可以调转航向，以最快的速度和最低的成本追随市场上的最新技术，迅速占领市场份额。

(3)产品直接反映顾客需求。戴尔与客户、供应商之间不存在任何中间环节，一切的沟通和行动都是直接的、有效的。这种运营模式，使戴尔直接贴近产品的最终用户，精确地了解客户的偏好和需求，并直接将此需求反馈至供应商进行生产。针对市场需要而生产的产品，自然是为市场所推崇了。

(4)有效地控制和提高产品的质量。戴尔的供应链管理是把供应链中所有节点的企业看作一个整体，尤其是对戴尔供应商的有效管理，使戴尔得以更有效地控制和提高产品的质量和服务。

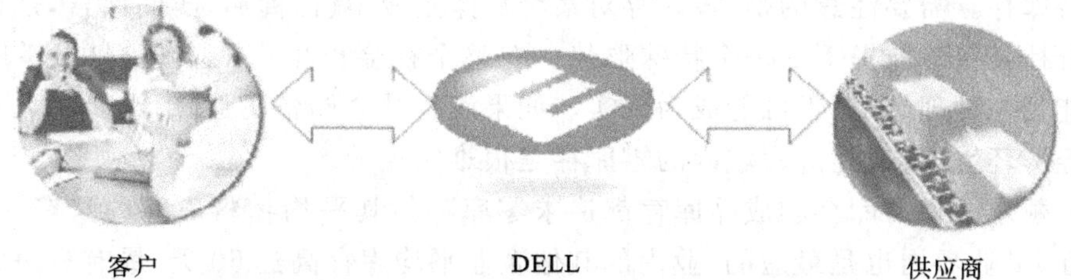

戴尔直销模式的背后有高效的供应链管理支持，因此，戴尔才会告诉客户不要试图寻找戴尔的店面，因为价格就是戴尔的店面，客户手中的目录就是戴尔的店面；客户的口碑就是戴尔的店面。客户手中的电话线就是戴尔成交订单的地方。

2. 戴尔供应链管理模式的特征

(1)直接有效。如前所述，戴尔的供应链管理摒弃了中间一切可缩略的环节，戴尔与客户、供应商之间的联系是直接、高效的联系。

(2)供应商是戴尔供应链管理模式上一个不可或缺的环节。供应商在戴尔的供应链管理环节上占据了极其重要的地位。可以说，没有供应商的全力参与，也就不可能有戴尔供应链管理模式。供应商对于戴尔，不仅扮演了供货角色，还意味着：戴尔零库存管理运作体系的一部分；是戴尔技术支持力量的一部分。

(二)库存管理

存货管理对于提高企业的客户服务、资金流动和最终利润率是至关重要的。戴尔直销模式的关键集中在存货管理，其特点是：对于戴尔，直销意味着他要不断从客户那里获取信息，以使其能对变化中的客户需求和市场形势做出迅速的预测和反应。目前，戴尔已经实现了先进的信息搜集系统，它利用强大而统一的供应链管理，弥补了品牌优势的不足。

对戴尔存货管理的成功，可归功于以下几点：

(1)加快存货速度。

(2)把库存管理的概念融入产品的设计中。

(3)与供应商发展伙伴关系，以便他们能存储和组装客户所需要的大量部件存货，并在需要的时候交送出来。

(4)将互联网融入企业中。为顾客提供更多的市场变化方面的信息，改善和供应商的关系，从而减少存货并且加速存货速度。

零库存策略是戴尔最引以为傲也是其能在短时间内迅速崛起的最基本保证

之一，戴尔也因此而声名远播。零库存是一个特殊的库存概念，其含义是以仓库储存的形势的某种或某些物品的储存数量很低的一个概念，甚至可以为零，即不保持库存。需要注意的是，零库存对某个具体企业、具体商店、车间而言，是在由充分社会保障前提下的一个特殊形势。在整个社会再生产的全过程中，零库存只能是一种理想，而不可能成为现实。如果没有社会储备的保障，没有供大于求的经济环境，微观经济领域内的零库存是很难实现的。

戴尔的物料库存和成品库存都追求零库存。其平均物料库存约只有 5 天。这在 IT 业界内也是最短的，业内的其他企业平均库存高达 50 天，最有竞争力的电脑企业也要 10 天。凭着对库存天数的严密控制，戴尔掌握着整个市场的价格主动权，至少比许多竞争对手拥有了 8%左右的价格优势。

戴尔之所以能拥有这么大的库存优势，是由于其对供应商的严格要求，以及彼此的亲密合作。戴尔本身虽然不设仓库，但这个工作由供应商负责。事实上，供应商为戴尔特别设置了仓库，就在戴尔的工厂外边。对这些供应商来说，因为戴尔需要货物的量很大，加入它的供应链就意味着拥有不断增长的市场和随之而来的利润，所以这样做是值得的。

戴尔是如何实现“永久性库存平衡”，即零库存的呢？它的具体做法是：戴尔在网上或电话里接到订单后，马上开始对订单进行整合，分拣现有的原材料，将新需要的原材料下订单给供应商。戴尔下单后，等原料到了生产线上才和供应商进行产权交易，也到时候才开始自己的库存阶段。但由于在销售阶段采用直销的方式，所以一般当产品刚从生产线上下来时，马上由专门的物流人员将其运送到客户那里。所以，在工厂附近开设仓库有利于与戴尔的合作，也提高双方的合作效率。正是这样通盘考虑客户的需求与供应商的供应能力，使两者的配合达到最佳平衡点，这便是戴尔库存管理的最终目的。

据调查显示：戴尔在全球的平均存库天数可以降到 6 天以内，康柏的存货天数是 26 天，联想的存货天数是 30 天，一般电脑厂商的库存时间为 2 个月。这使戴尔可以用比竞争对手快得多的速度将最新的技术提供给用户，从而也获得了更大的利润空间。

三、戴尔的行销策略

正确的行销策略是企业在激烈的竞争中获胜的关键。同样，分析一个企业的成功之道，我们也不能忽视了其行销策略。

（一）广告策略

广告是企业行销策略中最重要的部分。在人们的印象中，戴尔的广告铺天盖地，每天都能见到不同的广告。戴尔的广告跟其他公司的不一样，他们注重实际，用最好、最快的方法告诉人们新产品及其价格。

1. 集中宣传产品和直销

网络、报刊、电视、广播，雪花一样的宣传无时不刻不敲打着人们的神经，不断提醒："戴尔，戴尔……"铺天盖地的广告提醒人们戴尔的存在。

(1)集中宣传。戴尔的广告策略是集中做产品的广告。其目的是让人们在提到戴尔时就知道戴尔这个品牌，以及戴尔卖什么，购买戴尔产品最方便的渠道是什么。

(2)强调直销。由于直销不存在中间商，所以价格是戴尔给客户带来的另一极具竞争力的超值优惠。这样做可以使戴尔比任何竞争对手更了解客户的需求。正如广告词所说："在戴尔，您所得到的正是您所向往的"，"提防多手"都表达出直销优势这一重点。原汁原味，被刻画得活灵活现，针对广大中国百姓对舶来货的信赖、渴望，戴尔真正把握了大众的心理。同时，使每一个客户的需求得到充分的满足，与戴尔有更直接的沟通。

2. 大量使用网络广告

网络广告是相对于传统媒体广告而言的，指的是出现在门户网站的图片或文字广告。除带来直接的业务增长之外，这种网络广告还能提高公司和产品的知名度，同时增加其品牌美誉度。

戴尔确定将要销售的产品以及广告战略，以及将要运行的时间框架，然后与广告代理公司确定哪个市场最适合销售这些产品，这实际是观察要销售什么，希望影响哪些人。这就如认识了自己的目标是什么一样清晰，而后再设计公司的营销活动以达到这些目标。如果预先不清楚目标是什么，则可能会以一个达不到目标的营销活动而收场。然后，公司充分利用与公司的合作伙伴的网站的关系，再确定其他的网站。

网络广告得最大优势就是能够跟踪实时的反馈，可以清楚了解它的点击数，同时，当一个客户看到一个网络广告时也可以直接登录到公司的网站。网络广告还有一个优势就是可以对营销活动进行跟踪，一旦戴尔在一个网站看到了好的结果，那就可以转向它来做广告。例如，如果戴尔正在一家网站推销他们的新型笔记本电脑，获得了较好的效果，那他们将会在这个网站或其他类似网站中投入更多的广告，同时，也会从那些没有带来购买的网站中撤下广告。

在众多网站广泛投放广告之前，戴尔会首先了解哪里最适宜于找到受众和合作伙伴。戴尔根据当时的目标来决定和多少伙伴进行合作，而它总是希望能够与合作伙伴共同开拓市场。戴尔最成功的地方就是他们通过不断的测试来确定是什么在真正地为他们的目标服务。戴尔公司全面分析什么手段对于产品是最有效的。戴尔把网络广告作为一种与客户交流互动的方式，期望网络广告为人们接受，就如他们日常的任务、阅读新闻和购物一样自然，因而对网络广告的投入表现出持续增长的趋势。戴尔还对其网络广告不断进行测试和评估，原因正如其网络营销资深经理 Deborah de Freitas 所说，今天在发挥作用的因素，也许三个星期后就不起作用了。

（二）价格策略

价格永远是顾客关注的焦点，在产品具有同等的质量和服务时尤其如此，因而价格策略也就成为行销策略的重要内容。

价格策略无外乎两种低价策略和高价策略。采取低价策略时，企业在较多的市场份额里取得利润；采取高价策略时，通过品牌争夺市场和获得更高的利润空间。

戴尔的价格策略是削减成本，降低价格。戴尔要利用市场份额的节节扩大来弥补降价造成的利润流失。在价格策略上，戴尔是成功的，戴尔的价格能杀伤任何一家 PC 厂商。

1. 超低价销售

超低价销售是戴尔长期的战略，戴尔生产的电脑以一次一部的接单生产方式进行，因而戴尔不但可附上适合个别需求的软件，更可降低 12％的成本；而其他公司的电脑则必须预测需求，并将电脑运送给零售商，它们必须担负较大的库存与电脑落伍的风险，因而其价格也必然很高。

低价策略同样也是保证戴尔在家用 PC 市场取得重要地位的真正原因，与市场中的主流 PC 相比，戴尔推出的低价格定位的速马系列的 PC，在时尚性、配置方面有很大的优势和竞争力，戴尔尽力将电脑普及到客户能够购买的范围之内，使一般的客户也有能力购买。

因此，戴尔不仅在中国实行它的低价战略，在美国市场上更是如此，它以 23％的份额名列美国市场第一。并且，它以全球年销售能力为 1 400 万台而成为全球最大的 PC 供应商之一。

在经历了市场上多次的价格战之后，到今天戴尔一直保持持续健康的发展，同时也取得了很好的市场业绩。尤其在中国市场上，虽然为用户提供最好的服务是不可忽视的，但是低价策略才是关系到其今后在中国长期发展的重要因素。

2. 降价策略

PC 业的发展一直都伴随着轰轰烈烈的价格大战。戴尔降一次价，康柏与惠普便跟着降一次。但很明显，优势在戴尔手中，几乎每一次都是戴尔率先发起大规模降价，惠普与康柏明显没有拉下利润的勇气。

在中国的市场上，戴尔频频降价，令其他厂商只有招架之功无还手之力。为了争取市场，戴尔连续推出了针对高端市场的新品，这些新产品的价格相对都很低，而且还配合有大量的广告宣传。戴尔之所以敢发动价格战，其最关键原因在于它拥有两个致命的武器：因直销而减少淡季 20%左右的渠道成本；因低库存而使配件的成本降低。戴尔利用低价策略一步步将市场争夺过来。①

结　语

说来有趣，戴尔的总裁迈克尔戴尔并不喜欢用直销两个字来描述戴尔的运作，他喜欢用“直线模式”四个字，在他看来，戴尔公司的成功决不在于直销这一表象，而是取决于直线模式所蕴含的黄金三定律原则以及其独具特色的市场细分，严格卓越的供应链管理，强大的营销宣传及卓越的管理等因素。企业是否经营成功决不仅取决于其采取何种销售模式，而是隐藏在销售模式背后的管理方法。

互联网时代是不可阻挡的，许多产品虽然现在还不太适合直销，但未来的几年也许就需要直销，所以作为 IT 行业的企业今天建立基于互联网的电子商务系统正是时候。直销到分销是一个过程，现在正有这种机遇，如果不启动这个过程今后难免会遭遇艰难的时刻。

---

① 丁文辉、常兴斌：《中国 PC 三巨头分销渠道之比较》，《销售与市场》2000 年第 6 期。

eBay的品牌体系

——打造世界上最大的网络卖场

案例简介

eBay 是全球最大的电子交易市场、全球最大的网络买卖公司、从网络泡沫中升起的奇迹……

在美国，eBay 每两秒钟售出一件商品，每 37 秒钟售出一部手提电脑，每两分钟售出一只钻石戒指，每分钟售出一辆汽车(eBay 早上 9 点之前售出的汽车比普通的经销商一年售出的都多)。[①] eBay 每周售出的 DVD 碟总数可以持续播放 40 年，每周售出的装饰枕头堆积起来，高度将超过帝国大厦。

eBay 成立于 1995 年，出生开始，eBay 一直就是焦点。2006 年第一季度，eBay 的净营业收入为 13.90 亿美元，同比增长 35%；2005 年英国的《金融时报》评选出全球最具影响力富豪，eBay 的创办人皮埃尔·奥米尔排名第三；eBay 现已稳坐世界网上市场的头把交椅，市值高达 550 亿美元，是苹果电脑公司的 5 倍。作为世界著名品牌，eBay 已进驻 29 个国家，在全球雇用 6 200 名员工；每天，1.15 亿人在 eBay 上进行各种交易。[②] eBay 的目标是"提供一个任何人都可以销售任何东西的平台"。

执笔：卞嵋君。

① www.ebay.com.cn。

② 《eBay 商业模式创造新增长 扩张中国是重头戏》，http://www.ec315.org/12news/show_news.asp? article=AB664A84-08D9-45C1-9E0B-9FD68533AD31。

eBay原来叫 Auction Web,1995年,皮埃尔·奥米尔为了帮助女友在网上销售糖果自动销售机而创立了 Auction Web。[①] 其后四年,大多数 Dot.Com 公司都在通过风险投资维持生计的时候,eBay早就实现盈利。在业务快速发展期间,皮埃尔·奥米尔积极拓展管理层,聘请女首席执行官梅格·惠特曼等开国元老,引进风险投资。1998年,eBay上市,不到一年时间,股票市值涨了将近20倍,成为全球最有价值的网络零售商;eBay还开发了汽车、eBay显贵、商店、现场拍卖等平台。2002年,eBay掌握了80%以上的美国市场,在德国、澳大利亚、英国、法国等国的电子交易市场上也处于领先地位。

从网站小生意开始,成为在线拍卖的世界霸主,eBay发展迅速。小到饰品和泡泡糖卡片,大到几乎全新的法拉利和精美的珠宝,eBay的商品应有尽有。eBay的规模相当庞大,但商业模式却出奇简单:只需支付很少的费用就可以在eBay网上创建一个电子分类广告,详细介绍产品的性能,展示商品的数码照片;购买者对商品感兴趣,就可以在销售者给定的时间内任意出价,到规定的拍卖底线,双方就可以成交。双方交易时,eBay收取售价的1.25%～5%作为佣金。2000年,eBay又采用立即购买方式,购买者接受销售者事先标出的价格,拍卖就终止,这加快了买卖速度。

1999年,eBay与美国在线 AOL 建立合作拍卖频道;与 Google、雅虎竞争的同时也借用他们强大的平台;同 Toyato 等汽车大腕的合作也为 eBay 增色。2002年,eBay收购了 PayPal 这个网上支付系统的佼佼者,使用户间的交易变得更简单更安全。2005年,eBay又以41亿元高价收购了 Skypy,[②]构建成eBay电子商务沟通的三套"马车"。

案例分析

在激烈的市场竞争中,品牌越来越显现出无可置疑的重要性:可口可乐即使一夜之间消失也可以凭借品牌死而复生;全球 Top100 最有价值的品牌评选每年都如期上演,并且总能吸引来自世界各大商家的眼球……品牌成为各个利益团体全方位竞争的一个落足点,是消费者、市场对产品最直观的评价标准。

美国营销协会认为,品牌是一个名字、术语、标记、符号或设计,或者是上述的组合,旨在识别一家卖主或者一群卖主提供的产品或服务,并将其与竞争对手区别

① 实际上是eBay的公关人员为宣传公司而编制的一个故事。

② 王晓兰:《eBay:41亿美元的战略收购》,《财富世界》2005年第11期。

开来。奥格威认为,品牌是一种错综复杂的象征——它是产品属性、名称、包装、价格、历史声誉、广告方式的无形总和,其界定还与消费者的使用印象及经验有关。

相较于线下品牌而言,在线品牌有自己的独特之处。在线品牌必须更具备竞争力,因为除了线下的强烈的竞争外,在线市场的竞争更加广泛;此外,在线品牌更有创造奇迹的空间和潜力:可口可乐耗费了 50 多年的时间才成为全球市场的领先者,而雅虎只花了 5 年的时间就取得了市场的主导权。

eBay 只用了十年时间就变成为全球知名的品牌。在最新的调查中,eBay 以 5 701 亿美元的身价拿下全球第 56 位最有价值品牌的桂冠。[①] eBay 成长快速,而且发展态势良好。

一、eBay 的品牌定位——任何人可以买任何东西的地点

皮埃尔·奥米尔说,纵观历史,商业和文明总是互相依存发展的。最初的市场在十字路口出现,在那里,交易者可以接触到最大数目的潜在客户,若是在十字路口销量不错,那么商人就会在那里永久性出售他们的商品。若那里是整个地区中最好的十字路口,那么商人们就会携其家眷定居在那里,最终他们会筑起围墙,建设基础设施,这样商业就会逐渐地将低级的十字路口变成一座城市。eBay 之所以成功,就是因为它符合这一古典模型。他建立了网络上的商业十字路口,更重要的是他还建立起了伴其左右的社区。eBay 对自身的定位基本上来自于创始人皮埃尔·奥米尔的价值观:诚实和开放;其战略就是,通过一个友好的、广受欢迎的环境销售几乎所有的东西;eBay 的广告中经常出现"世界的在线市场"这样的广告语。cBay 已经将自己定位于一个全球性的服务商,其产品广泛到可以吸引来自世界范围的消费者。他还将自己定位成一个市场而不仅仅是一个拍卖站点。最终的目的是为用户服务,以社区文明来带动商业的发展。实际上,最成功的地方莫过把自己定位为民间的、友好的网络社区,为客户提供便利,迎合有不同品味和偏好的交易者。

二、品牌识别以及品牌建设

1. 品牌标志的奥秘

eBay 名字只有四个字母,"e"浅显易懂,是网络世界里盛行的字母,"bay"是

---

① 2005 年全球最有价值品牌榜。

海湾的意思,给人一种简单但开阔的感觉。eBay 引进了品牌管理之后为自己设计了一个友好的、开放的以及容易接近的标识:e-b-a-Y 几个字母用鲜明的三原色字体组成。大写彩色字体,以一种近乎幼稚的方式写成,有一种复古的感觉,让人回到 20 世纪 60 年代,eBay 的主要用户都是 60 年代的婴儿潮期间出生的。e-b-a-Y 四个字母互相重叠,暗示了 eBay 社区紧密联系在一起的纽带。四个字母又不在同一条线上,这种特别的排列方式给人一种不落俗套的感觉……

2. 品牌识别离不开特色

eBay 把大家带入了一个全新的世界,同时也为新市场的开辟铺好了路石。eBay 通过品牌识别来维持市场霸主地位。eBay 的对手从来就没有弱手——Auction University、Onsale Exchange、雅虎、Google,竞争也越来越激烈。eBay 只能增强自己的特色和平台功能来和对手一较高低:

现在就买(buy it now)。这个特色吸引那些不愿意为拍卖结果的不确定性费心的人。对强势买者,该特色的结果就是加速拍卖。

安全港(safe harbor)。这实际是为确保 eBay 商务有一个安全和受保护的环境而开发的许多特色的总称。安全港中有欺诈防护、物品认证和争议解决。

托管契约(escrow)。它允许买者将资金交由一个值得信赖的第三方保管,而且只要特定条件满足才由后者向买主支付。对于出售和购买高价物品的交易者而言,这是一种非常有用的功能。

eBay 直接支付(direct pay)。不用离开网络就能为物品支付的能力。

eBay 汽车(eBay Motors)。它最后成为全美最大的小汽车经销商。

eBay 显贵(eBay Premier)。这个平台是高价收藏品的拍卖市场。2001 年李维斯公司为世界上最早的 Levi 牛仔裤支付了 46 532 美元。

3. 通过广告播下品牌的种子

在早期,eBay 通过其新颖性和发迹缘由引起部分人的注意。因为它是第一个便利而且有趣的在线购物环境。尽管动态定价在市面上已经存在很久了,但是把这一做法引入网络确实是独到的做法。这一新颖的活动本身就具有强大的吸引力,eBay 很快捕获一大批消费者。

当时的宣传方式得益于在线和离线渠道的口碑传播。病毒营销是他经常采用的一种方法,通过描绘加入 eBay 社区的各种好处,并让这种说法在社区内口头相传。这样的方式的确赢来了更多的使用者,同时也给这些使用者也带来了更大的价值。企业还将贸易展览会作为宣传的辅助手段,在展会上以热情的姿态出现,给潜在消费者最直接的交流。

在发展初期,eBay 使用了许多营销手段。eBay 的第一次广告始于 1998 年,在 AOL 和 Go. com 上投放横幅广告和赞助活动广告,在广播和杂志简报上投放广告，eBay一共投放了90种专业杂志，购买价低且质量高的广告，这些广告瞄准和eBay用户相似的群体，千人成本远低于电视报纸。

2000年，eBay开始投放电视广告，这是其广告营销手的一个飞跃。eBay加强了同国际大企业的合作——向Google购买关键字广告，和迪士尼共同进行促销。eBay自身也是一个传播媒体，拥有惊人的用户，当然不忘通过自己的平台投放广告。

eBay越来越成熟，完全摆脱广告传播初期的生涩，广告风格日趋明显——大气并且睿智，灵活却不忘气势。采用大手笔，排他式播出广告；善于捕捉时机，针对性强。eBay还青睐印刷广告，因为普通客户喜欢口碑传播。大额的广告投放形成唯我独尊的气氛，再辅之以印刷广告和口碑这些软性的传播方式，这就是eBay广告投放策略的主要风格。eBay顺利地攻破各个市场，并获得市场第一的位置。他的手法很适合网络公司，以及一些资金雄厚的公司采用。

eBay擅长同其他的网络企业合作，控制竞争者的发展，eBay在网络上做广告经常使用排他性投放策略，eBay和美国在线（AOL）达成了协议，成为排他性的合作伙伴，不给其他的网络卖场留有余地，易趣（中国的eBay）与新浪、搜狐、网易、TOM等门户网站达成独家广告协议，如果这些网站与淘宝、雅宝等同类拍卖网站发生宣传方面的任何合作，易趣可对合作网站进行高额罚款。这使得竞争者“淘宝”有钱无处投放广告。在Google上搜索“淘宝”的，最明显的搜索结果一度是“想淘宝，上易趣”。这种充满霸气的投放方式是eBay在各个市场上攻城略地的利害工具。

eBay也极其善于利用时机，尤其在假日。[①] eBay认为假日人流大，琳琅满目的商品会刺激消费者大量购买，节日过后，eBay的销售量总是大幅度提高，投入大额广告成本是值得的。eBay也不会错过一些特别的日子，用户达到1.15亿时，eBay发动了一个轰轰烈烈的广告运动——“我们大家的力量”，[②]这场意在促进交易者之间的信任度的广告运动得到了巨大的效果；此外，eBay充分利用电视媒体制造商机，赞助临时的PBS电视节目“古董巡回秀”，这个活动刚好同eBay古董拍卖的主题吻合，可以起到很好的广告宣传作用。

印刷广告的特别效用。为了有效地向普通用户推广网站，eBay针对不同的目标市场推出了一份复杂的、综合的印刷广告，客户容易被这样的广告打动。eBay针对12个不同的垂直市场制作不同的广告，在这12个市场上，eBay选择了75家专业杂志来刊登他们具有高度针对性的用户广告。广告细分工作很麻烦，但却能有效地渗透市场。

---

① Theresa Howard: *Final Edition*, Usa Today, McLean, Va.: Jan 3, 2005. p. B. 8。

② Theresa Howard: Usa Today, Va.: Oct 18, 2004. p. B. 7。

4. 公关，细致的品牌经营

Ebay 从创立伊始，就善于采用公共关系的各种手段来获得“网络效应”更多客户加入，社区的价值以几何级数增长。这样的好处显而易见，它能快速扩大其客户基础并避开竞争对手。同时全方位培育了自己的品牌，为其他的传播方式加油添力。

(1)赞助。eBay 赞助著名棒球运动员的本垒打球棒的竞价，还赞助慈善拍卖，这次赞助活动获得了大量的电视报道。

(2)展览会。eBay 代表带着笔记本电脑直接到各个展览会演示 eBay 的服务，每年参加的展览会超过 120 个。

(3)娱乐大巴。在美国，你会经常发现用户周围出现 eBay 的专属大巴，大巴上有 eBay 的各种活动的演示及现场的亲身体验。

(4)线上公关。客户的高度的忠诚、网站的反复使用、社区的积极交流。eBay 社区有自己的聊天室、按照收藏目录组织的文章形成的在线图书馆、还有新闻通讯录，以及各种用来提高和增强客户交易体验的信息，这些都为 eBay 宣传的口碑传播提供了足够的文字素材。

(5)拜访公司。eBay 持续地监视网站内的留言板等社区交流工具，一方面了解用户的需求，另一方面也促进同用户之间的沟通。每年，eBay 会邀请社区常客到公司总部，领导层直接和用户进行交谈。

(6)用户沙龙：2005 年 6～7 月，eBay 举行了一个叫做“小商务的世界”的活动，争取潜在的小生意者，其中一个活动内容是为期两天的“eBay 大学”。

(7)eBay 世界。公司组织主要由培训研讨会、产品服务展示及各类论坛活动构成，万名网上店主聚会。2005 年 eBay 的十周年的 eBay Live 盛况空前，许多旁观者认为这种活动的热度不亚于狂热的宗教活动。

三、品牌维护和扩张

(一)社区，eBay 惊人的品牌资产

eBay 究竟是什么地方？一部分是它在加里福尼亚的总部，但真正的 eBay 应该在网络上，在网站的社区中。他更像一种宗教活动或一种社会活动，核心的部分就在于它的拥护者或者关注者所在的地方——社区。

网络平台的价值就在于通过网络所带来的低成本高效率的沟通平台，构架一个全新的商业社会。在这个社会里，所有成员都是公平的，背景、关系、知识都不最重要，最重要的是通过这个社区累积起来的财富。对于网络拍卖站点来说，

买卖双方群体就是财富，社区就是联系这些群体最好的纽带。它不仅有助于维系买卖之间的信誉，也助于拥护数量的稳定增长。eBay 社区成员既有个体买卖主，又有《财富》100 强的大企业，他们通过 eBay 的聊天室和论坛讨论共同感兴趣的话题，相互提供网络交易的信誉凭据。

eBay 的社区是个神奇的世界：在社区里，有 eBay 的支持者、反对者、还有和它存在各种关系的成员。

2000 年，一群“猫王”收藏品的爱好者组成“猫王”朝圣旅行团，这些成员来自于 eBay 上最紧密的社区——猫王埃尔维斯聊天室。这样通过 eBay 联系起来的群体很多……

eBay 上也有批判者，反对的活跃分子每天都要在社区内发表新闻简报，对 eBay 的贪婪和公司化表示不满。一位玩具交易商甚至组织“百万拍卖长征”，试图从 eBay 上移走 100 万宗的生意，来抗议 eBay 的高收费和对小交易者的漠视。

eBay 社区里经常举行投票——eBay 的公共聊天室要定什么样的名字，是不是要从商品目录中删除枪支和烟酒；eBay 能不能在自己的网站上刊登商品广告……这些都要通过投票来决定。几乎每一项重要的决定，eBay 都要在社区内提前公开，不论是公示、征求意见还是投票表决，目的就是鼓励社区成员行使表决权。

（二）品牌危机的处理

eBay 成长过程中多次遭遇危机，社区、政府、媒体、合作者、竞争者都是 eBay 需要密切注视的对象，任何一方出现问题都可能导致公关危机的“滚雪球效应”。

1996 年，eBay 的网络忽然瘫痪，这次瘫痪持续了 22 个小时，在线交易用户眼见着交易时间到了却不知道如何登陆，这个夜晚成了千万人的不眠之夜。

eBay 之后决定，在社区公开道歉，返还瘫痪期间所有登陆物品的费用（估计要 400 万美元）。

这次危机让 eBay 上了当天美国晚间新闻。大小报纸纷纷对危机做出报道，批评声不断。eBay 被迫接受采访，重复披露真实情况——网站不知道什么时候能修好。

eBay 不间断地通过没有瘫痪的公告栏同社区保持联系。每隔 15 分钟，就发表一篇新帖子公告最新情况，反复强调 eBay 正在竭尽所能解决问题。董事长公开发表致歉信表示会采取措施预防相同事件的发生。

应对这次危机，eBay 创设了“call－a－thon”制度。董事长惠特曼以下的员工要给用户打电话，表示道歉并且解释公司正在采取措施，赢回信任。

调查事故的责任时，虽然 eBay 决定不公开进行谴责，但是已下定决心要整顿自己的系统，包括服务器提供商，以及自己的技术维护系统。面对股价的下跌和竞争对手的发展，eBay 致力于通过自身不断的努力让公司回到原来的正轨上。

四、品牌扩张

一路走来，eBay 从没停下过扩张的脚步。在产品类别上，eBay 不断地推陈出新，推出新的种类和专栏；在功能上，eBay 通过不断的合并和开发，不断更新拍卖环境；在地域上，eBay 扎根美国，面向世界，把美国品牌转变成为世界品牌。

发展产品类别能吸引更多的用户，2004 年起，eBay 对自己的社区进行深耕细作，又开发了 30％商品类别，用户成功突破一亿。从两个人互相交换糖盒买卖汽车飞机，eBay 上无所不有，产品所到之处也是 eBay 品牌涉足之处。作为网络运营商，eBay 已经将品牌扩张到了各个行业。

不遗余力扩展网站功能。1999 年，eBay 买下在线个人对个人信用卡技术公司 Billpoint，买下了 Paypal. com，收购了专门以半价拍卖二手书音乐制品、游戏和电影制品等的 Have. com 公司，这一举动为 eBay 吸纳了 25 万会员；并购 shopping. com；以 41 亿元的天价买下了 skype 公司，为电子商务提供更高的效率和更便捷的服务。

eBay 带着他的美国精神，辐射各大洲。短短数十年时间，已经在 29 个国家和地区落地生根，在德国等地方成为市场第一。这些确保了 eBay 在世界品牌榜上屡次获得好的成绩。

五、品牌中国化

目前比较成熟的网上拍卖市场中，eBay 拿下了美国、德国、英国、加拿大、法国、韩国和澳大利亚市场，雅虎则拿下了日本市场，中国市场却还未有人涉足。随着中国经济的发展，中国市场也成为 eBay 的重要目标。中国市场潜力巨大，这个市场的归属将严重影响全球网上拍卖市场的版图和力量对比。但是要拿下中国市场困难重重：中国市场大，特点复杂，情况众多，国外的一套常常在中国却行不通，要真正进入中国市场获得自己的位置，中国化是唯一选择。

1. 借“易趣”上市

eBay 一直认为是晚雅虎六个月动手是失去日本市场的关键，在中国市场上他们不愿意再犯同样的错误了，所以在同易趣团队洽谈之后，eBay 用 1.8 亿美元巨资买下了易趣，作为进入中国市场的主要阵地。2001 年的中国，网络拍卖的市场还没开发，惠特曼在 2003 年回忆说“2001 年中国实际上并没有什么电子商务，但是这是一个长期的赌注”。[①]

① 程苓峰：《eBay 的中国症结》，《中国企业家》2005 年第 9 期。

2006年eBay易趣的注册用户数突破了2 000万大关，达到2 030万，增长速度仅次于美国市场，eBay首席执行官惠特曼女士赞赏有加："eBay易趣第一季度新增注册用户数230万，增长超过美国以外的其他市场，达到2 030万。对于eBay易趣和卖家同样重要的是，第一季度eBay易趣商品登录总量同比增长65%，成交率也相应提高。并且，中国的网上消费族群继续表现出对eBay易趣交易平台的信任。

2. 学习中国竞争方式

中国市场竞争对手颇多，eBay虽然没有像在日本一样被雅虎赶出市场，但是从2003年起，竞争对手竟如雨后春笋一般纷纷出土：阿里巴巴的淘宝网、雅虎和新浪合作的一拍网、腾迅也推出了拍拍网。这几家都有巨大的网络流量作为支持，实力都不能小觑，尤其是淘宝。

据易观国际最新的统计，截至2005年第三季度，淘宝网的成交额达到了50.1亿，eBay易趣只有30亿，淘宝的用户也明显比eBay易趣多。在这种情况下，易趣发现自己的美国式的收费政策在中国并不奏效。2005年10月，eBay像淘宝一样采取免费政策，免费部分模式；12月，eBay易趣价格体系松动，免开店费。2006年1月中旬，eBay易趣免除交易费，只要求卖家使用Paypal支付。

中国公司的"游击打法"也是eBay易趣很为吃惊的。在2003年采用独家广告协议策略，准备封杀中国所有竞争对手之时，淘宝居然曲线突破，在数以千计的个人网站上，线下的地铁、公共汽车上投放广告。

在这样的市场竞争环境中，eBay选择的就是在中国学习中国的竞争方式，在品牌中融入中国的元素，实现品牌的本地化，竞争方式的本地化。

3. 强势广告获得流量

在中国市场上，eBay依然采用高姿态的广告投放策略，以宣传上的气势占领市场。2003年，eBay就先给了对手们一个下马威。eBay易趣与新浪、搜狐、网易、TOM等门户网站达成独家广告协议——这几个网站内不能出现除易趣外的其他网络拍卖的网站。eBay的CEO预期：中国在线拍卖市场的战争将在18个月内结束。[①]

尽管eBay是全球的C2C霸主，但在中国市场，却是eBay易趣与淘宝争霸。为了争夺市场第一，eBay不惜投入大批资金进行市场推广。在eBay追加市场投资之后，易趣明显加强了市场推广的力度，一时间，几乎所有重要的网站上都出现了易趣的广告。eBay易趣甚至在CCTV等实力派频道的黄金时段大做电视广告。

---

① 《马云联手张朝阳解易趣广告封锁》，http://www.daynews.com.cn/mag6/20050413/ca267609.htm。

针对淘宝的广告宣传，eBay积极应对：eBay易趣2005年4月冠名光线传媒的电视节目《时尚风云榜》，同年6月淘宝网就宣布冠名光线传媒的另一个节目《明星 Big star》；淘宝在电影《天下无贼》热映之际推出“傻根”系列广告，eBay易趣就在电影《如果·爱》中多处植入广告。

4. 开拓电子商务市场

两年来，eBay易趣在开拓电子商务市场上，有一系列的举动。从技术支持方面、从行业开拓方面上、从拓展合作对象上，都可以看出，eBay在中国市场用心良苦，为了能在这个市场上站住脚跟，他已经做好了要长期作战充分努力的思想和行动上的准备。

2005年，eBay易趣宣布中国和Skype对接，2006年要求自己的用户使用paypal这种支付工具。这两个硬件上的优势加上拍卖的系统，就是被人喻为eBay的“三套马车”，这三套马车已正式登陆中国，技术上的优势必然能使eBay易趣在中国的电子商务事业如虎添翼。

2004年，eBay易趣与盛大互动娱乐有限公司结成战略合作伙伴；之后又和中国四大银行共同推出了“安付通”；还和上海市政府共同创办了全国首个“电子商务创业园”；几乎同时，eBay易趣还同环球资源公司合作，开始涉足中国的“B2B”市场。以eBay易趣在中国的发展轨迹来看，每隔几个月就要上一个大台阶，动力之大，令人惊叹。

作为全球领先的在线交易网站，eBay易趣不仅服务于个人用户，同时也服务于各种规模的企业用户。因为他们提供比传统营销方式更广泛的渠道。随着越来越多企业开始借力eBay易趣，其平台性质也逐渐发生变化。eBay中国区首席执行官吴世雄认为：“经过7年的发展，eBay易趣在中国市场看到，电子商务各种模式的融合已经成为行业发展的必然趋势。目前，eBay易趣已不仅仅是单纯的C2C平台，而已经演变为包含C2C、B2C和B2B所有电子商务形式的全方位平台。”他表示，随着全方位平台战略的进一步推进，eBay会充分利用国际平台和诚信安全两大基石，促进交易环境的不断升级，将更多的主流消费者吸引到eBay易趣安全、一流的平台上。

结　语

一个年轻并且精力充沛的网络在线品牌——eBay在实现它的“世界上最大的网络卖场”的宏愿，一直在努力的塑造和经营自身的品牌。对于eBay，品牌经营不是一句虚话，因为从现实中他的每一次商业运作、宣传活动，每一步都能看出eBay对于自身品牌的良苦用心。这也许是许多期望培育自己品牌的企业和机构真正值得学习的。

——新加坡航空的品牌建设之道

新加坡航空公司(SIA),连续 32 年盈利,是世界上盈利最高的航空公司之一。同时,它也几乎每年都能因为卓越的服务而获得世界各地的航空协会、旅游协会、媒体的高度赞誉,赢得了众多国际奖项和荣誉。仅 2005 年,新加坡航空公司就获得了美、英、德、日、瑞士、荷兰、中东、新加坡、中国大陆、台湾、香港等国家和地区的多项营销服务大奖,其中包括:

最优秀的航空公司
最好的地勤服务
最优秀的经济舱、商务舱、头等舱
最优秀的机舱服务
最优秀的机上便餐
最守时和最安全的航空公司
商业旅行的最佳选择
最优秀的航空货运公司
亚洲最受尊重的企业
……

大多数人都难以想像,新加坡的国土面积只有 600 平方公里,人口不到 300

执笔:丘永梅。

万，乘车只需50分钟即可横穿全国，但这样一个国家的航空公司却能获得如此巨大的的成绩。

新加坡航空公司始建于1947年，前身是马来西亚政府与新加坡政府设立的合资公司——马来亚航空公司，主要在东南亚地区运营。1965年，新加坡脱离马来西亚，两国政府分别设立各自的航空公司。① 1972年10月，新加坡航空开始独立经营，飞行于世界18个国家的22个城市。

截至2004年，新航已经连续盈利32年。虽然票价相对较高，但新航的航线机票出票率在相同航线中相对比较高，品牌赋予了新航更多附加值。通常认为航空业是价格敏感而非品牌敏感的行业，新航却是一家少有的具有鲜明品牌形象的航空公司，其品牌价值成为新航价值的重要组成部分。国际著名品牌评估机构Interbrand评出的"2004年新加坡最具价值品牌"排行榜上，新航以3.32亿新加坡元的品牌价值位列第七位，新航还曾名列"亚洲五十大品牌"榜首。

成功的品牌能够在消费者心目中建立某种认知，航空服务业的产品从本质上讲区别不大，谁能成功建立差异化的品牌形象，谁就能吸引消费者，尤其是盈利率高的高端细分市场。② 新航经过三十几年的发展，成功地将其空姐塑造成"新加坡女孩"(Singapore girl)，其品牌承诺"提供世界上最好的航班服务"也得到人们的认可，新航"服务优质、空姐温婉"的品牌形象已经深入人心，培育了一批忠诚的高端顾客，成为享有世界声誉的航空公司。

案例分析

品牌管理咨询公司Brandinsight认为，一个强势的品牌，其特征可以简单地被描述为能够提供一个独特的品牌承诺和一个杰出的品牌执行。当这个承诺和执行取得平衡一致时，此品牌的价值将变得更加强大，企业也会由此建立起其品牌优势。③ 我们可以通过Brandinsight的"品牌优势工具"来看看新航的品牌形象是如何建立的，其品牌优势何在？

---

① 甘凌燕：《新加坡航空——一个优秀的亚洲品牌》，http://www.amteam.org/static/70051.html 05.8.16。

② 甘凌燕：《新加坡航空——一个优秀的亚洲品牌》，http://www.amteam.org/static/70051.html 05.8.16。

③ 何晓：《品牌优势一个中国公司最重要的价值推进器》，全球品牌网 2004－10－26。

建立品牌承诺:提供世界上最好的航班服务

1. 以服务为核心的品牌定位

品牌以消费者认知为基础,要成为成功的品牌,不仅要打造其知名度,还必须获得消费者的满意和忠诚。满意和忠诚来自于消费者的体验,对品牌承诺的切身感受。"品牌承诺是品牌给顾客提供的产品或服务的一种保证",由于认识到这一点,新航努力提炼属于自己的品牌承诺并力图满足。

强势品牌的两大基本要素	
A.品牌承诺	B.品牌执行
·品牌核心 ·品牌认知 ·品牌定位	·属性,获益和价值 ·组织和分配

特征:

1. 品牌承诺和品牌执行保持相同的平衡和影响
2. 唯一性和区别性是其主要的驱动器
3. 产品,市场,组织结构,乃至文化的一致性
4. 强大的品牌经营系统和适应的流程
5. 董事会和高级管理层不遗余力的投入和尽职尽责

品牌优势模型

从行业的角度来看。航空业是一个产品(服务)高度同质化的行业,消费者对价格极为敏感。航空公司通常的竞争手段一是"价格战",走低价路线;一是强调服务的差异化。对于国际航空公司来说,低价路线并不可行。一方面,国家航空公司代表的是国家的形象,总是进行价格战不利于塑造品牌形象;更重要的是低价策略需要多方面削减成本,因此对于航线有严格的要求,通常廉价航空公司都是短程的国内航线、座位不分等级、座位密度较高、几乎没有免费餐饮和服务。但是新加坡没有国内航线,几乎都为长线的国际航班,国际航班走廉价路线盈利困难,而长途飞行对服务的要求较高。因此,新航一开始就采取"国际化"的战

略，跳出价格战，面向乘客提供全面服务。

从消费者的角度来看，国际线上的消费者最主要的还是商务人士，因此首先要满足他们的消费需求。新航的广告代理商百帝认为，研究消费者的长期行为模式是打造品牌必不可少的一环，从长远来思考“当消费者逐步走向成熟并成为经常的航空旅行者之后，还有什么东西能吸引他们。在 5 年、15 年甚至 20 年这样长一段时间，一家航空公司的什么特点对消费者来说最为重要？”[①]百帝认为，各国知名的航空公司在硬件设施方面都将趋于雷同化，大家都有现代机型，营销网，就连航班日程也大致相同。同时，安全及服务的现代化对乘客来说是最重要的，但这些东西最终将成为基本的‘服务项目’，服务的特色必将体现在航班飞行的过程中，通过旅客对乘机旅行感受，对服务的满意程度及乘务员给予它们的个性化服务体现出来。[②]

航班服务特色化有助于塑造品牌形象，并使新航区别于西方航空公司。新航将“强化航班服务”作为核心内容，新航的定位表述为：“为了把新加坡国际航空公司建成一家高度现代化、立足亚洲、质量一流的国际航空公司，公司要向乘客提供世界上最好的航班服务”。[③] 新航所定义的“最好”，是全面的好，是各方面都比竞争对手好一点。新航的高级副总裁叶金华形象说明：“如果你要提供最好的食品，你可以在从新加坡到曼谷的短途航班上供应龙虾，但你可能破产。我们的策略是比该线路上的其他竞争对手在所有方面都做得更好，仅仅是好一点点。这可以让我们从该航班获得少许的利润，而价格又不会高到失去市场。”[④]

2. 建立在国家特色上的品牌形象

航空业是一个特殊的行业，它事关国家荣誉、代表国家形象，国家形象对于航空公司的品牌形象有着极为重要的影响，良好的国家形象、鲜明的国家特色有助于航空公司的发展。对于走国际线路的航空公司来说更是如此。新加坡是一个城市国家，没有国内航线，缺乏国家航空公司应有的稳固基础。由于建国时间短，新加坡从 70 年代初期才认真涉足旅游业，直至 70 年代末 80 年代初才开始树立鲜明的国家形象。新航运营伊始的 1972 年，新加坡的国家形象还很模糊，

---

① [英]伊恩·百帝著，杨端和、陈萍等译：《创造国际化的亚洲品牌》，云南大学出版社 2002 年版，第 99 页。

② [英]伊恩·百帝著，杨端和、陈萍等译：《创造国际化的亚洲品牌》，云南大学出版社 2002 年版，第 100 页。

③ [英]伊恩·百帝著，杨端和、陈萍等译：《创造国际化的亚洲品牌》，云南大学出版社 2002 年版，第 108 页。

④ [新加坡]Loizos Heracleous，Jochen Wirtz，Nitin Pangarkar 著，魏清江等译：《展翅高飞：新加坡航空公司的经营之道》，中国人民大学出版社 2006 年版，第 73 页。

甚至是负面的，新加坡“在西方人眼中是一个属于第三世界的城市国家，积水的街道上人力三轮车到处跑，很难想象这样的地方能够产出高品质的国际航空公司”，①新加坡的国家形象使新航的品牌形象的塑造必须打破航空业的常规，用完全不同的方法去塑造一个具有差异性的品牌形象。

新航将自己定位于“世界上服务最好的航班”，这需要一个强有力的一个品牌形象来体现。航空服务的主体是“空中小姐”，她们是消费者飞行体验中接触最多的人，是服务质量的最直接体现者，也是航空公司差异化的根基。对于消费者来说，在飞行过程中，空姐的一言一行代表了航空公司，空姐的形象、个性也就是航空公司的形象与个性。新航能够提供最好的服务，这些空姐功不可没，让空姐为新航的服务代言再合适不过，将空姐的品质传递到品牌身上，让她们来塑造新航差异化的品牌形象。

百帝选择了将新航的空中小姐“品牌化”的策略，这需要提炼出新航空姐的特色和个性。新加坡是一个有着东南亚风情的多民族移民融合的热带岛屿，新加坡的空姐，也必然充满着亚洲女性温文尔雅的传统、新加坡女性的民族风情，百帝公司也正因此塑造出了魅力十足、富有新加坡民族特色的“新加坡女孩”形象。

当然，我们可以和伊恩·贝帝一样认为，新航的成功“是一个国家航空公司的品牌成功地提升了这个国家的全球地位的一个不寻常的例子，而不是国家的地位提升了航空公司的地位。”但是，我们无法否认的是，作为一家国际性的国家航空公司，新航与新加坡的国家形象、国家特色密不可分。新加坡在70年代末开始进行全球的宣传攻势、树立新加坡具有东南亚风情的、“地球上最神奇的热带岛屿”以及后来的“神奇新加坡”形象。随着新加坡经济的崛起和新加坡国家形象的建立，大量的东西方人开始重新认识新加坡，大量的游客搭乘着新航进入新加坡，体验新加坡的国情、感受新加坡人的风情。新航具有东南亚特色的“空中小姐”形象才能一步步地深入人心，最终成为新航的服务标志，让新航能够明显地和西方航空公司区别开来。

3. 品牌核心：新加坡女孩，新航的唯一性和区别性

新加坡航空“以流行趋势引导者及行业挑战者的形象享誉业内”，它不仅首创航空业多个服务“第一”，在品牌建设方面也引导潮流：第一次将航空公司品牌拟人化，第一次将空服人员品牌化，第一次用真正的空中小姐作为广告的主角。

新航用其空姐作为服务的代言，体现新航的个性，也是新航开拓国际市场和进行广告推介活动的形象大使。新航空姐身穿的不是一般的制服，而是独特、被

---

① ［英］伊恩·百帝著，杨端和、陈萍等译：《创造国际化的亚洲品牌》，云南大学出版社2002年版，第100页。

称为“莎泷”的马来套装，印尼芭迪布料和艳丽的花饰显示出典雅的东方美。巴黎著名服装大师 Pierre Balmain 精心的设计、得体的剪裁使姑娘们更加仪态万千。[①] “新加坡女孩”的创造者百帝公司是这样策划偶像形象的：外表上她具有大多数亚洲女性的天生丽质，苗条的身材非常适合特色鲜明的莎泷制服；在性格方面，她体现出亚洲的血统——天生的温婉、热心、待人温文尔雅。[②] 他们认为采用这种在当时很不寻常的广告宣传方式的主要原因，一方面是新航的空姐气质代表了公司独特的服务风格，代表了公司的灵魂与精华；再者，这样做对于传递新加坡国航是一家正在崛起的国际航空公司这样一个信息很有帮助；最后，这样的安排还为新航提供了一个更为理想的背景来展示空姐的魅力与温馨，为公司的长期理念“航空旅行是浪漫之旅”提供支持证据。[③]

新航让空姐穿上富于民族特色的乘务员制服、展现新加坡的亚洲女性那种自然坦诚的魅力，他们让真正的空中小姐不仅出现在飞机上、机场中，也通过各种媒体将她们的外表、服装、仪态、微笑展现给世界各国的民众，“让空中小姐从机舱里面走出来，让她们在世界各地美丽的风光中展示自己，让她们与各民族的男女老少亲切交流”，让人们记住她们的一颦一笑、记住她们自然坦诚的魅力。然后，在旅客们搭乘新航的过程中，他们会将现实中空姐的贴心服务和广告中塑造的美好形象结合起来，如果两者能够重合，也就达到了消费者的期许，就能形成正面的品牌形象；反之，如果稍有出入，那么就失去了消费者的信赖、品牌承诺成了谎言。新航的成功明显属于前一种情况，也正因此，“新加坡女孩”才能成为新航优质服务的代言人。

因为新航的空姐及其服务是新航品牌的核心，是新航唯一性和区别性的竞争优势之源泉，它决定了新航品牌承诺能否实现，因此为了确保每一位新航空姐都能够体现“新加坡女孩”的完美形象，新航对空姐进行了严格的筛选和艰苦的

---

① 楚宏：《谋略无法战胜：破译新加坡航空公司不败之谜》，《开放潮》1999 年第 6 期。

② [新加坡] Loizos Heracleous, Jochen Wirtz, Nitin Pangarkar 著，魏清江等译：《展翅高飞：新加坡航空公司的经营之道》，中国人民大学出版社 2006 年版。

③ [英]伊恩・百帝著，杨端和、陈萍等译：《创造国际化的亚洲品牌》，云南大学出版社 2002 年版，第 101～102 页。

培训，应征空乘人员的申请者年龄必须在26岁以下，首先要对他们的学历资格和身体条件进行检查。如果符合基本要求，就要进入内容更丰富的招聘程序，其中包括三轮面试、制服测试、水中信心测试、心理测量以及一次茶话会。[①] 比如在制服测试环节，应征者要穿上空姐的统一服装“莎泷布裙”，并由女性主考官来评判女性应征者穿上制服后的体态、步态及整体形象。

4. 品牌支撑点：低成本高效益的卓越服务

每一个成功的品牌背后都有一个优质的产品，航空公司的产品是“服务”，高品质的服务是新航的品牌特色，但是如何长期保有这一特色，让品牌的承诺不是空话，让企业的形象不会受损，就需要企业能够为品牌提供一个切实的支撑点，在企业文化、理念、管理、技术、人才、财务等与品牌承诺保持一致并提供有力的支援。

归结起来，新航的品牌支撑点也就是新航成功的核心竞争力所在，即“低成本高效益的卓越服务”。新航把这个价值观融入企业的能够自我强化的动态体系中，落实到员工的每一个决定和行动中。有学者将新航的这个动态体系总结成五大支柱，那就是：严谨的服务设计和开发；全面创新；低成本高效益理念；员工的全面发展；战略协同效应。[②] 正是通过这些，新航保证了在控制低成本的同时不断地提供高质量的服务。

这五个动态体系相辅相成，共同赋予了新航力量和源泉，保证品牌承诺得以实现。以新航“全面创新”的策略为例，新航秉持着这么一个理念：技术革新是必须的！科技是改善服务质量的关键，高科技服务结合软性服务才能使顾客无法抗拒。新航有一个服务发展部门，专门对各种将要推出的创新进行反复优化和彻底检验。在新航，任何创新都可能很快被替换掉，公司认识到，要做到与众不同，公司就必须持续地改进，取消不再具有竞争力的差异化项目和服务。[③]

品牌执行，贯彻始终

在Brandinsight的品牌优势模型中，首要的一个特征就是，品牌承诺和品牌执行保持相同的平衡和影响。所谓的品牌执行也就是将品牌承诺具体化的过

---

① ［英］伊恩·百帝著，杨端和、陈萍等译：《创造国际化的亚洲品牌》，云南大学出版社2002年版，第123页。

② ［新加坡］Loizos Heracleous，Jochen Wirtz，Nitin Pangarkar著，魏清江等译：《展翅高飞：新加坡航空公司的经营之道》，中国人民大学出版社2006年版，第69页。

③ ［新加坡］Loizos Heracleous，Jochen Wirtz，Nitin Pangarkar著，魏清江等译：《展翅高飞：新加坡航空公司的经营之道》，中国人民大学出版社2006年版，第70～71页。

程，它体现在能和消费者接触的方方面面，比如空服人员、机票预约、机舱环境、飞机餐、机上配备、机上娱乐、广告、促销、日常的社会行为等。如何在与消费者的接触中满足消费者需求、使其获得满意体验并提升品牌忠诚，这是品牌执行的关键所在，也是确保品牌承诺得以实现的最重要环节。

新航在传递品牌形象也即品牌执行的过程中，主要采取了以下措施，将其“最好的航班服务”的形象传达出去。

1. 履行承诺，提供完美的飞行体验

既然承诺给客户“世界上最好的航班服务”，就应该提供专业化、人性化的服务，让旅客享受完美的飞行。新航的网站上有这么一句话“无论是前往富有异国情调的目的地，还是世界上的某一大都市，只要您选择搭乘新航的最新式、最先进的飞机，您就会享受到最满意的旅程”。尽量想乘客所想，尽力满足顾客飞行中的各项需求。让消费者从购买新航机票的那一刻起就开始体验之旅。

首先，新航的飞机始终保持飞行年限较短，除了是控制成本的需要外，是新式的、先进的飞机安全性能高，而且具有很高的可靠性，比如能够使航班更为准时，能够给乘客带来更舒适的感受。以新航机舱里齐全的宜人配备来说。新航不同等级的客舱配备了不同的但同样舒适的坐椅和宜人配备，给乘客不同的选择，比如头等舱提供的是“豪华的飞行体验”，莱佛士舱（商务舱）具有商务舱中最大的 Space Bed 座椅，提供的是“别具特色的舒适享受”，而经济舱的享受则是物超所值的。并且还根据乘客不同的客舱等级和飞行时间，提供了别具特色的宜人配备，比如在头等舱配有柔软舒适的毛巾短袜及遮光眼罩、由纪梵希设计的睡衣和装有男士或女士专用化妆品的 Bvlgari 化妆包，男士化妆包内物品包括眼罩、唇膏、剃须用品和古龙香水，女士化妆包内物品包括唇膏、润肤乳液、护手霜和香水。另外还有卧榻服务和书写工具及其大量的报纸和杂志可提供。

其次，消费者可以在飞行之前从新航的网站上选择个人偏好的餐饮，让厨师提前准备。新航的餐饮种类繁多，称得上是世界风味美食的大融合，有中、日、欧、印等多种套餐组合，美酒也是由美酒专家团所推荐的。

再者，新航的机上娱乐也异常丰富，这也是新航创新的重点和广受好评的一个部分。比如新航能够提供超过 450 种的娱乐选择，其中包括热门大片在内的多达 60 部的电影、100 部电视节目、180 张音乐 CD、12 个音乐频道，以及一系列电脑游戏和互动讯息。

此外，为了满足商务旅行的通讯需求，搭乘新航的飞机还可以在 35 000 英尺的高空通信联络，利用舱内供电系统启用便携式电脑进行工作或游戏娱乐。

而且只需动一动手指，便可以通过手边的座内个人电话连通世界各地。[①]

最后，在乘客即将结束旅行之际，新航还利用问卷调查的方式，找出旅客的需求，并积极地去寻求改善方法。另外新航也纪录每一位 VIP 的飞行纪录以方便在餐点上或是服务上迎合客人的习惯，这是一般航空公司做不到的。

通过这些人性化的服务，新航把客舱打造成旅客的空中办公室与休闲中心，赢得了客户的满意，培养了一大批忠诚的高端顾客。

2. 恪守品牌承诺

每个产品或品牌都会向消费者许下承诺，强势品牌与弱势品牌很大的区别之处也正在于承诺是否存在差异，承诺是否落实、落实的力度如何。

新航的品牌承诺是"提供世界上最好的航班服务"，新航的目标不仅成为最好的航空公司，而且是成为最好的服务公司，尽自己的能力做到最好，保证在每个环节如预约、餐饮、维护、娱乐、守时、安全等方面都尽自己的能力做到最好。当然，这些承诺并不是"空头支票"，新航通过内部的组织管理架构、系统流程，"经常性地创新，还要全面创新——时时刻刻在各个方面创新"，以确保能为顾客带来价值，满足顾客的期望。

为了履行"提供世界上最好的服务"的承诺，新航一开始就"蔑视传统的思维模式，并向国际航空业的惯例进行挑战。"比如，还在马来西亚一新加坡航空公司时代就有了免费饮料与免费耳机，但是当新航飞向世界时，其他航空公司强烈要求它取消'免费'服务项目。新航的回答是：对不起，我们的宗旨就是要向乘客提供最好的服务。免费服务成为新航一项独特的服务承诺，并开创了多项航班服务的"第一"。

当然，新加坡航空能够依靠"优质服务"卓尔不群的一个关键因素并不在于其品牌承诺多么的与众不同，更关键的是它的承诺始终如一，即使在危机时期，只要能为乘客提供更便利的服务，新航就决不吝啬投入大量资金投资服务设施。

比如，在亚洲金融风暴带来的亚洲经济持续低迷时期，"新航于 1998 年 9 月宣布了有史以来最大规模的新品发布活动，在波音 747、空客 A340 和波音 777 等客机的 3 种等级客舱中推出全新的产品和服务。此次活动发布预计花费了 5 亿新加坡元，活动的内容包括：头等舱设置带有可躺卧式座位和可收折式桌子的微型套间；公务舱坐椅加深、加宽、加高，并配有私密性隔断；经济舱添设头部靠垫和坐椅耳机，改善坐椅舒适度；提高所有客舱的菜肴品质。"又比如，"2001 年 9.11 恐怖袭击事件对航空业造成巨大冲击，在随后的 6 个月中，新航的收入状况让分析家们感到不太乐观。在这次恐怖事件发生一年后，新航还在特定航线上推出了一项公务舱服务改良活动（包括'空中睡床'和新型飞行娱乐系统），涵

---

① 新加坡航空公司网站 http://www.singaporeair.com/saa/zh_CN/。

盖了机群中几乎半数客机。[①]

3. 塑造品牌形象:全球思维本土表现的广告执行

广告是新航塑造“新加坡女孩”形象并进行国际化宣传的主要手段,为了维护品牌活力,新航一直不吝惜广告投入,即使行业低迷时期,新航在广告方面的投入也在持续增长。新航毛收益的 2%将用在广告和营销上,对广告支出实行有效的集分权管理,战略性的广告决策由总部制定,而地域性、局部性的战术性的广告是由当地的公司来处理,但总部进行严格监测以保证其一致性。研究发现,新航的广告使它在顾客中获得了很高的回报。[②] 比如在新航刚刚开始广告宣传的 1973 年,新航广告的回忆率只有 21%,到 1979 年时的回忆率则增至 50%,[③]广告宣传和品牌打造上的巨大成功使得新航推出的产品和服务获得了很大的先发优势。

此外,新航在广告表现上也体现了其“始终如一”的策略,在新航的广告策略

---

① [新加坡] Loizos Heracleous, Jochen Wirtz, Nitin Pangarkar 著,魏清江等译:《展翅高飞:新加坡航空公司的经营之道》,中国人民大学出版社 2006 年版,第 58~59 页。

② 庆瑞、刘景江、苏军、陈劲:《新加坡航空公司(SIA)的战略制胜及其启示》,《科研管理》第 22 卷第 5 期。

③ [新加坡] Loizos Heracleous, Jochen Wirtz, Nitin Pangarkar 著,魏清江等译:《展翅高飞:新加坡航空公司的经营之道》,中国人民大学出版社 2006 年版,第 48~49 页。

中有这么一条，“除了机票促销及一次性的宣传广告之外，‘新加坡空中小姐’应出现在所有的旅行媒体广告中”。通过广告对“新加坡女孩”的形象不断地强化，强调新航浪漫与豪华的服务。

在广告策略方面，新航和多数的跨国企业一样遵行的是“全球思维、本土表现”的方式。也就是，在国际媒体和海外的推销中广告主题不变，品牌代言人不变，但是用当地的人物、场景和语言来传递出同样的信息。比如新航在中国的一则广告，画面中出现的是中国人，使用的是中文，场景是中国式的，这些是和新航在其他国家所做的广告不同的地方。但是“新加坡女孩”一如既往地穿着特色制服、展现着亲切的微笑，传达出“世界瞬息万变，优质服务始终如一”的广告主题。

4. 维护品牌形象：慈善活动、危机公关

良好的危机公关能力和热心公益慈善活动，是新航品牌形象得以维护和提升的一个重要方面。

航空公司的每一次航班飞行都担负着上百名乘客的人身安全，虽然飞机是世界上最安全的交通工具，但是“空难”却仍然时有发生。因为伤亡损失的巨大，每一次的空难都几乎得到了世界性的关注，而媒体更是巨细靡遗地将空难的每一个细节放大报道。航空公司稍有不慎或者反应稍不及时，就会引来媒体和公众的口诛笔伐，甚至让长久建立的企业形象毁于一旦。因此，对于航空公司来说，建立一整套完善的危机公关系统极为重要。新加坡航空良好的危机公关能力使得它不仅能够在危机中免受形象受损，反而通过危机时的表现将其品牌形象正面地传达出去。

以 2000 年，新航在台湾的飞机坠毁事件为例。2000 年 10 月 31 日晚 11 点 18 分，新航 747—400 客机在台湾桃园机场起飞失败坠毁。新航在飞机起飞坠毁后不到两个半小时(凌晨 1 点 10 分)的时间里就召开了记者会，CEO 致歉并宣布支付每人 2.5 万美元慰问金；2 日 CEO 抵台；3 日，台湾“飞安会”初步判定失事原因为飞机跑错跑道；4 日，新航宣布每人 40 万美元赔偿金计划后，报道集中于赔偿额度、死伤人数、乘客背景、失事原因、检察官起诉、新航背景等。9 日后报道开始淡化，2001 年 2 月初步鉴定报告出炉。整个危机事件在极短的时间内解决，主要取决于新航所具备的危机处理系统：首先新航能快速召开记者会，是因为很多事情之前有准备的，比如它已经有所有机场的官员联系方式和媒体联系方式，要发布的新闻声明模板已经事先准备好了。另一方面，CEO 致歉、两万美金用于事故幸存者的救助和史无前例的对事故死者 40 万美元的赔偿金额都表现了新航负责任的态度。①

① 《新加坡航空公司危机公关处理案例》，《数字财富》2004 年第 10 期。

这些及时、不推卸责任的措施使得新航在这次事故后，形象没有任何损害。而且它也体现了新航一向的理念，只要能够为乘客提供更便利的服务，就绝不会吝啬投入大量资金。因为大手笔的投入往往能给新航带来正面的宣传效果，保持公众对新航的不断关注，不断地让其品牌形象更加稳固。

此外，新航也热心于社会公益，比如在2004年每两年一次的空乘人员庆祝餐会上，新航员工为慈善事业筹集了超过50万美元的善款。[①]

5. 重视品牌管理，提供充分的营销支持

Brandinsight认为，品牌优势可以为一个公司带来可观的商业价值，但它需要管理层的决心、足够的资源和一个连续的、遍及全公司的品牌管理方案。[②] 因此，管理层对品牌建设的重视、对品牌建设伙伴的选择和支持都尤为重要。

在新航决定打造一个全新的国际品牌的时候，他们并没有选择一家经验丰富的大型广告公司来作为其品牌建设的合作伙伴，而是选择了一家小型的刚刚开张的广告公司——百帝广告，由他们承担新航这一跨越全球的综合广告业务。在选择了百帝之后，新航就给了百帝充分的支持，最终，百帝广告为新航塑造了一个享誉全球的"新加坡女孩"形象，并在"新加坡女孩"诞生21周年的纪念日上"创造性"地为其送上了一份贺礼：1993年，新加坡航空公司空姐的蜡像进驻世界著名的伦敦杜莎夫人蜡像馆，成为馆中展出的第一个商业人像。[③]

面对竞争日趋激烈的国际航空业，新加坡航空没有用太长的时间就成为世界上最杰出的航空品牌之一，也让"新加坡女孩"成为航空业认知度最高的形象之一。她在品牌建设方面的成功，一方面是其"低成本高效益的卓越服务"为品牌的成长提供了足够的底蕴，另一方面也归功于新航董事会及高层领导所推行的品牌管理工作和品牌建设的力度，以及他们对品牌战略始终执著倡导的奉献精神。[④] 新航的董事会和管理层从他们的品牌和服务的代言"新加坡女孩"为新航带来的竞争优势上看到了品牌所具有的附加值，因此他们在品牌策略上花费了大量的宝贵时间，并始终如一地为品牌建设提供支持，尤其是对广告的投入和对广告代理商的一贯支持，更体现了新航对品牌建设的重视。

---

① ［新加坡］Loizos Heracleous，Jochen Wirtz，Nitin Pangarkar 著，魏清江等译：《展翅高飞：新加坡航空公司的经营之道》，中国人民大学出版社2006年版，第133页。

② 何晓：《品牌优势一个中国公司最重要的价值推进器》，全球品牌网2004—10—26。

③ 姜华：《一个全球性行销标识新加坡航空公司空姐》，中国民航信息网2006—6—2。http://www.airnews.cn/consultation/10323.shtml。

④ 甘凌燕：《新加坡航空一个优秀的亚洲品牌》，http://www.amteam.org/static/70051.html 05.8.16。

结 语

随着时间的推移、积极进取、富于创新的新加坡国航成了航空业的典范，并开创了用真实的空姐代言航空公司的潮流。新航依靠其“低成本高效益的卓越服务”不仅向世人兑现了其“提供世界上最佳的航班服务”的承诺，而且也让其创造的品牌代言人“新加坡女孩”成为“一个全球性的行销标识”。只要能够在未来保持其一贯的优质服务、不断地创新实现其品牌承诺、保有其品牌核心价值，新航就能够在“新加坡女孩”这个品牌形象的引导下，继续在三万五千英尺的高空展翅高飞。

——雅芳品牌营销之路

由奢侈品变为日用品，化妆品逐渐成为人们生活中必不可缺的一部分。作为始终引领世界最新潮流的国际美容巨子，畅销全球的国际化妆品品牌，雅芳(Avon)以她“一切为了女性”口号赢得了无数女性的青睐，“雅芳小姐”一度是美丽的代名词，其访问推销的商业模式更使之成为直销业当之无愧的“鼻祖”并成就百年品牌的经典传奇。2005 年 4 月 8 日，雅芳宣布获得中国政府许可的首家直销牌照，作为行业开放的先奏，这个全美 500 强之一的跨国企业又一次变成人们的焦点。

1886 年，“雅芳之父”大卫·麦可尼从一瓶随书附送的小香水中受到启发，在纽约建立加利福尼亚香水公司，推出第一款产品小不点香水套装，内有向日葵、紫罗兰、白玫瑰、百合和风信子 5 种香水，随后扩展到香波、牙膏等生产线。麦克尼有挨家挨户推销的经验，他相信个人的沟通是最好最有效的销售方式，他雇佣了第一位雅芳女士 Albi 夫人，开创了直销方式。

20 世纪的头 10 年，雅芳开始为自己的产品做广告。1906 年，雅芳在 Good Housekeeping 杂志中为玫瑰牌香水做广告，同年推出第一款彩妆。1914 年，雅芳在加拿大蒙特利尔开设了第一家国际公司，开始跨国经营。1928 年，出于对伟大诗人莎士比亚的仰慕，雅芳以莎翁故乡的“AVON”河重新为公司命名。1946 年，雅芳股票在纽约上市。1954 年，雅芳提炼了自己的口号“叮咚，雅芳来

执笔：宋婷。

了”(Ding-dong，Avon Calling!)。整个 50 年代，雅芳的销售和盈利的增长率达 17%～19%。到 1972 年，雅芳的资产已达 10 亿美元，成为 70 年代中期世界最大的化妆品公司，业务扩展到加拿大、墨西哥、英国等 17 个国家。70 年代后期，通货膨胀，原材料短缺，雅芳遇到危机，采取了高达 50%的降价来应对，配合“雅芳，你使我微笑”多媒体活动，销售重新回到 10 亿美元，却降低了品牌形象。80 年代早期，雅芳涉足直邮服饰目录、珠宝零售、杂志订阅和健康护理等多样化的非美容行业，多产品线的投入使顾客觉得雅芳不再专业，雅芳不得不重新回到核心行业化妆品。

如今，雅芳已发展成为世界上最大的美容化妆品公司，在 53 个国家和地区进行直接投资，拥有 43 000 名员工，通过 440 余万名营业代表向 145 个国家和地区的女性提供两万多种产品，而其中以美容护肤品生产为主。为了确保产品领先世界，雅芳在美国新泽西和日本东京设立研制机构。2003 年，雅芳的净销售额为 68 亿美元，2004 年，雅芳全球市场营业收入达 80 亿美元。凭借惊人的实力和超群的品牌形象，雅芳 2001—2004 年连续 4 年入选美国权威商业杂志《商业周刊》“全球最有价值的 100 大品牌”，是唯一入选的化妆品品牌，[①]2005 年，雅芳排名上升至第 59 位，作为仅有的三个化妆品品牌之一，同时也是唯一入选的直销公司。[②]

1990 年，雅芳进入中国市场，投资 2 795 万美元与广州化妆品厂合资成立广州雅芳有限公司，[③]开启了中国的直销市场。1998 年，雅芳成为中国首家获政府批准转型的企业，采用批发、零售方式销售产品，建立起四通八达的整体销售网络，分公司遍布 74 个大中城市，拥有 6 000 多家产品专卖店、2 000 多个专柜，零售渠道覆盖中国版图。多元化的购物渠道满足了不同购物习惯的顾客，雅芳达到了对中国市场全方位的渗透。

一、企业形象策略

产品日趋同质化，富有个性的企业形象才能占有自己的生存空间。企业形

① http://www.avon.com.cn 雅芳中国网站资料整理。
② 尧秋根:《直销试点让雅芳更美丽》,《时代经贸》2005 年第 5 期。
③ 孙国雄:《雅芳抢滩中国市场》,《公关世界》2002 年第 7 期。

象，概括地说，是企业在各界人士心目中的形象，是消费者、社会公众、企业员工及相关政府部门、社会机构和协作单位对企业的总体评价。[①] 雅芳从诞生起就以鲜明的“女性”企业形象，参与现代企业竞争。

1. 市场定位

雅芳是属于女性的公司，其目标是成为最了解女性需要，为女性提供一流的产品并满足她们自我成就感的公司，成为一家比女人更了解女人的公司。雅芳深信，女性的进步和成功，就是雅芳的进步和成功。雅芳不光涵盖女性商品的全部，还市场细分，为忙碌的女性提供多重的购物选择。

雅芳75%的管理职位由女性担当，其服务口号为“比女人更了解女人”。2001年初，雅芳在《职业女性》杂志举办的“25家最适合女性行政人员服务的公司”评比中荣登榜首，这是雅芳自1999年以来在该项评选中连续第三次摘冠。2002年11月，雅芳入选世界时尚美容界内顶尖的商业日报Women's Wear Daily评选的“最受女性喜爱的十大品牌”，是唯一入选的化妆品品牌。[②]

雅芳在产品研究、公关活动等环节都以女性的朋友心态和角色关心女性，让女性消费者切实地感受到其核心承诺。雅芳采用深度沟通战略，进行教育式营销，其分公司都设有顾客俱乐部，定期给会员派发新产品试用装，不定期举办各种美容讲座、美容咨询、会员沙龙；雅芳别具亲和力的广告也频频出现在媒体广告上，反复展示雅芳“想女性所想，谈女性所谈、为女性创造美的话题，与女性分享美丽的成果”的亲善形象，不断巩固雅芳“女性的知己”的品牌核心价值。

2. 经营理念

雅芳恪守自己的经营理念信任、尊重、信念、谦逊和高标准，形成特有的企业

---

① 黄合水:《广告心理学》，厦门大学出版社2003年版，第222页。

② http://www.avon.com.cn，雅芳中国网站资料整理。

文化精神，构建深层的企业形象，这是雅芳一切成就的核心。

3. 人力资源管理

雅芳从1990年正式进入中国，其在中国的发展经历高速扩张、生死转型和大发展3个阶段，一直保持良好的发展势头。业内人士普遍认为，雅芳的成就与其成功的人力资源管理密切相关。

雅芳认为，营造追求高绩效的环境，为员工提供开放友好、不断更新的工作环境，给员工公正平等的待遇，培养团队精神，就能刺激他们发挥潜能。雅芳重视通过培训提高员工的工作技能和个人素质，提供销售技巧、产品及美容、语言等培训课程；在全国销售队伍中推行的"明日之星计划"，以培养一流销售人才；专门打造领导技能系列培训课程，以培养优秀的管理队伍；雅芳还非鼓励员工实现自身价值，制订员工专项发展计划，让员工参与跨部门、跨功能的项目工作轮换。雅芳的人事制度中最有特色的是绩效管理制度，雅芳根据员工的业绩进行考核分级，等级高的员工薪酬、奖金较高，这是检验员工能力是否与所在职位匹配的有效方法。[①] 通过这些富有吸引力和挑战性的发展机会，大大提高了员工忠诚度。

4. 公关行销

公关营销策略是现代营销活动中经常使用且行之有效的手段，有助于塑造良好的企业形象，提高知名度和美誉度。雅芳充分利用公关营销，树立了良好的"企业公民"形象，积累了品牌资产。

雅芳针对乳腺癌这一全球女性健康的头号杀手，开展"帮助全球女性对抗乳腺癌!"的公关活动，筹集资金并成立"雅芳全球妇女健康基金会"。2000年10月，纽约著名的第五大街的交通线漆出了一条由第42街到第59街的"一英里粉红带"，其中粉红色代表了雅芳，以表彰雅芳在这方面所作出的贡献；同年10月10日被宣布为"雅芳抗癌日"。[②] 这是对雅芳公关活动的最好肯定，此举不仅提高了企业的美誉度，更促使消费者对雅芳形成了良好的印象和评价，为赢得市场打下基础。

雅芳在中国举办了主题为"远离乳癌，健康一生"的公益活动。2001年，该活动登陆广州；次年，登陆青海西宁、上海和北京；随后，雅芳先后在沈阳、北京、乌鲁木齐、拉萨、广州、上海等城市为广大妇女举行高规格的义诊，宣传普及乳腺健康知识，进行医疗扶贫和科学研究。2004年4月，配合全国第十届"抗乳癌宣传周"，雅芳与"中国癌症研究基金会"联合搜狐网站，推出以"健康珍爱希望"为主题的在线论坛；5月9日母亲节之际，雅芳在上海举办"健康珍爱希望赞美坚

---

① 吴彦、李晓明：《不停迁徙时时创新》，《上海商业》2004年第1期。

② 王葆林：《让员工释放出自己的价值雅芳（中国）有限公司人才战略剖析》，《中国化工报》2004—03—08.

强母亲"爱心活动;8 月,雅芳特邀医学、营养学、运动学、心理学专家,在全国 74 个大中城市进行"健康珍爱希望"公益巡回沙龙。2005 年 3 月,雅芳在南京进行"爱心礼包"义卖,将所得款项捐赠给"中国癌症研究基金会";8 月 27 日,雅芳在嘉峪关长城脚下举行"中国雅芳抗乳癌长城行"义诊公益活动,为"雅芳全球基金会"成立 50 周年在中国的纪念活动拉开了序幕;10 月 21 日,作为中国雅芳"2005 抗乳癌长城行"系列活动的终点,雅芳粉红丝带"全球传递"中国站活动在北京水关长城举行,把中国雅芳参与"雅芳抗击乳癌全球行"以庆祝"全球雅芳基金成立暨开展慈善事业五十周年"的庆典活动推向高潮。[①]

雅芳深知良好的企业形象对企业生存发展的深远影响,因此,无论是企业内部的管理形象,还是企业外部的经营形象,无论是企业经营管理理念的深层形象,还是企业外部特征的表层形象,雅芳都相当重视。雅芳把这些形象因素整合在一起,使其相互协调,形成一体化的"女性知己"企业形象。

二、本土化策略

雅芳主张"国际品牌,本土文化",寻求适合中国特色发展的品牌运作之路。雅芳公司副总裁陈志新说"我的理想是让雅芳在中国人尽皆知,成行成市,让任何一个中国人站在某条街上都会发现前后左右都有雅芳"。雅芳做到了,在全国 75 个大中城市,雅芳拥有 6 000 多家专卖店,2 000 多个专柜,拥有全国性的销售服务网络系统,成为仅次于邮政和柯达的第三大营销网络,还以每年新增 500 家专卖店的速度发展。[②]

① http://www.avon.com.cn,雅芳中国网站资料整理。

② 郭飞:《雅芳再战江湖》,《经贸世界》2005 年第 1 期。

1990年，雅芳投资2 795万美元与广州化妆品厂合资成立广州雅芳有限公司。1998年，雅芳获外经贸部准许采用店铺销售结合雇员推销员的直销方式，雅芳在广州兴建的生产基地正式投产。2000年，中国雅芳开始进行产品的网上销售。[①]

雅芳以直销闻名，鼎盛时期拥有20万名雅芳小姐。1998年，由于非法传销混杂造成社会问题，国家开始整顿直销市场，公布了《关于禁止传销经营活动的通知》，雅芳所有的直销业务全部停止，这刺激雅芳全力投入零售通路建设，经过重新调整和规划，中国雅芳成为全球最独一无二的企业，也是转型最彻底的企业。[②]

雅芳以适合中国国情的销售方式，针对人口众多、居住稠密的特点，放弃全球直销模式，投入人力、物力和财力开展全方位、多元化的销售渠道，大规模进军零售批发市场，制定在华长期发展战略“千店计划”。经过1998年转型的暂时低落后，雅芳的销售大幅度回升，全方位渗透使雅芳以全新的专业形象赢回市场，从2000年至今，雅芳保持每年32%左右的增长率。

“高品质、领先科技、多元化、为东方女性设计”是中国雅芳产品开发的核心指导思想。雅芳一直致力于为中国女性提供质量上乘、信誉度高、融高新科技和动感潮流于一体的名牌产品，为不同年龄、不同品位的女性提供多元选择。针对东方人皮肤的独特肤质，雅芳开发中心专门成立研究开发适合东方人皮肤的护肤品部门。其中的Up2U就是由日本雅芳研发中心专门为亚洲年轻女性设计的全新彩妆系列产品，Up2U打破了化妆品“专家式”的教导模式，以“新世纪少女美丽朋友”的身份，帮助少女自主灵活地展示个性美，让年轻顾客更容易亲近雅芳。

为了寻求更大的空间，2005年12月，在直销法规正式实施的微妙时刻，雅芳斥资3 900万美元回购中国公司美晨手中剩余的所有股份，在华实现独资。雅芳希望充分利用100%控股权的优势更好地发展中国业务，雅芳预期2006年的销售额将达到两位数的增长。至此，雅芳找到适和自身的品牌本土化之路。

三、市场营销策略

产品日趋同质化，销售渠道成为市场竞争的焦点，创造销售渠道优势是占领市场的前提。雅芳的销售渠道有效地适应市场的变化，满足了不同细分市场下的客户的要求，其密集型的销售网络拥有强大的市场防御能力，总是比对手先行一步抢占销售网点，扩大市场覆盖面。

---

① http://www.avon.com.cn，雅芳中国网站资料整理。

② 刘加莹：《直销模式何时拨云见日》，《中国商报》2004－07－30。

1. 直销的运用

提及直销化妆品，人们自然会联想起雅芳，雅芳一度是单层直销的代名词。竞争的激烈要求企业更直接、更快捷地与消费者沟通，中间商产品推广功能的下降和利润空间的缩小，提高了对企业分销辐射力和控制力的要求，分销渠道越来越短，在此情况下，直销能体现优势，能敏锐捕捉消费者的需求，及时调整产品策略，获取更多消费者，同时降低成本，降低库存压力，使价格具有更强的竞争力。雅芳在销售模式上的独特之处和制胜关键便在于此。

2. 多元化的渠道

大卖场、专卖店、专柜、旗舰店和概念店等零售渠道和服务网络形成彼此呼应的整体格局，全方位的市场渗透，开拓了雅芳多元化的销售渠道。

(1)专卖店。雅芳使用“零加盟”政策来吸引伙伴加盟。帮助选址、转业培训、免费提供管理软件及货物的直达配送等是雅芳实现“帮你投资、助你成功”承诺的实际措施。雅芳通过美容讲座、顾客沙龙、会员俱乐部、美容咨询拉近顾客与专卖店的距离，了解顾客的需求，增强渠道掌控能力，开创了化妆品销售的新模式。雅芳以占有 80%的销售额成为雅芳当之无愧的主力。

(2)专柜。雅芳还有专门用来销售专一系列化妆品的柜台，使用统一的视觉形象、价格和政策，展示品牌形象、提升品牌的知名度，形成完整的品牌概念。专柜经营是化妆品传统销售模式的主流，主要在大百货商场和大卖场使用。

(3)旗舰店。中国雅芳在广泛开设专卖店的基础上开设了样板店，以帮助消费者更好地认识雅芳、了解雅芳、并使雅芳产品专卖店的陈设能得到统一、标准化的指导和规范，进而使雅芳的消费者能得到高质量的咨询服务和产品售后服务。

雅芳避开了竞争者的传统渠道，确立了自己清晰的销售渠道，成为第一家走专卖店道路的化妆品公司，发展出 5 700 家连锁加盟店。连锁加盟店是投资最少、见效最快、成功率最高的模式。美国商务部公布的统计资料表明，独立开办企业的成功率不到 20%，加盟连锁店成功率高达 90%。[①] 连锁加盟店之所以成功，除品牌统一宣传、统一配货的优势外，最关键能统一进行经营指导和员工培训。多点进入的全国网罗式战略易形成壁垒效应，使其滚雪球式壮大。

2005 年后，雅芳调整了经营模式，引入直销员销售，使用专卖店加直销员模式，在保证店铺销售的同时招募直销员，在店铺之外把雅芳产品直接销售给消费者，实现了传统销售加直销优势的完美组合。专卖店负责零售，产品展示、形象宣传和售后服务的中心，用大量广告与产品试用装得到市场效应和顾客回头率；直销员使专卖店变被动为主动，填补店铺不能辐射的角落。

3. 技术革新和服务创新

在密织终端销售网点的背后，雅芳"直达配送"的物流管理系统发挥了重大的作用。雅芳年销售额达 60 亿美元，要想将品牌经营维护且最大化的延伸生命周期，就必须有一个高效的物流体系来支撑化妆品企业需要的成本控制、运作效率、服务改善等战略行为。将物流外包给第三方，使自己从繁琐的营运事务中解脱出来，集中精力以开拓市场，这无疑是一条捷径。

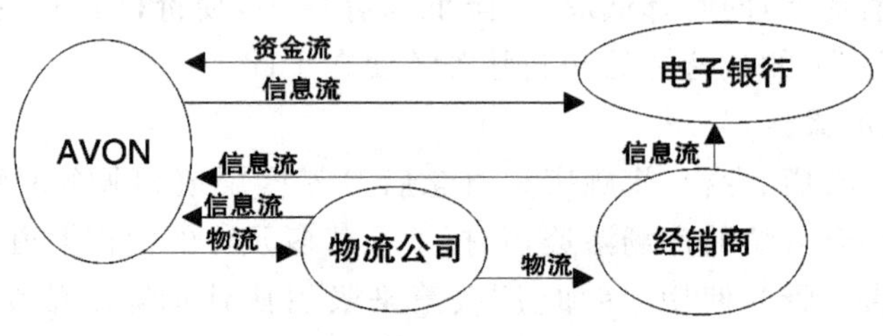

雅芳直达物流配送管理系统

2002 年，雅芳中国与中国邮政签订物流合作协议，进行"项目外嫁"，实现全天候、门对门、门到店全国九大区域中心直接到经销商的直达配送。迄今为止，雅芳已形成"一个生产基地，九大区域顾客服务中心，5 000 多家产品专卖店"的辐射型的系统网络，真正优化了运作流程，为雅芳经销商提供一站式服务，实现"48 小时内送货上门"的承诺，支持了终端销售。为帮助专卖店扩展业务，雅芳研发了电子商务系统软件 DRM，使用 DRM，各地经销商足不出户便可确保准确的流通和运转。DRM 利用互联网将顾客、零售商与企业联系起来，完成包括销售策略、促销、订货、配送、销售、客服在内的交易过程，实现信息流、资金流和物资流之间的顺利流转。DRM 系统降低了经销商的成本，提高了消费者对雅

① 高敏：《雅芳（中国）有限公司营销战略选择和策略创新》，厦门大学 2005 届工商管理硕士论文，第 34 页。

芳的忠诚度和满意度。

雅芳独特的“全方位、高素质、高科技”的销售服务通路，强大的信息网络和物流配送系统为其建立了无可比拟的品牌竞争优势。从长远考虑，这也有利于雅芳提高企业整体形象和品牌核心竞争力。

4. 4P 融合

雅芳独特的销售渠道背后，是强大的产品线、富有竞争性的价格和多样化的市场推广手段，这四大市场营销组合策略因素相互配合，形成了雅芳独具创新性的市场营销策略。

(1)产品策略。雅芳的产品涵盖护肤、彩妆等 7 条产品线，1 500 个产品项目。均统一采用“雅芳”为核心品牌名称，推出雅芳色彩系列、雅芳新活系列、雅芳柔肤系列、雅芳肌肤管理系列、雅芳草本家族系列等，针对不同年龄、不同功能型的产品。统一品牌战略可以降低宣传成本，借助已成功品牌的知名度和美誉度推出新产品，促使消费者接受品牌，建立统一的企业形象。

(2)价格策略。以价格细分市场，针对不同年龄阶段的消费者推出相应的产品，由高端市场向低端市场渗透，将一部分精力投放在开发中低档产品上，以争取最大销售为目标。雅芳的彩妆系列 Up2U 就试图搏得 20 岁以下年轻女性的信赖，以争取到这群经济能力有限但产品需求量极大的消费者。

(3)市场推广策略。包括广告、促销、现场产品陈列和推广等。促销是雅芳的强项，每月更新的促销，层出不穷的打折、赠品、试用装活动等，刺激消费者的购买欲望，会员月刊和遍布全国的专卖店则以更稳健的方式树立、传播和巩固品牌形象。

品牌制胜，渠道威望，终端崛起，雅芳通过独特的市场营销渠道组合策略，赢得了更多的市场份额，扩大了品牌影响力。

四、对阵安利

直销是市场经济条件下出现的新的销售方式，为中国市场带来新鲜气息。同为世界直销业巨子，雅芳和安利在中国的运营模式截然不同。1998 年，为了整顿混乱的市场，中国政府对一切直销、传销行为颁布了“一刀切”式的禁令，这也成为雅芳、安利在中国发展路径的分水岭。雅芳以转型彻底著称，大力发展以专卖店为核心的销售网络，成为单层次直销企业的代表；安利的管理和销售层级较多，仍然被视为多层次直销的典型。

直销指销售人员以面对面的方式，而不是固定店铺经营的方式，把产品或是服务直接销售给最终消费者，计算提取报酬。直销主要通过上门展示产品、开办活动或者是一对一销售的方式来推销产品，直销解除了传统营销渠道没有利益机制的弊端。直销中的单层次销售模式指销售层只有一或两层，销售员从厂家直接进货，然后直接卖给消费者。单层次销售多以地区划分作业，设立区域经理来管理，其优势在于直接面对经过挑选的目标顾客，获取他们的回应，由于可以直接掌握顾客的需求，销售人员可以紧随细分市场的需要随时调整产品种类和宣传，使产品更适应顾客，更快地随市场的变化而变化。多层次销售指销售层与管理层超过 3 层，主要由人际关系链来进行直接销售，是一种联系紧密的网络群体，以直系直销商为单位来管理。多层次销售有利于充分利用中间商的资金、经验和已有的销售网络，以更高的效率将产品提供给目标市场，达到快速发展的目的。中间层次越多，销售渠道就越长，企业要受制于经销商。两种直销方式差别甚大：直销员的收入来源不仅包含本人的销售收入，还包含其名下所构建的直销员网络产生的销售额。这种销售计酬方式蕴含巨大利润，是多层直销最吸引人的地方。在我国现，90％的直销企业采用多层次的直销模式，安利 90％以上的销售额依靠直销员。

雅芳成为中国首家直销试点企业，但是前景并不乐观。以 2005 年的销售业绩为例，安利以 150 亿元继续领跑，雅芳虽然获得直销头牌，但仅有 17 亿元入账。[①] 直销法规范的中国直销模式，是以计酬比例为杠杆的“有限层次”，为以安利为代表的多层次直销留下很大的发展空间，两者之间的竞争势必持续下去。

---

① http://www.mlm114.com，中国直销网《十大直销企业业绩报告》。

结　语

雅芳的品牌魅力和经验值得学习和借鉴，但雅芳广告的品牌个性不鲜明，应采取应对措施及时补救和完善。国内使用非传统终端方式进行销售的化妆品占化妆品总销量的一半，由于主张专业服务或亲情消费理念，这些化妆品很少做大众媒体广告。雅芳虽然意识到广告宣传的重要性，加大广告投放力度，发起“媒体攻势”提高品牌的可视性，确立权威品牌形象，但其广告风格并未突破原有套路，大多以推介新品为主，品牌个性不鲜明。

化妆品市场新品迭出，相比之下，其他国际化妆品品牌都拥有鲜明的广告品牌形象，美宝莲时尚光彩照人，玉兰油自然美丽，资生堂唯美，欧莱雅高贵华丽，雅芳不占据优势。雅芳应根据产品特点，创新广告风格，宣传自己的品牌主张，形成自身独特的品牌个性，应注重品牌形象的推广，以品牌形象广告提升品牌美誉度、号召力，以独具个性的不同产品广告创造品牌个性。

化妆品行业是品牌消费意识突出的行业，同样生产成本、同样功效的产品，售价却有天壤之别，附加值主要来自消费者对于品牌的认同。随着日用化妆品的市场需求不断膨胀，竞争将愈益激烈，品牌化格局已经形成。据统计，大多数商场的一层化妆品柜台，95％以上被外资高档化妆品占领，欧美的大化妆品企业的年销售额在 50～80 亿美元，国内化妆品企业年销售额亿元以上的少之又少，希望对雅芳品牌营销之路的分析，可以对国内化妆品企业有所启发和借鉴。

——我看玉兰油品牌之路

葛拉汉·伍尔夫二战时专门给战争中受伤的英国飞行员和海员做皮肤护理。50年代早期,他任职于南非的工业开发公司,在自家建了一间小型实验室,闲暇时间开发产品。他想要调配出一种合适发生大多数人的产品,一种尽可能与皮肤相近的护肤产品——快速渗透、在皮肤中保持稳定,且适合肤质的产品。可以恢复滋润、保湿、保护皮肤,10分钟内就让皮肤看起来柔嫩而不泛油光。他的妻子黛娜一直陪伴着他,不断尝试使用他的新配方产品,提出建议。他们一起修改产品的配方,吸收性与油脂,女性化的粉红色及香味。

葛拉汉后来与杰克罗尔成立了一家公司,葛拉汉负责技术,而杰克罗尔负责营销。杰克罗尔给他们的化妆品取了一个名字——玉兰油,他为玉兰油撰写外包装文案并设计标识,还撰写广告文案,以美容专栏的形式刊登在报章杂志上,用软文形式向读者介绍玉兰油的功效和使用方法。

玉兰油很快受到消费者的欢迎,销售遍及南非。专栏广告不断为玉兰油带来消费者。1959年,葛拉汉开始拓展英国市场。两年之内,玉兰油也在英国畅销,玉兰油有了足够的资金购买整套的设备。1963年,玉兰油进入美国市场,同样获得成功,于1964年在当地建造生产线。陆陆续续的,玉兰油还打入澳洲与荷兰等地的市场。

1970年,葛拉汉与把自己的股份出售给 Richardson Merrill。1985年,宝洁

执笔:杨颖。

收购了 Richardson Merrill，更名为 Richardson—Vicks，玉兰油也成为宝洁旗下品牌。此后，玉兰油的业务蒸蒸日上。如今，玉兰油全球销售额近 10 亿美金，成为世界上最大、最著名的护肤品牌之一。

作为宝洁著名的护肤品牌，玉兰油致力于为女性提供专业全面的高品质美肤。自 1989 年进入中国以来，玉兰油在一两年时间里就成为中国最大的护肤品生产商。玉兰油以全球高科技护肤研发技术为后盾，深入了解中国女性对护肤和美的需要，帮助女性全面周到地呵护自己的肌肤，使她们更年轻、更自信，焕发从内到外的美丽光彩。玉兰油不断扩大产品范围，目前已涵盖护肤和沐浴系列，成为女性心目中的美肤专家。

将美丽进行到底

对美的追求，是人类亘古不变的话题。爱美之心，人皆有之，女性尤甚。外在美是美重要而直接的表现，健康完美的肌肤是外在美的重要因素。

由于深谙女性对“美”的追求，玉兰油不断顺应时代发展，完善自身，保持人们心目中美丽先导的形象。80 年代，玉兰油用广告中的美丽新娘展现生活美好一页。90 年代初，消费者需求分化，产品细分，玉兰油开始注重肌肤护理，宣传通过高新科技为中国女性带来健康完美肌肤，树立护肤专家的品牌形象。此后，玉兰油的宣传超越产品功效，关注女性情感世界，提倡“宠爱自己”、“美好”等关爱理念，玉兰油逐步变得感性而有亲和力。从“我们能证明你看起来更年轻”到“宠爱自己”，玉兰油不仅关注女性外表的美丽，更提倡女性由内而发之美。玉兰油洞悉女性心理，牢牢把握女性对“美”的追求方向。玉兰油一直坚持着独特的品牌定位让消费者由内而外更美好。玉兰油的品牌经理们喜欢用这样总结玉兰油的核心理念“Look beautiful is one thing, feeling beautiful is everything”。帮助女性全方位营造美，这是玉兰油的心声。

技术领先　品质保障

宝洁一直给人营销导向的印象，但它其实也是研制企业。研制是宝洁经营的基础，也是宝洁制胜法则的核心。作为众人皆知的“品牌王国”，宝洁在发展大型品牌及维持品牌生命力时，坚持以提高产品功效或增加产品功能为基础。作为宝洁旗下举足轻重的品牌，玉兰油的品牌之路自然也从产品质量上起步。

玉兰油成为宝洁成员后，就不断创新，宝洁投入大量资金和人力，加大护肤品产品开发，不断推出新产品。1989 年，玉兰油进入中国，先后推出众多为中国女性研制的产品。玉兰油对产品的开发与更新毫不含糊，每年都有新产品问世，在强大的科研能力的支持下，玉兰油的新产品都具有强大的竞争力，受到专家及市场的好评。玉兰油相信，没有优质的产品，就没有想要的"美丽"，相信科技成就美丽。

商标包装　独具魅力

作为商品的标记，商标是商品的保证，也是品牌的旗帜。商标会影响品牌形象。独创，简约又不失内涵，清晰美观的商标往往能在消费者心中留下良好的第一印象，有助于树立良好的品牌形象。

玉兰油的商标把握了品牌精髓，表现形式也恰到好处。商标表现元素甚少，寥寥几笔，用简单柔软的线条勾勒出一个栩栩如生的女性形象，含蓄典雅、毫不张扬，又似若有所思，给人恬淡的知性之美。朴素大方的表现形式，将玉兰油为女性打造美好新天地的形象有效地传递给大众。

包装是品牌的脸面，品牌的视觉呈现由品牌标志及包装设计元素组合而成。再好的商品，没有像样的包装，其受关注程度必定大打折扣，玉兰油相当重视产品包装。玉兰油的包装承继了宝洁产品包装独特、容易辨认、整洁的特色，在色彩运用上独具匠心。

玉兰油的产品包装的色彩，总是让人觉得恰到好处。不同系列的产品，根据其面对的消费者及产品定位的不同，玉兰油会采取不同的色彩来表现。例如，玉兰油清莹晶爽系列，其功能诉求为"清爽洁净，无油无腻，令油性、混合性肌肤变得洁净清爽，晶莹嫩白，让人远离皮肤出油烦恼"，基于这一功能诉求，包装用浅蓝为主色调，看上去明亮、干净、清爽；玉兰油净白莹采系列，以乳白为底色，结合银灰色的点缀，看上去庄重而有质感、简约中透着干练，很符合该系列的目标消费者白领女性的品位；玉兰油多效修护系列的包装以黑色为主打底色，装饰以对比强烈的金色与白色，气质高贵，全面烘托玉兰油专业护肤专家形象。

不同系列产品的包装都个性鲜明、独具特色，但有效地勾勒出了玉兰油统一的形象风格。不同的包装的色彩不同，但这些色彩都含蓄而不张扬，低调却不流俗。色彩运用恰到好处，玉兰油的产品包装整体就显得婉约大方，给人淡淡的，由内而外的享受，这同玉兰油的品牌形象不谋而合。作为美化形象的商品，护肤产品自身形象的完美，影响消费者对其产品、品牌的态度和印象。玉兰油自身的“形象包装工程”相当成功，对促进品牌发展功不可没。

特色广告　推波助澜

宝洁对广告的重视程度众人皆知，宝洁对广告运用的游刃有余也有目共睹。1989 年进入中国市场以来，玉兰油就凭借众多清新的广告给中国女性留下美好的印象。

玉兰油的广告总体上有显著的特点：

(1)具体数字为证。玉兰油通过巧妙的广告诉求，把感性的美丽演变为可以看得见摸得着的“数字”，通过具体实在的数字说服消费者。例如：玉兰油洁面乳的报纸广告说：“它含有 BHA 活肤精华，可以彻底清除脸部肌肤灰尘和彩妆，只需 7 天，就能让肌肤得到改善。”玉兰油多效修复霜的杂志广告这样说：“能帮助抵御 7 种岁月痕迹，令肌肤焕发青春光彩”，该广告的广告语也脍炙人口：“1 种减退秘诀，7 种岁月痕迹”。玉兰油的品牌经理与网友聊天时介绍：“清透平衡露夏天使用效果很好，特别针对油性和混合性两种皮肤，经过 4 个星期的时间，就可以使肌肤出油状况得到改善，毛孔的出油率可以降低 96%”。短短的一句话里，好几个数字概念让这个“平衡露”的特点一览无余，数证说服深入玉兰油广告的骨髓。玉兰油借用了科技产品中常用的理性诉求方法，将化妆品的功效量化，使其更明确、更直观、化无形为有形，为消费者提供充足的理性购买理由，极大地增强了广告的说服力。

(2)魅力美女代言。同众多护肤品一样，玉兰油的广告形象代言人清一色是美女，但玉兰油坚持“明星与邻家小妹”的混合路线，模特的形象要符合玉兰油的品牌理念和品牌形象。玉兰油的模特不光要有外在美，还要有内在美；模特看起来要善良，不能冷冰冰，要有亲和力，最好还散发知性美，能够提供消费意见，介绍护肤的常识。从著名的影视广告《婚纱篇》开始，玉兰油广告的主角都是清纯自信的普通女孩，章子怡、李冰冰、袁咏仪还未成名时也为玉兰油做过广告。玉兰油把从16～60岁的女性都列为目标消费者，其广告路线也因此比其他化妆品宽广。随着品牌策略（由中低端市场向高端市场进军）调整，玉兰油转而聘请张曼玉、林志玲、Danielle、宋慧乔等当红女星代言，让白皙、韵味的明星美女频频出现在大众视线中，用“武装自己”的革命口号横扫广大女性的心灵空白。

(3)日常生活为景。玉兰油喜欢用日常生活场景，无论是张曼玉喝茶，还是Danielle上班，都不会离开现代生活。玉兰油将广告场景设定在日常生活中，展示女性生活的细节，给人完全真实的感觉，广告极具亲和力，绝对没有“不食人间烟火”的唯美作风，也没有其他化妆品广告中刻意追求的“人间仙子的气息”，玉兰油的广告杜绝从云里到雾里，让人不知所云，最终难以共鸣的弊病。选择生活场景，不矫揉造作，真实亲切，有利于树立玉兰油美丽大方的总体形象。

玉兰油特色鲜明、主题一致、形式多样的广告有效地树立了品牌形象，直观地将玉兰油的产品及品牌形象暴露在公众的视线下，促使公众认知甚至了解，培养他们对品牌的积极印象和情感。

事件营销　恰到好处

事件营销指企业通过策划、组织和利用具有名人效应、新闻价值以及社会影响的人物或事件，吸引媒体、社会团体和消费者，以提高企业或产品的知名度、美誉度，树立良好品牌形象，最终促成产品销售。事件营销是集新闻效应、广告效应、公共关系、形象传播、客户关系于一体的品牌经营形式，事件营销本身的形式要贴近品牌的内涵，完整贯彻品牌的主流理念和核心价值。自进入中国以来，玉兰油的事件营销也可圈可点。

2000年，玉兰油在西安举办“如何管理时间”讲座，提醒人们岁月的流逝和时间的宝贵，举办活动的同时，玉兰油用多效修护霜证明现代科技产品能有效减退岁月带来的皮肤衰老痕迹。2001年，玉兰油在北京、广州、上海开设“玉兰油纯美空间”并开展大规模宣传，该店是专业护肤品牌玉兰油又一全新力作——非营利概念性旗舰店，只谈美丽，不论经营，肌肤测试、专业美容、护肤理论咨询等服务全部免费，让消费者在轻松徜徉美丽经典的同时完成自我美丽的发掘与修饰。这种全新的非营利性理念性专业护肤咨询空间的推出在我国尚属首次。2001年3月，玉兰油又在上海等十大城市开展“宠爱自己，呵护最美衣裳——玉兰油美体沐浴坊”活动，该活动集沐浴、健身、时尚为一体，向女性介绍“宠爱自己”这一最新的保养理念和“玉兰油美体沐浴操”等简便易行的呵护技巧，旨在帮助中国女性提高“美体”意识，让女性从每日的沐浴开始关心自己。这样的事件营销让人亲切，使消费者不知不觉中爱上玉兰油。

这些活动的成功举办，体现了玉兰油运用事件营销树立品牌形象的深厚功力，这些活动看似互不相干实则精心安排，都体现了玉兰油作为新时代女性美的引导者的形象，可谓“随风潜入夜，润物细无声”。

结　语

无论产品研发、质量把关，还是商标包装设计，亦或广告表现以营销手段，玉兰油都牢牢把握“美”这一主题，通过不同的形式来表现品牌的灵魂。没有灵魂的品牌，将最终因为缺乏生机而走向毁灭。玉兰油从自身产品属性和特点出发，找准品牌定位，准确把握其品牌之魂。以真诚的心和专业的技术，细心呵护美丽的女人花。

很多人都听说过或者使用过安利产品，或者体验过安利独特的销售方式。在许多人眼里，安利产品是一种高品质的生活象征，安利产品卷起不息的旋风，[①]安利1959年创立于美国，是世界知名的家庭日用品生产商。40多年的历史见证了安利的成功，也见证了两个家族两代人共同合作创业的历程。目前，安利由第二代领导人史提夫·温安洛先生和德·狄维士先生共同执掌。业务遍及世界80多个国家和地区，产品有五大系列450多种，涵盖了纽崔莱营养保健食品、雅姿美容化妆品、个人护理用品、家居护理用品和家居耐用品等系列，全方位满足消费者日常生活的需要。安利通过遍布全球的营销人员把优质产品和服务推广到世界的各个角落。目前，安利全球员工超过6 000人，营销人员达330万名。

安利实力雄厚，业绩卓著，在1998年《福布斯》全美500家私人企业排行榜上，安利名列第41位；在2002年11月《福布斯》全美最大500家私人企业排名中，以45亿美元的业绩位列第27位。在1998年《美国妇女服饰日报》全球化妆品公司排行榜上，安利名列第22位。此外，全球消费市场调查的权威机构Euromonitor指出，根据1998年全球估计零售营业额计算，安利旗下的雅姿美容护肤品跃居全球5大美容化妆品之一。在2003年1月美国季刊杂志《家族企业》

执笔：曹珊珊。

① 陈冠任：《安利成功细节安利营销手段分析》，地震出版社2005年版。

全球最大200家家族企业排名中，安利位列第104位。目前，安利公司总资产已逾370亿美元。

值得骄傲的是，40多年来，即使是在美国两次严重的经济衰退中，安利的效益也从未减少。在不景气时期，包括IBM与OM等许多大公司都曾大量裁员，但安利公司从未裁过员，其生产经营一直稳定发展。尤其值得一提的是，在40多年的持续发展过程中，安利从未向银行借贷过资金。这一点足可证明其财务健全及经营稳健。

为避免外部股东干扰其稳健经营的决策方针，安利在美国从未公开发行过股票。但其子公司——日本安利公司的股票却于1994年在纽约交易所上市，并且一举成为日本公司在纽约交易所营业额排名前十大公司之一。

以香港为大本营的"安利亚太区有限公司"也在纽约交易所公开发行股票。1992年12月16日美国《华盛顿邮报》的头条新闻为：安利亚洲股是热门股，交易首日股价上扬59%。

安利格阑华都大酒店：四星级豪华酒店，耗资超过6 000万美元，共29层700多间套房。

为了维持每天24小时与全世界80多个国家和地区的分支机构保持密切的讯息联系与电脑网络连线作业，安利公司租用了两颗人造卫星的专用频道。

安利在英属维京群岛中的"彼得岛"设有游艇俱乐部，专门用来招待来自世界各地的成功营业代表。

拥有造价超过千万美元的豪华游轮"企业五号"。该游轮设计精美、动力强劲，内部许多装饰配件均极其豪华，专供招待高奖衔成功人士度假、会议之用。①

安利在成立后短短40年内，其日常生活用品风靡世界和神州大地，企业资产发展到如此大的规模，可以说是成绩卓越。对其成功的经验进行深入探究，找出其成功的原因，对我国公司和品牌的发展有重要的现实借鉴意义。

一、安利公司的发展历程

安利的成长历程，也是两个人的创业传奇。创办人理查·狄维士和杰·温

① 李觊、陈漠：《安利事业》，中国市场出版社2005年版，第8页。

安洛发明了一种既环保又有多种用途的浓缩清洁剂，为了生产和销售这种清洁剂，他们在美国密执安州大急流市家中的地下室成立了安利公司。成立的第一年，安利的营业额就达到50万美元。两年后，安利搬迁到亚达城的一个废弃加油站，揭开了安利事业成功的扉页。1963年，安利的第一个海外分公司在加拿大成立。自此之后，安利相继在亚洲、欧洲及美洲拓展业务。每一家安利分公司都是一个企业实体，对促进当地经济发展和提高当地人的生活品质发挥着作用。

安利总部位于美国密执安州亚达城，占地28万平方米，各项生产、办公及储运设施绵延超过一公里，共有超过80幢的建筑物，包括设备先进的研究开发中心、厂房及仓库等，其中生产厂房共有40多幢大楼，总占地面积达8万平方米，设有分剂、液体产品、喷雾产品、化妆品、香皂、塑料瓶、纸箱等生产线，生产设备投资超过1亿美元。此外，安利在美国、中国、韩国、日本等国家均设有厂房，遍及全球。

安利旗下的纽崔莱营养补充食品公司在美国加州湖景镇、巴西及墨西哥均设有种植场，占地共3 280多公顷。纽崔莱公司自行种植生产天然营养食品的植物原材料，在美国加州宾纳镇设厂生产，并进行广泛的农业研究。1996年，纽崔莱以年营业额逾10亿美元成为世界最大的维生素及矿物质营养片的制造商。此外，安利在世界各地拥有超过56万平方米的生产、储运及办公设施，以配合公司的全球营销业务发展。

安利公司在成立后四年，就于1963年在加拿大设立了分公司。之后陆续在澳大利亚、香港等40多个国家设立了分公司，业务遍及世界各地。怀着对中国庞大消费市场的十足信心，美国安利公司属下的美国安利亚太区有限公司与广州经济技术开发区管理委员会属下的宜通招商有限公司合作，于1992年在广州注册成立安利(中国)日用品有限公司，并随即在广州经济技术开发区筹建占地达5.8万平方米的现代化生产基地。安利(中国)的投资总额为1亿美元，其中注册资本8 000万美元全部到位。1997年，安利(中国)投资1.2亿元人民币购置广州最现代化的商业大厦——中信广场两层面积共4 000多平方米的办公楼，作为安利(中国)的总部。在中国加入WTO之后，2001年11月30日，安利(中国)第五期扩建工程在广州经济技术开发区正式奠基。此项工程大约花费2 500万美元，主要用于扩建厂区、增设生产线和产品研发中心。

1995年，安利(中国)耗资6 500万美元兴建的生产基地落成并投产，这是安利公司在美国总部以外的另一重要生产基地。凭着雄厚的实力和对中国市场的信心，安利(中国)不断追加投资，从世界各地引进更多的各种先进生产设施，进一步扩大工厂的生产规模，生产安利多元化的优质产品。迄今为止，安利(中国)工厂的年产量已达4 000万件或18 000吨产品，年产值达4.5亿美元，成为中国同类厂家中的佼佼者。凭着一流的生产工艺与严谨的质检制度，无论在美国还是中国，安利产品的优质品质，始终如一。

安利的优质产品和优良服务，再加上一系列卓有成效的市场营销手段，成就了安利产品在中国市场的辉煌，销售业绩稳步上升，市场份额逐步加大。2000年，安利（中国）营业额达 24 亿元人民币。据国家统计局 2000 年的数据，并经中国保健食品协会评定，安利（中国）名列全国保健行业 50 强企业前茅，安利纽崔莱蛋白质粉等系列产品在“保健食品营养素补充剂类”销售量更是雄居全国前列。

安利进入中国市场已十多年了。这十多年，是安利诚信投资、规范发展的十多年，是安利深入了解国情，努力融入中国社会，并不断赢得社会认同的十多年。安利（中国）董事长郑李锦芬说：“一个在全球 80 多个国家和地区有业务的公司，如果在中国没有业务、没有名声，便很难说自己是一个全球性的跨国企业。”秉承着这样的理念，安利来到中国；秉承着这样的理念，安利在中国日益发展壮大。

二、以产品质量取胜

产品质量是消费者购买产品的第一考虑。安利的营销观念是要为消费者创造和提供优质的产品。安利永远把品牌当作企业的灵魂，不断地培育产品的品牌，把优质的产品作为营销发展的基础。安利不断加大 Amway、纽崔莱和雅姿三个品牌的推广力度，在中国树立起卓越的品牌形象。安利的产品开发和产品的检测都体现了先进的企业文化。

在开发理念上，安利自始至终站在潮流的尖端，紧贴市场，开发推广市场需要的产品。产品必须符合市场需求，没有市场需求的产品，就没有销路。因此，产品能满足市场的需要是营销的第一意义。在安利营销中，这一理念十分强烈。开发市场需要的产品是安利产品研发的重点。在短短的十年中，安利公司要求全体员工和营销人员一道，紧密合作，共同努力，在中国市场成功推出了纽崔莱营养保健食品、雅姿美容化妆品、个人护理用品和家居护理用品共四大系列、140 多种产品。

时代潮流是现代营销不可忽视的重要因素，紧跟时代或走在时代前列的产品往往是极易成功的产品。在把握时代性开发产品上安利有绝招。安利美容护肤产品雅姿美容护肤系列以独特的配方和丰富多变的色彩充分体现现代都市白领丽人的活力和美德，它淋漓尽致地发展了都市丽人的特质与风格，深受无数爱美人士的喜爱。

为紧跟时代脉搏，除了注意产品品质时代性之外，安利在产品制造和营销时还将色彩潮流的触觉延伸到各个领域。安利在流行时尚的前线纽约、巴黎等城市，聘请业内极负盛名的专业顾问，预测最新的色彩流行趋势，获取第一手的色彩情报。纽约、洛杉矶等时尚都会的著名化妆造型师，亦以其丰富的经验和敏锐的触觉，在彩妆潮流方面为雅姿化妆品提供创意。此外，安利每年均派人出席一年一度在巴黎举行的全球时装界盛会——Premiere Vision 时装展，观摩最新的色彩潮流，发掘彩妆色彩的丰富灵感。安利正是这样紧贴市场，站在潮流尖端，把握时代潮流，根据市场需求研发，推广人们普遍需要的产品。

安利重视高科技在新产品的研发和产品生产上的应用。为了获得消费者的青睐，安利研发中心在产品研发上精益求精。在过去 30 多年里，安利投资了数百万美元用于雅姿美容护肤系列的研究、开发，研究最有效的成分、不断开发新配方、采用先进的生产技术等。在产品的研究与开发领域内，安利不断追求进步，在全球设有 97 个实验室，聘有 700 多名专业技术人员。其中，安利在亚达城总部耗资千万美元兴建的、占地 1.4 万平方米的研究开发中心，就设有 57 所具备顶尖仪器与技术的实验室，延聘 450 名科研专家及技术人员。安利现拥有 525 项专利，另有 319 项正在申请中。安利的研究成果发表于多种书籍、论文及专业期刊中。雄厚的实力和出色的研究力量使安利产品荣获多个奖项：

1994 年凭安利净水器荣获塑胶工程学会颁发的"国际杰出塑料消费品奖"；

1996 年凭借在科研方面的成就，荣获国际成就促进学会颁发的"杰出表现奖"；

1997 年凭借在教育社会大众防止皮肤癌方面所做的贡献，荣获美国皮肤专科学院颁发的"金三角奖"。①

安利(中国)工厂采用世界先进的生产科技，从原料的筛选、配方、混料到包装都一丝不苟，严格管理生产各个环节，确保产品质量卓越。投产不到一年，即

---

① 《安利公司简介》，http://business.sohu.com/2003/02/24/33/article219183342.Shtml，搜狐财经，2003 年 2 月 24 日。

先后获得美国安全检测实验室公司(UL)和美国标准协会(BSI)颁发的ISO 9002国际质量认证,是中国内地日化行业中首家获得该项国际质量认证的厂家。

为了能为顾客提供世界上最优质的产品,安利特别重视利用现代科技,从研发、制造的质检等方面全方位进行投入,使自己的产品成为功效强、无毒无副作用、能傲视同类的优质产品。

雅姿美容护肤品是安利品牌的主要系列产品之一,它是高科技含量高的时代产品。雅姿产品的研发,除了科研开发人员的智慧结晶外,还有赖于安利在尖端科技应用方面的巨大投入。安利用于雅姿系列产品研究及测量表皮下皮肤状况的激光显微镜,能在不损害皮肤的情况下深入观察其内部,全世界仅有两台。安利以数码显像分析机,运用与美国太空总署测量月球表面同样的高科技,绘制皮肤表面的情况,显示肌肤改善的效果,并已取得该项技术的专利。红外线热能探测仪原用于军队夜间的巡视,安利将其应用于量度使用产品后表皮温度的细微变化,以测量肉眼观察不到的过敏反应。该项技术已经获得美国皮肤专科学院的承认。此外,安利还率先利用高解像光纤录像显微镜,准确分析皮肤性质,用于雅姿系列产品的研究与开发。

2000年以来,安利公司凭借高科技的产品逐步走出了转型的低谷,迎来了新的发展机遇。为顺应市场的发展,增强企业的市场竞争力,安利(中国)新增投资2 100万美元用于提高生产能力。工厂生产线由原来的两条增加到14条,生产能力从年产值2亿美元提升到554.5亿美元,新引进的生产设备大大提高了工厂的供应能力。其中,营养片生产车间投资40多万美元引进的压片设备,使压片能力由原来的每分钟1 400片增加557 000片。在众多销售产品中,纽崔莱营养补充食品的表现尤其突出,全年销售总额逾8.3亿人民币,占整体业绩的45%,并且成为第27届奥运会中国体育代表团唯一专用营养品。雅姿美容护肤品在中国1999—2000财政年度销量逾2.6亿人民币。根据其1999年化妆品市场销量报告,已经位居全球五大护肤化妆品牌之列的雅姿美容护肤品也成为中国五大化妆品牌之一。

安利品牌的高美誉度还来自它产品生产过程的严格把关和成品后的严格检测。为了保证产品的优质,安利(中国)工厂主要的生产设备均从美国和欧洲等地原装进口,技术先进。工厂采用全自动化多重处理程序来净化生产用水,包括加氯杀菌、活性炭过滤等。质检实验室配备精密仪器,严格检测原料、半成品、成品、包装材料等,确保产品质量。凭着先进的技术和严格的管理,1996年安利(中国)公司被广州市对外经济贸易委员会评为"先进技术企业"。

为保证自己的产品优质卓越,安利公司十分注意产品的检测工作。安利(中国)技术中心具备每年进行 85 000 个质量检测的强大技术能力,这包括对大约 1 360 种产品原材料和包装材料的检测,超过 150 种、每年近 5 500 批次的半成品和成品检测,并负责检测和监督生产用水、设施和设备等生产卫生条件。安利(中国)技术中心在保证产品优良品质的同时,还为新产品实验提供技术支持、工艺评估和改进、供应商审查和评估,并有效执行 ISO 质量管理体系和 GMP 的内外部监督,提供环境健康安全服务。中心还通过质量研究与分析,解决消费者投诉问题,并相应采取预防和改进措施。

安利遵守 ISO 9002 标准,ISO 9002 质量保证模式共有 19 个要素,严格要求制造商的活动,严格控制评审销售合同、评估供应商、原材料采购、储存、生产过程控制及产品检验等环节。

在 1994 年生产基地筹建之时,安利(中国)已开始建立符合 ISO 9002 标准的质量管理体系,规定明确的操作程序、工作手册和每个员工的岗位职责,并通过对员工进行培训,建立和加强员工的质量意识,自觉按 ISO 9002 的要求工作。1995 年 9 月、10 月,安利先后顺利通过了美国安全检测实验室公司和英国标准协会的严格审核,获颁 ISO 9002 认证。安利公司在质量管理上的严谨工作是安利产品获得优质的基础。1997 年 8 月,根据美国安全检测实验室公司两年内共 4 次审核的结果,安利再获 ISO 9002 认证。这是安利(中国)不懈追求卓越质量的体现。由于安利的生产极其严谨,安利产品品质的稳定性更高了。

产品质量是企业生存和发展的基础,离开了产品质量,再好的营销手段和广告宣传都不能保证企业长久地生存和发展。卓越的产品质量是营销成功的基础,也是安利营销的特色。正是这种不遗余力追求产品质量的企业文化,才能造就安利高品质的产品,也才能打造安利让消费者信赖的品牌,使得安利以高品质高档位的形象出现在消费者的脑海里。以卓越质量为基础进行产品营销是营销的基本理念,也是安利一直所坚持的,以优质产品营销是安利营销手段的特色之一。

三、独具特色的营销模式

安利刚进入中国时,采用的是传统的直销方式。由于社会上一些非法传销诈骗异常猖獗,对社会及经济秩序的稳定造成了严重影响,1998 年 4 月 21 日,国家发出《禁止传销经营活动的通知》,要求停止一切传销经营活动。安利公司立即声明表示尊重政府决定,停止发展业务,并按政府要求转型,对原有经营方式做出了突破传统的重大调整。本着规范经营、对社会负责、让政府放心的精神,安利(中国)公司从制度上彻底划清了与传销及变相传销等违法行业的界限,走上了依法营销的道路。安利的转型方案于 1998 年 7 月 22 日率先获得政府批准，成为首家以“店铺加雇佣推销员”的崭新模式经营的企业。

安利这种营销模式不同于其他公司的店铺营销方式，它具有自己的特色。其最大的特色是：安利店铺大多选址在位处繁华地带、交通便利的临街店铺，方便消费者亲自前往选购安利产品。安利产品的外包装上明确标出产品的统一售价，明码标价，交易透明，充分保障消费者的权益。消费者无论是亲自前往安利店铺购买，还是要求营业代表送货上门，都以统一的价格支付货款。

安利产品具有与众不同的特点，如配方浓缩、环保、成分天然、使用方法及专利配方，而产品的卓越功效与正确使用更有赖于专业销售人员的详细解说及示范。此外，中国幅员辽阔，消费者分布广泛，为更有效地服务顾客，安利积极发展安利营销代表，协助公司推广产品，服务顾客，促成消费者与公司的交易。

安利的转型是适应政府政策和外部环境的明智举措。当时国内非法传销风起云涌，因非法传销上当受骗的不计其数，严重影响了人们对传销的态度。安利的品牌形象也受到冲击，很多人把它和非法传销画上等号。安利在慎重考虑后，决定采用“店铺加雇佣推销员”的新经营模式。这种模式适应当时的形势和企业自身的特点。首先，有形的店铺更让消费者放心。中国人习惯于传统的店铺消费方式，有形的店铺让消费者觉得信赖产品品质，即使出了问题，也有地方投诉和申诉。而且有形的店铺也从形式上很容易与非法传销的“老鼠会”和“卖人头”区分开来。其次，由于安利自身的产品特点，很多产品需要专业人员面对面地介绍、演示与其它同类产品的区别和使用方法，所以不适合完全依靠店铺经营，而要依靠大量的业务人员深入到消费人群中详细、耐心地进行售前和售后服务。

转型之后，安利在全国 22 个省、自治区和 4 个直辖市建立了 58 家店铺，更多的人开始通过店铺重新认识安利，或直接通过店铺购买产品，或选择由安利推销员送货上门。几年的实践证明，店铺在安利(中国)新的经营方式中发挥着越来越重要的作用。几年来，安利不断扩大店铺方面的投入，目前安利店铺的平均面积达 550 平方米。同时，安利通过开展“创建三优店铺”、“微笑服务”等活动，不断提高服务水平，充分发挥了店铺的窗口作用。

安利转型后保留了大量的销售人员，以雇佣销售人员的方式帮助公司销售产品、拓展市场。安利(中国)董事长李锦芬把销售人员比作安利公司的“形象大使"，因为他们的言行直接关系到公司的形象和声誉。为此，安利公司始终注重加强营销人员管理，努力提高营销人员素质，并形成了"以制度管理人，以制度塑造人"的管理特色，先后制定了《安利营销人员营业守则》、《安利营销人员十个严禁事项》、《安利营销人员会议政策》等行为规范和多项管理制度，通过制度建设来落实公司规范发展的精神。

同时，安利还积极探索多种营销方式，寻求与市场的紧密融合。2000 年底，安利正式涉足电子商务领域，投入 1 亿元构造了强大的信息支持系统，辅之高效的物流配送体系，使安利在电子商务上获得发展。2001 年 8 月，安利在上海八佰伴百货商厦开设了安利全球第一个商场产品专柜，直接为消费者提供服务。通过这些突破传统的努力，安利变得更透明、更亲切了。

四、符合市场规律的发展理念

安利在长期的发展中形成了独具企业特色的营销理念。在企业营销理念的支持下，经历了 40 多年的市场考验，安利不但站稳了脚跟，而且不断发展壮大，这首先要得益于安利营销理念的核心——依法营销。

安利从建立之日起，就坚持依法营销的原则。为了与传销或变相传销划清界限，安利(中国)更是针对安利营销人员和推销方式作了严格的规范，杜绝拉人头获利，杜绝营销人员私自加价销售，杜绝推销员自己层层发展，杜绝逃税、漏税，防止夸张不实的宣传等。

为保护消费者和营销人员的利益，树立良好的企业形象，安利设立了具有多重保障的销售制度；订立明确的退货制度，对参加者不设任何定额购货要求，保证参加者不会蒙受经济损失。在维护消费者权益方面，企业制定《顾客购物保障》，一般顾客在购货后 7 天内退回仍具有销售价值的产品，可获 100％现金退款。为消费者提供称心如意的产品是安利公司一直信守的承诺。安利为消费者提供《顾客购物保障》，在指定期间内，接受顾客退回产品。这不仅对切实保护消费者的合法权益起到积极作用，同时也是安利公司始终把消费者放在第一位的企业文化的具体体现——诚信守法经营，服务社会民众。

自开业以来，安利(中国)在积极拓展业务之余，一直坚持依法经营、照章纳税的原则，不但按期、定额缴纳与公司销售行为有关的增值税、消费税和其它税项，还就营业代表的销售行为实行代扣代缴相关的营业税及所得税。截至 1998 年底，安利(中国)累计交纳税款超过 5 亿元。

安利坚持合法经营，获得社会和消费者的认可、信赖，最终使企业获得巨大利润，得到飞速发展。安利的成功发展还得益于组织内部人性化的发展理念。

安利崇尚双赢致富的发展理念。安利制度强调个人诱因的设置，最大限度调动直销商的热情来从事这一事业。安利实施开放式制度，每位新加入的直销人员除了可以销售产品，还能开拓自己的下级销售组织，以便“繁殖”业绩。安利这面旗帜下有数以千万计的庞大的营销队伍，安利之所以能够对广大营销人员有着如此巨大的吸引力，与它“双赢”的理念和高额的回报率不无关系。

为了激励不同层次销售人员，安利不采用单一的奖励办法，而是设立一套极为科学严密的奖金制度。这套复杂的奖金制度在安利公司逐渐成长之后，行政部门再也无法依靠人力来核算个人和组织的业绩。如今，安利总公司要用很大的电脑设备，24 小时不停地运算，才能算好个人及组织的业绩，然后把 300 万从业人员应得的奖金支票发送出去。

这种双赢的发展理念能够充分调动销售人员的积极性，多劳多得，多销多得。企业里的销售人员等级完全取决于个人的销售业绩，销售额达到一定级别，就可以晋升为高一级别，个人收入也自然增加。

为了避免营销人员内部为了争夺市场和客户进行恶性竞争，安利还创新奖励制度，在个人考核的同时启用团队考核，提高资源的共享率。在安利中有无数个团队，大团队里面又有小团队，一层层地往下套。每一个团队领导的考核标准不仅要看个人的销售业绩，更要看他领导的团队的销售业绩，看他的部下是否被晋升，这就使得新老直销员间会互助互利。

在安利中，每一名直销员都有权利推荐新朋友加入，而且这位新朋友一旦被录用，即成为这位推荐人领导的团队中的一员，同时也隶属于推荐人所属的大团队，他的业绩和晋升也将和他直接隶属和间接隶书的团队领导的考核直接挂钩。在这种制度下，领导者自然会对新直销员特别关注，主动给予帮助，带领他们迅速健康成长。这种设计可谓把“双赢”体制发挥到了极限，也终结了师徒竞争的现象，彻底扫除了师徒之间由于名利分歧造成的感情沟通障碍。同时，由于师徒同心，公司也省去了大笔培训费用、协调费用和激励费用，一举两得。

安利的成功除了来自与员工的双赢发展，还来自于它和社会的双赢发展。

“与社会分享成功”是安利在发展中坚守的一个信条。怀着“取之于社会、用之于社会”的真诚意愿，安利捐赠、赞助社会公益活动的款额总计达 1 500 万元人民币，涉及对象包括教育事业、救灾扶贫、环境保护及文化体育方面等。对安利而言，付出意味着与社会分享自己的成功。在积极拓展业务、努力提升人们的生活品质之余，安利也尽社会公民的责任，积极投入妇女、儿童事业、文化教育、环境保护、救灾扶贫、社会建设及文娱康乐等各项社会公益活动中，充分贯彻安利充满爱心的企业文化精神，使营销服务社会，又通过各项公益活动达到宣传安利，扩大安利知名度，提升安利形象的公关目的。

安利“与社会共享成功”还体现在它的环保意识上。安利一直认为，合理运用自然资源和爱护自然环境是每个公民的责任。作为世界性的大型生产性企业，安利一直怀着强烈的社会责任感，以实际行动不遗余力地倡导珍惜和爱护自然环境，并且将这种精神灌注到自身的产品生产之中。安利产品从配方到包装都反映了对环境的深切关注。安利的第一项产品乐新多用途浓缩清洁剂就采用具生物降解性的表面活性剂，使用后可分解为二氧化碳和水，保护河流和湖泊的生态环境。大多数安利家居清洁用品均采用浓缩配方，以减少包装瓶等固体废料。同时安利早已停止使用破坏臭氧层的氯氟碳化物及刺激藻类植物生长的磷酸盐，也不以动物做试验，更自觉地循环使用包装材料。

安利不仅在产品制造上落实环保意识，更热心参与环保活动，并在推动环保方面荣获多个奖项，如 1997 年颁发的“绿色地球奖”，表彰安利过去 10 年在环保方面所作的贡献与成就；1997 年安利因在减少工业化学废料的杰出表现，获美国副总统戈尔颁奖嘉许；1991 年美国国立野生动物协会颁发“生态保护杰出成就奖”，肯定安利对保护野生动物的积极参与；1998 年联合国曾颁发“环境保护成就奖”，表彰安利在推动环保意识方面的贡献。

40 多年来，安利依法营销、与企业员工双赢、与社会共享成功，才逐步发展壮大；在发展壮大的同时，它的世界公民的形象也获得了世界各国消费者和政府

的认可，取得了他们的信任，树立了自己良好的信誉和品牌形象。

结　语

作为一个国际化的成功企业和著名品牌，安利可圈可点的地方还很多，比如它的奋发向上的企业文化，它的团队自发的培训方式，它的广告宣传手段等。可是，安利追求产品质量的企业文化、其独具特色的营销模式以及它符合市场要求的发展理念始终是保障安利不断发展壮大的至关重要的因素。本文试图通过对安利成功因素的分析，希望对国内企业和品牌的发展有所启迪。

贺曼

——全球贺卡航母

案例简介

1910年，乔伊斯·霍尔创立了贺曼(Hal lmark)贺卡公司。乔伊斯·霍尔用两个鞋盒盛着明信片，在堪萨斯城到处兜售，并住在当地的青年会旅社。如今，贺曼每天要售出1 000万张贺卡，雇佣21 000名全职员工，拥有庞大的创作队伍，成为美国最大的私营公司之一。

贺曼的业务遍及全球100多个国家，以30多种语言出版和发行贺卡。无论是在安提瓜岛上挑选贺卡，还是在津巴布韦，可能最后选择的都是贺曼。

贺曼的业务在英国最为成功，贺曼英国公司现有员工3 100多人，2001年销售额占贺曼国际营业额的70%。贺曼在英国市场上的销售品种始终保持在8 000种左右，年销售额达10.7亿英镑。

1893年，霍尔出生在美国中西部一个传教士的家庭里，1906年，15岁的霍尔想做生意赚钱，他跑到密苏里州的堪萨斯城租了一个很小的房间，开始经营明信片。由于产品对路，生意一开始就很红火。1911年，霍尔的兄弟罗利从家乡来到堪萨斯城，一起经营，他们随后成立“霍尔兄弟公司”，业务也扩大了，不仅销售明信片，也经营小礼品、书籍和文

执笔：何雅云。

具。兄弟两人对事业充满憧憬的时候，1915 年，一把大火烧毁了他们全部的家当。两个年纪加在一起不满 45 岁的年轻人，面对着还在冒烟的店铺废墟，不是叹息，也不是沮丧，马上实施复兴计划，他们设法获得银行贷款，买下一家雕版公司，赶在圣诞节之前生产出贺卡，销售情况良好，他们很快恢复了元气。贺曼的贺卡以内容诙谐著称，第一张贺卡上的形象是惹人恋爱的卡通小狗，贺词是："请不要自认如此可怜小狗的微不足道，而要想到它长大后的威武逼人！我祝贺您狗运长通，圣诞快乐！"诙谐幽默的贺词得到顾客青睐，销售当然也不含糊。

到了 20 年代，霍尔的另一位兄弟威廉也参加到他们的行列中，霍尔兄弟公司的业务又有了新的发展，他们制作的贺卡背面都印上了"霍尔商标贺卡"，以示盛名。到 1922 年，霍尔兄弟公司已在美国 48 个州建立了推销网，业务也扩大到礼品包装业。

二战后，霍尔兄弟公司的业务拓展得很快，但仍主要经营贺卡，1973 年后，霍尔兄弟公司开始涉足圣诞节日物品、粉笔、麦头笔、结婚用品和礼品、招待会用品等，都是不惹人注目的小商品。

1954 年，霍尔兄弟公司改名为"霍尔马克卡片公司"，1957 年，贺曼开始向国际市场进军，经过 20 多年的努力，贺曼牢牢占领了欧洲、澳大利亚、新西兰和加拿大等地的贺卡市场。

1982 年，霍尔去世，霍尔的儿子唐纳德·霍尔继掌贺卡王国。唐纳德当上董事长后，凭借雄厚的财力和远近闻名的声誉，开始一系列并吞和收购，猎取对象除了贺卡公司外，还包括电台、电视等媒体公司；收购电台、电视台等传媒是为了推销贺卡。

在全球 100 多个国家消费者心目中，贺曼几乎就是"爱与关怀"的同义词。贺曼以设计独特、品位高雅、文词典雅著称，想要恰如其分地借助文字传递祝福、交流情感，贺曼总是最好的选择。世界各国人士用贺曼向亲朋好友传情达意，美国历届总统及各国政要也乐意使用。自 1953 年美国总统艾森豪威尔寄出了第一张由贺曼设计的官方圣诞卡以来，美国的历任总统，如肯尼迪、尼克松、福特、卡特、里根、克林顿、现任总统布什的专用贺卡均出自贺曼之手，英国前首相撒切尔夫人等的专用贺卡也是贺曼的手笔。

经过近百年的发展，贺曼已发展成著名的国际性企业，年销售额高达 40 亿美元；贺卡礼品在全美市场的占有率为 44%；位居《福布斯》杂志评选出的全美最大私营企业第 33 位；贺曼在全球范围内有 19 600 名全职员工和 16 500 名兼职员工；产品以 30 种语言行销全球 100 多个国家。

今天的贺曼贺卡、礼品、派对用品、照相薄、日历及拼图等产品，最能帮助人传情达意，感动人心，贺曼的电视制作和学校用品事业也十分蓬勃。仅在美国，贺曼就有 47 000 个零售点。每年，贺曼创制 21 000 种崭新贺卡及 9 000 种有关产贺曼已成为美国最大 500 强企业，作为霍家事业第二代传人，唐纳德·霍尔被富比士杂志评选为世界上最富有的 400 名亿万富翁之一，其家产为 9.6 亿美元。

礼品

相框

CD制品

案例分析

一张小小的贺卡怎么能造就出一个年销售额竟达 40 多亿美元的贺卡王国，进入全球 500 强，成为一个响彻世界的跨国企业？

一、产品设计——企业的生命力

贺卡的销售决定于设计，贺曼非常重视设计人员，鼓励并尊重他们的创造。半个多世纪以来，贺曼出品的贺卡总是领先同行，深受顾客的欢迎，销售极佳。贺曼创造了一系列优秀的贺卡，雍容高贵的“大使系列”、庄重大方的“霍尔马克王冠系列”、世界名画珍藏品的“霍尔马克珍藏宝库系列”等。他们别出心裁设计的贺卡十分吃香，1939 年设计的卡中填充三色紫罗兰花瓣的友谊贺卡，50 多年来一直是贺曼年销售量最高的品种。为了鼓励优秀作者创作，贺曼把作者的名字印在贺卡上。贺曼现拥有全球最大的设计创作团队，内有 800 多名艺术家、时尚设计师、形象设计师、摄影师、编辑，每年开发超过 30 万种配合各类节令的全新卡片和三维电子贺卡。贺曼还拥有一个让人瞠目结舌的设计资料库，图片数量超过 30 万幅。

贺曼贺卡从设计到制作都洋溢着对生命及对人类情感世界的渴望，具有很强的人情味及个性，几乎是“爱与关怀”的同义词，受到全美乃至全球消费者的欢迎。

二、企业家精神

从小作坊发展为全球最大的贺卡企业，贺曼并非一帆风顺，也经历坎坷甚至灾难性的打击，贺曼能从困境中崛起，与其企业家精神有着密不可分的关系。

霍尔和唐纳德都有坚韧不拔的精神，1915 年的那场大火，乔伊斯在逆境中短时间内重整旗鼓并取得成功，经受住考验；1981 年的灾难更大。贺曼在堪萨斯城总部的周围建造了一个"王冠中心"建筑群，1981 年，其中的一个饭店的走道突然塌陷，造成 114 人死亡，225 人受伤，成为当年美国人关注的大惨案，这不仅在财产上，更在名誉上威胁贺曼。一般情况下，美国生意人遇到这样的事件，都会考虑转移资金，业务转向，另起炉灶。90 高龄的乔伊斯当时还是公司董事长，唐纳德实际主事，他们倾公司之全力平息了惨案带来的负面影响，在应付事件的同时坚持全心扑在贺卡事业上。事实证明，这一做法反而取得了消费者更大的信赖。

三、先进的生产设施和制造技术

贺曼购置了两台米克朗 HSM 800 立式高速加工中心。米克朗机床被安装在 CNC 加工车间中，用于生产铜箔和铝箔(包括凹纹、布纹及无纹产品)，广泛用于贺卡生产的压花模。

贺卡业竞争激烈，其能否成功常常取决于迅速推出新颖、价格合理和独具特色的产品，生产作业必须高效。

贺卡是快速消费商品产品，为缩短产品周期和控制成本，必须采用先进技术减少对密集劳动力的依赖。模具生产也不例外，贺曼每年要生产 25 000 件模具!

米克朗机床可以每周 7 天 24 小时运转，自投产以来，已对企业的产能产生积极影响(缩短了生产周期，降低了生产成本等)。贺曼估计，米克朗 HSM 800 机床生产了 60%以上的模具，生产率提高近 40%。

贺曼对产品要求十分严格，精度(+/−2 微米)和表面光洁度要求高，速度快、效率高。HSM 800 机床非常棒，两台机床都配备了 8.5kW 的 60 000 转/分的主轴，保证高速完成复杂的高精度二维和三维型面加工，机床还能以 40m/min 的速度快速进给，能达到 17m/s2 的加/减速度。

选择 60 000 转/分的高速主轴机床，不仅可以采用直径极小的刀具进行高速加工，适应能力也极强，HSM 800 的工作区很大(x=800mm，y=600mm，z=

500mm)，可轻松装夹大型工件。生产刻字模具时，米克朗机床可以一次完成工件上的200多个文字加工！这真是高效率。

两台米克朗机床均配有20刀位的自动换刀装置和4工位的工件托盘交换装置，可进行全天无人值守加工。这是贺曼能够缩短生产周期，降低成本另一个至关重要的决定性因素。

高性能和高可靠性的制造技术带来稳定的产量，贺曼才能如期保质保量提供高品质产品。无论是对技术与应用的支持，还是全面的操作培训和售后服务，贺曼购买米克朗机床获得了其生产要求所需的技术潜能，为产品的生产销售提供巨大的生产支持。

四、重视宣传

高价值的、价格昂贵的贺卡是贺曼的高端产品，开发这一个市场是个难题。1998年以来，贺曼面临了来自低价贺卡公司、连锁集团自创品牌和电子贺卡越来越严峻的挑战，人们对贺曼贺卡居高不下的价格颇有微词，他们认为贺曼贺卡用纸考究、设计高雅、印刷精美，但相当昂贵，节约消费的观念同样约束了贺卡的消费，人们觉得为一张纸片不能花那么多的钱！在他们的冲击下，贺曼业务的增长明显放缓。解决这一销售壁垒成了贺曼的当务之急，贺曼为此积极采取相应举措。

1. 投入大量广告，消除售价过高的印象

1998年圣诞前夕，贺曼花费1 000万美元聘请李奥贝纳发起广告攻势。广告活动的主角是15秒电视广告，主要投放在贺曼的专卖店、药房杂货店、书店和连锁超市。广告比较了贺曼贺卡的价格与其他日用品(如一袋炸薯片、一瓶罐头汤等)的价格，诉求口号是“你只需要花一点点钱，就能够带给别人来自贺曼的关爱！”

人们给客户及至亲最爱赠送贺卡时，乐于选择制作精美的高档贺卡。贺卡售价不高，消费者对于价格不太敏感，可以不使用降价策略，而应该告诉人们，贺曼贺卡能够带给亲人和朋友关怀，完全超值，从而消除人们对贺曼售价过高的误解。

2. 设计的广告语极富有创意和说服力

贺曼出奇招一举瓦解了消费者的心理壁垒：寄贺卡寄的是简单的纸吗？不是！寄的是情是义，不是随便什么人都给的。贺曼讲的就是这样一个故事：一对恩爱的夫妇，在结婚纪念日面对面坐在一家餐厅里，妻子读着丈夫送的贺卡，非常感动，她用含情脉脉的目光表达着谢意。这时，丈夫对她说：“你把贺卡翻过来看一看，你平时不是常翻过来看的吗？"贺卡终于翻过来，镜头推上，哇！这不是给人带来好运的品牌——贺曼吗？广告语紧跟着推波助澜："如果你真正的在乎，就寄最好的贺卡！"这回谁还敢拿廉价的产品糊弄人，小心女朋友飞了。

这个广告成功地把握住贺卡的核心价值——贺卡不只是纸，而是情，魔术般地用一个对自己有利的规范代替了一个对自己不利的规范。

3. 产品宣传不惜成本，树立永久声誉

1928 年，贺曼在全国性杂志"妇女家居"上刊登广告后，一直以大价码利用最先进的广告媒体（如电台、电视）来进行宣传。1952 年，贺曼制作电视广告节目，并以之为基础创作出剧本。贺曼创制的"贺曼珍藏宝库"电视连续剧，创下收视记录，获得艾美奖。60 年代，为了树立形象，贺曼斥巨资在老家堪萨斯城买下 85 英亩地，建造了一个集娱乐、旅游、购物和办公于一身的"王冠中心"建筑群。80 年代，贺曼收购了美国唯一西班牙语电视台，向全美 2 300 多万西裔宣传自己的贺卡。90 年代，贺曼创建"王冠媒体有线电视台"，收购了中西部颇有影响的有线电视台——Cencom Cable。与此同时，贺曼还为其行销成功的系列贺卡制作录像带，十分受欢迎。贺曼建立一个有 1 200 个分支的全国电脑网，消费者联网后，就可以用个人电脑自己设计贺卡送给亲朋好友。

4. 牢牢抓住 30～65 岁贺曼的女性核心消费者

贺曼针对女性核心消费者推出一系列促销活动，女性消费者在节日期间购买贺卡的量最大——给家里人的、帮丈夫买送给客户……而且，她们接触网络的机会较少，是传统贺卡的忠诚用户。贺曼通过超市、专卖店、杂货店、杂志和邮寄直投向女性消费者发放大量的优惠券。贺曼的促销活动已经扩大至了 18～35 岁的年轻女性，希望把她们培养成为未来的忠诚用户。

五、细分产品

贺曼根据消费者的不同需要，将贺卡进行了细化分类，按送贺卡的目的分，分为圣诞节、情人节、周年庆祝、生日等等，根据送卡人和收卡人的关系分为父母、夫妻、情侣、兄弟、朋友、同学、上下级等等，贺卡本身的风格还分为传统贺卡、幽默贺卡和专用贺卡三大类。如此个性化的产品分类，基本上使每位消费者都能够找到最能表达自己心情的产品。

所有产品中，圣诞节贺卡是贺曼最重要的产品，人们在圣诞节单次购买贺卡的数量最大，而且愿意购买那些售价高、制作精美的贺卡。贺曼大约 30%的销售额来自圣诞节销售季节。

六、以贺卡为核心，发展多元化产业

贺曼生产和销售的贺卡占美国市场的40%，是世界上最大的贺卡企业，贺曼还是美国礼品包装、粉笔、麦头笔、蜡笔、颜色铅笔、绘画用品、圣诞饰物、结婚用品的主要生产商，此外，贺曼还拥有堪萨斯城两家大百货公司，是一家以贺卡为核心实行多种经营的多元化企业。

家居用品

1. 小卡片拥有大市场

虽然贺曼已把产业延伸到卡片业外的多个领域，但贺卡依然是贺曼产业的重中之重，其核心地位无人能及，贺曼的多数行业的发展均为贺卡业的发展服务。小小卡片造就了贺曼年销售额达30多亿美元的贺卡王国，贺卡拥有的巨大市场。

美国人喜欢相互寄送贺卡，以交流彼此间的感情。大凡婚丧嫁娶、福禄寿大喜、门户添丁、病后康复、逢凶化吉、学业或事业有成等人生中的事情，甚至个人的喜怒哀乐都会是贺卡的内容。遇上节假日，美国人更是把寄送贺卡相互庆贺看成是联系感情的绝佳方式。

美国地方大，人口2.5亿，一年中官定的节假日就有近30个之多，贺卡的生意十分兴旺。据美国贺卡协会的统计数据显示，2001年美国贺卡市场为75亿美元，平均每个美国家庭每年收到20张各种贺卡，90%的美国家庭每年至少购买一张贺卡，其中87%的购买者在成员生日、圣诞节和各种周年纪念都要购买至少一张贺卡，70%的购买者在各种节日期间要购买多张贺卡。

2. 发展多元化产业

贺曼凭借其丰沛的创意设计及品牌资源，在稳居贺卡行业领头羊的位置之后，把产业自卡片礼品业延伸至居家服饰生活用品领域，在欧美及中南美洲等地先后掀起了“贺曼风潮”。在巴西、日本、韩国、新加坡等国家都可见到贺曼象征爱与关怀的皇冠形象，贺曼产品涉足卡片、礼品、玩具、居家商品等行业，受到了不同肤色消费者的欢迎和认可。贺曼顶着皇冠的 Logo 形象已成为精致生活的象征。

1922 年，贺曼在美国 48 个州建立了自己的销售网络，将业务扩大到礼品包装行业。1957 年，贺曼向国际进军，在欧洲、澳大利亚、新西兰和加拿大占领了当地的贺卡市场。1973 年以后，贺曼陆续涉足经营圣诞节节日装饰品、结婚装饰用品和礼品、宴会装饰品和用品等相关业务。

1982 年，贺曼开展了一系列的并购，并购的对象既包括其他的贺卡公司，也包括电台、电视等媒体公司。通过收购这些媒体来推销贺卡及品牌。

1994 年，贺曼频道成立。1995 年，贺曼建立了自己的全球性卫星电视频道，为全球市场制造及传送精彩的电视节目，1994—1997 年，贺曼频道总共制作了超过 200 部的自制电影及迷你影集。时至今日，其电影娱乐事业的服务已遍及全球，收视户超过 1 200 万户，收视区域覆盖 65 个国家，使用多达 14 种语言。

贺曼频道继承了贺曼一贯提倡的“爱与关怀”的精神，立足于制作高品质的节目，摈弃色情及暴力的低级娱乐，为观众提供更高品质的娱乐选择，并在节目的安排上充分反映出贺曼对家庭观念的重视，成为一个极其适合全家观看的频道。

贺曼多元产业的发展巩固了其在贺卡业中的领头羊地位，同时也为贺曼的全球性战略推广奠定基础。

七、成功的品牌授权经营及完善的分销网络

我们生活的时代是被品牌包围的时代，品牌具有的神奇魔力已成为我们生活的一部分。

品牌授权即品牌所有者与生产商或经销商间通过协议的形式取得某品牌的使用权。贺曼以其具有温情、关爱、和谐的品牌价值和吸引力，在不同国家以签约出让使用权的形式发展其不同产品类型的授权市场。在巴西、日本等国家的授权商品市场上，以“皇冠”为标识的贺曼家居产品受到不同肤色消费者的欢迎和认可，成为一个成功的授权品牌。

授权经营有利于针对本土外激烈的国际竞争，以较短的时间和较低的推广成本，有利于在他国市场上立足并迅速扩张市场，贺曼在这方面取得巨大的成功。贺曼在美国有 42 000 家零售商店，除在国内的贺卡商店、大型商场、药店、食品店及主要的平价零售店占据着极大的市场份额之外，在加拿大、英国、西班牙、荷兰、澳大利亚和新西兰设有分公司。贺曼以独资经营、授权经营的方式，用 30 种不同的语言出版产品，在 100 多个国家销售。2005 年部署了 Juniper 网络

公司的 IDP 设备，改善了贺曼庞大的办事处、配送中心和零售点网络上的通信，这为公司在全球范围销售产品提供完善的销售网络和通信支持。

八、重视人才，采取内部员工持股制

贺曼是一个家族私有经营公司，不上市，但它在内部实施员工分享利润及持股计划。霍尔家族拥有公司 70%的股份，全体员工拥有 30%。公司对有创造发明的员工给予重奖，这在很大程度上赋予了员工企业主人翁的地位，增加员工收入，调动他们的积极性和团队精神；对于贺曼来说，留住了大量的设计、开发、销售策划等方面人才。在美国，贺曼被广泛地认为是“模范雇主”，被评为美国 100 家最佳工作单位中的前 10 名。

九、成功实施客户关系管理(CRM)

客户关系管理的微观营销原则是：把目标指向最佳的顾客，并与这些顾客建立关系。在任何情况下，只有 45%的顾客是有价值的。有时，大量广告会带来一些不合适的顾客。选择最有价值的顾客需要对顾客进行筛选，需要建立一个顾客数据库。

1996 年，贺曼赋予消费量最多的 10%的会员顾客贵宾资格。贺曼想保持贵宾顾客的特殊性，向他们颁发了一份装在烫金信封里的，能凸显贵宾身份的会员金卡。贵宾会员可以得到更多的积分、奖品、免费拨打专线电话的特权，贺曼与这些贵宾会员保持交谈，提供最新产品信息和赠品，向每一位贵宾会员赠送他最喜爱的那类贺卡。该公司金卡项目经理说，“金卡计划实际上是一个建立关系的营销计划，对我们非常重要”。

实行 CRM 的贺曼与顾客建立互动的关系——与顾客开展形式多样的“一对一”对话。通过对话实现长期的、针对性的销售。通过与顾客共同参与的互动的对话，赢得顾客的“心”(消费需求、品牌信任)。

十、产品和广告都本土化

虽然这一举措力度相当之大，相当耗费时间，但是针对不同的市场推出不同的产品，并实行不同的沟通方式，无论对于 B2B 市场还是 B2C 市场而言，都被证明是成功之举！

贺曼也致力于本土化，他在美国的策略和在欧洲的就迥然有异。就美国市场的贺卡而言，商家早已在贺卡上印好了种种贺词；但是欧洲人喜欢自己在贺卡上亲手写下祝贺的话语。因此，贺曼特意在贺卡上留下一段空白之处，以便消费者自己填写祝福之词，此举极为迎合欧洲人在特定节假日和场合互送贺卡的习俗。

不同国家民俗风情、宗教信仰、法定假日不同，需要为他们制作符合当地特色的贺卡。如 1999 年，贺曼在亚洲市场就推出农历新年系列贺卡。贺曼为了赢取国际市场中的不同市场，需要把相关产品和广告本土化，用 30 种文字向世界 100 多个国家和地区推销，从而在世界各地站住脚跟，稳步发展。

结　语

品牌授权在海外是一个高成长性的新兴行业，据有关资料，在《财富》杂志所列 500 家大型企业中，1/3 以上企业的业务与品牌授权有关。美加两国的授权商品零售额由 1991 年的 19 亿美元上升到 1998 年的 1 320 多亿美元。亚洲国家，除日本以外，这一产业刚刚起步，蕴涵着巨大的潜力。

全球经济一体化的趋势正在为逐步开放的中国经济带来广泛而深刻的影响，中国企业将面临国际市场竞争的挑战。作为以中小规模为主的民营企业如何面对这场竞争，如何在较短的时间，以较低的推广成本，有效地将其自身产品在市场上立足并迅速扩张市场。贺曼公司的成功授权经营给了我们很大的启示：

(1)授权企业依靠知名品牌的知名度和强势资源，结合自身生产或销售网络等优势，开发适宜本土的产品，迅速立足并扩大本土市场。

(2)授权品牌企业通过授权，寻找具有较大本土优势的企业为合作单位，保证产品的质量和销售，在推广自身品牌、获取利润的同时，节约大量的时间、资金成本，起到事半功倍的双赢效益。

(3)品牌授权可以实现多行业、多种类产品的跨区域经营，使企业在自身有限资源的条件下进入多元的国际市场，实现全球性品牌经营提供可能。

(4)品牌授权经营具有很强的合作性、独立性和灵活性，能有效地针对不同市场及时作出有效的经营决策。

全球化经济下，国外企业在中国本土的激烈竞争，不论是要在本土立足还是走向跨国竞争，中国企业不论是选择受权还是授权经营都将在很大程度上增强自身的综合竞争力。国内的中小民营企业在品牌、资金、战略发展、人才培养等方面存在相当的弱势，不论是来自本国或是跨国企业的竞争对其都会造成很大生存压力，采取授权品牌经营的合作方式，将借助优势企业的强劲资源增强自身竞争力，坐稳市场。而对于国内大型知名品牌企业，在跨国经营的道路上或许可以借鉴品牌授权的合作经营方式，从而依据其本土优势力量立足市场，实现全球性经营。

无印良品

——品牌时代的成功逆行者

80 年代末，日本品牌之风流行，站在日本原宿的大街上，每五个路过的行人中就有一个人背的是 LV 的花纹包。但也有人宣传不同的主张，却也获得消费者的认可。MUJI——无印良品就主张“无品牌的好产品”，打造自己的无品牌版图。

最初，无印良品只是一个仅在商店内部经营的家居品牌。西友株式会社的总裁——堤清二，找来几位从事创作的朋友，在东京一家小型百货商店里创立了无印良品。1983 年，无印良品才在东京的青山，成立了第一家独立旗舰店。从最初的几十种商品发展到今天的约 5 000 种商品，无印良品建立了外延广阔的家居概念。早晨，你可以穿着无印良品的睡衣，在无印良品的床上醒来，然后用无印良品的牙刷刷牙，吃无印良品的食物或者开着无印良品的汽车（与日产合作的 MUJI March）去无印良品的 Meal MUJI 餐厅就餐，然后坐在无印良品的沙发上，听无印良品的音响送出的音乐……所有的这一切，庞大而细致，从服饰到汽车，从食物到家居用品，贴近消费者从早到晚一切的衣食住行。无印良品的产品门类十分齐全，设计也相当精美，许多无印良品商品都出自优秀设计师之手。著名的意大利设计师恩佐摩尔为 MUJI 设计塑料用品和儿童玩具，IDEO 的前

执笔：刘荣。

① 陈丹：《你的企业“无印良品”吗？》，《环球企业家》2005 年第 9 期。

欧洲设计主管萨姆赫奇为 MUJI 设计简约的家电，等等。[①] 这些富有创意的设计使无印良品的产品散发出独特的魅力。

无印良品秉持无品牌精神，直观表现在：产品尽量不用外包装，统一以简洁朴实的外观出现在消费者面前，消费者在它产品上甚至找不到无印良品的商标；在材料的选择上，无印良品也非常谨慎，尽量使生产出来的商品呈现材料的原色；产品的设计也力求简练，摒弃任何多余的装饰性附着，淡化雕琢痕迹。无印良品对于品牌宣传持低调态度，很少进行广告宣传，他们执著地认为：品牌和商标都是外在的东西，除了帮助消费者实现自我认知，并不能带来现实的好处。在他们心目中，无印良品需要做到的是“这样，就好”，而不是其他产品所暗示的“这样，才好”。两个口号，相差一字，却表达了截然不同的生活态度。无印良品因为少了刻意为之的心态而表现得更顺其自然、更闲适。

从创立初始，无印良品就致力于提倡简单的生活，他们关注地球资源、环境、回收等问题，致力于向消费者提供简单朴实、高品质、价格合理的好商品，提倡理性消费、重视开发和设计“平实好用”的商品。[①] 尽管设计同样优良，但无印良品并不借助设计提升形象、抬高价位，并不优越感十足，却尽量以价取胜，使用便宜的素材，尽量简化生产过程，减低加工成本，从而提供给消费者相对便宜的价格。

对于品牌之风盛行的现代消费社会来说，这些做法是大唱反调，但无印良品却因此拥有大批崇尚自然、品位与设计的消费者。欧洲的无印良品爱好者认为无印良品代表了日本当代的“禅的美学”。[②] 在 29～32 岁的自主型消费群中，无印良品由于能提供购物的安心感、商品的流行感以及合理的价格等特性，以高达 51.1%的品牌好感度，位居调查的第一名。

这些都为无印良品带来了不错的市场表现。在日本国内，无印良品的年营业额过 1 100 亿日元，员工数超过 2 890 名，拥有直营店 121 家，经销点 146 家，是日本最大的生活形态商店。无印良品的海外拓展方面也成绩骄人，无印良品的专门店遍及英国、法国、瑞典、意大利、挪威、爱尔兰等欧洲国家；新加坡、韩国、香港、台湾、上海等亚洲的国家和地区也可看到他们的身影；在美国，无印良品进入纽约现代美术馆，2002 年 2 月，无印良品开始向纽约现代美术馆的零售店提供商品，2004 年 10 月，无印良品在纽约现代美术馆内设立了专卖，由于销售良好，2005 年 10 月，无印良品在纽约现代美术馆的对面开设独立的旗舰店，正式打入美国市场。[③]

---

① 无印良品台湾网站. 品牌精神栏目[EB/OL]. http://www.muji.tw/。

② 中国时尚品牌网. 日本无印良品的生活哲学[EB/OL]. Http://www.chinasspp.com/。

③ 无印良品台湾网站. 历史沿革栏目[EB/OL]. Http://www.muji.tw。

如此强调品牌的时代,这样一个无品牌主义者却能大获成功,树立了极具识别意义的独特品牌形象,赢得习惯认"牌"购物的消费者的信任,其经营哲学和行销理念颇为值得探讨。

一、品牌概念设计——传达企业文化和品牌精神

无印良品通过品牌的命名、概念的设计和执行以及格调统一的内外表现,形成了独一无二的品牌识别系统。这一系统在传达企业文化和品牌精神方面起着积极的作用。在品牌宣传上消极无为的无印良品,拥有着相当高的美誉度和丰富的品牌联想。

1. 品牌命名与概念设计

品牌名是品牌发展依附的对象,所有关于品牌的回忆与联想都与品牌名密不可分,品牌名是人们记忆和形成品牌印象的重要符号。[①] 知名企业都十分重视品牌的命名,宝洁耗资 100 万美元为 Coast 香皂命名,IBM 则成立了专门的品牌命名部门以配合品牌传播策略。品牌命名担负了促使品牌联想、体现企业文化、传达品牌精神等重要使命。无印良品也十分重视品牌命名,其品牌命名及概念设计谨慎而认真,选用日本设计领域知名的设计师来负责品牌命名和确认设计内涵。无印良品风格一致而又充满美学鉴赏价值的作品传达了无印良品的企业文化和品牌内涵,让消费者从字面上就能毫无障碍地对无印良品企业文化和品牌精神产生联想。

日本设计界的泰斗田中一光提出"无印良品"这一品名并进行了概念设计,田中一光是日本设计界头号大师,他提出"无印,无品牌"概念并亲自设计无印良品的 Logo 及系列海报,这些海报构图简洁、用色遵循无印原则,强化了无印良品的品牌精神,成为设计师热衷的收藏品。[②] 田中一光病逝后,原研哉接替他设计海报,原研哉也是纵横日本平面设计、展示设计、包装设计等多个领域的设计大师,他设计时能充分考虑物件的形、色、质地、功能,挖掘产品存在的深层空间,追求将人类文明回归自然的理想,他的无印良品海报艺术气息更多,商业气息较弱,这与"无印,无品牌"的概念是密切吻合的。

---

① 黄合水:《品牌建设精要打造名牌之不二法门》,厦门大学出版社 2004 年版,第 52 页。

② 温晓泉:《时尚品牌完美手册》,内蒙古人民出版社 2005 年版,第 38 页。

所谓“无印良品”，即无印＋良品。“无印”在日文中是没有花纹的意思，作为店名则指不以品牌为号召，减去产品外在的包装、商标等任何不必要的装饰性附着，只销售产品本身；“良品”则是向消费者保证产品的高品质和平实好用，无印良品将这种高品质和平实好用解释为：不浪费制作材料、注重商品环保、持续不断地向消费者提供具有丰富质感的便利生活。无印良品试图缔造这样一个企业文化：做一个低调的、有社会责任感的、优质产品提供者，将在品牌宣传上的成本用在开发好产品、寻找好的制作材料上。

无印良品有自己的品牌概念：

(1)无印良品不是名牌，因此并不刻意进行商业化的宣传和大规模的广告活动；

(2)无印良品也不是个性和流行商品。无印良品是从地球规模消费的未来为出发点生产的商品；

(3)无印良品也不是那种“除了它就不行”，培养单一嗜好的商品，他们希望提供的是理性并让客人有满足感的东西。①

2. 品牌联想与概念执行

接触过无印良品的人一想起无印良品，就会联想到它的品牌特色和企业文化，因为“无印”和“良品”两个词清楚地概括了无印良品试图传达的生活哲学、企业的目标和方向。无印良品字面上的含义与它的其他活动如此相关，以至于接触过，就会难忘其品牌名称及与这一名称相联系的企业文化和品牌精神。

走进无印良品的店铺，清一色的朴实无华，没有眩目的色彩、没有造型繁复的设计，更没有五花八门的商标，触目只有素净、保有材料本来色彩面貌无印良品产品。无印良品认为：“无印良品的商品开发中，有关商品的设计、原材料、价格都规定了必须遵守的条件。例如服装类我们严格遵守无花纹、格纹、条纹等设计原则；颜色上只使用黑白相间、褐色、蓝色等规定的颜色。无论当年的流行色是多么受欢迎，也决不超出设计原则去开发商品。”②

品牌名中的“无印”紧密呼应无花纹、无商标、设计简洁干练的产品，让人记忆深刻。“良品”则指向让生活更便利、更有味道的情感化设计。无印良品的设计师观察到：一般人睡前阅读最后一个动作是摘下眼镜、关掉床头灯，隔天早上第一个动作是用手摸索着找眼镜，所以开发出底座往中央凹陷的床头灯，让眼镜顺势靠在灯杆上便于拿取。无印良品的设计师还观察到：普遍窄小的居室当中，床占了相当重要的位置，睡觉、阅读、吃饭、看电视甚至招待朋友都要在上面进

---

① 中国时尚品牌网. 日本无印良品的生活哲学[EB/OL]. Http://www.chinasspp.com/。

② 陈小东：《无印良品：没名就是名牌》，《看世界》2004 年第 7 期。

行，于是开发出加上四只短床脚的床垫，可以收起当作沙发，让主人在待客时不会显得尴尬局促。无印良品也热衷那些看似零散但在尺寸和容积上却可以成套搭配的器皿、可自由组合不同用途的拖把等等，每一处小设计都透露出无印良品的巧妙心思。这些细微的体贴无疑提升了“良品”的概念，也让消费者更好地体验了“无印良品”这个品牌的魅力。

二、品牌形象——特立独行的“无品牌”主义者

如果你去商场，价位相当的同类产品，比如说洗发用品，一边是籍籍无名的牌子，一边是飘柔或者海飞丝，你会挑哪一个？我不能确定你会选飘柔或者海飞丝，但我敢保证，你的手不会伸向第一个。这种普遍的消费者行为告诉我们，品牌已经根植在我们日常的生活习惯中。在这个品牌流行的时代，很难想象一个没有品牌的产品如何取得消费者的信任，但是无印良品做到了，并一直将“无品牌”的形象持续至今。

1. 无印良品的“无品牌”

对于日本人来说，一个收音机上面没有任何商标，他们一般都会猜测：这是“无印良品”吗？科特勒的经典营销理论认为，当某种产品被消费者看到就立刻想到它的特点时，这个产品基本就成功了。对于企业来说，让自己的品牌变成某类产品的代号、某一群体或某种生活方式的象征符号是一件梦寐以求的事情。无印良品不在产品上贴标签，但所有产品都有名字的时候，“无名”也就成了它独一无二的称呼，“无品牌”也就成了它特立独行的形象写照，并且决不会有与其他产品名混淆的可能。一张纸上密密麻麻写满了字，出现的一方空白，很容易就被注意到了，而且不易忘记。

但如果只是靠单纯取消产品上的商标，或许能引起公众一时的好奇，随着时间的流逝，这种好奇也会减退，“无品牌”可能走向“无名品牌”，这是一个要避免的困境。

无印良品的高明之处在于，这样一种“无品牌”概念，除了顾名思义的无标识、不打品牌旗号外，还包含着一种与东方“空，故纳万境”的审美精神相联系的简约无华、回归本质的更高追求，取消商标只是表现这一审美精神的途径和方法。为无印良品的“无品牌”带来稳固地位和社会价值的是“无品牌”做法背后所蕴含的对高品质的追求与健康自然的态度。这才是无印良品“无品牌”的真正内涵。这种内涵通过设计和材质的选择来实现。

从产品设计到店面陈设，无印良品全部采用自然材料和再生材料，包装竭尽简单或者根本不用，用色更加“吝啬”：白色处于主导地位，从瓶瓶罐罐、床上用品

到电视机、音响、冰箱都是恬淡的白色；文具则是卡其色的天下，大大小小的笔记本都是用回收纸制造的，但制作工艺精良，使其不仅不粗糙难看，反而有一种细腻的质感。

简单而言，无印良品的"无品牌"就是把在品牌建设和宣传上节省的开销用在产品设计上，成本不因专项设计费的增多而受累，同时还通过取消商标、保证品质、独特的选材标准和简单富有创意的设计等一系列格调一致的做法，以符合自然、简约、回归本质的内涵。

2."无品牌"形象的卖点

许多消费者对无印良品有潜在的好感，折服于无印良品"酒香不怕巷子深"的低调宣传，认为无印良品具有不吹嘘自我的实干精神和对自己价值观的执著忠诚。这些为无印良品的"无品牌"形象增色不少。

(1)令人安心的质量。在商品信誉危机屡屡出现的今天，消费者对商品的信赖成为珍贵的品牌资产。无印良品言行一致地倡导环保和健康的生产、消费观，为其赢得信誉资产。在素材的选择上，无印良品详细地列举了不使用的素材，列举时完全不用模糊其辞的"尽可能不用"这样的词汇。无印良品"不使用"PVC，虽然 PVC 是公认的容易加工、耐久的质材，但无印良品认为 PVC 燃烧后的废气会污染环境，所以不使用；无印良品的产品接触口、食物、加热的部分也"不使用"氟素，因为氟素在超过摄氏 260 度会分解出致癌的毒气；无印良品也"不使用"甘味剂甜菊、山梨酸这样的食品添加物。[①] 这样严格把关，给消费者带来了极大的安心。符合公众利益的环保做法，强化了消费者对无印良品的信赖。

无印良品的零食商品也是这样。无印良品枫糖夹心饼干坚持只使用北海道十胜生产的小麦粉，因为这个地区低污染、气候均衡及海水盐分含量较低，有助于小麦的生长。为了坚持"低加工"原则，无印良品不迷信小麦粉成色越白、等级越高的说法，坚持不过度脱水处理，以保留胚芽的含量，保证自然营养素的比例。

无印良品亦相当重视素材的质地感。他们的设计师经常周游列国，寻找简洁实用的好材料，并大量购进以减低成本。他们也来过中国，看上了新疆的天丝棉，用以做家居服，市场反应极好。

(2)不拘一格的创意手法。无印良品的创意精神，不仅体现在产品设计的独特上，更体现在其逆向思维上。有趣的是，为了环保和不浪费制作材料而产生的无印良品商品，由于带给消费者新鲜和与众不同的感觉，也成为热销商品。最有名的例子是"干燥香菇"，在无印良品的"干燥香菇"前日本人认为只有完整形状的干香菇才能贩卖。无印良品却认为，做饭时，香菇反正要切碎，是否有破损、歪

---

① 无印良品台湾网站.新闻栏目[EB/OL]. Http://www.muji.tw/。

斜，根本不重要，他们推出了便宜的“干燥香菇”，反而热卖。“残系”T恤的热销也是这样，无印良品将生产过程中剩余的纱线做成限量的T恤，由于独一无二，成为无印良品迷收藏的圣品。①

无印良品设计产品时秉持“展现本质”的原则，所有商品呈现低调谦和的氛围，但在使用功能上，无印良品主张让消费者觉得顺手。无印良品认为应该依赖大量的生活经验来进行创意，例如，化妆水瓶是绿色的，灵感来自红酒，比较能遮光。

除此之外，无印良品也在网站上募集“梦想计划”，网友可以将自己的创意告诉无印良品，只要在18天内得到300名网友的连署，无印良品就将它商品化，并在产品说明书上列上这300名网友的名字，以示感谢。②

(3)始终如一的公益环保行为。文明程度日益提高，人们越来越重视企业的社会责任感。在关注人类的生存环境、保护自然和生态等具有公益价值的事情上付出，是企业作为社会一员的重要素质。无印良品孜孜不倦地力行公益环保，提出和地球共生的五原则，并通过网站和更多的人沟通环保，他们在网站上展示他们在垃圾、纸张、二氧化碳减量方面的实际成绩，也展示他们在家电产品回收和再商品化方面的努力。他们在产品的制作中更是努力遵循公益原则。

这些做法都有力地支持着无印良品的“无品牌”形象，丰富了“无品牌”的意义。这些符合大众利益的做法，使得无印良品的“无品牌”不只是空洞的口号和昙花一现的新奇事物，而是能引起人们尊重和接受的有责任感的好品牌形象。

三、品牌传播——贩卖“禅”意生活概念

无印良品倾心营造的“禅”意生活从被称为“侘寂之美(wabi-sabi)”的日式美学开始，“侘寂之美”强调本质的朴素之美，体现在传统的茶道、插花、陶艺上，也体现在现代服饰、建筑、家居领域中；西班牙知名的Camper鞋甚至推出以“wabi—sabi”为名的鞋款。③“侘寂之美”是受大自然启发的清新之美，顺着心灵与自然的不规则流动，体现在设计上是以清爽、自然为特色，强调简单利落的造型。

无印良品设计体现“侘寂之美”，打造了现代最具禅意的生活。我们可以通过Enzo Mari的原木圆柱、玻璃构建的家具、Sam Hecht的积层合板的简约随意的家电、Azumi的纯东方味道的家居物品……来感受缓慢生活。感性地来理解，

① 无印良品台湾网站.新闻栏目[EB/OL]. Http://www.muji.tw/。

② 无印良品台湾网站.新闻栏目[EB/OL]. Http://www.muji.tw/。

③ 李照兴:《最具禅意的生活设计》,《周末画报》2006年第378期。

这种生活就是一把长柄黑布伞，一本手撕日历，一段悠远的小提琴音乐，让你回归人类本应享有的舒适生活。

1.“禅”意生活概念的消费群体

提出一种充满艺术气息的生活概念固然是好，但企业并不是艺术家，在执行这种颇为新鲜的概念(对消费者来说)，倡导新潮的生活方式必须克服一个现实问题——谁为这种概念消费买单，市场潜力是否能支持品牌的成功立足和持续的发展？在这一问题上，无印良品并不是一个胆大的冒失鬼。

无印良品非常清楚自己的目标人：25～35岁，这部分人从未经历过战争和动荡，他们更注重享受生活的安逸和闲适，他们的自我风格和个性已经基本成型，不像刚踏入社会的新人一样追求外在的光鲜，急着用名牌和外在装饰表明自我、宣扬个性。

无印良品通过选择直销店地址进一步明确目标消费群体的特性。从东京的第一家青山旗舰店一直到英国、法国、意大利、瑞典、韩国、中国香港、中国台湾、上海……无印良品的直销店都选在繁荣的时尚都市，紧紧盯住较高文化层次和注重生活品味的人群。这种生活方式的消费群体拥有强大的消费能力，他们能进行理性消费和选择，无印良品的产品帮助这些消费者展示自己的价值观和生活态度。

2.接触这一群体的有效途径

无印良品倡导的生活概念并不是一种普及性的大众生活形态，因此，在传播途径上，无印良品很少使用电视这样具有广泛传播意义的大众媒体，而使用更直接有效接触目标消费群体的媒体。归纳起来有如下几种：

(1)产品和店面陈设。即使是不了解无印良品“禅”意生活概念的消费者，第一次走进无印良品的店铺，看到它的产品，也会深深感受到那股不同于其他商品强烈的视觉刺激。质感和色调无一例外的清淡无华，造型和摆设给人简洁朴实的印象。这些外在形象本身就扮演了“沉默的解说员”的角色，以无印良品著名的挂墙CD播放机为例，看上去是部吹风机，挂在墙上，安安分分，一拉，吹出来的，不是风，而是音乐。音乐如风一般在空气中飘荡回响，生活的新意与幽默就表露无遗。这样充满新意和创造的产品，吸引那些喜爱设计、品味、自然、简约充满的群体驻足、了解并最终成为无印良品的消费者。

(2)网站。在网络媒体日新月异的今天，企业的网站也成了信息传播的“窗口”，无印良品就成功发挥了网站的宣传作用。无印良品的网站和别个不同，不只是蜻蜓点水式的介绍企业动态、企业文化、品牌精神，而是像橱窗展示一样，以产品为核心，配以格调素雅的图片，点击进入可见详细介绍，让人如同逛商场，所有信息唾手可得。

无印良品也不滥用广告宣传，而是不断地通过商品图录和网页联络顾客，无论是网页还是图录，商品拍摄的角度都非常端正，意在引导阅读者观察商品的角度。这些免费的商品图录甚至已成为无印爱好者珍贵的收藏。

(3)主题海报。从2003年开始，无印良品每年都会在新年伊始时发布宣传专用海报，这些图片加印有无印良品四个字，仿佛无印良品的形象代言。海报分别有一组，分别命名为："无印良品的未来"、"地球规模的无印良品"、"无印良品之家"、"茶室和无印良品"。海报的构图、色彩和整体氛围符合无印良品倡导的无印哲学以及空远宁静的"禅"意概念。

(4)体验课堂。为了让消费者更好地理解无印良品、理解产品的相关知识，无印良品还会提供一些知识性的课程或讲座，通过针对性地设置课程，丰富消费者的体验，将自身倡导的生活方式传递给消费者。无印良品会在店中开办料理教室，以日常生活的主题"食"为话题，教授给消费者实用的料理技术，并告诉人们关于"食"的知识和哲学。

四、品牌管理——坚持高美誉度和维护顾客忠诚

对于消费者来说，品牌是质量的保证，是赖以减少购买风险的依据。大多数品牌都有一定的象征意义，消费者可以通过产品或服务来展示自己的个性、人格、地位、身份，以获得心理满足。男士通过万宝路香烟来展示自己的阳刚之气，年轻人通过ipod彰显自己与众不同的性格。对企业来说，具有区别意义的形象可以将自己与竞争对手区别开来，在与消费者的互动中不断提升自己的美誉度，保持顾客对品牌的忠诚。无印良品别具一格的"无品牌"形象已然鲜明地将自己与其他品牌区别升来，成功地享有极高美的誉度和难能可贵的顾客忠诚。

1. 多渠道地聆听消费者心声，积极回应反馈信息

无印良品非常重视收集和分析消费者信息，他们认为，营销就是尽可能地接近消费者的感受与想法。因此，无印良品极为重视与消费者间信息交流，并以此作为营销战略的重要参考。无印良品每月收集6 000件消费者情报：网页500件、消费者中心收到的信件与电话1 500件、附在商品目录中的明信片1 000件、信息联系卡3 000件。[①] 以上四种渠道中最能体现无印良品经营战略的是商品目录渠道。作为零售企业，无印良品主要靠店铺销售，，无印良品所有的店铺都设有收录了所有商品的商品目录摆放点。做到这一点的零售企业几乎没有，无印良品对此不无自豪。

---

① 陈小东：《无印良品：没名就是名牌》，《看世界》2004年第7期。

1998年，无印良品发放了715万个目录，这的确是一个庞大的沟通渠道。无印良品投入的宣传促销费用约是销售额的2%，这些宣传促销费一年约19亿日元，其中约一半用在商品目录的发行上了。商品目录分类编辑，共分为衣物、家具和家电及编织物、厨房和桌上用品及家务用品、保健美容、文具、自行车6大类。95%的商品目录从商店直接流通到消费者手里，消费者可以从商店带回的商品目录上了解最新商品信息，如果消费者浏览商品目录时有任何提议或想法，附在其中的明信片则可以帮他们便利地将信息反馈给商家。

2. 以店员为最重要的行销者

虽然没有强势的广告宣传助阵，无印良品还是能络绎不绝地吸引消费者，原因不只是商品本身的品质，员工的服务、素质也是重要原因。

无印良品会挑选符合其整体风格的员工，不轻易录用烫着大爆炸头、浓妆艳抹的人。无印良品认为，店员是最重要的行销者，店员与消费者间的互动和知识分享是传递无印良品价值的最佳媒介，因此，无印良品常常举办活动鼓励店员融入企业文化。2004年，台湾的无印良品举办“门市冠军王”活动，鼓励店员了解企业。活动内容主要是让店员自选产品，深入了解其特色然后写成报告寄回总公司参与评选。这些活动，提高了店员的热情也丰富了无印良品商品的故事，传播了无印良品的企业文化和品牌精神。

3. 积极开放的学习心态

无印良品并不只是设计和开发商品，他们也收集世界各地发现的自然材料和植物，从世界各地的日用品中学习新的东西。无印良品会最大限度地利用地域性的素材，将其改造并植入产品的设计中。无印良品的商品标签常常可见“埃及棉”、“印度棉手织”等标注，这些编织技术名称让购买者联想起手工艺生产过程。

4. 时尚，但不高高在上的亲民路线

对无印良品来说，设计是关键，无印良品的许多产品为此而备受赞誉。出色的设计使得无印良品的产品简约但紧跟潮流。知名品牌的设计性商品，价钱总是令人望而生畏，而无印良品拥有15个全职的设计师，还雇佣分布世界各地的签约设计师，但价格却平易近人，他们走的是时尚但不高高在上的亲民路线。

这条路线与其整体的基调是一致的，产品的平实好用、设计的简洁脱俗、理念的自然和谐、形象的低调优雅，没有过分和刻意的欲望，一切都将商业的气息淡化到不易察觉的地步。谁能够抗拒一件设计时尚、品质良好但价钱却平易近人的产品呢？

总之，从消费者角度去思考产品的功用、设计；重视顾客信息并开发多种渠道收集这些信息，使其在提高顾客满意度上打下了很好的基础，而在这一基础上，通过店员与消费者的良性互动以及产品本身的确物有所值，进一步使顾客受益，从而提高了美誉度和强化了顾客忠诚。

结 语

在品牌之风大行其道的今天，无印良品带着它的“无品牌”形象一路畅行，在消费者心中拥有相当高的美誉度，并在世界范围内保有许多粉丝一样忠诚的顾客。它的成功来源对自身理念的执著追求、内外如一的恰当表现、符合消费者接受心理的生活哲学、进行创意设计但并不因此倨傲的姿态、以环保公益为己任……

这些因素使得其尽管宣称自己“无品牌”，却为其赢得了独特的具有较强识别意义的品牌形象。这种形象尽管迄今为止已经非常成功，但也并不是完美无缺、毫无瑕疵的。甚至有的地方处理不够妥当。如中国是无印良品服装的一大生产基地，无印良品中畅销的编织品 100％在中国生产、服装类的 70％也产自中国，只有 20％是在日本生产，其余的 10％是亚洲及其他各国生产。然而，尽管无印良品的许多原材料和加工都在中国，但是位于上海 1 号店的商品价格比日本高出 25％～30％，这样的价格对于中国消费者来说，并不能算是优质低价，也与其初衷相悖了。

不管如何，无印良品至少证明了并不是只能依靠广告才能树立品牌和取得消费者信任。专注于产品本身、从消费者的角度去为他们谋利益才是万变不离其宗的做法。

广告营销中的“红海”与“蓝海”

2006 年 11 月间，在主编《中国广告案例精解》和《世界广告案例精解》期间，书店里的一本新书吸引了我的眼球，这是一本令我感兴趣并觉得很有价值的书，我随即把它买了下来，这就是《蓝海战略》。该书自 2005 年 2 月由哈佛商学院出版以来，在世界范围内获得了很大的反响，先后获得了“《华尔街日报》畅销书”、“全美畅销书”、“全球畅销书”的称号，迄今为止已被译成 27 种文字，打破了哈佛商学院出版社有史以来出售国际版权的记录。《蓝海战略》启示企业摆脱市场的血腥竞争——摆脱“红海”，开创新的市场空间——开创“蓝海”。“‘蓝海战略’激励企业去冲破充满血腥竞争的红海，开创无人争抢的市场空间，把竞争甩在脑后。蓝海战略不去瓜分现有的且常常是萎缩的需求，也不把竞争对手立为标杆，而是去扩大需求，摆脱竞争。”[①]该书的这些重要观点，使我们重新审视对“竞争”这两个字的认识。

《世界广告案例精解》编辑的主旨是立足于海外企业的竞争。其实，海内外

① ［韩］W. 钱·金，［美］勒妮·莫博涅著，吉宓译：《蓝海战略》，商务印书馆 2005 年版，前言。

企业竞争的原理都是一致的，已由“产品”上升到“品牌”的层面。企业极为注重营销概念，注重企业谋略，注重有效传播，注重品牌文化，最终达到提升核心竞争力的目的。本书汇集的案例，都站在竞争的角度阐述企业生存的原理。我认为，在当前充满竞争的世界经济中，这种观点并没有什么错。中央电视台每年的招标就反映了企业竞争的心态。众多的海内外企业都想利用央视这个权威的高端传播平台，提升有效传播力，进而提升自己的优势地位，打造核心竞争力。央视广告招标是企业血腥的拼杀，是企业竞争的“红海”。企业竞争可以淘汰掉一批不思进取的弱势企业，提升产品的技术含量，改进服务水平，使广大消费者受益。因此，竞争是企业发展永恒的动力，是社会进步的源泉。本书所传达的竞争理念与策略，不仅现在适用，在相当长的一段时期里也是适用的。

但是，蓝海战略所揭示的开创新的市场空间的思维，的确为企业指出了一条通向未来的新路。“蓝海战略要求企业把视线从市场的供给一方移向需求一方，从关注并超越竞争对手的所作所为转向为买方提供价值的飞跃。通过跨越现有竞争边界看市场以及将不同市场的买方价值元素筛选与重新排序，企业就有可能重建市场和产业边界，开启巨大的潜在需求。”[①]蓝海战略的核心是开创基于价值的创新，它既可以出现在现有产业的疆域之外，也可以萌生在产业现有的“红海”之中。我国温州商人的创业风格典型地反映了“蓝海战略”。温州商人是一群神秘的部落。他们往往能从“没有市场处”找市场；从“乱花渐欲迷人眼”的市场混乱中，寻找商机；从鲜为人知的边缘经济的夹缝中杀出一条血路。他们能准确地进行市场定位，而且决不在一棵树上吊死。见到什么市场前景好，认准了立即调转枪口投资。他们成功的经营渗透和扩张，得益于他们特有的创业风格和经营手段。《蓝海战略》基于历时 15 年、资料跨度达百年以上的研究所得出的结论，实际上在我国的温州商人身上已有很好的实践，我们必须科学地总结自己的营销经验。

目前，中国正面临适合国力发展的千载难逢的机会。良好的投资环境吸引了来自世界各国的投资者。中国，已经成为国际产业转移最主要的承接地，我国企业走出去的步伐越来越快。当整个世界都把中国定义为“世界工厂”，当“中国制造”遍布世界时，我们为何不能用创意挑战商业霸权？为何不能用更为高超的广告营销手段增强中国产品在全球的竞争力？提升中国产品核心竞争力的两个关键的因素是技术和品牌，这两个难以平衡的双翼，我们可以在“蓝海”中找到答案，也可以在广告与营销的创意中得到突破，更可以在世界广告营销的案例中得到借鉴。

---

① 见《蓝海战略》译者序。

案例教学是应用性学科必要的教学环节，是高水平大学必要的教学手段。本书依托厦门大学新闻传播学院2004级、2005级传播学方向硕士研究生的努力，经历一年多时间的辛苦工作，参考了大量的相关资料，攫取了有价值的信息编辑成册，力求更好地回答“红海”与“蓝海”的问题。在此，对所有提供资料和参加编辑的同志致以衷心的感谢，并对某些资料的疏漏之处表示歉意。

陈培爱

2006年12月1日

图书在版编目(CIP)数据

世界广告案例精解/陈培爱编.—厦门:厦门大学出版社,2008.10
(2012.8 重印)
(厦门大学广告学丛书/陈培爱主编)
ISBN 978-7-5615-2937-9

Ⅰ.世…　Ⅱ.陈…　Ⅲ.广告-案例-世界　Ⅳ.F713.8

中国版本图书馆 CIP 数据核字(2008)第 112986 号

厦门大学出版社出版发行
(地址:厦门市软件园二期望海路 39 号　邮编:361008)
http://www.xmupress.com
xmup @ public.xm.fj.cn
厦门市明亮彩印有限公司
2008 年 10 月第 1 版　2021 年 8 月第 3 次印刷
开本:720×1 000　1/16　印张:23　插页:2
字数:400 千字　印数:6 001～7 000 册
定价:50.00 元